인생노트

인생을 제대로 살아보고자 할 때

인생노트

문은석 지음

생활관리종합서

좋은땅

머리말

굉장히 높은 산꼭대기는 사람이 흔히 생활하는 곳보다 매우 춥고 숨 쉬는 일 또한 매우 어렵습니다. 이런 산에 오르려면 추위와 공기가 부족한 상황을 견디는 훈련을 해야 합니다. 이런 특별한 훈련을 고지대 훈련이라고 합니다. 그런데 높은 산에 오를 때 고지대 훈련보다 더 중요한 것이 있습니다. 바로 산꼭대기가 아닌 산 중간까지 오를 수 있는 기본 실력입니다. 산꼭대기에 아직 오르지 못한 사람이라도 산 중턱에 가뿐히 도착할 만한 실력을 쌓았다면, 이미 높은 산꼭대기에 오른 것과 비슷합니다.

많은 사람이 큰돈을 벌고 대단한 인기를 얻어 다른 사람보다 매우 높은 곳에 가기를 원합니다. 그러기 위해 성공한 사람들이 했던 특별한 훈련에 큰 관심을 둡니다. 그런데 이런 특별한 훈련보다 더 중요한 것은 자기 생활의 기본 실력을 확실하게 갖추는 일입니다. 자신이 자기 생활 기본을 가뿐하게 해낼수록 남보다 훨씬 높은 곳에 있을 준비가 거의 된 것입니다.

이런 생활 기본 실력은 가정·학교·사회에서 정식으로 가르쳐 주지 않기에 절대 쉽게 얻을 수 없습니다. 그렇다고 매우 어려운 것도 아닙니다. 매우 어려운 것이라면 기본이라는 말을 쓰지 않았을 것입니다. 가정·일터·사회에서 생활하는 사람으로서 기본 실력은 무엇이며 그것을 어떻게 키워야 하는지 이 책에서 살펴볼 것입니다. 누구나 바로 알 수 있도록 쉽게 설명하고, 그 실력을 갖추는 방법까지도 쉽게 알려드리겠습니다. 여러분 인생에 두고두고 참고할 만한 책이 되길 바랍니다.

2023년 1월
저자 문은석

차례

머리말 ·· 4

노트 1 역할과 관계: 가정 ······························· 7

노트 2 역할과 관계: 일터 ······························· 47

노트 3 말 통함과 생각 통함 ···························· 83

노트 4 진로와 준비 ··· 111

노트 5 친구와 연인 ··· 137

노트 6 공부와 활용 ··· 169

노트 7 사과와 용서 ··· 195

노트 8 취직과 보수 ··· 209

노트 9 병과 사고 ·· 253

노트 10 사회 정치와 생활 정치 ······················ 291

노트 11 매너와 눈치 ······································· 325

노트 12 돈 벌기와 돈 관리 ····························· 339

노트 13 결혼과 가정 ······································· 387

노트 14 다툼과 법 ··· 411

역할과 관계: 가정

가정에서 자녀가 학교에 가면 학생이 됩니다. 가정에서 부모
가 직장에 가면 직장인이 됩니다. 생활 장소가 바뀌면 자기 역
할이 바뀝니다. 가정에서는 가족 간의 관계가 있고 학교에서
는 선생님이나 다른 학생과의 관계가 있습니다. 생활 장소가
변하면 사람 관계 또한 바뀝니다.

자신의 여러 가지 역할과 관계를 모두 잘해 내기는 쉽지 않습
니다. 그러나 가정에서 맡은 자기 역할과 관계만큼은 제대로
알고 감당해야 합니다. 게다가 자녀는 부모와 함께 생활하기
에 부모의 역할과 관계에 대해서도 알아 둘 필요가 있습니다.
가정에서 자기 역할과 관계에 대해 이야기합니다.

주인과 손님

자녀 역할: 주인

음식점에서 주문하고 한참을 기다려도 음식이 나오지 않았습니다.

1. 화가 난다.

2. 걱정된다.

자신을 손님 입장에서 생각하면 화가 날 것이고, 주인 입장에서 생각하면 걱정될 것입니다. 모두 자연스러운 반응입니다. 음식점에서 손님은 자리에 가만히 앉아서 나온 음식을 먹으면 됩니다. 그 대신 주인은 이리저리 움직이면서 음식을 준비하거나 가게를 관리하고 지켜야 합니다.

가정은 일을 마친 뒤에 먹고 쉬는 곳, 쉼터입니다. 때때로 공부나 작업을 하는 일터가 되기도 합니다. 그런데 가정을 쉼터 혹은 일터로 이용하기만 하는 사람은 손님입니다. 가정을 이용하는 것은 집주인으로서 당연한 일이지만, 가정에 필요한 것을 만들어 내거나 가정을 관리하고 지킬 수도 있어야 진정한 집주인입니다. 자녀가 갈아입을 속옷이 없을 때, "엄마, 빨래하지 않고 뭐 했어!"라고 화내기보다, 급한 대로 자기가 직접 속옷 빨래를 하거나 '엄마에게 요즘 무슨 일 있나?'라고 걱정해 주어야 집주인에 더 가깝습니다.

사람이 생존하려면 먹고 입고 자는 일, 의식주기 꼭 필요합니다. 의식주 생활을 하면 항상 지저분한 것이 나오므로 정리(청소) 역시 사람의 필수 생활입니다. 이 두 가지를 합친 것이 '의식주정' 생활입니다. 부모는 가족의 의식주정 생존 문제를 해결하기 위해 직장에서 돈을 벌고 집안일을 합니다. 자녀는 부모가 그렇게 일해서 만든 것을 이용하면서 자기 생존 문제를 해결합니다. 자녀는 자연스럽게 가정을 이용하는 손님 역할을 하게 됩니다. 게다가 귀찮게 직접 일하는 주인 역할보다 편하게 이용만 하는 손님 역할이 자녀에게 쉽습니다. 이런 이유로 자녀는 집주인이지만 손님 처럼 생활하게 됩니다. 주인이 손님으로 바뀌면 겉으로는 이득처럼 보이 지만 실제로는 자신의 주인 자리를 빼앗긴 셈입니다. 손해입니다.

예를 들어, 식사 시간에 자기 식사만 하고 그냥 가는 것은 손님 역할입니 다. 자녀는 식사 전에 식사 준비를 조금씩 돕거나 식사 후에 간단한 정리 라도 하면서 가정일을 이용만 하기보다 가정일을 만드는 일에도 참여해 야 합니다. 자녀가 자기 수준에 맞는 주인 역할을 해야 손님에서 주인으 로 점점 되돌아갈 수 있습니다. 무엇보다 자녀 스스로 진정한 집주인이 되려는 마음을 가질 필요가 있습니다. 주인이 손님처럼 행동한다고 해서 진짜 손님이 되는 것은 아니지만 가짜 주인이 될 수는 있습니다.

가정에서 주인 노릇은 어렵고 손님 노릇은 쉽습니다. 자녀는 자기가 가정 의 주인이라는 사실을 잊어버리면 어느새 손님처럼 행동하는 자신을 보 게 될 것입니다. 무늬만 집주인이 아닌 진정한 집주인이 되길 바랍니다.

부모 돈 내 돈?

자녀 역할: 돈

다음 중 세상에서 쉽게 돈을 버는 방법은?

1. 직업을 가지고 일하면서 돈을 번다.

2. 부모에게 달라고 한다.

사람은 언제든 자기 것을 스스로 망치거나 남에게 빼앗길 수 있습니다. 그래서 주인은 자기 것을 지킬 필요가 있습니다. 가정 역시 마찬가지입니다. 가정의 주인은 자기 가정을 지키는 것이 가장 중요한 일이 됩니다. 자녀는 부모와 함께 가정의 주인입니다. 부모뿐만 아니라 자녀도 당연히 자기 가정을 지키는 역할을 감당해야 합니다. 가정을 지켜야만 자녀가 그 안에서 지금 당장 생존할 수 있고, 미래의 자기 진로 또한 무사히 준비할 수 있습니다.

무언가를 지키려면 힘이 필요합니다. 가정을 지킬 힘 중 중요한 것은 돈입니다. 집주인으로서 부모와 자녀는 돈을 벌고 쓰고 관리하는 돈 문제를 함께 해결해야 합니다. 그러나 현실적으로 돈을 벌지 못하는 자녀가 가정의 돈 문제를 직접 다루긴 어렵습니다. 굳이 따지자면 부모는 돈 버는 역할을 주로 맡고 자녀는 돈 쓰는 역할을 주로 맡습니다. 자녀가 돈을 관리하더라도 용돈으로 쓰고 남은 돈을 저당히 모으는 것이 고작입니다. 이런 상황에서 자녀는 가정의 돈 문제를 자기와 상관없는 일, 부모만의 일로 생각하기 쉽습니다.

그러나 부모가 돈을 많이 벌면 자녀 역시 큰 이득을 누리며, 반대로 부모가 가정의 돈을 많이 잃어버리면 자녀 역시 큰 피해를 봅니다. 그만큼 가정의 돈 문제는 자녀와 많은 상관이 있기에 자녀도 함께 다루어야 하는 일입니다. 자녀는 자기가 할 수 있는 범위 안에서 가정의 돈 문제에 참여할 필요가 있습니다.

일하고 그 대가로 돈을 받는 것이 세상에서 돈을 버는 기본 방법입니다. 그런데 자녀는 흔한 방법이 아닌 특별한 방법, 즉 용돈으로 돈을 법니다. 용돈은 일한 대가로 받는 돈이 아니라 자녀라서 부모에게 그냥 받는 돈입니다. 자녀는 그동안 자녀라는 이유만으로 거저 돈을 받았기에 돈이 필요하면 '자식이니까 주겠지' 혹은 '자식인데 이것도 못 해 줘?'라고 생각할 수도 있습니다. 부모가 주는 돈을 당연하게 여기는 마음입니다. 자녀가 이렇게 생각하는 것은 자녀 마음이 나빠서라기보다 그렇게 살아왔기 때문입니다.

자녀는 용돈에 대한 생각을 당연한 것에서 당연하지 않은 것으로 조금씩 바꿔야 합니다. 그래야 '일을 해야 돈을 번다'라는 생각이 점점 생깁니다. 이것은 자기 진로를 준비하는 일과 자기 생활력을 키우는 일에도 큰 도움이 됩니다. 그렇지 않고 자녀가 부모에게 돈을 그냥 받는 것을 당연하게 생각하면 부모에게 의지하려는 마음이 점점 강해지고, 자기 생활 능력은 점점 떨어지며, 진로를 준비하는 일 또한 소홀해집니다.

부모는 가정의 큰 주인, 자녀는 작은 주인입니다. 자녀가 '나는 공부나 진로 준비만 하면 되겠지'라고 생각하는 것이 나쁜 생각은 아니지만, 가정의 작은 주인으로서 좋은 생각도 아닙니다. 자녀는 '나 역시 집주인으로서 가정을 지켜야겠다'라고 생각하는 것이 확실하게 잡혀 있어야 합니다. 그 첫걸음이 바로 부모 돈을 내 돈으로 생각하지 않는 것입니다. 이 정도 생각만으로도 자녀는 가정의 돈 문제에 상당히 참여하고 있다고 볼 수 있습니다.

남 좋은 일

집에 모르는 손님이 왔을 때 자녀는 어떻게 해야 할까요?

1. 손님과 관계있는 사람이 해결할 일이다.

2. 자기가 손님을 맞는다.

손님 맞기는 손님을 정중히 대하는 일입니다. 우리 집에 온 손님이라 해도 잘 모르는 사람을 맞는 일은 부담스럽습니다. 그렇다고 손님을 무시하거나 피하는 것도 좋은 태도는 아닙니다. 음식점 주인은 자기가 모르는 손님이라도 기꺼이 맞는 것처럼 집주인이라면 손님을 맞을 수 있어야 합니다.

자녀가 집에서 주인 역할을 하는 것은 자신과 자기 가정을 위한 일이지만, 손님을 맞는 것은 자신이 아닌 다른 사람을 위한 일입니다. 가정에서 자녀는 오랫동안 부모에게 많은 것을 받고만 살아서 남에게 무언가를 주며 대접하는 일이 상당히 어렵습니다. 특히 자녀가 그동안 가정에서 손님 역할만 하고 생활했다면 손님을 맞는 주인 역할을 감당하기가 더욱 어려울 것입니다. 그렇다고 부담스러운 일을 억지로 하는 것 또한 주인이나 손님 모두에게 그리 좋지 않습니다.

자기에게 익숙한 일은 자신이 잘해야 만족스럽지만 자기에게 서투른 일은 기본적인 수준만 감당해도 괜찮습니다. 손님 맞기가 서툰 자녀는 '손님을 잘 대접하는 것'보다 '손님을 불편하지 않게 만드는 것'을 목표로 삼아야 합니다. 그러면 손님 맞는 일이 어려운 일에서 할 만한 일로 바뀝니다. 부모님 친구분이나 친척 어르신이 짐이나 선물을 들고 집에 방문했을 때, 자녀가 직접 손님의 식사 준비를 하거나 손님의 대화 상대를 하는 것은 어려운 일입니다. 그러나 현관에서 손님의 짐을 받아 주며 간단한 자기 인사를 하거나 물 한잔 대접하면서 손님을 불편하지 않게 도와주는 것은 할 만한 일입니다. 간단하게라도 손님을 맞는 자녀는 가정의 작은 주인 역할을 충분히 감당한 것입니다. 손님 맞는 일이 어색하다고 자기 방에 숨거나 손님을 본 체도 하지 않으면 손님은 불편하게 됩니다. 집주인으로서 손님을 잘 대해 주진 못할망정 오히려 곤란하게 만드는 일은 피해야 합니다.

자녀가 나중에 자기 가정을 꾸리면 자녀였던 작은 주인에서 부부나 부모로서 큰 주인이 됩니다. 작은 주인 역할을 감당해야 큰 주인 역할까지 해낼 수 있습니다. 게다가 직장인은 손님을 대할 때가 많아 집에서 손님 맞는 일을 연습해 두면 나중에 직장 생활을 할 때도 큰 도움이 됩니다. 만약 성인이 되어서도 집주인이나 직장인으로서 손님을 제대로 맞지 못하면 상대방에게 상당히 나쁜 인상을 줍니다.

사람이 어떤 역할을 맡으려면 그 일을 할 만한 능력이나 자격을 일단 갖추어야 합니다. 그러려면 충분한 준비가 필요합니다. 그런데 자녀는 충분한 준비 없이 가정의 주인 역할을 일단 맡고 시작하기 때문에 주인 역할을 감당할 실력을 뒤늦게 점점 배워 나가야 합니다. 만약 자녀가 주인 역할을 하찮게 여기거나 주인으로서 갖추어야 할 실력을 쌓지 못하면 요리를 못하는 요리사처럼 자리만 차지하고 자기 역할을 감당하지 못하는 사람이 됩니다.

자녀는 부모의 자녀라는 이유 하나로 저절로 집주인이 됩니다. 특별한 노력 없이 된 주인이라서 주인 역할을 중요하게 여기기가 쉽지 않습니다. 그리고 아무리 축구장에서 보낸 시간이 많아도 축구 연습을 꾸준히 하지 않았다면 축구 실력이 늘지 않는 것처럼, 집에서 오랜 시간을 살았어도 손님처럼만 생활했다면 집주인 실력이 쌓이지 않습니다. 그러나 자기가 집주인이라는 생각을 확실히 가지고, 가정일에 점점 참여하고, 손님 맞는 연습을 하다 보면 가족 구성원과 손님에게 진정한 집주인으로 인정받게 될 것입니다.

다투기가 더 쉽다

부모와 자녀가 공을 주고받을 때 누가 더 잘해야 할까요?

1. 공을 던지는 부모.

2. 공을 받는 자녀.

공을 주고받을 때 유리한 쪽은 공 던지는 사람입니다. 공을 던지는 사람은 자기 마음대로 방향을 정하지만 공을 받는 사람은 무조건 상대방이 던진 공을 보고 따라가야 합니다. 그 대신 던지는 사람이 받는 사람에게 잘 맞춰 줄수록 어렵지 않게 공놀이를 계속할 수 있습니다. 가정에서 주로 부모는 자녀에게 주는 쪽, 자녀는 부모에게 받는 쪽입니다. 공놀이처럼 부모가 자녀에게 잘 맞춰야 서로 사이좋게 지낼 수 있습니다.

그런데 자녀 부모 사이에는 가정 규칙이 있습니다. 자녀가 그 규칙을 지키지 못하면 부모에게 벌 받게 되고 자녀 부모 관계는 나빠집니다. 자녀는 부모가 정한 규칙을 따르면서 부모에게 잘 맞춰야 서로 사이좋게 지낼 수 있습니다. 결국 자녀 부모 양쪽이 서로에게 잘 맞춰야 좋은 관계를 유지합니다. 다만 가정 규칙을 만드는 쪽은 부모이기에 부모가 자녀에게 딱 맞는 가정 규칙을 만들어야 합니다.

그러나 현실적으로 부모는 그런 가정 규칙을 완벽하게 만들지 못합니다. 많은 가정 규칙에 시달리는 자녀는 억지로 그 규칙을 따르면서 힘겹게 생활하거나 혹은 규칙을 어기고 부모와 다투며 지냅니다. 가정 규칙이 별로 없는 자녀는 자기 마음대로 생활하면서 나쁜 생활 태도를 보이게 되어 부모와 다투며 지냅니다. 부모가 완벽한 규칙을 세우지 못한 것은 잘못이 아닙니다. 자녀가 완벽하지 않은 규칙 때문에 어쩔 수 없이 가정에서 스트레스받으며 부모와 좋지 않은 사이로 지내는 것 또한 잘못이 아닙니다. 문제는 이런 상황에서 자녀가 겪는 피해가 매우 크다는 것입니다.

이런 상황을 피하고자 그나마 자녀가 할 수 있는 일은 부모에게 어느 정도 가정 규칙을 고쳐 달라고 요구하는 것입니다. 그러려면 자녀가 부모에게 그런 요구를 할 만한 자격이 필요합니다. 부모가 가정 규칙을 세우는 이유는 자녀를 사랑하는 마음도 있겠지만 무엇보다 주인으로서 가정을 지키려는 마음이 큽니다. 부모가 주인으로서 가정 규칙을 세운 만큼, 자녀 역시 자식이라는 이유가 아닌 주인이라는 자격이 필요합니다. 가정에서 손님처럼 생활하며 부모에게 자기 생존을 의지하기만 하는 자녀는 이런 요구를 하기 어렵습니다. 자녀와 부모가 함께 가정 규칙에 대해 의논하려면 자녀는 가정의 주인으로서 생각하고 행동하는 사람이 돼야 합니다.

자녀 부모 관계는 자녀보다 부모에게 많은 것이 달려 있습니다. 그렇다고 부모가 알아서 잘하기만을 바라는 것은 자녀로서 좋은 태도가 아닙니다. 부모가 인정하는 가정 주인이 되어 주인으로서 당당하게 가정 규칙을 함께 의논하는 자녀가 되길 바랍니다.

당연한데 당연하지 않다

부모가 자녀를 위해 수고하는 것을 자녀는 어떻게 생각합니까?

1. 부모로서 당연히 해야 할 일이다.

2. 부모로서 당연한 일은 아니다. 특별한 일이다.

철수는 여러 친구 중 영희에게만 매일 사탕을 줍니다. 영희는 철수에게만 매일 젤리를 하나씩 줍니다. 철수와 영희는 조금 특별한 친구 사이가 되었습니다. 어느 날 철수는 영희에게 고추 맛 사탕을 줬습니다. 그걸 먹은 영희는 좋았던 철수가 매우 싫어졌습니다. 이처럼 사람 사이에 관심이든 대화든 사랑이든 미움이든 선물이든 무언가를 주고받으면 사람 관계가 점점 생깁니다. 그리고 서로 주고받는 것을 대하는 태도에 따라 그 관계가 점점 변합니다.

부모가 자녀에게 음식·옷·잠자리·교육 등 여러 가지를 주면서 보살피는 것이 양육입니다. 부모가 자녀를 낳으면 좋든 싫든 무조건 관계가 만들어지고, 양육을 서로 주고받으면서 그 관계가 점점 단단해집니다. 특히 자녀와 부모는 매우 긴 시간을 함께 보내는 사이라서 당연히 서로 좋은 관계를 유지할 것으로 생각하기 쉽습니다. 그러나 자녀 부모는 오랜 시간 동안 사랑·관심 같은 좋은 일뿐만 아니라 마음의 상처 같은 나쁜 일 또한 끊임없이 서로 주고받기에 그 관계가 마냥 좋지만은 않습니다.

이런 관계는 양육을 대하는 양쪽 태도에 따라 더욱 변합니다. 부모의 수고를 당연하게 생각하는 자녀는 "낳았으면 책임져야만 한다, 나도 부모가 되면 그렇게 할 것이다"라고 말합니다. 실제로 우리나라 법은 부모의 자녀 양육을 당연히 해야 할 일로 정합니다. 우리나라엔 "가까운 가족은 서로 양육할 의무가 있다"[1]라는 법이 있습니다. 부모가 자녀를 보살피지 않는 일은 불법입니다. 굳이 그런 법을 모르더라도 부모라면 누구나 자녀를 양육하기에 부모의 자녀 양육은 당연한 일이기도 합니다. 게다가 부모 역시 자기가 자녀였을 때 부모로부터 양육받았으므로 자기가 부모 차례가 되면 자기 자녀를 당연하다시피 양육해 줍니다. 그리고 동물이 본능에 따라 가정을 만들고 자기 새끼를 기르듯 사람 또한 그런 본능이 있어 자연스럽게 자녀를 양육합니다.

그러나 자녀가 부모에게 받는 양육을 "당연하다"라고만 말하기엔 부모가 자녀 양육을 위해 들이는 시간·돈·노력은 매우 큽니다. 세상에서 대단히 많은 수고와 희생이 필요한 일은 당연한 일로 보기 어렵습니다. 부모가 자신의 생존 문제를 스스로 해결하는 것조차 많은 수고가 필요합니다. 하물며 부모가 자신과 자녀의 생존을 함께 책임지는 것은 대단히 많은 수고가 있어야만 가능한 일입니다. 아무리 법·도리·본능에 따라 자녀를 양육한다고 해도 부모가 자녀를 위해 힘들게 사는 것은 당연한 일이 아닙니다. 일단, 자녀 양육에 관한 법 때문에 자녀를 당연히 양육한다고 생각하는 부모는 거의 없습니다. 부모는 불법을 저지르는 사람이 되기 싫어서 억지로 자녀를 양육하지 않습니다. 자기가 부모에게 받은 은혜를 갚는 방법은 늙은 부모를 돌보는 것이 당연한 일이지, 자기 자녀를 양육하는 것은 당연한 일이 아닙니다. 가정을 꾸리고 자녀를 양육하는 일은 본능과 관계가 있지만 사람이 당연히 해야 할 일은 아닙니다. 결혼하지 않거나 부부가 일부러 아이를 낳지 않으면 자녀 양육을 언제든지 피할 수 있습니다. 게다가 자녀 양육을 당연하게 생각하는 사람이라도 자기에게 병이나 사고가 나면 자녀 양육을 더 이상 당연한 일로 감당하지 못합니다.

이처럼 자녀 양육은 당연하면서 당연하지 않은, 즉 이상한 일로 볼 수 있

---

1 민법 974조.

습니다. 그리고 이상한 일은 특별한 일, 당연하지 않은 일에 더 가깝습니다. 친구 간에 사탕 하나를 주고받더라도 당연하게 여기기보다 좋은 마음으로 주고 감사로 받아야 좋은 관계가 됩니다. 자녀 부모 사이에서도 서로 주고받는 양육을 이왕이면 이런 태도로 대해야 오랫동안 사이좋게 지낼 수 있습니다. 특히 주는 쪽에서 당연하게 생각하는 것은 괜찮아도 받는 쪽에서 당연하게 생각하는 것은 상당히 좋지 않은 태도입니다. 양육해 주는 것도, 양육을 받는 것도 모두 특별하게 여겼으면 좋겠습니다. 가족끼리 나쁜 일을 주고받으면서 사이가 나빠지는 문제를 해결하는 방법은 뒷부분 〈친구와 연인: 감정싸움과 사랑싸움〉을 참고하세요.

막말

자녀와 부모가 어떤 말로 대화하는 것이 나을까요?

1. 반말.

2. 높임말.

자녀와 부모는 매우 가까운 사이입니다. 이런 사이는 상대방에게 잘못을 쉽게 저지르기도 하고 상대방 잘못을 적당히 넘어가 주기도 합니다. 상대방 잘못을 용서하는 것은 좋은 일이지만 상대방에게 쉽게 잘못을 저지르는 것은 좋지 않은 일입니다. 자녀 부모 사이라도 잘못을 자주 주고받으면 양쪽 모두 괴롭게 되어 사이가 나빠집니다.

사람 사이에서 잘못을 주고받는 일 중 대표적인 것은 바로 무례, 비매너입니다. 나쁜 말과 잘못된 행동으로 상대방을 대하는 것입니다. 특히 나쁜 말은 아주 쉽고 빠르게 내뱉을 수 있으므로 사람 사이를 망치는 주된 원인이 됩니다. 자녀는 부모에게 무례하게 말하는 것을 조심해야 합니다. 부모 역시 마찬가지입니다. 이 문제는 자녀 부모 관계를 넘어서 사람과 사람 관계에서도 중요합니다.

유행어, 줄임말

유행어는 많은 사람이 널리 쓰는 말입니다. 사람 말은 짧을수록 쓰기 쉬워 유행어는 줄임말이 많습니다. 특히 스마트폰을 많이 쓰면서 줄임말 쓸 일이 더욱 많아졌습니다. 스마트폰으로 문자를 보내거나 직접 대화할 때 줄임말을 쓰면 상당히 편리합니다.

요즘 자녀 세대는 '진짜-찐, 코인(동전) 노래방-코노, 굉장히 열받다-킹받다'처럼 줄임말을 유행어로 씁니다. 이런 말은 사용하기 편하나 원래 뜻을 모르는 사람은 바로 알아듣기 어렵습니다. 자녀와 부모는 나이 차이와 생각 차이가 커서 우리말로 대화하더라도 말이 통하지 않을 때가 많습니다. 게다가 이런 줄임말까지 자녀가 부모에게 쓰면 이런 상황은 더욱 심해집니다. 부모 시대 말을 알아 두는 것은 써먹을 일이 거의 없지만 지금 시대 유행어를 알아 두는 것은 좋은 일입니다. 그러려면 자녀가 부모에게 이런 말을 조금씩 가르쳐 주어야 합니다. 서로 대화할 때 많은 도움이 될 것입니다. 요즘 유행하는 말을 알아듣지 못한다고 자녀가 부모와의 대화를 피하거나 무시하는 것은 무례한 일입니다. 그리고 부모와 대화할 땐 유행어나 줄임말보다 언제든지 알아듣기 좋은, 표준어를 가급적 쓰는 것이 좋습니다.

높임말, 반말

많은 외국어에 높임말이 있지만 우리말은 특히 높임말이 잘되어 있는 편입니다. 그런데 높임말을 쓰면 말이 점점 길어집니다. 줄임말을 많이 쓰는 요즘 시대 말하기와 반대입니다. 서로 높임말을 쓰면 서먹한 사이로 느껴지지만 반말을 쓰면 서로 친하게 느껴지기도 합니다. 이런 이유로 자녀 부모 사이에 반말을 쓰는 가정이 많습니다. 사실, 부모가 높임말을 쓰라고 자녀에게 강요하지 않는다면 굳이 불편한 높임말을 쓸 필요는 없습니다. 하지만 가족이 서로 무례하게 대할 때가 많다면 조금 서먹하더라도 가족 모두 높임말을 쓰는 것이 좋습니다. 항상 매너 있게 서로를 대하는 가족만 반말을 쓸 수 있습니다. 특히 자기 자신이 가족에게 무례를 자주 저지르는 사람이라고 생각되면 자기부터 높임말을 써야 합니다. 그러면 자신의 무례한 태도를 상당히 고칠 수 있습니다. 높임말은 조금 불편하고 귀찮아도 나쁜 사이를 상당히 좋은 사이로 만들어 줍니다.

욕설, 모욕

누구나 욕하는 행동이 나쁜 것을 알지만, 자기 기분이 몹시 나쁘거나 상대방이 너무 미우면 자기도 모르게 욕을 내뱉기도 합니다. 자녀 부모 관계에서도 이런 일이 생길 수 있습니다. 특히 부모가 자녀 수준을 너무 깎아내리는 말을 하거나 자녀가 부모 능력을 비난하는 말을 하면 상대방은 잊지 못할 상처를 받습니다.

누구나 순간의 감정을 조절하지 못해 욕할 수 있습니다. 그래도 자녀 부모 간에 욕하는 일은 최대한 막아야 합니다. 자녀 부모 사이에 보여 줄 수 있는 무례함의 끝이 바로 욕설과 모욕입니다. 혹시라도 실수로 가족끼리 욕을 했다면 나중에 꼭 사과해야만 합니다.

사람 관계에서는 대체로 주는 쪽(사장·선생님·부모)이 받는 쪽(직원·학생·자녀)보다 유리합니다. 자녀 부모가 서로 무례하게 대하다가 사이가 나빠지면 양육을 받는 쪽인 자녀가 부모보다 훨씬 손해가 큽니다. 이런 이유로 자녀가 부모에게 나오는 대로 마구 내뱉는 나쁜 말, 막말을 하지 않아야만 합니다. 부모 역시 마찬가지입니다.

부모에게 인정받는 자녀

다음 중 자녀가 부모에게 가장 인정받는 일은 무엇일까요?

1. 공부나 연습을 열심히 하는 것.

2. 가족에게 매너 있게 대하는 것.

3. 의식주정 생활을 제대로 하는 것.

사람은 누구나 다른 사람에게 괜찮은 사람이나 대단한 사람으로 인정받길 원합니다. 특히 자기와 가까운 사람에게 인정받으려는 마음은 훨씬 더 큽니다. 그만큼 자녀는 가족에게 인정받지 못하면 크게 실망합니다. 가정에서 자녀가 부모에게 인정받으며 생활하는 것은 중요한 일입니다. 자녀가 보기에 부모로부터 좋은 사람으로 인정받는 일은 상당히 할 만한 일로 생각하기 쉽습니다. 자녀는 부모가 부모로서 자신을 좋아한다는 것을 알기 때문입니다. 그러나 현실에서는 자녀가 어떤 행동을 하더라도 부모가 무조건 좋게 생각하진 않습니다. 자녀가 부모에게 인정받으려면 '단지 자녀'라는 이유가 아닌 '실력 있는 사람'이라는 이유가 필요합니다. 자녀가 자기 실력을 높이는 일에는 자기 진로를 준비하는 것, 다른 사람과 좋은 관계를 유지하는 것, 자신의 의식주정 생활을 관리하는 것 등이 있습니다. 이 중에서 가장 중요한 것은 의식주정 생활 관리입니다. 이것은 사람의 생존 문제이기 때문입니다.

최근 스마트폰 각종 앱(app)을 통해 다양한 생활을 쉽게 도움받는 세상이 되었습니다. 돈과 스마트폰만 있으면 언제든 편하게 생존할 수 있다고 생각할 정도입니다. 그러나 세상이 아무리 편리해져도 자기 생활은 자기가 관리해야 합니다. 부자라고 집에서 손가락 하나 까딱하지 않고 살지 않습니다. 오히려 부자일수록 자기 생활을 철저히 관리하는 사람이 많습니다. 갈수록 편리해지는 사회가 개인의 생활 실력을 떨어뜨리더라도 사회 탓만 할 순 없습니다. 이럴 때일수록 스스로 개인의 생존 실력을 키우는 일에 더 관심을 가져야 합니다.

부모는 영원히 살지 못합니다. 자녀는 결국 자기 스스로 자기 생존 문제를 해결해야만 합니다. 양육은 부모가 자녀를 잘살게 만드는 것보다 자녀가 스스로 생존하게 만드는 것에 가깝습니다. 자녀에게 비싼 학원비나 좋은 물건을 주는 것보다 자녀가 의식주정 생활을 스스로 하게끔 돕고 지도해 주는 것이 부모의 자녀 양육 핵심입니다. 이것은 자녀와 부모 모두 꼭 알아야만 하는 내용입니다.

자녀는 부모에게 양육받는 기간 동안, 옷을 입고 관리하는 일, 음식을 준비하고 먹는 일, 잠자리를 마련하는 일, 자기로 인해 생긴 지저분한 것을 치우는 일을 부모의 일이 아닌 자기 일로 점점 생각해야 하며 직접 연습하면서 그 실력을 키워야 합니다. 자녀는 부모가 자기 생존 문제를 해결해 주는 것을 부모에게 무조건 의지하기보다 어린 시절 잠시 동안만 도움받는 것으로 생각하는 것이 좋습니다. 그렇지 않으면 나중에 성인이 되어 스스로 살아야 할 때 자기 생존 문제를 해결하는 일이 너무 막막해집니다. 부족한 자기 생활 실력을 메꾸기 위해 돈과 스마트폰에 매우 의지하게 됩니다. 자녀의 생존 능력이 매우 낮은 것은 부모의 양육 실패라고 볼 수 있습니다. 자녀가 부모에게 저지를 수 있는 매우 큰 무례입니다. 부모는 그런 자녀를 좋은 자녀로 인정하기 어렵습니다. 반대로, 나이와 상관없이 자녀의 생존 능력이 점점 커질수록 부모의 양육이 성공에 가까워집니다. 의식주정 생활을 매우 멋지게 해내는 것이 아닌 제대로 하기만 해도 자녀는 부모에게 인정받을 자격이 충분한 것입니다. 부모가 자녀 양육을 위해 많은 손해를 보며 생활하는 만큼, 자녀는 부모에게 자신의 향상된 의식주정 생활 실력을 보여 줄 필요가 있습니다.

의식주정 생활 관리는 자녀 때만 하는 일이 아니라 평생을 해야 하는 일입니다. 이 일을 귀찮게 생각하면 남은 삶 동안 매일 싫은 일을 억지로 하며 생활하는 사람이 됩니다. 이왕 해야 하는 일이라면 부담스럽게 하기보다 그 실력을 키워서 자연스럽게 해내길 바랍니다.

짜증 나면서 미안해

자녀끼리 다투고 나면 어떤 마음이 더 듭니까?

1. 짜증 난다.

2. 미안하다.

자녀가 여럿인 가정에서는 자녀끼리 서로 다툴 때가 있습니다. 친구 사이는 다투다가 갈라서기도 하지만 자녀 사이는 다투더라도 좀처럼 헤어지지 않습니다. 가족은 워낙 단단한 사이이기 때문입니다. 이혼·입양을 제외하곤 가족 관계를 끊을 방법은 사실상 없습니다. 자녀와 부모 사이처럼 자녀와 자녀 사이 역시 좋든 싫든 죽을 때까지 서로 이어진 사이입니다. 그만큼 자녀 사이가 좋지 않으면 괴로운 관계가 굉장히 오래갑니다.

형제자매 사이는 가족이기에 강제로 관계가 만들어집니다. 자녀끼리는 서로 주고받는 것이 딱히 없으며 자녀 모두 부모로부터 양육을 받는 처지입니다. 서로 비슷한 처지라서 자녀끼리 어울리거나 다투기도 쉽습니다. 굳이 주고받는 것을 따지자면 좋은 일도 나쁜 일도 함께 주고받는 사이입니다. 자녀끼리 좋은 일을 주고받는 것은 별문제가 되지 않지만 서로 나쁜 일을 주고받는 것은 싸움이 나므로 문제가 됩니다.

자녀끼리 나쁜 일을 주고받은 뒤에 짜증 나는 감정이 앞선다면 그동안 상대방에게 받은 상처가 생각보다 꽤 깊었다는 것입니다. 가족끼리 주고받은 상처는 잘 아무는 편이지만, 굉장히 큰 상처를 받았거나 너무 자주 상처를 받았다면 가족이라도 감당하기 어려운 고통이 됩니다. 이럴 때는 자기 상처가 충분히 아물 만한 시간이 필요합니다. 화해하기가 어렵다면 자녀끼리 당분간 서로 거리를 두면서 생활하는 것도 한 방법입니다. 병을 치료하려면 약을 먹고 병을 없애는 것이 좋지만 병들 만한 일을 피하는 것도 상당히 괜찮은 방법입니다. 자녀 관계는 괴로움을 주고받는 일만 줄여도 관계가 금방 좋아집니다.

자녀끼리 다투고 난 뒤에 미안한 감정이 앞선다면 자기가 받은 상처보다 상대에게 준 상처를 더 걱정하는 것입니다. 사람은 자기 기분과 상대방 기분 중에서 자기 기분을 먼저 생각하기 마련입니다. 자기 기분도 좋지 않은 상황에서 상대방 기분을 더 걱정하는 것은 상대방을 많이 사랑하는 것으로 볼 수 있습니다. 형제자매 중에서 이런 자녀가 있으면 서로 다투어도 상처가 금방 나으므로 자녀 사이가 좋습니다.

자녀끼리 다투고 나서 상대방을 더 걱정해 주거나 먼저 사과하는 쪽이 겉으로 보기에 진 것처럼 보입니다. 그러나 그 사람이 상대방을 더 많이 사랑한 것이기에 사랑에서는 그 사람이 이긴 것입니다. 자녀는 생활·매너·공부 등 여러 분야에서 서로 경쟁합니다. 그중에서 사랑 경쟁을 이긴 쪽이 진정한 승자입니다.

형제자매로서 자기 역할은 서로 사랑하고 도우며 지내는 것입니다. 그러나 현실에서는 고작 한두 명뿐인 자녀 사이라도 서로 사이좋게 지내는 일이 쉽지 않습니다. 애초에 사람이 함께 사는 것 자체가 어려운 일이기도 합니다. 그래도 자기 형제자매를 한 번이라도 더 사랑해 주는 사람이 되길 바랍니다.

진심 기쁨 진심 슬픔

자기 형제자매가 대회에 나가서 좋은 상을 탔습니다.

1. 부러우면서 기쁘기에 반만 기쁘다.

2. 부러우면서 기쁜데 진심으로 기쁘다.

친구에게 좋은 일이 생겼다면 축하해 주겠지만 부러운 마음도 들기에 마냥 기쁘진 않습니다. 그러나 형제자매에게 좋은 일이 생겼다면 부러운 마음은 들어도 마치 자기 일처럼 진심으로 기뻐해 줄 수 있습니다. 친구에게 나쁜 일이 생겼다면 걱정스러운 마음이 들겠지만 자기가 그 일을 직접 당한 것처럼 느끼긴 어렵습니다. 그러나 형제자매가 병들거나 사고를 당한다면 평상시 사이가 썩 좋지 않더라도 진심으로 걱정해 줍니다. 이처럼 자녀 사이는 진심으로 기쁨과 걱정을 함께 나누는 일이 가능한 사이입니다. 그렇다고 해서 아무 때나 자녀끼리 자기 진심을 부담 없이 주고받진 않습니다. 애초에 자기 속마음을 상대방에게 표현하는 것은 누구든 어려운 일입니다.

형제자매에게 좋은 일이 생겼을 때 진심으로 축하한다고 자기 속마음을 말하는 것은 꽤나 부끄러울 수 있습니다. 이런 말을 주고받으면 좋겠지만 어렵다면 굳이 하지 않아도 괜찮습니디. 이런 일은 후회할 만한 일이 아닙니다. 그러나 자기나 형제자매에게 나쁜 일이 생겼다면 자녀끼리는 진심으로 속마음을 주고받을 수 있어야 합니다. 형제자매는 상대방 아픔을 자기 아픔처럼 느낄 수 있기에, 힘들고 어려울 때 자기가 도움이 되어주지 못했다면 후회가 매우 큽니다. 자녀끼리 항상 사이좋게 지낼 수는 없겠지만 힘든 일이 있을 때만큼은 형제자매를 위해서 그리고 자신을 위해서 서로 대화하고 작은 힘이라도 서로 모으길 바랍니다.

우리나라에서 자녀가 있는 가정은 대략 1.5명의 자녀를 둡니다.[2] 자녀 관계는 대부분 1명, 즉 외동이거나 혹은 2명이라는 뜻입니다. 생각보다 외동 자녀가 많습니다. 가정에서 외동은 형제자매 관계를 모릅니다. 특히 어려운 일이 있을 때 외동 자녀는 속마음을 나눌 형제자매가 없어 부모와 진심을 나누어야 합니다. 자녀와 부모는 서로 비슷한 관계가 아니라서 이런 일이 상당히 어려운 편입니다. 그래서 외동은 어릴 때부터 속마음을 부모와 주고받는 연습을 자주 해야 합니다. 외동은 부모와 사이가 좋지 않을 때라도 부모와 고민을 나눠야만 하는 부담이 있는 것입니다. 그만큼 친구나 선생님 같은 다른 사람과 좋은 관계를 맺는 일 또한 매우 중요합니다. 외동은 부모 사랑을 독차지하는 만큼 이런 부분을 감당할 필요가 있습니다.

---

2 2022년 통계청.

잘 좀 부탁해요

부모 역할: 보호자

부모로서 가정을 지키기 위해 어떻게 해야 할까요?

1. 가족에게 잘해 준다.

2. 돈을 잘 번다.

3. 가족이 각자 알아서 잘하기를 바란다.

부부와 자녀와 집을 합친 것이 가정입니다. 부모는 자기가 직접 가정을 만들었기에 그 가정을 지키는 역할까지 맡습니다. 문제는 가정을 만드는 일은 잠깐의 시간이 필요하지만 가정을 지키는 일은 남은 평생의 시간이 필요하다는 것입니다. 가정을 보호하는 것은 부모에게 중요하면서도 어려운 일입니다.

가정은 끊임없는 정성과 돈이 필요합니다. 많은 사람이 '얼마나 가정을 위해 노력할 수 있는가?', '얼마나 많은 돈을 가정을 위해 벌 수 있는가?'를 좋은 부모의 기준으로 삼습니다. 실제로 부모가 이런 일을 잘 해낼수록 가정에 많은 이득이 됩니다. 그런데 무언가를 위해 많은 노력을 하고 큰 돈을 들이는 것은 보호보다 성장과 관계가 많습니다. 보호와 성장은 서로 다른 일입니다. 많은 가정이 보호보다 성장에 더 큰 관심을 둡니다.

게다가 부모가 가정의 성장을 위해 매우 많은 정성과 돈을 쏟아붓는 것은 지나치게 어려운 목표입니다. 사람이 너무 어려운 목표를 정하고 그것을 이루지 못한 것은 목표를 제대로 정하지 못한 것이지 실패한 것이 아닙니다. 이왕이면 가정 보호를 부모의 주된 목표로 정하고 가정 성장을 나중 목표로 정하는 것이 낫습니다.

배우자를 지킬 수 없을 때	병, 사고, 불륜
자녀를 지킬 수 없을 때	병, 사고
집을 지킬 수 없을 때	재난, 파산

부모가 가정을 지키지 못할 때는 배우자(결혼한 상대방), 자녀, 집을 잃을 때입니다. 불륜은 배우자가 다른 사람과 사귀는 것, 재난은 갑자기 주변 환경에 큰 사고가 난 것, 파산은 가정 재산을 모두 잃은 것입니다. 가족이 병에 걸리거나 사고를 당하면 가정이 위태롭습니다. 배우자가 불륜을 저질렀다면 그 가정은 이미 끝난 것과 마찬가지입니다. 태풍·지진 같은 재난을 당하거나, 파산하게 되면 집을 잃고 가정이 망합니다. 물론 돈과 지위, 건강 검진, 사고 예방 교육, 배우자 사랑, 공부, 저축 등등 자기 능력과 노력으로 가정 위기를 어느 정도 막을 수는 있습니다. 그러나 모든 위기를 막진 못합니다. 성실하고 돈 많은 부모라고 해서 가정을 무조건 지키는 것은 아닙니다. 그만큼 가정을 보호하는 것은 어려운 일입니다. 부모가 가정의 모든 위험을 막아 주고 사건을 해결해 주는 슈퍼맨이라면 좋겠지만 현실은 자녀보다 나이와 가진 것이 조금 더 많은 평범한 사람일 뿐입니다. 결국 부모가 가정을 지키려면 자기가 할 수 있는 일을 하면서, 가정을 위태롭게 만드는 일이 일어나지 않길 기대하고, 가족 각자가 자기 역할을 제대로 감당하길 바라는 수밖에 없습니다.

이처럼 부모가 가정을 지키는 일만으로도 굉장히 힘겨운 일입니다. 그런데 부모가 가정의 보호보다 성장을 더 중요하게 여기고 생활하면 당연히 불안한 가정이 되기 쉽습니다. 부모는 가족과 집의 수준을 높이는 일보다 가족에게 병이나 사고가 나지 않게 살피고 집을 관리하는 일에 힘 대부분을 쏟아야 합니다. 자녀 역시 마찬가지입니다.

자기 물건을 지키지 못하면 돈을 모아 나중에 그 물건을 다시 얻을 수 있습니다. 그러나 가족은 그렇지 않습니다. 특히 가정 성장을 위해 부모와 자녀가 무리하다가 가정 보호를 실패하는 일은 꼭 피해야 합니다. 부모가 자기 가정을 책임지고 이끄는 것은 부모로서 당연한 일입니다. 그러나 배우자와 자녀에게 "무조건 나를 따라와요"라고 요구하는 것보다 "각자 자기 역할을 잘 맡아 주길 바랍니다"라고 부탁하는 것이 더 중요합니다. "우리 가정을 잘 부탁합니다"라는 말은 남에게 특별한 부탁을 하거나 나중에 자기가 죽을 때 남기는 말로 주로 쓰입니다. 하지만 지금 당장 가족이 함께 생활할 때도 꼭 필요한 말입니다.

같은 돈 다른 느낌

어떤 일이 더 아깝습니까?

1. 부모가 100만 원을 주고 산 청소기가 금방 고장 났다.
2. 부모가 100만 원을 주고 자녀를 학원에 보냈는데 성적이 떨어졌다.

돈 쓰고 손해 보면 괴롭고 후회됩니다. 그런데 특이하게도 이런 손해를 봐도 후회가 상당히 적을 때가 있습니다. 바로 자녀 양육에 돈 쓸 때입니다. 부모가 새로 산 비싼 청소기가 이유 없이 금방 고장 났다면 물건을 산 곳에 가서 따지거나 화난 마음에 잠도 제대로 못 잡니다. 그러나 부모가 큰돈을 주고 자녀를 학원에 보냈는데 오히려 성적이 떨어졌다면 '그 돈으로 맛있는 것이나 사 먹을걸'이라고 후회하지 않습니다. 오히려 학원비를 낼 수 있어서 다행으로 생각하기도 합니다.

부모는 자녀를 자기보다 더 소중한 존재로 생각할 만큼 자녀를 사랑합니다. 부모는 자녀의 기쁨에 더 기뻐하고 자녀의 슬픔과 억울함에 훨씬 더 괴로워합니다. 부모의 이런 특징은 특별히 배우거나 연습해서 생긴 것이 아닙니다. 부모가 되면 저절로 나타나는 본능으로 볼 수 있습니다. 이런 본능은 부모가 자녀를 양육하는 주된 이유이기도 합니다. 문제는 자녀가 기쁠 때가 아닌 슬플 때입니다.

돈이 부족해 자녀가 제대로 먹지 못하거나 교육받지 못했을 때 부모가 느끼는 괴로움은 자녀의 괴로움보다 훨씬 더 큽니다. 이런 이유로 부모는 자녀 의식주 생활과 자녀 교육에 가정의 돈을 무리하게 쓸 때가 많습니다. 자녀에게 가정의 돈을 너무 많이 쓰면 가정을 지키기 어려워집니다. 부모가 자녀를 위해 가정의 돈을 많이 쓰는 것은 나쁜 일이 아니지만 이왕이면 집과 가족 모두를 위해 골고루 쓰는 것이 더 낫습니다. 가정마다 상황이 다르고 가족 구성원마다 생각이 다르므로 가정의 돈을 쓰고 관리하는 것은 정답이 없는 문제입니다. 이렇게 어려운 일을 부모 마음대로 결정하는 것은 썩 좋지 않습니다. 부모 마음대로 가정의 돈을 쓰다가 나중에 돈 문제가 생겼을 때 그 피해를 겪는 사람은 가족 모두이기 때문입니다. 가급적이면 가정의 돈 문제는 온 가족이 함께 의견을 나누고 결정하는 것이 좋습니다. 그러려면 가정 문제를 다룰 때 부모는 자녀를 함께 상의할 만한 사람으로 대해야 합니다.

예를 들어, 5년 후에 더 큰 집으로 이사하려는 계획을 세웠다면 당분간 저축을 늘리고 지출을 줄여야 합니다. 그 과정에서 자녀 교육비를 줄여도 괜찮은지 혹은 이사 계획을 더 늦춰야 하는지를 부모와 자녀가 상의할 수 있어야 합니다. 그 대신 부모가 자녀에게 가정 재산 상황을 너무 자세히 알려 주는 것은 돈 관리를 조금씩 배워 나가야 하는 자녀에게 좋지 않습니다. 적당한 수준에서 부모와 자녀가 상의하는 것이 좋습니다. 가정 문제를 부모 마음대로만 정하면 자녀는 점점 가정 주인에서 멀어집니다. 좋은 일이든 나쁜 일이든 가정 문제를 가족 모두가 알고 함께 다루어야 부모든 자녀든 가정 주인 역할을 배울 수 있습니다. 이것은 자녀의 체면을 세워 주는 일이기도 합니다.

부모 역할 중 가장 어려운 것이 돈 문제입니다. 부부 사이와 부모 자녀 사이에 많이 다투는 문제 또한 돈 문제입니다. 돈 문제는 가족 모두가 함께 걱정하고 관리해야 이 문제로 다투는 일이 조금씩 줄어듭니다.

열심히 해도 문제

부모 자녀 관계: 이득과 손해

다음 중 부모의 자녀 양육에서 중요한 것 2가지만 고른다면?

1. 생활: 의식주정 생존 능력 - 자녀 몸 성장.

2. 매너: 사람 관계 - 자녀 마음 성장.

3. 교육: 실력 - 자녀 지식과 기술 성장.

부모는 자녀가 생존할 수 있게 의식주정 생활을 가르치고 돕습니다. 그러면서 자녀의 몸은 자랍니다. 그런데 부모가 자녀 생활을 지나치게 많이 도우면 자녀는 부모에게 자기 생활을 많이 기댑니다. 자녀의 생존 능력과 생존 의지는 더욱 떨어집니다. 부모는 이런 자녀를 좋게 보기 어렵습니다. 그렇다고 부모가 자녀 생활을 거의 돕지 않으면 자녀는 생활에 큰 문제가 생깁니다. 자녀는 지치고 부모를 원망하게 됩니다. 이처럼 부모가 자녀 생활을 도우면서 자녀 몸을 성장시키는 일은 어떤 식으로 하든 어느 정도 부작용이 있습니다.

부모는 자녀가 주변 사람과 어울리도록 매너를 가르칩니다. 그러면서 자녀의 마음은 자랍니다. 사람 마음을 키우는 것이 훈육입니다. 부모는 체벌과 말로 자녀를 훈육합니다. 막무가내로 물건을 사 달라는 자녀를 부모가 체벌하면 자녀 태도를 바꿀 수 있지만 자녀 마음에 상처를 줍니다. 그런 자녀는 부모에게 불만을 갖습니다. 그렇다고 부모가 자녀 잘못을 무조건 말로만 타이르면 자녀는 상처받지 않겠지만 자기 잘못을 가볍게 여기고 태도를 바꾸지 않을 수도 있습니다. 그러면 부모는 자녀 때문에 괴롭습니다. 이처럼 부모의 훈육은 어떤 식으로 하든 어느 정도 부작용이 있습니다.

부모는 자녀가 실력 있는 사람이 되게끔 여러 가지 교육을 시킵니다. 그러면서 자녀의 지식이나 기술은 성장합니다. 부모가 자녀 교육에 많이 간섭하면 실력은 오르지만 자녀를 힘들게 합니다. 그런 자녀는 부모에게 실망합니다. 그렇다고 부모가 자녀 교육에 적게 간섭하면 자녀 교육 수준이 떨어질 수 있습니다. 그러면 부모가 자녀에게 실망합니다. 이처럼 부모의 자녀 교육은 어떤 식으로 하든 어느 정도 부작용이 있습니다.

부모가 자녀의 몸과 마음과 교육을 도울수록 자녀가 얻는 것도 있지만 부모 자녀 관계가 나빠지는 부작용 또한 생깁니다. 부모 자녀 관계가 나빠지더라도 자녀의 몸과 마음, 실력이 제대로 성장하면 아쉽더라도 괜찮은 일입니다. 그러나 현실에서 부모 자녀 관계가 나쁘면 자녀는 주눅 들고 마음이 비뚤어집니다. 이런 자녀는 정상적으로 자기 몸과 마음 그리고 실력을 키우기가 어렵습니다.

식물이나 애완동물을 키울 때는 정성을 많이 들일수록 잘 자랍니다. 키우는 쪽의 생각대로 양육되는 편입니다. 그러나 사람은 그렇지 않습니다. 사람은 다른 생명체에 비해 똑똑하기 때문에 어떻게 얼마나 발전할지 아무도 모릅니다. 부모가 자녀에게 아무리 많은 정성을 들여도 부모 생각대로 자녀가 크지 않는 것이 오히려 정상입니다. 이런 특징을 무시하고 부모가 자기 생각대로만 자녀를 키우려고 하면 자녀 양육에 실패할 수 있습니다.

결국 부모가 자녀 양육을 열심히 하거나 혹은 열심히 하지 않더라도 자녀에게 손해가 나고 사이가 점점 나빠지는 것을 막기 어렵습니다. 그만큼 자녀 양육은 매우 어려운 일이고 부모 자녀 관계가 나빠지는 것을 막기가 힘듭니다. 어려운 일은 잘하는 것보다 못하지 않는 것이 중요합니다. 부모는 양육하면서 자녀에게 큰 이득을 주는 것보다 자녀에게 큰 상처를 주지 않는 것에 더 집중하는 것이 좋습니다.

자녀가 부모로부터 상처받을 때 자녀가 할 수 있는 일은 부모를 미워하거나, 부모와 맞서 싸우거나, 집을 나가는 것입니다. 이 중에서 자녀가 현실적으로 할 만한 일은 부모를 미워하는 것뿐입니다. 자녀가 부모의 양육 방식이나 훈육을 바꾸라고 요구하기는 어렵습니다. 자녀가 부모에게 상처받는 것을 피할 방법이 거의 없으므로 부모가 자녀에게 상처 주는 일을 줄이는 것이 중요합니다.

사람이 애완동물을 기를 때 좋은 점은 서로 다투지 않는 것입니다. 애완동물이 사람에게 실수나 잘못을 하더라도 좀처럼 사이가 나빠지지 않습니다. 무엇보다 사람이 애완동물에게 상처 주는 일이 거의 없습니다. 주인은 애완동물의 부족함을 그대로 인정해 주기에 애완동물이 주변에서 으뜸가는 동물이 되길 바라지 않습니다. 애완동물이 건강하고 주변 사람과 사이좋게 지내는 정도만 바랍니다. 그래서 주인과 애완동물은 서로 사이좋게 오래 함께 지낼 수 있습니다.

자녀는 아직 몸도 마음도 덜 자랐고 실력 또한 부족하기 때문에 하는 일이 서툴러야 정상입니다. 자녀의 이런 부족함을 부모가 인정해야 자녀가 실수나 잘못을 했을 때 혼내기보다 위로할 수 있습니다. 게다가 여러모로 부족한 자녀에게 생활·매너·교육 모두 잘하기를 바라는 것은 지나친 부모의 마음입니다. 생존에 꼭 필요한 생활과 매너 위주로만 부모가 간섭해도 자녀에겐 상당히 버겁습니다. 여기에 교육을 무리하게 시키면 부모 자녀 사이가 나빠지는 것이 당연합니다. 부모는 교육으로 자녀에게 부담 주는 부분을 줄일 필요가 있습니다. 물론 교육으로 자녀 실력을 키우는 일이 중요합니다만 교육이 자녀와의 관계를 망쳐도 될 정도로 중요하지는 않습니다. 부모와 자녀의 사이가 나쁘지 않고 자녀의 생활과 매너가 좋으면, 자녀가 자기 실력을 키우는 일에도 자연스럽게 큰 도움이 됩니다. 사람의 행동은 그 의도가 아무리 좋았어도 원치 않는 나쁜 결과가 자기도 모르게 나타나게 됩니다. 나쁜 결과가 나왔을 때 좋은 의도로 한 일이었다고 말하는 것은 결국 변명입니다. 결과가 나쁘면 나쁜 것입니다. 부모는 어떤 식으로 자녀 양육을 하더라도 자녀에게 부작용이 나타나는 것을 항상 생각해야 합니다. 부모는 자녀가 망하기를 바라지 않습니다. 잘되기를 바랍니다. 그러나 그 이유가 부모가 자녀에게 상처 주는 이유가 될 순 없습니다. 자녀를 지나치게 힘들게 만드는 것은 잘되게 만드는 일이 아니라 괴롭히는 일일 뿐입니다. 자녀에게 상처 주는 일이 점점 줄어드는 부모가 되길 바랍니다.

자녀 독박

다음 중 잘했을 때 가장 이득이 큰 것은?

1. 생활.

2. 매너.

3. 교육.

실력 좋은 사람은 많은 사람에게 인정받고 큰돈을 벌 기회가 많습니다. 자녀가 많은 교육을 받고 높은 실력을 쌓을수록 큰 이득을 얻을 가능성이 높습니다. 이런 이유로 부모는 자녀 양육에서 생활과 매너보다 교육을 더 중요하게 생각하게 됩니다. 많은 가정에서 공교육(학교) 외에 사교육(학원이나 과외)을 추가하여 자녀 교육을 합니다. 자녀는 많은 공부량을 감당하느라 어렵고 부모는 비싼 교육비를 준비하느라 어렵습니다. 자녀 부모 모두 이처럼 어려운 처지에 놓이므로 그 사이가 좋기 어렵습니다. 특히 교육한 결과까지 좋지 않으면 문제는 더욱 심각합니다.

사람이 어떤 일을 하고 문제가 생겼다면 책임을 져야 합니다. 자녀 교육에서 생긴 문제를 책임질 때 부모는 "나는 자녀 교육을 위해 많은 돈과 수고를 감당했다"라고 말하며 자녀와 사교육에 책임을 돌릴 수 있습니다. 그에 반해 자녀는 책임을 돌릴 만한 곳이 자기 자신뿐이기에 자기가 모든 책임을 감당해야 합니다. 자녀는 "나의 노력이 부족했어요"라는 말 외에 딱히 할 말이 없습니다. 어른은 자녀보다 유리한 위치에 있으면서 쉬운 책임을 가져가고, 자녀는 불리한 위치에 있으면서 거의 모든 책임을 다 져야 하는 것이 자녀 양육 중 교육에서 나타나는 문제입니다. 그러나 생활과 매너는 부모와 자녀가 함께 하는 일이라서 한쪽에만 책임을 묻거나 핑계 댈 수 없습니다. 서로 함께 책임져야 하기에 자녀만 억울한 일이 생기지 않습니다.

부모는 자기 자녀가 다른 사람보다 뒤처지지 않고 좀 더 앞서 나가기를 원합니다. 부모가 자녀를 위해 교육에 집착하는 것은 당연하고 자연스러운 일입니다. 그런데 부모가 그럴수록 자녀는 노력과 능력이 부족한 사람이 될 때가 많습니다. 자녀가 자꾸만 죄인이 되어 버립니다. 부모가 "다너를 위해 그런 거야"라고 말하면서 자녀를 자꾸 나쁜 사람으로 만들지 않아야 합니다. 자녀에게 교육을 시키더라도 지나친 부담을 주지 않는 정도에서 해야 합니다.

사람이 교육받고 실력을 키우는 것은 '남보다 잘살기 위해서'라는 이유가 있지만 '앞으로 자기가 맡아서 할 일을 제대로 하기 위해서'라는 이유도 있습니다. 이왕이면 '이김'이 아닌 '역할 감당'을 위해 실력을 키운다고 생각하면 부모도 자녀도 조금은 줄어든 부담으로 교육을 대할 수 있을 것입니다.

한 가지만 약속해도

1. 부모 자녀 사이에 규칙이 많은가요, 적은가요?

어디든 사람이 함께 생활하면 규칙이 생깁니다. 가정에서 규칙은 부모와 자녀가 약속하고 그 약속을 지키지 않으면 벌주는 것(체벌)으로 정합니다. 아무래도 규칙을 어기는 사람은 주로 자녀가 될 것입니다. 그러나 규칙을 어기는 사람은 부모도 마찬가지입니다. 자녀가 규칙을 어길 때마다 자녀에게 벌주는 일은 부모에게도 상당히 어려운 일입니다. 부모는 벌주는 일을 다음으로 미루거나 정한 대로 벌주지 않을 때가 많습니다. 그렇다고 벌을 매우 약하게 하면 쓸모없는 규칙이 됩니다.

가정 규칙이 많을수록 자녀가 약속을 어기는 일이 많아집니다. 그에 따라 부모가 체벌하는 상황이 자주 생기고 일일이 체벌하지 못할 때도 많아집니다. 자녀는 규칙을 어기고도 종종 벌 받지 않게 됩니다. 결국 자녀가 벌 받는 기준은 가정 규칙을 어긴 것보다 부모의 마음이나 기분으로 점점 바뀝니다. 자녀는 가정 규칙을 어겼을 때 자기 잘못을 책임지는 것보다 부모 기분을 먼저 살피게 됩니다.

애당초 규칙을 만들면 그것을 지키는 것은 당연한 일이고 어기는 것은 벌 받는 일이 됩니다. 가정 규칙 한 개가 생기면 부모가 자녀에게 벌줄 일 하나가 생기는 것입니다. 실제로 가정 규칙을 1가지만 만들어도 그 규칙을 무조건 지키는 것은 어렵습니다. 몇 번만 지키면 끝나는 것이 아니라 끊임없이 지켜야 하기 때문입니다.

그렇다고 가정 규칙이 무조건 나쁜 것은 아닙니다. 자녀가 생활과 매너를 배울 때 규칙은 꼭 필요합니다. 가정 규칙이 많더라도 자녀가 잘 지키거나 부모 역시 벌주는 일을 미루지 않고 확실하게 지킨다면 나름 괜찮은 양육 방법이 됩니다. 이런 가정을 흔히 '엄한 가정'이라고 합니다. 엄한 가정은 벌을 세게 주는 가정이 아니라 정한 규칙대로 하는 가정입니다. 이런 가정은 가족이 각자 자기 역할은 잘하지만 가족 간의 관계는 그리 좋지 않습니다.

문제가 되는 가정은 '엄하지 않은 가정'입니다. 특히 가정 규칙이 너무 많아 자녀가 규칙을 어기는 일이 많고 부모 역시 일일이 벌주기가 어려운 가정은 가족의 역할과 관계 모두 좋지 않습니다. 자녀는 많은 가정 규칙을 모두 지키기 어렵고, 지키지 않았을 때 벌 받는 일 또한 두렵기에 이러지도 저러지도 못하는 상황에 자주 빠집니다. 그런 자녀는 '부모는 자기 하고 싶은 대로 하는 사람, 행동을 강요하고 혼만 내는 사람'으로 생각하게 됩니다. 그리고 부모는 규칙을 감당하지 못하는 자녀를 '부모 말을 안 듣는 사람, 혼날 짓만 골라서 하는 사람'으로 생각하게 됩니다. 많은 가정 규칙은 서로를 '약속 안 지키는 사람, 잘못된 사람'으로 만들기 쉽습니다.

이런 문제를 해결하려면 규칙을 줄여야 합니다. 먼저, 부모와 자녀 모두 많은 가정 규칙을 감당하지 못하는 사실을 서로 인정해야 합니다. 그다음, 과감하게 규칙을 줄여 나쁜 부모와 나쁜 자녀가 되는 일을 점점 없애야 합니다. 그렇다고 규칙을 전부 없애면서 자녀가 모든 일을 스스로 하기만을 부모가 바라는 것은 옳지 않습니다. 그 대신 한 가지 규칙만이라도 제대로 세우고 서로 지키면서 '벌줄 일 많은 부모, 벌 받을 일 많은 자녀, 약속 지키지 않는 부모 자녀'에서 벗어나야 합니다.

규칙으로 정하지 않았지만 부모가 중요하게 생각하는 것은 규칙 같은 명령이 아닌 권유나 추천하는 방법으로 부모가 도와야 합니다. 그런데 권유라도 너무 자주 말하면 강요가 된다는 것을 조심해야 합니다. 부모가 자녀를 뛰어난 사람으로 만들려고 할수록 가정 규칙이 많이 생깁니다.

특히 자녀 교육에 집중할수록 이런 일이 심합니다. 자녀 양육에서 교육 부분을 조금씩 줄일 필요가 있습니다.

2. 자녀에게 변명할 기회를 줄까요, 바로 혼낼까요?

적은 규칙이라도 생활하면서 규칙을 어길 때가 있습니다. 규칙을 어긴 자녀는 약속대로 벌 받을 생각에 두려움을 느낍니다. 그런 두려움은 자녀를 거짓말하게 만듭니다. 자녀는 규칙을 어긴 '잘못한 사람'에서 거짓말을 한 '나쁜 사람'까지 되어 버립니다. 이런 상황에서 자녀가 부모 질문에 차분하고 솔직하게 대답하기는 어렵습니다. 이럴 때는 자녀가 제대로 대답하는 것보다 부모가 적절하게 질문하는 것이 더 중요합니다.

부모는 자녀가 변명할 수 있게 질문하는 것이 좋습니다. 자녀가 자신을 위해 남 탓을 하며 핑계 대는 것도 그리 나쁘지 않습니다. 자녀에게 벌 받는 두려움을 이겨낼 정도의 용기를 강요하지 않아야 합니다. 자녀가 거짓말하면서 나쁜 사람이 되는 것을 막는 것이 중요합니다.

그다음에 부모가 할 일은 자녀가 변명하는 것을 기다리는 것입니다. 자녀에게 변명할 시간을 주지 않고 체벌을 서두르면 자녀를 오해하기 쉽습니다. 자녀는 부모에게 상처 주려고 일부러 규칙을 어기지 않습니다. 감당하기 어렵거나, 생각이 부족하거나, 판단을 잘못했을 때 규칙을 어깁니다. 자녀의 해명을 자주 들었던 부모만이 생각지도 못하게 자녀를 오해할 때가 많다는 것을 압니다. 부모는 자녀가 규칙을 어겼다는 사실보다 자녀를 오해하지 않는 것에 더 신경을 써야 합니다. 게다가 자녀의 변명을 들어 봐야만 규칙을 많이 만든 부모 자신의 잘못까지 스스로 깨달을 수 있습니다.

마지막으로 부모는 규칙대로 벌을 주어야 합니다. 부모가 규칙대로 벌주지 않으면 자녀는 안심하겠지만 부모를 점점 믿지 않게 됩니다. 더 나아가 다른 사람과의 약속까지 하찮게 생각할 수도 있습니다. 규칙대로 벌을 주어야만 자녀는 변명이나 핑계로 벌 받는 일을 피할 수 없다는 것을 알게 됩니다.

3. 벌주고 난 뒤에 위로할까요, 말까요?

규칙대로 벌을 주고 나면 부모 자녀 관계에 크든 작든 손해가 납니다. 이 손해를 줄이려면 벌준 뒤에 자녀를 위로해야 합니다. 많은 부모가 자녀를 위로하려고 특별한 음식이나 물건을 사 줄 때가 많습니다. 돈을 써서 자녀를 위로하는 것이 나쁜 행동은 아니지만 '잘못해서 벌 받으면 맛있는 음식이나 선물을 받는다'라고 자녀가 생각할 수 있습니다.

좋은 위로가 되려면 벌을 스스로 잘 감당하는 데 도움을 준다거나 규칙을 앞으로 잘 지키는 방향으로 위로해야 합니다. 체벌과 위로가 서로 관계가 있어야 합니다. 그리고 부모의 자녀 체벌이 자녀를 괴롭게 만들려는 것이 아니라 약속을 지키기 위한 것임을 자녀가 알게 해야 합니다.

영철이와 부모는 '거짓말 안 하기' 규칙 한 가지를 정했습니다.

자녀 생활 중 대화라는 한 가지 분야만 보더라도, '거짓말 안 하기', '말 함부로 하지 않기' 등등 부모는 마음만 먹으면 수많은 규칙을 만들어 낼 수 있습니다. 이 중에서 부모가 '거짓말 안 하기' 하나만 규칙으로 정하고, '말 함부로 하지 않기'에 대해선 규칙을 정하지 않았다고 합시다. 이 규칙의 벌은 '거짓말하면 양팔을 5분 동안 든다'입니다.

나중에 영철이가 거짓말을 했다면 부모는 바로 벌을 주지 말고 자녀가 자신을 위해 변명할 수 있게 질문합니다. 부모는 자녀의 변명을 들으며 최대한 영철이가 거짓말을 하게 된 상황과 영철이의 진심을 알아냅니다. 자녀 잘못을 이해해 주되 그 책임은 지게 합니다. 영철이에게 억울한 일이 있었다면 위로해 주고 앞으로 규칙을 잘 지키게끔 격려해 줍니다. 벌을 잘 끝마칠 수 있도록 격려해 주는 것도 좋습니다.

부모 자녀 관계는 오직 둘만의 일입니다. 둘 사이에 문제가 있다면 그 이유를 다른 곳에서 찾을 필요가 없습니다. 부모는 자녀 잘못을 찾으면서 그와 동시에 부모 자신의 잘못까지 찾아야 합니다. 그러려면 부모가 항상 자기가 옳다고 생각하지 말고, 꾸준히 자기 판단을 의심하고, 자주 자기 행동을 후회하고 살아야 합니다. 후회하고 사는 것은 사람이 피할 수 없는 일입니다. 특히 자녀 양육에 관한 일은 부모가 후회를 많이 할 필요가 있습니다. 그렇지 않고 부모가 자기 생각이 무조건 옳다고 믿고 그 생각을 자녀에게 강요하면 자녀에게 큰 상처를 주게 됩니다. 특히 부모가 많은 가정 규칙을 세우고 그 일에 대해 후회하지 않으면 부모 자녀가 싸울 일이 매우 많아집니다. 가족은 잘사는 것보다 서로 싸우지 않고 사는 것이 더 중요합니다.

역할과 관계: 일터

집 안에서는 가족이 각자 주인 역할을 맡고 서로 매너 있는 관계를 유지하며 생활해야 한다면, 집 밖에서는 각각 자기 일터에서 역할을 맡고 그곳 사람들과 적절한 관계를 맺으며 생활해야 합니다. 자녀의 일터는 학교나 직장이 되고, 부모의 일터는 직장이나 집이 됩니다. 그래서 가족이 일터에서 맡는 주된 역할은 학생·직장인·주부가 됩니다.

일터에서 자기 일을 '매우 잘 해내는 것'은 좋은 일이겠지만, 꼭 해야만 하는 일은 아닙니다. 그 대신 자기 일을 '제대로' 할 수 있어야 일터에서 자기 역할을 계속할 수 있습니다. 그리고 일터에서 주변 사람과 좋은 관계를 꾸준히 이어가는 것도 필요합니다. 일터에서 외톨이가 되거나 무례하게 굴면 그곳에서 더 이상 생활하기 어렵습니다. 일터에서 자기 역할과 관계에 대해 이야기합니다.

학교 가는 이유

학교 다니는 이유가 무엇이라고 생각하나요?

1. 성적을 얻기 위해.

2. 수업을 받기 위해.

3. 다양한 학교생활을 위해.

자녀의 일터는 학교입니다. 요리 학교는 요리 능력을, 의과 대학은 병 고치는 능력을 가르칩니다. 이처럼 학교는 학교에서 정해 놓은 지식을 가르치는 곳입니다. 학교가 학생에게 원하는 것은 '학교가 정해 놓은 지식을 학생이 제대로 받아들이는 것'입니다. 학교는 가르치는 지식을 받지 않으려 하거나, 그 지식을 배울 수 없는 학생을 원하지 않습니다.

회사의 목표는 자기 회사의 성장입니다. 자기 회사의 제품이 널리 인정받고, 사업이 잘되어서 더 큰 회사가 되는 것이 회사의 주된 목적입니다. 그렇다면 학교의 목표는 무엇일까요? 회사는 회사 자신이 크는 것이 목표지만, 학교는 학교의 성장이 아닌 학생의 성장이 목표입니다. 학교의 목표는 크고 멋진 학교가 되는 것이 아니라 학교에서 가르친 지식으로 실력 있는 학생을 만드는 것입니다.

학교의 자랑거리는 실력 좋은 사람, 대단한 사람이 자기 학교 출신이라는 사실이 됩니다. 학교에 그런 사람이 많을수록 많은 학생과 학부모가 그 학교를 더욱 인정하고 그 학교에서 배우기 위해 서로 경쟁합니다. 학생 수준이 점점 높아지면서 대단한 실력을 가진 사람 또한 많이 나오게 됩니다. 많은 유명한 학교가 이런 과정을 거쳐 왔습니다. 그리고 대단한 사람이 아니더라도 자기 일터에서 꼭 필요한 사람이라면 누구나 그 학교의 자랑이 될 수 있습니다.

학생마다 학교 가는 이유가 다릅니다. 친구를 만나려고, 그냥 당연하게 생각해서, 졸업장이 필요해서, 동아리 활동을 하려고 등등 사람마다 다양한 이유가 있습니다. 그런데 학교 가는 주된 이유는 '수업받는 것'이 되어야 합니다. 학교가 지식을 가르치는 주된 방법은 수업이기 때문입니다. 수업이 아닌 다른 활동이 학교 가는 이유가 되면 자기 학교생활 대부분을 손해보게 됩니다. 마치 짜장면을 주문하고 단무지만 먹은 것과 같습니다.

학교 갈 때 수업을 들어야만 하는 자기만의 이유를 만들 필요가 있습니다. 나중에 가고 싶은 학교나 학과에 가기 위해, 원하는 직업을 갖기 위해, 생활에 필요한 지식을 배우기 위해, 성적을 얻기 위해 등등 여러 가지 이유 중에서 자기만의 이유를 만들어야 합니다. 이런 이유가 마음에 들지 않으면 학교 수업을 받는 기본적인 이유라도 알아 둬야 합니다.

한 학기 학교 수업은 시험으로 마무리되기에 많은 학생이 수업받는 이유를 시험을 치르고 성적을 얻기 위해서라고 생각합니다. 그러나 대학교 이전의 초중고 학교 수업을 받는 기본적인 이유는 사람의 직장 생활, 문화생활, 사회생활에 기본이 되는 지식을 배우기 위해서입니다. 예를 들어, 국어 과목은 책을 읽거나, 다른 사람과 대화하거나, 글을 쓸 때 필요한 능력을 키워 줍니다. 이런 국어 능력은 인터넷 댓글을 쓰는 작은 일에서부터 직장에서 중요한 서류를 만드는 큰일을 하는 데까지 필요합니다. 전문학교·대학교에서 수업을 받는 기본적인 이유는 자기가 특별히 잘하고 싶은 분야의 전문적인 지식이나 기술을 배우기 위해서입니다. 공부에 대한 자세한 것은 뒤의 〈공부와 활용〉에서 따로 말합니다.

살다 보면 나이는 저절로 많아지지만 자기 실력은 저절로 커지지 않습니다. 따로 키워야 합니다. 자기 실력을 키우는 가장 좋은 곳은 일터입니다. 학생일 땐 학생의 일터인 학교에서 수업과 자기 학습으로 실력을 키우고,

직장인일 땐 직장에서 자기 역할을 감당하면서 실력을 키워 나갑니다.
직장에서 자기가 대단한 일을 하면 좋겠지만 의무는 아닙니다. 자기 역할만 제대로 해도 좋은 직장인입니다. 비슷하게 학생이 학교 시험에서 꼭 좋은 점수를 받지 않더라도 수업에서 받은 지식을 차곡차곡 쌓았다면 좋은 학생으로 볼 수 있습니다.

그러나 현실에서는 지나친 공부량과 성적 경쟁을 사회와 가정이 강요할 때가 많습니다. 학생은 수업에서 배운 것 이상의 공부를 해야 하기에 밤이나 휴일에 일하기도 합니다. 직장인보다 더 많은 일을 하는 셈입니다. 이런 점은 사회의 어른이 책임지고 계속 바꿔야 할 문제입니다.[3] 학교 수업에 흥미가 떨어질 수 있고 학교생활이 피곤할 수도 있겠지만 용기 내어 수업을 성실하게 받으면서 학생 역할을 잘 감당하길 바랍니다.

---

3 어른으로서 미안한 마음을 갖고 있습니다.

공무원 사부

학교에서 선생님은 어느 쪽에 더 가깝나요?

1. 공무원.

2. 스승.

공무원이라고 하면 주민 센터나 시청에서 일하는 사람이 주로 생각나겠지만 선생님도 교육공무원이라는 공무원입니다. 공무원은 직장이 아닌 국민을 위해 일하는 사람이며 법에 따라 일합니다.[4] 공무원인 선생님의 역할은 학생과 학부모가 요구하는 것을 최대한 들어주는 것이 아니라 교육공무원법에 따라 일하는 것입니다. 학교에서 매년 실시하는 '학부모 상담'은 학부모가 요구해서 하는 것이 아닙니다. 학교 전통도 아닙니다. 법에 있기 때문에 하는 것입니다.[5] 선생님은 법으로 공무원이라는 신분을 보장하고, 하는 일을 법으로 직접 정해 놓을 만큼 나라에서 중요하게 여기는 사람입니다. 학생은 선생님을 함부로 대하지 말고 예의를 갖출 필요가 있습니다.

그렇다고 선생님이 학생에게 관심과 사랑이 없고 법 때문에 억지로 일을 하는 것은 아닙니다. 선생님은 공무원 역할만 하는 것이 아니라 스승 역할도 하기 때문입니다. 무엇보다 교육이라는 일 자체가 학생에게 관심과 사랑이 있어야만 감당할 수 있는 일입니다. 스승이라고 하면 무술이나 요리 비법을 전수해 주는 사부님이 생각나곤 합니다. 훌륭한 스승에게

---

4 사립학교 교사는 교육공무원이 아니지만 교육공무원법을 따르기에 교육공무원으로 봐도 괜찮습니다.

5 초 · 중등교육법 시행령 제36조의 5:
담임 교사는 학생 교육활동과 '상담' 및 생활지도 등을 담당한다.

배우면 그 제자 또한 좋은 실력을 얻게 될 것입니다. 그러려면 좋은 스승을 만나야 하고 제자와 스승 관계가 좋아야 합니다. 문제는 이런 일은 제자 마음대로 할 수 있는 일이 아니라는 것입니다. 그나마 제자가 선택할 수 있는 일은 자기가 좋은 제자가 되는 것과 자기가 스승에게 좀 더 맞추는 것입니다. 물론 쉬운 일은 아니겠지만 갑자기 좋은 스승이 나타나 자기에게 잘해 주기만을 바라는 것보다는 훨씬 가능성이 높습니다.

스승은 자기 지식이나 기술을 제자에게 전해 주는 사람입니다. 무언가를 주는 사람은 그것을 진심으로 좋아하거나 가치 있게 받는 사람을 좋아합니다. 좋은 제자는 실력이 뛰어난 제자라기보다 스승의 가르침을 정성스럽게 받는 사람입니다. 제자는 마음만이 아닌 행동으로 스승에게 이런 정성을 보일 필요가 있습니다. 스승은 말과 교재(책, 자료)로 제자를 가르칩니다. 말은 귀로 듣습니다. 그런데 상대방 말을 잘 들으려면 귀를 쫑긋 세우는 것보다 눈을 마주치는 것이 훨씬 중요합니다. 아무리 집중하며 들어도 말하는 사람을 보지 않고 들으면 제대로 듣기 힘들뿐더러 말하는 사람은 자기 말을 안 듣고 있다고 생각합니다. 상대방 말을 잘 듣기 위해서 그리고 상대방에게 제대로 듣고 있다는 것을 보여 주기 위해서 제자는 스승을 계속 봐야 합니다. 교재 또한 눈으로 봐야 하므로 수업 시간에는 눈의 역할이 가장 중요하다고 볼 수 있습니다. 뜬금없이 상대방을 계속 쳐다보면 상대방이 이상하게 느낄 수 있지만 수업 때 눈을 맞추는 것은 전혀 이상한 일이 아닙니다. 듣는 사람이 말하는 사람에게 정성을 보여 주는 방법은 눈 맞추는 것을 자기가 부끄럽게 여기지만 않으면 되는 것입니다. 이 정도만으로 제자는 스승에게 제자로서 정성을 상당히 보여 줄 수 있습니다. 가족·친구·애인 관계에서도 상대방 말을 들을 때는 이런 태도로 대해야 합니다.

어쩌다 좋지 않은 스승을 만날 수도 있습니다. 학생이 스승을 이길 순 없기에 그럴 때는 맞서기보다 최대한 부딪치지 않는 것이 낫습니다. 그러나 피하기마저 어렵다면 부모님이나 주변 어른에게 꼭 자신의 어려운 상황을 이야기해야 합니다. 간혹 부모님이 걱정할까 봐 혹은 주변 어른에게 말해 봤자 소용없을까 봐 자신의 어려운 상황을 이야기하지 않을 수도 있습니다. 학생과 어른은 나이가 대략 20~40년 정도 차이가 납니다. 이 정도 시간의 경험 차이는 학생이 미처 생각하지 못한 일을 해내기도 합니다. 부모나 주변 어른이 믿을 만하지 않고 마음에 들지 않더라도 어려운 이야기만큼은 해 주면 좋겠습니다. 최소한 가족 간에는 이런 이야기를 할 수 있어야 합니다.

우리나라는 고등학교까지 국가에서 학교를 보내 주므로 학생이 특별히 노력하지 않아도 학교에 가서 선생님을 만날 수 있습니다. 그만큼 학생이 학교 선생님을 대단하게 여기기가 쉽지 않습니다. 이런 이유로 학생은 선생님을 단순히 월급 받는 직장인이나 학원 강사보다 부족한 스승으로 생각하면서 함부로 대할 수 있습니다. 그러면 선생님과 학생의 관계는 나빠지고 그 피해는 주로 학생에게 돌아갑니다. 선생님을 공무원으로서 공손히 대하고, 스승으로서 정성을 들여 대한다면 학생과 선생님이 사이좋게 생활할 수 있을 것입니다.

선배의 간섭

선후배 관계: 자격

선배는 후배를 어떻게 대해야 하나요?

1. 선배는 후배에게 간섭할 수 있다.

2. 선배는 후배에게 간섭할 수 없다.

자기보다 학교에 먼저 들어온 사람이 선배입니다. 선배는 후배보다 나이도, 아는 것도, 능력도 더 많습니다. 선배를 대선배 혹은 선배님으로 부르며 굉장히 대단한 사람으로 생각하는 사람도 있습니다. 그런데 학교에서 선배라고 부르는 이유는 후배보다 무언가를 잘해서가 아니라 후배보다 빨리 입학했다는 사실 때문입니다.

학생이 학교에 막 들어가면 무조건 후배부터 시작합니다. 1학년 선배님은 없습니다. 그리고 어떤 곳이든 시작부터 어려운 일을 맡기는 곳은 없습니다. 후배는 학교의 어려운 일을 맡을 필요가 없으며, 후배 역할은 서로 알게 된 선배에게 인사하는 정도로 충분합니다.

학교에서 지내다 보면 저절로 후배가 들어오고 저절로 선배가 됩니다. 후배를 위해 특별한 노력을 한 사람만 선배가 되는 것이 아닙니다. 때가 되면 그냥 되는 것입니다. 군대의 특수 부대처럼 힘든 노력을 해야만 선배가 되는 곳에서는 후배가 선배 대접을 할 필요가 있지만 학교에서는 그럴 필요가 없습니다. 선배는 후배보다 학교를 더 오래 다녔기에 학교생활이나 학교 정보를 더 많이 압니다. 이런 내용을 후배에게 알려 주는 것이 선배 역할입니다. 그렇다고 이런 내용이 선배로부터 받아야만 알 수 있는 것도 아닙니다. 시간이 지나면 후배 또한 자연스럽게 알 수 있는 것이며 선배가 직접 알려 준다면 더 빠르고 편하게 후배에게 도움이 되는 장점이 있을 뿐입니다. 오히려 때에 따라서는 선배가 후배로부터 도움을 받을 수도 있습니다. 선배는 후배에게 적당한 도움을 주는 것 빼곤 후배에게 강요할 만한 것이 없습니다. 간혹 후배가 무례하게 선배에게 대하더라도 간섭하지 말아야 하는지 궁금할 수도 있습니다. 그런데 무례를 저지르는 사람에게는 선배, 후배를 굳이 따질 필요가 없습니다. 선배든 후배든 무례하게 구는 사람은 선후배가 힘을 모아 함께 막아야 합니다. 후배가 선배에게 함부로 대할 때는 선배가 그런 후배를 막을 수 있기에 큰 문제가 되지 않습니다. 그러나 선배가 후배를 함부로 대할 때는 후배가 그런 선배를 막기 어려우므로 큰 문제가 됩니다. 선후배 사이를 망치는 주된 원인은 선배가 후배에게 잘못할 때라고 볼 수 있습니다.

선배로서 특별히 할 수 있는 일이 있다면 그것은 잘못된 학교 분위기나 학교 문화를 고치는 일에 앞장서는 것입니다. 후배가 선배를 무시하고 이런 일에 먼저 나서기는 어렵습니다. 후배를 보호하고 어려운 일을 나서서 하는 선배가 후배로부터 인정받을 자격이 있는 선배입니다. 오히려 잘못된 학교 문화를 지키는 일에 앞장서고 후배들에게 여러 가지 일을 강요하는 선배는 선배 역할을 제대로 모르는 사람입니다.

세상은 나이를 더 먹은 것, 학교에 먼저 들어온 것을 상당히 인정해 주는 편입니다. 남보다 먼저 힘든 시기를 견뎌내고 수고하며 경험 쌓은 일을 가치 있게 봐 줍니다. 그런데 그런 사실이 선배가 후배에게 함부로 대할 만한 이유가 되진 않습니다. 후배도 차츰 그런 수고와 경험을 하기 때문입니다.

간혹 학교 전통이나 질서를 유지한다는 이유로 선배가 후배에게 함부로 대하는 경우가 있습니다. 폭력과 무례함이 전통인 학교는 그동안 잘못을 고치려는 선배가 거의 없었다는 뜻입니다. 나쁜 짓을 하고 전통 핑계를 대는 선배가 아닌 나쁜 전통을 없애는 선배가 필요합니다. 그리고 학교

질서를 세우려면 선배가 후배를 위협하는 것보다 학교 규칙을 엄격하게 고치는 것이 낫습니다.

선배, 후배 관계는 학교뿐만 아니라 일터에도 있는 관계입니다. 선배는 후배를 도와주고 후배는 선배 체면을 세워 주는 관계가 좋은 관계입니다. 친구 관계는 뒤의 〈친구와 연인〉에서 따로 말합니다.

직장 잘리지 않기

직장인 역할: 감당

무사히 직장 생활을 하려면 어떻게 해야 할까요?

1. 자기 일을 제대로 한다.

2. 직장 동료와 나쁘지 않은 관계로 지낸다.

3. 일을 남보다 잘하고 직장 동료와 친하게 지내야 한다.

직장이란 일을 하고 돈을 받는 곳입니다. 직장을 계속 다녀야 돈을 벌어 자기 생활을 할 수 있습니다. 그러려면 직장에서 자기가 맡은 역할을 제대로 감당하고 직장 동료와 문제없이 지내야 합니다. 자기 일도 못하고 다른 직원과 어울리지도 못하면 직장 생활을 계속하지 못합니다.

직장인이 되면 자기가 맡은 '일(직무)'과 그 일을 할 수 있는 '권한'을 받고, 맡은 일을 제대로 하지 못하면 '책임'을 져야 합니다. 이 3가지를 제대로 알고 감당해야 직장인 역할을 제대로 해낼 수 있습니다. 음식점에서 월급을 받고 일하는 요리사 수민이 이야기입니다.

수민이는 요리 학교를 졸업한 뒤, 양식 조리 자격증을 따고 실습을 하면서 요리 실력을 키워 왔습니다. 자신의 양식 음식점을 만들고 싶은 꿈이 있지만 아직은 돈도 요리 실력도 가게를 관리하는 능력과 경험도 부족합니다. 수민이는 평가가 좋은 돈가스 전문점에 면접을 보고 조리사(cook)로 취직해 실력을 쌓고 있습니다. 현재 주방에는 주방장 1명, 부주방장 1명, 조리사 4명, 총 6명이 일하고 있습니다. 수민이는 직장에서 일하면서 돈과 경험을 얻고, 직장은 수민이가 일한 덕분에 점점 성장합니다.

조리사 수민이 직무는 요리 재료 손질, 음식 조리, 재료 창고 관리 3가지입니다. 그리고 상급자(상사)가 시킨 일을 합니다. 만약 수민이가 요리 재료 손질을 하지 않으면 주방 직원 모두가 일을 하지 못합니다. 수민이가 자기 일을 제대로 하지 않으면 직장에 있으나 마나 한 사람이 되는 것이 아니라 손해를 끼치는 사람이 됩니다. 이런 일이 자주 생기면 수민이는 직장에서 쫓겨나게 되고 더 이상 돈과 경험을 얻지 못합니다. 정성을 들이고 솔직한 것을 '성실'이라고 합니다. 사람이 세상 모든 일을 성실하게 대하기는 어렵습니다. 그러나 직장인이 자기 직무를 할 때만큼은 성실하게 일해야 직장에서 계속 일할 수 있습니다. 직장을 그만두더라도 성실하지 못해 쫓겨나선 안 됩니다. 직장에서 일을 남보다 뛰어나게 잘하는 것은 필수가 아니지만 성실하게 일하는 것은 필수입니다. 성실한 직장인만이 직장에서 돈과 경험을 계속 얻을 자격이 있습니다.

직장인이 자기 일을 하려면 권한이 필요합니다. 조리사 수민이는 손님이 주문한 메뉴 음식을 조리합니다. 메뉴 음식 조리법은 주방장이 정하며 수민이는 그 방법에 따라 음식을 만들어야 합니다. 수민이 마음대로 요리 재료나 조리 방법을 바꿀 수 없습니다. 수민이는 요리를 만들 권한은 있지만 요리 방법을 정할 권한은 없기 때문입니다. 만약 수민이가 자기 마음대로 조리 방법을 바꾸면 주방에 큰 혼란이 생깁니다. 직장인은 자기 권한이 무엇인지 확실히 알고 그 권한 안에서 자기 일을 성실하게 해야 직장을 계속 다닐 수 있습니다. 언젠가는 수민이가 주방장이 되어 자기가 직접 개발한 요리를 메뉴에 올릴 수도 있을 것입니다.

직장에서 일하다 보면 문제가 생길 때가 있습니다. 재료 창고를 관리하는 수민이는 생선 개수를 잘못 세었습니다. 다음 날 주방에 생선이 모자라게 되었습니다. 수민이가 잘못해서 일어난 사고라서 수민이는 그 책임을 져야 합니다. 일단 수민이는 상급자인 부주방장에게 상황을 보고하고 함께 일을 바로잡아야 합니다. 옆 가게에 가서 생선을 빌려 오든 시장에 가서 사 오든 어떤 방법이든 해야 합니다. 혼나는 일은 나중에 생각하고 문제를 해결하는 일을 일단 생각해야 합니다. 사람은 누구나 잘못을 하면 그 상황을 피하고 싶어 합니다. 직장인 또한 마찬가지입니다. 그런데 직장인은 그 상황에서 도망가거나 울고 있기만 해선 안 됩니다. 그나마 직장에 최대한 피해를 주지 않는 방향으로 일 처리를 해야 합니다. 그렇지 않고 책임을 무조건 피하려고 하거나 거짓말로 일 처리를 하면 직장도 자신도 모두 큰 손해가 납니다.

자기 직무를 권한을 가지고 처리하면서 문제가 생겼을 때 책임을 지는 것이 직장인 역할입니다. 조리사 수민이보다 높은 주방장은 주방의 모든 일을 파악하고 부하 직원 모두를 관리하는 직무를 담당합니다. 주방장은 다른 직원보다 더 많은 일을 하므로 권한이 훨씬 높으며 책임지는 일 또한 많습니다. 특히 높은 상급자가 일을 잘할수록 직장에 큰 이득을 가져옵니다. 이런 이유로 상급자가 되면 돈을 더 많이 받습니다. 자기 역할을 제대로 감당하면서 인정받고 승진하는 직장인이 되길 바랍니다.

후기와 별점

(   ), 나 정도면 직장 일을 잘하는 편이다.

1. 내가 생각하기에

2. 누가 봐도

사람은 자기가 자신을 평가할 때 점수를 그리 나쁘게 주지 않습니다. 거울에 비친 자기 모습을 보면서 '최소한 중간 이상은 되는 외모'라고 생각한 사람이 아마 많을 것입니다. 그런데 자기 외모를 착각하는 것은 심각한 문제가 되지 않지만 직장에서 자기 일하는 능력을 착각하는 것은 심각한 문제가 됩니다. 직장에서 일을 제대로 못하는 사람이 자신을 일 잘하는 사람으로 착각하면 직장에서 곧 쫓겨나게 됩니다. 직장은 직장에 손해인 직원을 계속 두지 않습니다. 그래서 직장인은 자기 자신을 착각하지 않도록 자기 직무 능력을 제대로 평가받아야 합니다.

직장인이 제대로 평가받으려면 자기 일과 관계있는 사람에게 평가받아야 합니다. 그런 사람은 주로 직장 동료나 손님이 됩니다. 사람을 평가하려면 그 사람의 좋은 점뿐만 아니라 나쁜 점까지 말해야 합니다. 상대방에게 불편한 말을 하는 것은 듣는 사람도 말하는 사람도 모두 부담되는 일입니다. 많은 사람이 상대방을 평가하는 일 자체를 싫어하거니 평가하더라도 대충 좋은 말을 하고 넘어가기 쉽습니다. 그래서 상대방에게 정확히 평가받으려면 상대방이 느끼는 이런 부담을 없애 주어야 합니다. 평가하는 사람이 누군지 모르게 한다든가, 평가하는 사람에게 선물을 준다든가, 중간에 다른 사람을 통해서 평가받는다든가 등등 다양한 방법이 있을 것입니다.

배달 앱에는 '후기'라는 가게 평가가 있습니다. 앱으로 만난 가게와 손님은 서로 모르는 사이라서 손님은 부담 없이 가게를 평가할 수 있습니다. 평가받는 가게는 음식과 배달이 제대로 되었는지 확인할 수 있어 가게 관리에 큰 도움이 됩니다. 그 대신 가게가 평가받으려면 손님이 사진을 찍고 글을 써야 하는 번거로움이 있어야만 합니다. 가게는 일부러 평가해 준 손님에게 적당한 보상을 할 필요가 있습니다. 일터에서 상대방이 자기를 평가해 주었다면 평가가 좋든 싫든 적당한 인사나 간단한 보상을 하는 것이 매너입니다.

상대방에게 평가받았다면 그것을 제대로 확인하는 일도 필요합니다. 수민이가 "음식이 맛있습니다"라는 평가를 손님에게 들었다면 요리사 역할을 제대로 하고 있는 것입니다. 그런데 "음식점이 깨끗하네요"라는 평가를 들었다면 '칭찬이니까 좋다'라고 생각하기보다 무언가 문제가 있다는 것을 알아채야 합니다. 요리사의 기본 역할은 맛있는 음식을 만들어 손님에게 대접하는 일입니다. 요리사는 손님에게 음식점 분위기나 위생 상태가 아닌 음식으로 평가받아야 합니다. 막내 요리사든 주방장이든 마찬가지입니다. 주방장에게는 주방 직원을 잘 관리했다는 평가보다 손님이 음식을 좋아했다는 평가가 더 중요합니다. 만약 주방장이 큰 이익을 냈다는 평가를 더 중요하게 생각하고 값싸고 나쁜 재료로 음식을 준비하면, 돈은 잠깐 더 벌 수 있겠지만 맛없는 요리를 내놓는 주방장이 됩니다. 이처럼 요리를 제대로 하지 못하는 주방장 요리사가 있는 직장은 금방 망하게 됩니다. 의사가 병을 잘 고친다는 평가가 아닌 잘생겼다는 평가를 받거나, 선생님이 잘 가르친다는 평가가 아닌 재밌다는 평가를 받으면 직장인으로서 자기 실력을 점검할 필요가 있습니다.

대부분 직장인은 자기 직무를 오래 할수록 실력이 발전합니다. 그런데 그렇지 않은 사람도 있습니다. 직장인으로서 자기 기본 역할을 잊어버리면 언제든지 예전보다 실력이 오히려 떨어질 수도 있습니다. 자기 실력이 올라가는 것은 문제가 되지 않지만 떨어지는 것은 심각한 문제입니다. 직장 생활을 오래 한 사람이 직장에 손해를 끼치고 일을 더욱 못하는 부끄러운 사람이 되기 때문입니다. 직장인이 자기 역할을 제대로 감당하기 위해 필요한 것은 대단한 실력이 아닙니다. 직장인으로서 '기본 역할'을 잊지 않는 것입니다.

의사의 기본 역할은 '아픈 사람을 낫게 돕는 것'입니다. 의사가 환자 치료가 아닌 부자 되는 것을 목표로 두면, 병원을 자주 찾아오게 하려고 일부러 환자를 더 아프게 만들기도 합니다. 자기 기본 역할을 잊어버리면 평범한 사람보다 병을 더 고치지 못하는 의사가 될 수 있습니다. 이것은 다른 직장인도 마찬가지입니다.

기본 역할, 그것은 알기 어려운 것이 아닙니다. 어린이도 아는 것입니다. 그러나 너무 쉽게 잊어버리는 것이기도 합니다. 직장인으로서 자기 기본 역할을 잊지 않으면 스스로 자신을 올바르게 평가할 수 있습니다. 자기 역할을 제대로 감당하는 사람은 자연스럽게 실력 있는 직장인이 될 것입니다.

별점 5개 3개 1개

지금 직장이나 직업이 마음에 드나요?

1. 완전히 마음에 든다.

2. 그저 그렇다.

3. 마음에 들지 않는다.

자기 직장이나 직업에 완전히 만족하는 사람은 거의 없습니다. 조건이 좋은 직장에 다니더라도 어느 정도 불만은 있습니다. 어떤 직장이든 그 직장 생활이 쉽지 않기에 대체로 직장인은 자기 직장이나 직업을 '그저 그렇다' 혹은 '마음에 들지 않는다'로 생각하는 편입니다. 많은 직장인이 지금 직장보다 더 좋아 보이는 다른 직장을 찾거나 다른 직업을 알아보기도 합니다. 그런데 직장을 옮긴다고 해서 일이 전보다 훨씬 쉽고 편해지는 것은 아니며 다른 직장에는 모두 친절하고 좋은 직원만 있는 것도 아닙니다. 오히려 예전 직장보다 상황이 더 좋지 않을 수도 있습니다. 직업을 바꾸는 것 역시 마찬가지입니다. 그렇다고 계속 억지로 참고 버티면서 직장 생활을 할 수는 없는 노릇입니다.

갈수록 평판 좋은 대학교 졸업장보다 개인 실력 위주로 사람을 인정해 주는 사회 분위기가 많이 생기고 있습니다. 지식이든 기술이든 예능이든 어느 한 분야에서 뛰어나면 많은 돈과 높은 인기를 얻는 모습을 TV나 인터넷에서 쉽게 볼 수 있습니다. 자기 마음에 드는 직장 생활을 하려면 무슨 일을 하든지 자기 실력을 최대한 높게 쌓는 일이 필요합니다.

막내 조리사 수민이가 나중에 대단한 주방장 요리사가 되고 싶다면 그만한 실력이 있어야 합니다. 재료 확인, 재료 손질, 도구 이용, 기계 관리, 위생 관리, 영양 계산, 비용 관리, 조리 능력, 메뉴 개발, 직원 관리, 광고, 마케팅, 돈 관리, 세금 처리, 음식 문화 이해, 인맥, 화학, 생물학 등등 요리와 관계있는 많은 분야를 직장에서 일하면서 공부하고 실습해야 합니다. 자기 마음에 안 드는 직장에서 적당히 시간을 때우면서 생활하면 이렇게 많은 지식과 기술을 얻을 수 없습니다. 수민이가 대단한 실력을 가진 요리사가 되려면 자기 직장에서 많은 일을 배우겠다는 생각으로 일하면서 실력을 쌓아야 합니다.

자기 직장을 무조건 좋게 여기라는 것은 아닙니다. 기본도 안 된 직장이라면 다른 직장을 찾는 것이 낫습니다. 하지만 좋은 직장에 자기가 들어가는 것보다 자기 실력을 좋게 만드는 것이 훨씬 중요합니다. 게다가 급하게 지금 당장 직장을 바꾸기보다 충분히 준비를 한 후에 직장을 바꾸는 것이 나중에 후회도 적습니다.

수민이가 자기 일을 별것 아닌 일로 여기거나 요리사라는 직업을 중요하지 않게 생각할 수도 있습니다. 수민이가 요리사 기본 역할을 잊지 않고 성실하게 일하더라도 그런 생각으로 직장 생활을 하면 책임감과 의무감만 가지고 일하는 사람이 됩니다. 그러면 수민이는 자기 일이 주는 보람과 즐거움을 느끼지 못합니다. 자기 일을 자기가 인정해 주지 않으면 외롭고 힘들게 일하는 사람이 됩니다. 이런 태도로 일하면 쉽게 지치고 의욕이 부족하므로 자기 실력이 느리게 성장합니다.

직장인은 일하면서 보람과 즐거움을 얻는 것과 자기 실력을 성장시키는 것을 함께 해야 자기 인생의 많은 시간을 보내는 직장에서 많은 것을 얻으며 마음에 드는 직장 생활을 할 수 있습니다. 자기 직업과 직장을 스스로 가치 있게 생각하기는 쉽지 않습니다. 그러나 그렇게 생각할지 말지 결정하는 것은 자기 자신입니다. 자기가 자기 직장에 별점을 줄 때 낮은 점수를 주었다면 마음에 들지 않은 직장을 억지로 다니고 있다는 뜻입니다. 그런 직장인은 외로움을 느끼고 자신을 한심하게 여깁니다. 이왕이면 별점을 좀 더 좋게 주면서 자기 스스로를 외롭고 한심한 사람으로 만들지 않기를 바랍니다.

우리 편과 상대편

직장인 관계: 직장 동료

직장에서 동기, 하급자(부하 직원), 상급자(상사)를 어떻게 생각합니까?

1. 우리 편에 가깝다.

2. 상대편에 가깝다.

직장에서 성실하게 일하면서 실력을 쌓아도 동료 직원이나 손님과 사이가 나쁘면 직장 생활을 계속하기 어렵습니다. 가정에서 부모 자녀 사이는 피로 연결되어 단단합니다. 그러나 직장에서 직장인 사이는 가족 관계만큼 단단하지 않습니다. '안 보면 그만'이라는 말이 가정에서는 통하지 않지만 직장에서는 통할 수 있습니다. 직장인 관계는 쉽게 깨질 수 있으므로 직장인 관계를 알아 둘 필요가 있습니다.

직장 동기를 대할 때

직장 동기는 처지가 비슷한 동료 직원입니다. 상대방이 상급자도 하급자도 아니라서 부담 없이 이야기하는 사이입니다. 자기가 직장에서 더 인정받기 위해 서로 경쟁하기도 하고 직장에서 좋지 않은 일이 있을 때 서로 위로하기도 하는 사이입니다. 문제는 직장 동기끼리 경쟁할 때입니다. 직장에서 자기가 동기보다 떨어난다고 생각하면 부담이 없이 동기를 편하고 친하게 대할 수 있습니다. 하지만 그 반대라면 부담이 생겨 동기를 마냥 편하게 대하기 어렵습니다. 자기는 승진하지 못하고 동기만 승진하게 되면 이런 불편함은 더욱 커집니다. 이처럼 직장 동기 관계는 자기 마음속에서 우리 편과 상대편을 왔다 갔다 하는 애매한 관계입니다. 직장은 친하게 지내기 위해서가 아니라 일하기 위해 사람이 모인 곳입니다. 계급이 있어 높은 계급 사람이 자기에게 시킨 일을 하거나 자기가 낮은 계급 사람에게 일을 맡기기도 합니다. 그만큼 직장은 기본적으로 사람 관계가 편하지 않습니다. 완전한 우리 편은 아니지만 조금이라도 편하게 어울릴 만한 동기가 있는 것이 직장 생활에 많은 도움이 됩니다. 직장 일로 도움을 주고받기에 만만한 사람도 동기입니다. 상급자(상사)에게 도움받는 것은 불편하고, 하급자(부하 직원)에게 모르는 것을 물어보는 것은 부끄럽습니다. 그러나 동기끼리는 그런 부담이 적은 편입니다. 동기에게 도움을 받았다면 자기도 나중에 도움을 주면 되기에 서로 돕는 일도 할 만합니다. 자존심 내세우면서 동기를 남의 편으로 생각하는 것보다 이왕이면 내 편으로 여기는 것이 낫습니다. 또한 자기보다 뛰어난 동기를 대할 때 상대방의 대단한 점을 질투하기보다 배우려고 한다면 자기 실력을 키우는 일에 많은 도움이 됩니다.

직장 동기가 있다고 해서 자신의 직장 생활에 대단한 이득을 보는 것은 아닙니다. 직장 동기가 없어도 직장 생활에 큰 어려움은 없습니다. 하지만 동기가 있으면 직장 생활을 더 열심히 할 만한 자극이 되고, 동기에게 도움을 주는 쓸모 있는 사람이 되기도 하고, 동기가 있는 것 자체로 직장 생활의 외로움이 줄어들기도 합니다. 특히 상급자와 하급자의 관계에서는 일하면서 문제가 자주 생기지만 동기 관계에서는 그런 문제가 거의 없습니다. 직장 동기를 나쁘게 여기지만 않으면 직장에서 좋은 관계를 유지할 수 있습니다.

직장 상사를 대할 때

직장 생활을 처음 시작했다면 거의 직급이 낮은 사람인 하급자(부하 직원)로서 일하게 됩니다. 상급자(상사)는 자기보다 계급이 높은 사람이며 하급자에게 일을 가르쳐 주거나 일을 지시하고 관리합니다. 학교로 따지면 상사는 선생님과 선배를 섞은 것과 비슷합니다. 상사와 사이가 나쁘면 무조건 힘든 직장 생활을 하게 됩니다.

부모·선생님·학교 선배는 단지 자녀·학생·후배라는 이유로 상대를 마음에 들어 할 수 있습니다. 그러나 직장 상사는 단지 하급자라는 이유로 상대를 마음에 들어 하지 않습니다. 하급자가 먼저 상사 마음에 들 만한 모습을 보여야 합니다. 하급자가 상사 마음에 들려면 직장 일을 매우 잘하거나 성격이 상당히 좋아야 합니다. 상사는 하급자보다 일하는 실력이 훨씬 높기 때문에 하급자가 실력으로 상사 마음에 들기는 어렵습니다. 그렇다고 상사와 잘 어울리는 성격을 일부러 만드는 일 또한 쉽지 않습니다. 그런데 특별히 잘하는 것이 없는 사람이라도 상사에게 인정받을 만한 방법이 하나 있습니다. 그것은 바로 충성입니다.

충성이란 단어를 보고 거부감을 느끼는 것은 자연스러운 반응입니다. 옛날 시대 임금과 신하 관계가 아닌 요즘 시대 직장인 관계에서 충성이란 말은 시대에 뒤떨어지는 말로 들립니다. 그렇다면 '충성'을 '정성'으로 바꿔도 됩니다. 충성은 '진심이 담긴 정성'이라는 뜻이기 때문입니다.

여기서 말하는 충성은 직장 상사가 시킨 일을 무조건 하는 것이 아니라 자기 직장에 정성을 들이는 것입니다. 자기에게 편하지는 않겠지만 직장에서 인정받고 실력을 쌓으며 상사와 좋은 사이로 지낼 수 있는 방법입니다. '이 직장이 마음에 안 들면 다른 직장에 가면 그만이다'라는 태도로 직장 생활을 하면 직장과 상사 모두와 사이좋게 지내기 어렵습니다.

하급자는 좋은 상사를 만날 수도 나쁜 상사를 만날 수도 있습니다. 문제는 자기가 상사를 직접 고를 수 없으므로 사람을 봐가면서 충성할 수는 없습니다. 마음에 안 드는 상사를 만나도 직장에선 충성해야 합니다. 분명히 억울하고 괴로운 일입니다. 물론 도저히 견디기 힘든 상황이라면 그 상사보다 더 높은 상급자와 해결책을 찾거나 직장을 그만둬야 할 것입니다. 그러나 나쁜 상사라고 해서 하급자가 무례하게 대하는 행동은 옳지 않습니다. 하급자는 배움과 일을 상사로부터 받아야 하기에 그렇게 행동하면 손해가 너무 큽니다. 충성의 대가로 상사와 사이가 좋아지면 다행이지만 그렇지 못하고 직장을 그만두더라도 정성을 들였던 사람은 자기 스스로에게 후회가 적을 것입니다.

어느 날 직장인 영수는 가정과 직장에 급한 문제가 한꺼번에 일어났습니다. 만약 영수가 '가정은 세상에서 가장 소중하다'라고 생각했다면 가정일을 먼저 처리하러 갔을 것입니다. 그렇지 않고 '직장인이라면 자기 일에 책임을 져야 한다'라고 생각했다면 직장 일을 먼저 처리하러 갔을 것입니다. 사실, 두 가지 판단 모두 좋은 결정이 아닙니다. 이런 상황에서 영수가 직장인이라면 어느 쪽을 선택하든 자기 마음대로 결정해서는 안 됩니다. 직장 상사와 의논하는 일이 먼저입니다.

직장에는 질서(순서)가 있습니다. 문제가 생겼을 때 상사와 의논하는 것이 직장 생활의 기본 질서입니다. '직장 상사에게 말해 봤자 소용없다'라고 생각하고 자기 스스로 일을 결정하는 것은 상사 한 명을 무시하는 것이 아닌 자기 직장 전체를 무시하는 무례한 행동입니다.

나쁜 상사를 만나서 관계가 망가지는 것은 어쩔 수 없지만, 자기 태도가 나빠서 관계를 망치는 것은 피해야 합니다. 그러려면 충성하려는 마음과 직장 질서를 지키는 행동을 직장인으로서 보여 줄 필요가 있습니다.

하급자에게 상사는 항상 부담스러운 사람입니다. 상사에게 무시당하거나 억울한 일을 당할 때도 있기에 상사는 남의 편처럼 느낄 때가 자주 있을 것입니다. 그래도 이왕이면 상사를 내 편처럼 생각하고 직장 생활 하는 것이 낫습니다. 어떤 직장이든 자기 일을 제대로 하면 상사와 꽤나 좋은 사이로 지낼 수 있습니다.

부하 직원을 대할 때

직장 생활을 하다 보면 하급자(부하 직원)가 점점 생깁니다. 상대하기 어려운 부하 직원을 만나면 직장 생활이 괴롭지만 골치 아픈 상사를 만나는 것보단 낫습니다. 그래도 직장에서 다른 직원과 협력할 일이 많기에 부하 직원과도 좋은 관계를 유지하는 것이 중요합니다.

부하 직원에게 상사는 항상 부담스럽기에 상사로서 부하 직원에게 잘해 줘도 혹은 서먹하게 대해도 상대방은 불편해합니다. 상사는 억지로 부하 직원과 사이좋게 지내려는 것보다 사이가 나빠지는 것만 조심하는 것이 낫습니다. 상사와 부하 직원은 직장 일로 만난 사이입니다. 부하 직원이 일을 제대로 하지 못하면 사이가 무조건 나빠집니다. 상사는 부하 직원이 제대로 일할 수 있게 돕고 부하 직원이 일하는 것을 방해하지 않아야 합니다.

직장인끼리 서로 친하게 지내는 것이 나쁜 일은 아닙니다. 직장 분위기가 좋으면 직장 생활에 많은 도움이 됩니다. 그런데 상사와 부하 직원이 서로 친하게 지내려면 '공사 구분'과 '매너'를 확실하게 지키는 조건이 필요합니다. 공사 구분은 직장 동료에게 직장 일로만 간섭하고 개인 생활은 함부로 건드리지 않는 것입니다. 편하고 친하게 대하면서 부하 직원 개인 생활에 자주 참견하는 상사보다 무뚝뚝하더라도 직장 일과 개인 생활을 잘 구분해 주는 상사가 낫습니다. 상사는 직장 일을 부하 직원에게 시키므로 간혹 상시 개인적인 일을 부하 직원에게 시킬 때도 있습니다. 이런 일은 상사가 부하 직원에게 저지르는 무례한 일입니다. 이런 일 외에도 상사가 부하 직원에게 지나치게 많은 일을 시키거나 말과 행동을 함부로 하게 되면 부하 직원이 직장 일을 하는 데 큰 방해가 됩니다. 부하 직원은 자기 하인이 아니라 동료입니다.

직장 상사는 부하 직원이 자기보다 아랫사람이라서 당연하게 내 편이라고 생각합니다. 그만큼 상사는 자기도 모르게 언제든지 부하 직원을 함부로 대할 수 있습니다. 자기 잘못을 전혀 알아채지 못하면서 하급자에게 계속 나쁜 태도로 대할 수 있는 자리가 상사의 자리입니다. 자칫 부하 직원이 '자기 때문에' 직장 생활이 힘들어 직장을 그만두는 일이 생기지 않도록 주의해야 합니다.

직장인의 진짜 실패

직장에서 가장 어려울 때는 언제인가요?

1. 왕처럼 구는 손님을 만날 때.

2. 노력했으나 나쁜 평가를 받았을 때.

손님은 원하는 것을 직장에서 얻길 바라고 직장은 손님과 계속 거래하길 바랍니다. 그런데 식당·시장·마트·병원·온라인 쇼핑몰을 보면 가만히 자기 자리에서 기다리는 쪽은 직장이고 돈을 준비해서 찾아가는 쪽은 손님입니다. 양쪽에서 만날 때 먼저 찾아가는 쪽이 아쉬운 쪽입니다. 직장이 손님보다 유리한 위치에 있다고 볼 수 있습니다.

그러나 "손님은 왕이다"라는 말이 있습니다. 왕은 가장 높은 사람이기에 손님이 직장보다 높다는 뜻입니다. 사실, 이 말은 거짓말입니다. 왕이 되는 기본적인 방법은 자기 부모가 왕이면서 자기가 왕 자리를 물려받는 것입니다. 물건 사고 돈을 냈다고 자기 부모가 갑자기 왕이 되는 것은 아니며 자기가 그 자리를 물려받는 것도 아닙니다. 게다가 아무나 되는 왕이라면 딱히 대단한 것도 아닙니다. "손님은 왕"이라는 말은 직장이 손님에게 하는 말이 아니라, 직장에서 직장인끼리 서로 주고받는 말일 뿐입니다. 직장인이 가져야 할 서비스 마음가짐입니다. 손님 기분을 살 맞춰야 손님이 자기 직장에 자주 찾아오기 때문입니다. 직장은 손님보다 유리한 위치에 있더라도 손님에게 맞춥니다. 손님에게 잘 맞추는 직장이 되려면 가격·품질·서비스가 좋아야 합니다. 문제는 모든 손님 마음에 드는 가격·품질·서비스를 준비할 순 없다는 것입니다. 그 대신 손님을 좀 더 편리하게 해 주는 일은 준비할 만한 일입니다.

스마트폰은 앱을 통해 많은 직장과 많은 손님을 쉽고 편하게 연결해 줍니다. 대표적인 것이 배달 앱입니다. 이 앱은 음식점과 손님 사이에 갑자기 끼어들더니 양쪽에서 돈을 받아 갑니다. 그렇다면 서로가 힘을 모아 그 앱을 쫓아내야 하는데 오히려 현실은 양쪽 다 그 앱을 좋아합니다. 바로 음식점과 손님에게 편리하기 때문입니다. 스마트폰 시대에 '편리함'은 돈이 더 들더라도 환영받는 가치가 되었습니다. '어떻게 해야 떼돈을 벌 수 있을까?'보다 '어떻게 해야 손님을 더 편하게 해 줄 수 있을까?'를 생각해야만 손님에게 잘 맞추는 일터가 됩니다.

수민이가 좋은 요리를 만들려고 많은 노력을 하더라도 손님 마음에 들지 않으면 그 노력이 헛수고가 됩니다. 자기 직장이 시대 흐름에 따라가지 못하거나 손님과의 관계를 중요하지 않게 생각하면 이런 실패의 벽에 부딪힙니다. 요리사로서 자기 기본 역할을 잊지 않고 성실하게 일해도 자기 마음대로 되지 않는 곳이 직장입니다. 이런 실패가 직장인이 경험하는 가장 큰 어려움입니다. 끊임없이 평가받으면서 손님에게 맞춰 가야만 자기 직장이 유지되고 직장인으로서 계속 일할 수 있습니다.

회사에서 일하는 직장인은 이런 어려움을 혼자가 아닌 직장 동료와 함께 헤쳐 나가므로 그나마 여유가 있습니다. 그러나 자영업(개인 사업)을 하는 직장인은 이런 어려움을 혼자서 이겨 내야 하기에 부담이 매우 큽니다. 자영업자는 위기의 벽에 부딪힐 때 자기 한계를 인정해 버리면 사업이 그대로 끝나기 때문에 항상 배우고 평가받으려는 태도를 더욱 잊지 않아야 합니다.

왕으로 자신을 착각하는 손님과 노력해도 자꾸 나쁜 평가를 주는 손님은 어떤 직장인이라도 만나게 되어 있습니다. 그리고 그런 손님을 상대할 때마다 상당한 어려움을 겪게 됩니다. 이런 문제는 직장인으로서 피할 수 없는 일입니다. 특히 많은 사람에게 영향을 주고 사는 사람일수록 이런 사람을 많이 만나게 됩니다. 나쁜 평가를 받는 것은 자기 부족함으로 받아들여야 합니다. 그러나 무례한 사람이 자기 사생활 속으로 들어오려는 일은 법을 이용하여 막아야 합니다. 이런 어려운 손님을 만나더라도 쉽게 주저앉으면 안 됩니다. 자기 마음을 잘 가다듬고 시대의 변화에 조금씩 따라가는 강한 직장인이 되길 바랍니다.

주부가 잔소리하는 이유

주부 역할: 관리자

주부가 하는 일을 어떻게 생각합니까?

1. 전문적인 일.

2. 직장 일보다 비교적 쉬운 일.

3. 허드렛일.

가정 밖에서 일하고 돈을 버는 직업은 제각각 다르지만 가정 안에서 집과 가족을 관리하는 직업은 주부 한 가지뿐입니다. 대부분 가정에 주부가 있다는 것은 가정에 주부가 꼭 필요하다는 뜻입니다. 또한 세상에서 흔한 직업이 주부라는 뜻이기도 합니다. 사람마다 주부가 하는 일을 대단하게 생각하는 사람이 있고 그렇게 생각하지 않는 사람도 있습니다. 주부는 가정 관리자입니다. '살림한다'라는 말도 있습니다. 집 관리부터 청소·요리·가족 건강 관리까지 다양한 집안일이 주부 일이 됩니다.

시간이 지나면서 학생은 학년이 올라가고, 직장인은 직급(계급)이 오르면서 하는 일이 변합니다. 그러나 주부는 직급이 '주부' 하나뿐이라서 10년이 지나든 30년이 지나든 하는 일이 크게 변하지 않습니다. 가정용 기계와 도구는 점점 발전하고 있으며 갈수록 가정일은 편리해지고 있습니다. 높은 실력이 필요한 직업은 대학이나 전문학교에서 준비하며 자격증 제도가 있습니다. 주부 자격증이 따로 없는 것은 전문적인 일이 아니라는 의미입니다. 집안일은 중고등학교 가정 시간에 간단하게 배우는 것이 고작입니다. 그마저도 청소년 생활을 많이 다루고 실제 주부 일은 그리 많이 다루지 않습니다. 대학교에 '가정학과'라는 학과가 있긴 합니다만 그곳은 전문적인 주부 일을 가르치는 곳이 아니라 가정교사·상담사·유치원 교사 같은 직업을 준비하는 곳입니다. 주부 일을 특별히 교육하는 곳은 거의 없다고 볼 수 있습니다. 이런 여러 가지 이유로 주부 일을 보통 직장 일보다 쉬운 일로 생각하는 사람이 많습니다.

그러나 실제로 주부 일은 쉽지 않습니다. 가정과 관련된 모든 일이 주부 일이라서 단순하더라도 다루는 일이 상당히 많습니다. 집안일은 수천수 만 번 끊임없이 해야 하기에 기계와 도구의 도움을 받아도 어려운 일입니다. 주부는 가정일을 스스로 배워야 합니다. 배우지 않고 자기가 직접 실력을 키우는 일은 그 자체로 쉬운 일이 아닙니다. 게다가 주부 일은 집안일만 있는 것이 아닙니다. 전부는 아니지만 개인 사업이나 직장을 다니는 주부도 있고, 돈 관리를 하면서 돈을 잘 불리는 주부도 있으며, 책을 쓰거나 공부하는 주부도 있습니다. 주부는 자기 능력과 주변 사정에 따라 다양한 일까지 할 수 있습니다. 주부 자격증이 따로 없다는 것은 주부 일이 이처럼 다양하기 때문이기도 합니다. 이런 여러 가지 이유로 주부 일은 다른 직장처럼 실력과 노력이 매우 필요한 일로 볼 수 있습니다. '할 것 없으면 주부나 해야지'라는 생각은 잘못된 생각입니다.

주부 일은 학교나 학원 같은 교육 기관이 없기에 개인적으로 배워야 합니다. 개인 스승에게 직접 배우는 것을 '도제'라고 합니다. 도제 방식으로 기술을 전해 주는 직업은 아직도 상당히 많습니다. 주부는 30년 이상 오래된 경력을 가진 전문 스승을 생각보다 어렵지 않게 구할 수 있습니다. 바로 자기 부모입니다. 자녀는 부모와 오랜 시간 같이 살면서 부모가 하는 가정일을 보며 자랍니다. 그러나 축구 경기를 많이 봤다고 저절로 축구를 잘하는 것은 아닌 것처럼, 부모가 따로 시간을 내서 가정일을 자녀에게 가르쳐 주지 않았다면 자녀는 가정일을 제대로 하기 어렵습니다. 특히 부모는 부모대로 자녀는 자녀대로 바쁜 요즘 시대에 부모가 알아서 자녀에게 가정일을 직접 가르치기는 쉽지 않습니다. 이왕이면 자녀가 직접 부모에게 가정일을 알려 달라고 부탁하고 배우는 것이 낫습니다. 그러려면 자녀와 부모 관계가 나쁘지 않아야 합니다. 부모는 자녀를 사랑하는 마음으로 가르치므로 배우는 내용 대부분이 쓸 만하고 가치 있습니다. 그 밖에 책이나 동영상을 이용하거나 인터넷 커뮤니티(인터넷 카페) 혹은 주변에서 가깝게 지내는 주부에게 가정일을 배우기도 합니다. 그런데 이 방법은 불확실한 정보가 많습니다. 수많은 정보 중에서 좋은 정보를 일일이 확인하는 것은 상당히 어렵기 때문에 주부는 결과가 좋다고 소문난 정보를 무조건 받아들일 때가 많습니다. 아무리 좋은 옷이라도 자기와 어울리지 않으면 별로인 것처럼, 받은 정보가 '자기 가정'에 맞지 않으면 언제든지 생각을 바꿀 수 있는 열린 마음이 필요합니다.

직장 일은 직장에서 맡긴 일을 하지만 주부 일은 주부 자신이 직접 일을 만들어서 합니다. 주부가 일을 적게 만들면 할 일이 딱히 없지만 일을 많이 만들면 할 일이 많습니다. 주부가 일을 많이 만들고 그것을 해낼수록 가정은 더욱 좋아집니다. 그러려면 주부에게 힘이 필요합니다. 체력도 지식도 필요하지만 무엇보다 자기 가정을 사랑하는 마음이 가장 큰 힘이 됩니다. 그런데 주부 자신이나 가족이 주부 일을 하찮게 여기면 문제가 생깁니다. 하찮게 생각되는 일은 일을 하더라도 제대로 일한 것처럼 보이지 않습니다. 주부를 놀고먹는 사람으로 오해하게 됩니다. 주부는 점점 우울해지고 실망하게 되어 가정을 사랑하는 마음을 점점 잃게 됩니다. 사랑의 힘이 부족한 주부는 일을 만들기는커녕 있는 일도 해내기 버겁습니다. 주부는 점점 그 하찮게 여기는 일조차 제대로 하지 못한 사람이 되어 더욱 힘이 빠지게 됩니다.

앞에 나가서 일하는 사람이 있다면 뒤에서 그 사람을 도와주고 응원하는 사람이 있습니다. 서포터(지원자)입니다. 주부는 주로 서포터에 가깝습니다. 서포터는 자기편 선수가 잘하기를 바라며 응원합니다. 주부는 자신보다 가족이 드러나길 바랍니다. 주부는 자기 역할을 맡느라 뒤에 있는 것뿐입니다. 주부의 지원이 없으면 가족은 일터 생활과 가정생활 모두 심각한 어려움이 생깁니다. 주부 역할은 절대 하찮은 것이 아닙니다. 주부 스스로가 자기 역할에 자부심을 느끼고 가족도 주부 일을 존중하면 주부 안에 있는 사랑의 힘이 점점 더 커질 것입니다. 그리고 서포터도 거꾸로 응원받을 때가 있어야 합니다. 사랑을 주는 사람은 사랑받을 자격이 충분합니다. 주부가 해 주는 일을 당연하게 받지 말고 항상 감사하다는 말을 하는 것이 중요합니다. 집안일이 제대로 되지 않았을 때는 잘못을 지적하기보다 걱정해 주어야 합니다. 특히 "집에서 하는 일이 뭐야?"처럼 주부 일을 함부로 대하는 말을 하지 않게 조심해야 합니다.

주부는 가정을 발전시키는 역할보다 가족의 생명이나 생활을 유지하는 보호 역할을 맡습니다. 그만큼 자신이 아닌 배우자나 자녀가 가정을 발전시키는 일을 해 주길 많이 기대합니다. 주부는 가정의 발전을 누구보다 더 많이 기대하고 더 많이 기뻐합니다. 이런 주부의 태도가 가족에게 부담을 줄 수도 있습니다. 그럴 때는 주부에게 '잔소리 그만해 주세요'라고 찡그리기보다 '주부 역할이 워낙 그렇기 때문에 그러는구나'라고 이해해 주면 좋겠습니다.

짬뽕

주부에게 집은 어떤 곳입니까?

1. 일터.

2. 쉼터.

가정에서 자녀가 학교에 가면 학생으로 역할과 관계가 바뀝니다. 주부역시 가정에서는 부모였다가 일터에 가면 주부가 됩니다. 여기서 서로다른 점은 자녀는 장소가 바뀌지만 주부는 장소가 바뀌지 않는다는 것입니다. 주부는 가정과 일터 구분이 애매하므로 자기 역할과 관계가 혼란스러울 때가 많습니다. 사람은 일할 때 일하고 쉴 때 쉬어야 합니다. 가정은 기본적으로 쉼터입니다. 가족 중에 학생과 직장인은 일터와 쉼터 경계가 확실하므로 일할 때 일하고 쉴 때 쉴 수 있습니다. 그러나 주부는 일터와 쉼터가 같아서 그렇게 할 수 없습니다. 주부는 일하는 것과 쉬는 것이 섞인 채로 생활하므로 일과 휴식의 구별이 잘되지 않습니다. 많은 일을 해도 별로 일하지 않고 시간만 훌쩍 지난 것처럼 느낄 때가 있습니다. 집에서 쉬더라도 쉰 것 같지 않아 피곤함을 느낄 때도 많습니다. 주부는 자기를 쓸모없는 사람으로 생각하거나 기운 빠진 사람처럼 생활하기도 합니다.

이런 주부의 어려움을 해결하려면 주부의 일터와 쉼터가 서로 달라져야 합니다. 현실적으로 이런 일은 불가능합니다. 주부의 어려움은 주부 역할을 그만두지 않는 한 스스로 해결할 수 없습니다. 결국 가족의 도움이 필요합니다. 주부는 일터를 자기 가정이 아닌 다른 곳으로 바꿀 수 없으므로 쉼터를 집이 아닌 다른 곳으로 가끔씩 바꿔 줘야 합니다. 쉬는 날에 가족이 각자 혼자 놀거나 친구와 어울리는 것도 좋지만 우리 집의 주부와 함께 가족이 시간을 내어 외출하는 일이 필요합니다. 시간이 많지 않다면 꼭 멀리 가지 않아도 괜찮습니다. 가족과 함께라면 근처 공원이든 극장이든 집 밖이라면 아무 곳이든 좋습니다.

주부 일은 빠르게 달리는 100미터 달리기가 아닌 적당한 속도로 달리는 마라톤과 비슷합니다. 마라톤은 달리는 중간에 다른 사람의 도움을 받아 물을 마실 수 있습니다. 물을 주는 사람은 작은 물 한잔이라고 생각하지만 마라톤 선수에게는 매우 큰 도움이 됩니다. 작은 집안일이라도 가족이 주부 일을 도와주면 주부는 상당히 큰 도움으로 느낍니다. 억지로 돕는 것이 아닌 사랑하는 마음으로 돕는 일이라서 더욱 그렇습니다.

어떤 분야든 한 가지 일을 오래 하면 전문가가 됩니다. 직장에서 전문가에게는 계급을 올려 주거나 받는 돈을 늘려 주면서 실력을 인정해 줍니다. 그런데 주부는 오랫동안 한 분야에서 일하고 실력 좋은 주부가 되더라도 특별한 계급이나 보상 없이 그대로 주부일 뿐입니다. 그래서 가족이 주부 체면을 따로 세워 주어야 합니다. 주부의 체면을 세워 주는 좋은 방법은 '칭찬과 감사 표현을 자주 하는 것'입니다. "맛있어요, 좋아요, 고맙습니다"라는 표현을 주부에게 아끼지 말아야 합니다. 표현하는 일을 부끄러워하는 가족이라도 자기가 아닌 주부를 위해서 해야 합니다. 주부가 하는 일은 평범하고 당연하게 생각할 만한 일이 많이 칭찬과 감사를 받을 때가 그리 많지 않습니다. 가족의 수줍은 칭찬과 서툰 감사라도 주부에게는 큰 힘이 됩니다.

주부는 사장님과 직원 역할을 혼자서 번갈아 하는 1인 사업자와 비슷합니다. 다른 사람이 사장님에게 직장 운영을 이래라저래라 간섭할 수 없듯이, 가족 구성원이 주부 일을 명령하거나 가르치는 것은 매너가 아닙니다. 가정일로 주부에게 할 말이 있다면 자기 의견을 내거나 추천하는 방식으로 말하는 것이 좋습니다.

남자든 여자든 자기 가정 형편에 따라 누구든지 주부가 될 수 있습니다. 남녀를 따지지 말고 자녀는 어려서부터 다양한 집안일을 하면서 그 실력을 키울 필요가 있습니다.

가정은 싫은 사람을 억지로 모아 놓은 곳이 아닙니다. 서로 사랑하는 소중한 사람이 모인 곳입니다. 가급적 자기 일은 '당연한 일'로 여기고 가족 구성원 일은 '대단한 일'로 생각하는 것이 좋습니다. 그러면 자기 일에 대한 부담은 줄어들고 가족 구성원의 일을 존중할 수 있습니다. 만약 이와 반대로 생각하게 되면 가족을 함부로 대하기 쉽습니다. 사람이 함께 사는 것은 어려운 일입니다. 조금씩 서로 조심하면서 사이좋은 가정이 되길 바랍니다.

말 통함과 생각 통함

많은 사람이 평생이라는 긴 시간을 대화하고 살지만 대화를 잘하는 사람은 그리 많지 않습니다. 그렇다고 대화하는 것이 굉장히 특별한 일도 아닙니다. 외국어 하나 정도는 기본으로 배우는 시대지만 우리나라 말로 대화하는 일조차 사실은 쉽지 않습니다. 스마트폰 시대가 되면서 대화하는 방법은 더욱 발전했지만 실제로 사람끼리 대화가 통하는 일은 그다지 발전하지 않았습니다. 이처럼 대화는 그 경험이 많을수록 도구의 도움을 받을수록 실력이 오히려 떨어질 수 있는 이상한 특징이 있습니다. 문제는 자기 대화 실력이 부족하면 생활하면서 오해받거나 손해 볼 때가 많다는 것입니다.

세상에 대화를 잘하는 사람이 그리 많지 않기에 대화를 잘하지 못한 것은 잘못이 아닙니다. 그만큼 자기 대화 실력이 기본만 되어도 상당한 대화 실력자로 볼 수 있습니다. 영희와 철수 이야기입니다.

할 말 없어서

영희와 철수는 함께 길을 가고 있습니다.

영희: "…."

철수: "…."

(둘 다 말이 없습니다.)

말하기 기본은 일단 말을 하는 것입니다. 말을 하려면 할 말, 즉 말할 거리가 필요합니다. 많은 사람이 재밌는 이야기나 특별한 사건을 말할 거리로 생각합니다. 이런 말할 거리를 사용하여 말할 땐 미리 준비를 해야 합니다. 어떤 일에 준비가 필요하다면 그 일은 부담스러운 일이 됩니다. 사람은 부담스러운 일을 피하려고 합니다. 말하는 일이 부담스럽다면 당연히 말하기를 피하게 됩니다. 말이 없는 것입니다.

말이 없는 것을 막으려면 말하기 부담을 없애야 합니다. 평범한 일은 자기에게 익숙하므로 부담이 적습니다. 자기 주변에는 특별한 일보다 평범한 일이 훨씬 더 많기에 말할 거리도 많습니다. 그래서 대화를 쉽게 하려면 특별한 준비가 필요 없는 평범한 일 말하기가 가능해야 합니다. 평범한 일은 호들갑 떨면서 말하는 것이 어울리지 않습니다. 자연스럽게 말하면 됩니다. 이런 말할 거리는 주로 '일상생활, 관심거리, 질문'이 있습니다.

일상생활

"나 어제 아침에 밥 먹었고, 오늘 아침에도 밥 먹었다."

이런 평범한 일상생활 이야기가 말할 거리가 될까요? 친구에게 이런 말을 하면 아무래도 자기를 이상하게 볼 것만 같은 생각이 듭니다. 그런데

이 말을 실제로 친구에게 해도 괜찮습니다. 별생각 없이 이런 말을 건네면 상대방은 "뭐지?" 하고 당황할 수도 있고, "그래? 나는 어제도 아침밥 안 먹고, 오늘도 안 먹었는데"라고 대답할 수도 있고, "갑자기 웬 밥 이야기야?"라고 물을 수도 있을 것입니다. 상대방 대답에 맞춰 자연스럽게 말을 계속 이어가면 어느새 도란도란 대화하게 됩니다.

자기가 하찮은 이야기라고 생각해서 하지 않았던 말이 상대방에게는 적당한 말할 거리나 의외로 흥미 있는 이야기가 될 수 있습니다. 특별하고 재미난 이야기도 좋은 말할 거리지만 평범한 생활 이야기 역시 쓸 만한 말할 거리가 되는 것입니다. 특별한 이야기만 찾으면 말할 거리가 너무 부족합니다. 말할 거리가 무한히 많은 창고는 바로 일상생활입니다.

"♪♪사람들이 움직이는 게 신기해, 팔다리가 앞뒤로 막 막 움 움 움 움직이는 게~♪♪"

이 노래는 가수 악뮤의 〈사람들이 움직이는 게〉라는 노래입니다. '사람들이 움직인다'라는 일상생활 모습을 노래로 만들고 많은 인기를 얻었습니다. 너무나 평범한 사람의 걷는 모습조차 매우 좋은 노래가 될 수 있습니다. 자기 일상생활을 하찮게 생각하지 않고 말로 할 수 있다면, 좋은 말할 거리와 가사가 되는 것입니다.

관심거리

말솜씨가 적은 사람이라도 자기가 관심 있는 일이라면 부담 없이 말합니다. 문제는 사람마다 관심거리가 다르다는 것입니다. 그렇다면 자기와 상대방의 관심거리를 서로 같게 맞출 필요가 있습니다.

"저것 좀 봐."

두 사람의 취미나 취향을 갑자기 억지로 맞추기는 어렵습니다. 그러나 가게 간판, 지나가는 고양이, 멈춰 있는 자동차 등등 길을 가다 두 사람이 함게 바라보는 것은 양쪽 모두 가볍게 관심을 가질 만한 일이 됩니다. 둘이서 함께 보는 것을 보이는 대로, 느끼는 대로 말하면 자연스럽게 한 가지 관심거리를 가지고 대화할 수 있습니다. 매일 지나가면서 보던 것도 두 사람의 말할 거리가 되면 더 이상 뻔한 것이 아닌 의미 있는 것이 됩니다. 그래서 재밌거나 놀랄 만한 대화가 아닌 평범한 대화도 좋은 것입니다.

질문

자기와 상대방의 관심거리를 쉽게 맞추는 다른 방법은 질문하기입니다. 질문은 상대방을 말하게 하는 일이라서 이왕이면 대답하기 편하게 묻는 것이 좋습니다. 그러려면 간단하게 묻는 것보다 조금 자세하게 물어야 합니다. "너 음악 좋아하니?"보다 "너 가수 중에 누구 좋아하니?", "요즘 노래 중에 마음에 드는 곡이 뭐니?"가 훨씬 나은 질문입니다.

문제는 사람마다 취향이 매우 다양하므로 질문을 편하게 하더라도 서로 같이 좋아하는 것을 찾기가 상당히 어렵습니다. '하나만 걸려라'라는 식으로 질문을 많이 하는 것은 상대방에게 부담을 많이 주므로 좋은 방법이 아닙니다. 그래서 상대방이 좋아하는 것에 자기가 직접 관심을 두는 것이 나은 방법이 됩니다. 예를 들어, 상대방이 좋아하는 가수를 자기가 시간 내서 살펴보는 것입니다. 나중에 다시 만났을 때 그 가수 이야기를 하면 관심거리가 서로 같으므로 쉽게 대화할 수 있습니다.

영희와 철수는 말하는 것이 부담스러워 서로 말하지 않았습니다. 말하기 기본은 말하는 부담을 자꾸 줄이는 것입니다. 말할 거리는 많은 상식과 지식, 깊은 생각이 있어야만 생기는 것이 아닙니다. 게다가 자기만 잘 아는 것을 말하면 대화에 오히려 손해입니다. 자기 일상생활, 지금 당장 보는 것, 질문하기 정도만으로 충분히 좋은 대화를 할 수 있습니다. 평범하게 느끼는 자기 자신과 자기 주변 일상을 가치 있게 생각하는 것이 쉬운 일은 아닙니다. 그러나 조금만 더 그것을 좋게 보면 충분히 쓸 만한 말할 거리가 된다는 것을 알게 될 것입니다. 특히 가장 만만하고 쓸 만한 말할 거리는 가족 이야기입니다.

꾀꼬리

목소리

> 영희: "너는 좋… 람인……."
> 철수: "?"
> 영희는 철수에게 "너는 좋은 사람인 것 같아"라고 말하고 싶었지만 부
> 끄러워 말이 나오지 않았습니다. 철수는 무슨 말인지 몰라 대답을 하지
> 못했습니다.

말소리가 점점 줄어드는 것을 '말꼬리를 흐린다'라고 합니다. 영희처럼
말꼬리를 흐리거나 작은 목소리로 말을 하면 상대방이 알아듣기 어렵습
니다. 이것을 해결하는 방법은 간단합니다. 목소리를 크게 또박또박 말
하면 됩니다. 참 쉽죠?

그러나 현실에서는 자기 성격, 주변 상황, 자신감 등등 개인 사정 때문에
상대방에게 듣기 편한 목소리를 내는 것이 생각보다 잘되지 않습니다.
특히 자기 생각을 잘 표현하지 않는 내성적인 사람은 이런 일이 더욱 어
렵습니다. 그렇다고 사람 성격을 억지로 뜯어고쳐 가며 큰 목소리를 내
는 것은 그다지 현실적인 방법이 아닙니다.

스마트폰에서 소리를 키우려면 어떻게 하나요? 손가락으로 +음량 버튼
을 누르면 됩니다. 그런데 사람은 소리를 키우기 위해 따로 버튼을 누를
필요가 없습니다. 머릿속에서 '크게 말해야지'라고 생각만 하면 자연스럽
게 소리가 커집니다. 자동 시스템입니다. 특히 사람의 소리를 줄이는 일
은 더욱 잘됩니다. 그런데 자기가 내성적인 성격이거나 부담스러운 상황
에 마주치면 자동으로 목소리가 줄어듭니다. 자기도 모르게 소리가 줄어
들기에 이것을 막기는 어렵습니다. 그만큼 줄어든 음량을 다시 높이려면

자기 머릿속으로 '소리 점점 크게'를 생각해 주어야 합니다.

결국 목소리가 작은 사람도 머릿속에서 목소리 높이는 것을 자꾸 생각하기만 하면 자연스럽게 대화를 주고받을 수준까지는 목소리가 올라갑니다. 성격을 일부러 바꾸거나 억지로 목이나 배에 힘을 많이 줄 필요까지는 없습니다. 그냥 머릿속에서 볼륨을 2, 3 정도 올린다고 자주 생각하면 되는 것입니다.

노래 부르는 것도 비슷합니다. 발성이나 호흡 연습을 따로 하지 않아도 '예쁘게 노래한다'라는 생각만 자주 하면서 노래하면 자기 노래 목소리가 상당히 좋게 다듬어집니다.

철수는 영희 말을 알아듣지 못해 대답 또한 하지 못했습니다. 영희는 철수가 아무 말도 하지 않자 자기 말이 무시당했다고 생각했습니다. 목소리 때문에 생각지도 못한 오해가 서로에게 생긴 것입니다. 이런 사소한 이유로 오해가 생긴 줄도 모른 채 생활할 때가 생각보다 매우 많습니다.

친절한 영희 씨

영희: "너 요새 가싶남이라며?"

철수: "가시나?[6] 나는 남자인데…."

영희: "아니야, 괜한 말을 했네."

가싶남은 '가지고 싶은 남자'의 줄임말입니다. 철수는 영희 말을 알아듣
지 못해서 엉뚱한 대답을 했습니다. 영희와 철수는 뻘쭘했습니다.

철수가 공부하고 있는데 영희가 와서 숙제를 물어봅니다. 철수는 자기
일을 마저 하고 영희를 도와줄 수 있고, 자기 일을 멈추고 영희부터 도와
줄 수도 있습니다. 어떻게 하든 철수가 매너 없는 행동을 한 것은 아닙니
다. 그러나 자기가 바쁜데도 영희를 먼저 도와주면 "철수는 친절하다"라
고 말할 수 있습니다. 친절은 자기보다 상대방에게 더 맞춰 주는 것이기
때문입니다. 상대방이 편하게 말할 수 있도록 말해 주는 것이 '친절한 말
하기'입니다.

말을 할 때 짧게 말하든 길게 말하든 그것은 말하는 사람 마음입니다. 그
런데 짧게 말하면 말하는 사람은 편하지만 듣는 사람은 제대로 알아듣지
못할 수 있습니다. 어떤 사람이 길을 물었을 때 제대로 말해 주지 않으면
잘못된 길로 가게 됩니다. 이러면 오히려 대화하지 않는 것이 더 낫습니
다. 대화할 때 상대방을 위해 좀 더 길게 말해 주는 것은 친절한 말하기입
니다.

말을 길게 하는 방법은 높임말을 항상 기억하면서 공식을 외우듯 말하는
것보다 설명을 조금씩 더 붙이는 식으로 말하는 것이 낫습니다. 대답을

---

6 '여자아이'의 사투리.

하더라도 "응, 그래"보다 "응, 그래. 나도 그렇게 생각했어"라고 말하는 것입니다. 카톡이나 라인 같은 스마트폰 메신저를 이용할 때도 마찬가지입니다.

동물이 간단한 소리만 가지고 대화하는 것과 달리 사람은 수많은 말을 사용하여 대화합니다. 그런데도 사람끼리 대화하다 보면 말만으로는 표현이 부족할 때가 있습니다. 그럴 때는 말하는 사람이 몸짓(제스처)과 표정을 함께 쓰면 상대방이 훨씬 제대로 알아들을 수 있습니다. 자연스러운 몸짓과 표정은 말은 아니지만 친절한 말하기입니다.

어린이에게는 최대한 쉬운 표현과 간단한 설명으로, 반대로 어르신에게는 너무 유치하지 않고 적당한 수준으로 말하는 것이 좋습니다. 그런데 초등학생에게 말하더라도 1학년과 6학년을 대할 때는 각각 다르게 말해야 합니다. 어르신에게 말하더라도 남성과 여성을 대할 때는 각각 다르게 말해야 합니다. 이처럼 상대방 수준에 최대한 맞춰서 말하는 것은 상당히 어려운 일입니다. 그러나 익숙해지면 가장 좋은 친절한 말하기가 됩니다.

영희가 철수에게 말한 '가싶남'이란 표현이 나쁜 것은 아닙니다. 그러나 "요즘 네 인기가 상당히 좋던데?"라고 조금만 친절하게 말했다면 철수가 영희 말을 쉽게 알아들었을 것입니다. 친절하게 말하기는 억지로 되는 것이 아닙니다. 주변 사람에게 친절하게 대하려고 마음먹으면 자연스럽게 되는 일입니다.

부끄부끄

영희, 철수, 민준이는 길을 가고 있었습니다.

영희: "너는 좋은 사람인 것 같아."

철수: "나 먼저 갈게."

민준: "?"

영희 말을 들은 철수는 먼저 가겠다고 말하고 집으로 뛰어갔습니다. 영희는 사실 철수에게 말했지만, 철수가 아닌 민준이 신발을 보며 말했습니다. 영희는 자기 말에 대꾸도 하지 않고 갑자기 집에 가는 철수가 서운했습니다.

말하는 것은 자기 말을 상대방에게 건네주는 일입니다. 상대방을 봐야 물건을 건네줄 수 있는 것처럼 사람이 말할 때는 자동으로 상대방을 보게 됩니다. 그런데 상대방을 보는 것을 부담스럽게 여기는 사람은 말할 때 일부러 눈을 마주치지 않습니다. 신경 쓰지 않으면 자동으로 상대방을 보며 말하게 되는데 그것을 억지로 막는 것입니다. 상대방을 보지 않고 아래나 위를 보며 이야기하면 건성으로 말하는 것처럼 느껴집니다. 때때로 철수처럼 상대방 말을 오해하기도 합니다.

아무 말을 하지 않고 상대방을 빤히 보면 상대방이 이상하게 느낄 수 있습니다. 그러나 말하면서 상대방을 보면 상대방이 전혀 이상하게 느끼지 않습니다. 개도 말할 때 상대방을 보면서 짖습니다. 소리를 내는 생명체라면 상대방, 특히 눈을 보며 말하는 것이 규칙입니다. 전혀 이상하게 생각할 필요가 없습니다.

상대방 눈을 보며 대화하는 것이 어려운 사람은 상대방 코 주변을 보는 것도 요령입니다. 그런데 대화는 규칙이나 요령으로 하는 것보다 자연스럽게 하는 것이 좋습니다. 밥을 먹을 때 입을 사용하는 것이 당연한 것처럼, 말을 할 때는 자기 눈까지 함께 사용하는 것을 당연하게 생각해야 합니다.

영희가 다른 곳을 보지 않고 철수를 보면서 말했으면 어땠을까요? 철수가 무슨 대답을 했을지는 모릅니다. 하지만 적어도 철수는 영희가 민준이에게 고백한다고 오해하고 서둘러 집에 갈 일은 없었을 것입니다. 영희 또한 갑자기 집에 가는 철수를 보고 서운해할 일도 없었을 것입니다. 영희가 말할 때 자동으로 철수에게 향하는 자기 눈을 억지로 다른 곳으로 돌리지 않았더라면 오해할 일 없이 서로 좋은 사이로 지낼 수도 있었을 것입니다.

말할 때 상대방 얼굴을 보는 것은 당연한 일입니다. 이것을 거꾸로 생각하면 상대방 얼굴을 대놓고 보고 싶을 때는 말을 걸면 됩니다.

말 안 해도 알지?

> 영희: (철수에게 다가가) "…."
>
> 철수: "?"
>
> 철수는 영희가 갑자기 자기에게 다가왔다가 아무 말 없이 그냥 돌아가는 것을 보았습니다. 사실, 영희는 '너는 좋은 사람인 것 같아'라고 말하고 싶었지만 부끄러워 차마 말하지 못했습니다. 철수는 오늘 자기가 영희에게 실수한 일이 있었나 생각해 봤습니다.

말을 잘하는 사람도 껄끄러운 상황에서 말하기는 쉽지 않습니다. 문제는 부끄럼이 많은 사람은 평범한 상황에서도 말하기가 쉽지 않다는 것입니다. 그렇다고 자기에게 항상 맞춰 주는 친절한 상대방만 골라서 말할 수는 없습니다. 성격을 바꾸는 것은 자기를 통째로 바꾸는 일이기에 '용기를 내자!'라고 다짐한다고 해서 쉽게 될 일도 아닙니다. 결국 자기 성격대로 말하면서 부족한 부분은 다른 것으로 때워야 합니다. 부끄러움이 많으면 얼굴을 손으로 가리면서라도 말하고, 목소리가 작으면 몸짓이라도 더해서 부족한 표현을 보충해야 합니다. 아니면 글을 이용하여 말하는 것도 좋습니다. 어떻게든 대화를 피하지 않는 것이 중요합니다.

웃음이 디지거니 기분이 상한 것처럼 감정이 갑자기 변할 때는 말로 대화하기가 어렵습니다. 이런 이유로 상대방과 대화할 때 부끄럽거나 어색한 감정에 자주 휩싸이는 사람은 말문이 자주 막히게 됩니다. 이럴 때는 글이 좋은 대화 방법이 됩니다. 그 대신 말을 글로 표현하면 상대방이 불편함을 느끼기 때문에 깔끔하고 예쁘게 써서 글에 정성을 더 넣어야 합니다. '성격이 이래서 어쩔 수 없어'라기보다 '성격이 이러니까 이렇게라도 하자'가 낫습니다.

영희가 부끄러운 감정에 휩싸여 철수에게 말하기를 그만둔 것이 잘못은 아니지만 후회는 남을 것입니다. 철수는 영희로 인해 저지르지도 않은 자기 잘못을 생각하며 오해하게 되었습니다. 다음에 영희가 오늘 하지 못한 말을 글로 철수에게 건넨다면 영희는 마음이 후련할 것입니다. 철수는 더 이상 오해할 필요가 없을 것입니다.

부끄러움이나 두려움 많은 성격은 잘못이 아닙니다. 개인의 특징일 뿐입니다. 사람 성격은 나중에 바뀌기도 하고 그런 성격 자체가 그다지 나쁜 것도 아닙니다. 그 대신 자기만의 대화 방법을 만들 필요는 있습니다. 자기만의 말하기 방식에 조금만 더 정성을 넣으면 서로의 오해를 줄이고 후회하지 않는 대화를 할 수 있습니다.

우리말 듣기 평가

> 영희: "너는 좋은 사람인 것 같아."
> 철수: (기분 나쁜 표정을 지으며) "……."
> 철수는 영희 말을 듣고 그대로 집으로 달려갔습니다. 철수는 예전에 지숙이가 자기에게 돈을 빌리고 "넌 좋은 사람이야"라고 말했던 것이 생각났습니다. 나중에 지숙이는 돈을 갚지 않았습니다. 철수는 혹시나 영희가 돈 얘기를 꺼낼까 봐 자리를 피하고 싶었습니다. 영희는 철수의 그 모습을 보고 잠시 멍하니 서 있었습니다.

듣는 것은 말하는 것보다 일단 쉽습니다. 말하기는 말을 직접 만들어 내야 하지만 듣기는 상대방 말을 그저 받기만 하면 되기 때문입니다. 그런데 철수처럼 외국 말이 아닌 우리말로 평범한 이야기를 나누는데도 상대방 말을 제대로 알아듣지 못할 때가 있습니다.

사람 말은 정해진 모양이 없어 상대방 말을 자기 마음대로 상당히 바꿀 수 있습니다. 상대방 말을 좋게 들으려고 마음먹으면 좋게 들리고 나쁘게 들으려고 마음먹으면 언제든지 나쁘게 들을 수 있습니다.

"민준이는 평상시에 부모님 말을 잘 듣는다"라는 말을 들었을 때 어떤 사람은 민준이를 성실한 사람으로 생각하지만 다른 사람은 민준이를 시킨 대로만 하는 사람으로 생각합니다.

철수가 영희 말을 듣고 이상한 태도를 보인 것은 나름대로 이유가 있습니다. 그 말을 듣고 돈을 떼먹혔던 경험이 있었기 때문입니다. 그런데 영희는 철수에게 이런 일이 있었던 것을 알지 못합니다. 영희는 단지 철수에게 좋은 말을 하려는 것뿐이었습니다. 말을 들을 때는 먼저 상대방 말을 있는 그대로 받아들이고, 그다음에 상대방 말을 자기 나름대로 판단해야 합니다. 이 순서가 바뀌면 마치 양치를 먼저 하고 음식을 나중에 먹는 것과 비슷합니다. 그렇게 되면 제대로 음식 맛을 못 느끼는 것처럼 상대방 말을 제대로 알아듣지 못합니다.

물론 말하는 사람이 겉과 속이 다르게 말을 할 때가 종종 있습니다. 대놓고 말하기 부담스러운 말은 빙빙 돌려서 말하기도 합니다. 어린아이가 자기 전에 "엄마, 저 양치할까요?"라고 묻는 말은 '나 이 닦기 싫다'라는 뜻인 것처럼요.

상대방은 자기가 한 말을 일일이 설명해 주지 않기 때문에 상대방 말을 자기 마음대로 판단하는 일을 해야 합니다. 그럴 때는 '상대방이 한 말은 무조건 이런 뜻이야'라고 자기가 딱 잘라 결정하는 일을 가능하면 하지 않아야 합니다. 상대방 말을 오해하는 일은 순식간에 일어납니다. 그에 비해 오해를 푸는 일은 훨씬 많은 시간이 걸립니다. 평생이 걸릴 수도 있습니다. 대화 중에 오해할 만한 말을 들었다면 자기 멋대로 빠르게 그 뜻을 결정하기보다 궁금한 걸 그때그때 상대방에게 물어보면 이런 일을 상당히 피할 수 있습니다. 오해는 마음속에서 점점 커지는 풍선과 같습니다. 내버려 두면 그 풍선은 계속 커지면서 사람을 괴롭게 만듭니다. 그런데 막상 터지고 나면 안에 든 것은 별것 아닐 때가 많습니다. 별것 아닌 것으로 오랫동안 괴롭게 지내는 것은 자기 생활에 큰 손해입니다.

자기 정신 건강이 약해지면 평범한 말도 자꾸 나쁘게 생각되고 험한 말로 자주 반응하게 됩니다. 정신 건강은 몸과 다르게 건강이 나빠지는 것이 눈에 잘 안 보입니다. 그래서 정신 건강을 자기가 따로 관리할 수 있어야 합니다. 정신 건강은 뒤의 〈병과 사고〉에서 따로 말합니다.

철수가 '아니야. 내 생각이 잘못됐을 수도 있어'라고 한 번만 생각했거나 영희에게 "그 말이 무슨 뜻이야?"라고 바로 물어봤더라면 어땠을까요? 영희가 어떤 대답을 했을지는 모르지만 적어도 철수가 영희를 오해하진 않았을 것이고, 영희 또한 철수 때문에 놀라지도 않았을 것입니다.

혹시 뭐라고 했죠?

듣기 매너

영희: "너는 좋은 사람인 것 같아."

철수: "…."

철수는 영희의 말에 대답하지 않았습니다. 못 들었기 때문입니다. 철수
는 영희가 자기에게 말한 것을 아예 몰랐기에 "다시 말해 줄래?"라는 말
조차 꺼내지 못했습니다. 영희는 기분이 찝찝했습니다.

사람의 귀는 일단 소리가 들리면 딱히 듣고 싶지 않아도 저절로 듣게 되
어 있습니다. 귀에는 자기가 듣고 싶은 말만 골라 주는 기능이 없기 때문
입니다. 자기 마음에 안 드는 말을 억지로 듣게 되면 좋은 태도로 듣기가
어렵습니다. 그래서 누구나 자신의 듣기 태도가 좋지 않을 때가 종종 있
습니다.

말을 주고받을 때는 서로 상대방을 보는 것이 기본입니다. 특히 말할 때
는 필수입니다. 그런데 들을 때는 적당히 자기가 보고 싶은 곳을 보며 들
어도 어느 정도 괜찮습니다. 말하는 사람이 너무 멋있거나 혹은 너무 이
상하거나 혹은 상대방 말이 듣기 싫으면 상대방을 보면서 듣기가 어렵습
니다. 그 대신 상대방을 보지 않고 들을 때는 고개를 적당히 끄덕이거나
살짝 몸짓을 해 줘야 말하는 사람이 자기 말을 듣고 있는지 확인할 수 있
습니다. 상대방을 보지도 않고 반응도 없는 듣기 태도는 상당히 좋지 않
습니다.

좋지 않은 듣기 태도보다 더욱 나쁜 것이 바로 '듣기 자체를 싫어하는 것'
입니다. 이렇게 듣기를 부담스러워하는 사람은 상대방 말을 거의 알아듣
지 못하거나 기억하지 못할 때가 많습니다. 대화가 거의 통하지 않을 때

가 많고 이미 했던 말을 다시 물어볼 때도 많기에 서로의 관계도 나빠지기 쉽습니다. 주로 잔소리를 많이 듣거나 욕이나 비난 같은 나쁜 말을 자주 들었던 사람에게 이런 특징이 있는 편입니다.

이 문제를 해결하려면 주변 사람이 잔소리나 나쁜 말을 줄이면서 도와야 합니다. 하지만 무엇보다 상대방 말을 하찮게 생각하는 마음을 스스로 누그러뜨려야 합니다. 결국 주변 도움이 필요하지만 자기 역할이 가장 중요합니다. 자기 마음을 조절하는 일은 자기만 할 수 있는 일이기 때문입니다.

철수의 나쁜 듣기 태도는 철수를 좋게 생각했던 영희에게 오히려 실망을 주었습니다. 이것은 철수에게 굉장히 큰 손해입니다. 사람은 살면서 듣기 좋은 말과 듣기 싫은 말을 둘 다 듣게 됩니다. 듣기 싫은 말을 억지로 기분 좋게 듣기는 어렵습니다. 그러나 최소한의 기본은 지키면서 들어야 자기 귀를 꽁꽁 닫아 버리는 심각한 상황을 피할 수 있습니다.

한글 짱

좋은 한글

영희: "(문자 메시지) 너는 좋은 사람인 것 같아."

철수: (철수는 그 메시지를 저장했습니다.)

우리나라 이름은 '대한민국'이고 대한민국이 있는 지역 이름은 '한반도'입니다. 아주 오래전부터 이 한반도 지역에 살았던 사람은 소리 내는 말로서 '한국말(한국어)'을 썼습니다. 세종대왕이 글자 한글을 만들기 이전이나 이후나 한반도 지역에서 살았던 사람은 지금도 쓰고 있는 한국말로 대화했었습니다. 세종대왕이 한글을 만들기 전에는 우리 글자가 없어 중국 지역의 한자를 적당히 바꿔서 글로 썼습니다. 세종대왕이 한글을 만든 후에는 한국말을 있는 그대로 글로 표현하는 한글을 쓰게 되었습니다.

한국·중국·일본 세 나라는 서로 가까운 거리에 있지만 각 나라 말은 들으면 바로 구별될 만큼 매우 다릅니다. 말이 다르므로 그 말을 표현하는 글 역시 다릅니다. 이 3가지 글 중에서 자판으로 글 쓰는, 타자(타이핑)가 가장 쉬운 것은 한국의 한글입니다. 중국 글인 한자(漢字)나 일본 글인 가나(がな)는 타자하려면 영어나 가나를 먼저 입력한 뒤에 그것을 일일이 바꿔야 원하는 글자가 나옵니다.

'안녕'을 중국 글 한자로 쓰면 '你好'이며 중국말로는 '니하오'라고 말합니다. 이것을 타자하려면 먼저 영어로 'nihao'를 입력하고 '스페이스 바'를 누르면 여러 가지 한자 단어가 나옵니다. 그중에서 '你好'를 골라야 합니다. 중국말을 자기 나라 글로 표현하려면 이런 불편함이 있습니다. 일본 글 또한 비슷합니다. 그에 비하면 한글은 입력한 그대로 글이 나오므로 상당히 편합니다.

우리나라 사람은 이런 한글을 이용하기에 다른 나라 사람보다 글로 대화하는 일이 유리합니다. 한글은 이용요금을 낼 필요가 없으므로 쓸 줄 알면 누구나 한글을 이용할 수 있습니다. 그 대신 누구나 쓸 수 있지만 어떻게 쓰느냐는 자기 자신에게 달려 있습니다.

요즘 시대에 문자 메시지를 주고받는 일은 흔한 일상입니다. 영희의 문자 메시지는 철수가 하루에 받는 여러 문자 메시지 중 하나일 뿐입니다. 하지만 부끄럼 많은 영희가 한글의 도움을 받아 철수에게 자기 마음을 보낸 것은 영희와 철수 모두에게 큰 의미가 있는 일입니다. 특히 쓰기 쉬운 한글이라는 점이 자기 진심을 힘겹게 쓰는 영희의 부담을 조금이라도 줄여 주었을 것입니다. 철수는 영희가 보낸 글을 저장했습니다. 글은 언제든 다시 보고 싶을 때 꺼내 볼 수 있기 때문입니다.

꾸밀 것은 많은데

영희: (문자 메시지) "너는 좋은 사람인 것 같아 ㅋㅋㅋㅋㅋ"

철수: "혹시 잘못 보낸 거니?"

철수는 영희 문자 메시지를 보고 이해가 되지 않았습니다. 영희가 자기

마음을 말한 건지, 장난을 친 건지 알쏭달쏭했습니다.

스마트폰으로 대화하는 방법은 전화와 문자 메시지 두 가지가 있습니다. 전화는 받는 쪽이 허락하지 않으면 자기 말을 보낼 수 없지만, 문자 메시지는 받는 쪽이 허락하든 말든 자기 말을 보낼 수 있습니다. 그만큼 문자 메시지는 보내는 사람이 받는 사람보다 유리한 편입니다. 이런 점을 이용하여 자기 마음을 전하거나 좋은 글을 소개하는 방법으로 문자 메시지를 쓸 때가 많습니다. 문제는 언제든지 나쁜 글을 보낼 수 있는 방법이 되기도 한다는 점입니다. 그만큼 상대방에게 쉽게 무례를 저지를 수 있는 것이 문자 메시지 대화입니다. 물론 '차단' 기능으로 상대방 연락을 막을 수 있지만 일단 상대방의 무례한 글을 본 뒤에 차단해야 하기에 피해를 미리 막기는 어렵습니다.

문자 메시지를 받은 사람은 보고 싶지 않은 내용이라도 봐야 하므로 문자를 먼저 보내는 사람 역할이 중요합니다. 겉과 속이 다른 비꼬는 말이나 애매모호한 표현을 써서 상대방에게 혼란을 주지 않도록 조심해야 하며, 자기 진심을 표현하든 장난 글을 보내든 상대방 기분을 나쁘지 않게 하는 것에 신경 써야 합니다.

사람의 말이나 글은 사람의 생각에서 나옵니다. 생각·말·글 이 3가지 중에서 생각과 말을 좋게 만들어 주는 도구는 없지만 글은 스마트폰이라는

좋은 도구가 있습니다. 글은 다양한 그림 문자(이모티콘)와 스마트폰 기능으로 보기 좋게 만들 수 있습니다. 그러나 자기 생각과 말을 좋게 만들어 주는 기계나 도구는 과거에도 없었고 앞으로도 없을 것입니다. 자기 스스로 좋게 만드는 수밖에 없습니다. 자기 생각과 말이 예쁘지 않으면 아무리 꾸밀 것이 많더라도 예쁜 글로 나타나지 않습니다. 포장지만 그럴듯해 보이고 내용물은 별것 아닌 선물은 기대보다 실망이 더 큽니다.

영희의 문자 메시지는 받는 사람이 보기에 상당히 애매한 글입니다. 글 내용이 분명하지 않으면 꾸미더라도 상대방에게 혼란을 줍니다. 영희가 중요한 이야기를 하고 싶었다면 약속을 잡는 글을 보내는 것이 더 좋았을 것입니다. 영희가 철수에게 간단한 칭찬을 하고 싶었다면 칭찬하는 이유를 같이 말했어야 철수가 헷갈리지 않았을 것입니다. 영희의 문자 메시지로 인해 철수는 영희를 이상한 사람으로 오해할 수 있습니다. 재밌지만 오해할 만한 글보다 재미가 조금 떨어져도 오해하지 않을 만한 글이 문자 메시지로 좋습니다.

추억 상자

영희: (손 편지를 주며) "집에 가서 봐."

철수: "응!" (철수는 곧장 집으로 달려갔습니다.)

철수는 살면서 손 편지를 처음 받았습니다. 철수는 알 수 없는 이상한 느낌이 들었습니다. 영희 글씨를 알아보는 것이 솔직히 힘들었지만 그래도 철수는 꼼꼼히 글을 읽었습니다.

스마트폰이나 컴퓨터로 글을 주고받는 것이 빠르고 편하고 예쁩니다. 글을 보관하는 것도 다시 확인하는 것도 쉽습니다. 그래서 요즘엔 손 글씨를 주고받을 일이 거의 없습니다. 손 글씨에만 있는 그 느낌을 요즘 시대에는 알기 어렵습니다.

스마트폰이나 컴퓨터로 글을 쓸 때는 명조체, 고딕체 등 여러 가지 글씨체를 사용합니다. 많은 사람이 함께 이용하는 글씨체입니다. 그런데 세상에는 자기만 사용할 수 있는 글씨체가 있습니다. 바로 자기 이름 글씨체입니다. 솔직히 기계가 만들어 주는 글씨체에 비하면 그리 예쁜 글씨체는 아닙니다. 하지만 그 글씨체는 자기만 쓸 수 있으며, 글을 보고 바로 글 주인을 확인할 수 있는, 세상에서 오직 하나뿐인 글씨체입니다.

손 글씨는 글을 쓰는 준비부터 글을 주고받는 일까지 단 하나도 편한 것이 없습니다. 먼저 적당한 종이나 편지지가 필요합니다. 없다면 그것을 사러 외출 준비를 해야 합니다. 하지만 스마트폰 메시지로 글을 보내면 외출 준비를 다 하기도 전에 이미 상대방에게 글을 보내는 일이 끝납니다. 이처럼 손 글씨는 불편하고 느립니다.

자기 속마음이나 부끄러운 말을 상대방에게 하는 것은 상당히 어려운 일입니다. 그만큼 많은 정성을 들여야 가능한 일입니다. 손 글씨는 나만의 글씨체로 쓰면서 자연스럽게 정성이 들어가므로 부담스러운 말이라도 표현할 수 있게 됩니다. "난 너만 생각하면 기분이 좋아!"처럼 마주 보고선 좀처럼 하기 힘든 낯간지러운 말도 손 글씨로는 가능합니다. 컴퓨터 문자 메시지를 아무리 예쁜 그림과 색으로 꾸며도 손 글씨만 한 정성을 이길 순 없습니다. 중요한 이야기를 할 때는 말로 하는 것이 좋고 그것이 어려우면 손 글씨 이용을 추천합니다.

사람은 평상시에 자기 속마음을 그리 자주 보여 주지 않습니다. 상대방 진심을 보는 일은 굉장히 드물고 귀한 일입니다. 그래서 감동과 재미가 있습니다. 두려움 반 기대 반으로 건네는 사귀자는 고백, 진심이 너무 느껴져서 사과받는 사람이 오히려 미안함을 느끼는 사과, 받아 줄 것으로 믿지만 그래도 혹시나 하는 걱정스러운 마음이 들어 있는 청혼 등등 살면서 가끔씩 상대방에게 진심을 보여 주거나 진심을 받을 때가 있을 것입니다. 그럴 때 손 글씨는 아주 좋은 방법이 됩니다. 상대방에게 좋은 감정을 많이 주고 싶거나 자기 실수를 만회할 기회를 만들고 싶다면 손 글씨를 잘 이용하는 것이 좋습니다.

스마트폰 글씨나 손 글씨나 사실 둘 다 글로 할 수 있는 좋은 대화 방법입니다. 편한 것은 편한 것대로, 감동이 더 있는 것은 그것대로 각각 좋은 점이 있습니다. 한 가지 방법만 이용하기보단 두 가지 방법 모두 적절히 이용한다면 다양하고 풍부하게 글을 주고받는 생활을 할 수 있을 것입니다. 손 편지 같은 글은 인터넷이나 스마트폰처럼 기계 속 공간에 편하게 저장하지 않고 조금 불편하더라도 자기 추억 상자에 보관합니다. 추억 상자 속에 하나둘씩 쌓인 편지와 메모는 자신의 큰 보물이 됩니다. 그래서 손 글씨는 조금 못생겼어도 특별하고 가치 있으며 감동이 있습니다.

철수는 집에 가는 길에 뚜껑이 있는 작은 종이 상자 하나를 샀습니다. 영희가 준 편지를 다 읽고선 철수는 종이 상자에 그 손 편지를 넣었습니다.
철수의 그 상자에 좋은 추억이 계속 쌓이기를 바랍니다.

그릇이 작아 모두 담지 못해요

생각 통하기

> 영희: (씩씩대면서) "너는 정말! 너무나! 좋은 사람인 것 같다!"
> 철수: (기분 좋게) "헤헤, 고마워."
> 영희와 철수의 분위기가 서로 다릅니다. 영희는 화난 것으로 보이고 철수는 기분이 좋아 보입니다. 아무래도 영희 말을 철수가 제대로 알아듣지 못한 것 같습니다.

의사소통은 생각(의사)을 서로 주고받는(소통) 것입니다. 사람의 생각은 그 소리도 모양도 딱히 없지만 말과 글을 이용하면 소리와 모양을 나타낼 수 있습니다. 그래서 사람은 말과 글을 이용해 의사소통합니다. 그 대신 생각을 정확하게 말과 글로 표현할 수는 없어 의사소통에는 어느 정도 한계가 있습니다.

영희가 "나 화났다"라고 철수에게 말하거나 글을 보내면 철수는 영희가 '화난 것'은 알아도 '어느 정도 화났는지'는 정확히 알지 못합니다. 장난으로 한 말인지, 진심으로 한 말인지도 모릅니다. 그만큼 영희 말만 가지고선 영희 생각을 철수가 확실하게 알기 어렵습니다. 이런 일이 생기는 이유는 사람 생각을 표현하는 말과 글이 상당히 부족하기 때문입니다. 사람 생각을 말과 글이라는 그릇으로 담기엔 한계가 있는 것입니다. 서운해서 화난 것과 열받아서 화난 것은 서로 다르지만 둘 다 '화났다'라고 표현합니다. 이런 한계 때문에 말하는 사람은 자기 생각을 정확하게 표현하기 어렵고 듣는 사람도 상대방 말을 완벽히 알아듣기 어렵습니다. 그래서 부족한 부분은 적당히 짐작해서 판단해야 합니다. 이것이 '눈치'입니다. 눈치가 빠를수록 상대방이 말로 표현하지 못한 부분을 상당히 알아챌 수 있습니다. 결국 상대방 생각을 최대한 알려면 상대방이 말한 것과 자기 눈치를 적절히 섞어야 합니다. 눈치가 좋을수록 상황 파악이 잘 됩니다. 눈치 실력을 키우려면 책을 많이 읽거나 대화를 자주 하는 것이 도움 됩니다. 무엇보다 대화를 나누는 상대방에게 관심을 많이 둘수록 눈치가 빠릅니다.

영희: (씩씩대면서) "너는 정말! 너무나! 좋은 사람인 것! 같다!"

영희 말에서 괄호 안쪽 내용인 '씩씩대면서' 부분은 영희가 철수에게 직접 말해 주는 부분이 아닙니다. 철수가 영희 분위기를 보면서 눈치껏 알아야 하는 부분입니다. 철수는 그 부분을 몰라서 영희 말을 칭찬으로 듣고 기분이 좋았습니다. 앞으로 철수는 영희와 대화할 때 좀 더 집중해야 할 것 같습니다. 어떤 끔찍한 일이 철수에게 생길지 모르니까요.

영희: "너는 정말 좋은 사람인 것 같아."
철수: "그런 말을 하는 이유가 뭐야?"
영희는 철수 대답을 듣고 기분이 좋지 않아 급히 집에 갔습니다. 사실
철수는 진심으로 궁금해서 물어본 것이었습니다.

많은 사람이 대화할 때 상대방 말이 진심인지, 사실인지, 거짓인지를 중요하게 생각합니다. 거짓을 주고받으면 의사소통이 매우 어렵기 때문입니다. 그렇다고 상대방에게 진심이나 사실을 꺼내려고 무례하게 다가가서는 안 됩니다. 사실을 말하고 듣는 것이 무조건 옳은 일 또한 아닙니다. 의사소통에서는 사실 여부를 따지는 것보다 대화 매너를 갖추는 것이 훨씬 더 중요합니다. 뚱뚱한 사람과 대화할 때 "너는 자기가 뚱뚱하다고 생

각하니?"라고 말하는 것은 사실이어도 해서는 안 되는 말입니다. '나는 단지 사실을 알고 싶었을 뿐이야'라는 생각이 무례한 말을 용서해 주진 않습니다. 영희의 말에 철수가 다짜고짜 이유를 묻지 않고, "나 지금 칭찬해 주는 거야? 이유가 뭔지 참 궁금하네"라고 부드럽게 물어보았다면 대화가 계속 이어졌을 것입니다. 이렇게 말하는 것은 말하기 기술이 아닙니다. 매너 있게 말하려고 생각하다 보면 자연스럽게 나오는 말입니다.

진로와 준비

사람은 태어나서 아이로 지내다가 성인이 되어 '직업을 갖고' 가정을 꾸리며 살다 보면 노인이 됩니다. 누구나 이런 인생길을 나아가며 이것을 진로라고 합니다. 이런 진로에서 특이하게 '직업을 갖고' 부분만 사람마다 다릅니다. 그래서 진로를 물어보는 것은 직업을 물어보는 것과 같습니다.

세상의 수많은 직업 중에 하나를 미리 골라서 꾸준히 준비하는 것은 어려운 일입니다. 이렇게 어려운 일을 나이가 어릴 때부터 고민해야 하는 것이 진로 선택과 그 준비입니다. 요리사 진로를 준비하는 수민이 이야기입니다.

결정 장애

진로 고르기

청소년 수민이는 요즘 여기저기서 "나중에 뭐 될래?"라는 말을 자주 듣
습니다. 친구들은 진로를 하나씩 정한 것 같은데 수민이는 아직 마음에
드는 진로가 없습니다. 잔소리 때문이라도, 친구들에게 뒤처진 느낌 때
문이라도 수민이는 진로를 하나 정해야겠다고 생각했습니다. 수민이는
요즘 요리사가 인기라는 말을 듣고 자기 진로를 요리사로 일단 결정했
습니다. 진로 선택을 한 것은 좋은데 이거 너무 대충 정한 것 아닌가요?

지금 자기 진로 계획이 딱히 없다고 해서 미래가 무조건 나쁜 것도 아니
고 자기 진로 계획이 있다고 해서 때가 되면 무조건 그것을 이루는 것도
아닙니다. 그래도 이왕이면 되는대로 사는 것보다 계획 있게 사는 것이
더 낫습니다. 남의 인생이 아닌 자기 인생이기 때문입니다.

많은 사람이 자기에게 가능성이 있어 보이는 일로 진로를 계획합니다.
그런데 자기가 생각하는 가능성에는 함정이 있습니다. 사람은 대체로 자
기가 생각하고 선택한 일을 마냥 좋게 보려고 하기 때문입니다. 누구나
자기가 산 물건이 시간이 지나 저절로 가격이 상당히 오를 것으로 생각하
거나, 시험 준비를 제대로 못 했지만 시험 결과가 혹시나 좋을 것이라 기
대한 적이 있을 것입니다. 그러나 현실에서는 자기가 가능성 있다고 생
각한 일이 실패할 때가 많습니다. 오히려 자기가 가능성 없다고 여긴 일
이 얼떨결에 성공하기도 합니다. 이런 것을 '세렌디피티'라고 합니다. 포
스트잇 메모지는 어중간한 접착제라는 실패가 대박 상품이 된 것입니다.
자기 진로 가능성을 높게 생각하든 낮게 생각하든 그 결과가 자기 생각대
로 되지 않는 것이 문제입니다. 그래서 진로는 가능성을 따지며 계속 고

민만 하기보다 일단 하나를 적당히 정하는 것이 좋습니다.

목욕하고 정신을 집중한 뒤 의자에 앉아 심각하게 고민한다고 자기 진로가 갑자기 번쩍 생각나진 않습니다. 진로는 만화책을 보다가, TV를 보다가, 길을 가다가, 밥을 먹다가 등등 별일 아닌 일을 하다가도 정할 수 있는 것입니다. 수민이가 '단지 인기가 있다'라는 이유로 자기 진로를 요리사로 정한 것은 대단치 않은 일이지만 사실 그것만으로도 충분한 이유가 됩니다.

액션 영화에는 플랜 A와 플랜 B를 말하는 장면이 종종 나옵니다. 원래 계획했던 일은 플랜 A, 그 계획이 실패했을 때 실행할 다음 계획을 플랜 B라고 합니다. 영화는 계획대로 이야기가 흘러가지 않으므로 플랜 B가 꼭 있어야 합니다. 자기 진로 역시 플랜 A를 이루지 못할 수 있습니다. 그럴 때는 다음 계획인 플랜 B가 필요합니다. 자기 진로 계획 하나를 정하는 것도 부담스러운 일인데 추가 진로까지 정하는 것은 매우 어려운 일로 보입니다. 그러나 진로 플랜 B는 그다지 어렵지 않습니다. 플랜 B는 플랜 A와 비슷한 분야이면서 살짝 다른 진로로 정하면 됩니다. 요리사가 플랜 A였다면, 플랜 B는 음식 평론가, 요리 작가, 요리 강사 등이 될 수 있습니다.

플랜 C도 있습니다. 이것은 계획을 적당히 바꾸는 수준이 아니라 아예 다른 계획을 세우는 것입니다. 대부분 플랜 A, B에 시간과 노력을 많이 들이기 때문에 플랜 C를 하게 되었다면 그동안 준비한 것이 헛수고가 되었다는 뜻이기도 합니다. 그러나 플랜 C로 바꿔서 좋은 결과를 냈다면 좋은 선택이 되는 것입니다. 실제로 원래 계획에서 벗어난 일을 잠시 하다가 자기에게 잘 맞는 진로를 찾은 사람이 굉장히 많습니다. 그 대신 나쁜 결과가 나왔다면 아무래도 계획을 심하게 바꾼 일을 후회할 것입니다. 그러므로 진로를 바꾸기 전에 자기가 후회하지 않을 만큼 노력했어야 새로운 진로를 시작하더라도 자신 있게 준비할 수 있습니다.

많은 사람이 자기 진로를 쉽게 결정하지 못하는 이유는 진로라는 문제를 너무 무서워하기 때문입니다. 자기 인생이 달린 문제이므로 '이것을 잘못 정하면 내 인생이 망가질 수도 있어!'라고 심각하게 생각하는 것이 무리는 아닙니다. 그러나 도둑이나 사기꾼을 진로로 정한 것이 아니라면 어떤 진로를 정해도 자기 인생이 망가질 일은 없습니다. 처음 정한 목표대로 가도 괜찮고, 조금 벗어나도 괜찮고, 아예 다른 목표를 향해 가도 괜찮기 때문입니다.

인생에 후회 없는 선택은 없습니다. 누구나 '더 좋은 선택이 있지 않았을까?' 하고 자기 선택을 후회하면서 사는 것이 사람 인생입니다. 혹시나 자기가 후회할까 걱정돼서 진로를 정하지 못해 그 준비를 시작하지도 않고 있다면 그것이 바로 크게 후회할 만한 일이 될 것입니다.

편하고 돈 많이 버는 일

수민이는 친구와 이야기를 나누던 중에 친구가 정한 진로는 편하면서 많은 돈을 버는 직업처럼 보였습니다. 수민이도 그런 진로로 바꾸는 것이 나을까요?

시대가 변할수록 수레를 직접 끄는 인력거꾼, 버스 손님을 관리하는 버스 안내원처럼 사라지는 직업이 있는가 하면 글씨 디자이너인 캘리그라퍼, 드론으로 사진이나 동영상을 전문적으로 찍는 드론 촬영 조종사처럼 새롭게 생긴 직업도 있습니다. 그런데 옛날이나 지금이나 직업이란 것은 '남에게 도움이 되는 일을 하고 대가를 받는 것'입니다. 아무리 생소한 직업이 새로 생겨도 직업의 이런 개념은 달라지지 않습니다. 자기가 할 수 있는 일, 즉 자기 직업으로 남에게 도움을 주고 자기가 할 수 없는 일은 남의 직업을 통해 도움을 받는 것이 사람이 다른 사람과 함께 사는 방식입니다. 그런 과정에서 돈이 왔다 갔다 합니다.

세상에 직업은 무수히 많고 자기 직업은 그중의 한 가지입니다. 자기는 한 가지 일로 다른 사람에게 도움을 주지만 나머지 수많은 일은 다른 사람에게 도움을 받아야만 합니다. 그만큼 사람은 자기가 다른 사람에게 도움을 줄 때보다 받을 때가 훨씬 많습니다. 직업은 '자기가 돈 벌기 위해 하는 일'이라는 의미가 있지만 '이 세상에서 자기가 남에게 많은 도움을 받으며 살기에 자기도 다른 사람에게 최소한 한 가지 도움은 주면서 살아야 한다'라는 의미 또한 있습니다. 이것이 직업의 기본 의미입니다.

자기 직업을 정할 때 이 의미를 생각하지 못하면 직업 선택 기준을 오로지 '나 자신'으로만 생각하게 됩니다. 그러면 자기가 편한 것, 자기가 돈을 많이 버는 것을 중심으로 직업을 고르게 됩니다. '자기가 어떤 일을 해 줄 수 있느냐'보다 '자기가 어떤 혜택을 받느냐'에 집중하게 됩니다.

안타깝게도 세상에 편하면서 그냥 돈을 많이 받는 직업은 없습니다. 자기 실력이 굉장히 좋아질수록 일이 점점 편해질 수는 있어도 처음부터 편한 직업은 세상에 없습니다. 자기 일이 수많은 사람에게 도움 되거나 적은 사람에게 도움 되더라도 높은 수준의 일을 해 줄 때만 돈을 많이 받을 수 있습니다.

나 자신만을 위해서 진로를 생각하면 세상에 없는 직업만 찾게 되므로 진로 찾는 일이 막막해집니다. 그냥 막연하게 공부만 하거나 생각 없이 연습만 하는 사람이 되기도 합니다. 자기가 진로를 제대로 찾고 준비하고자 한다면 '다른 사람을 도와주는 것이 직업이다'라는 생각에서부터 출발해야 합니다. 그것이 일단 돼야 세상의 수많은 직업을 자기가 직접 살펴볼 수 있습니다. 진로와 관계가 많은 자기 재능과 적성 또한 이 생각을 먼저 하고 나서 고민해야 합니다.

조금이라도 덜 힘든 일, 좋은 대가를 받는 일을 하고 싶은 것은 자연스러운 사람 마음입니다. 돈과 인기를 목표로 삼고 열심히 노력하는 것도 좋습니다. 그러나 자기가 원한다고 해서, 노력한다고 해서 무조건 그것을 얻진 못합니다. 원하는 것을 얻을 자격과 능력이 먼저 돼야 하고 그만한 일을 해 '주어야'만 합니다. 청소년이나 청년에게 이러한 '준다'라는 개념은 쉽지 않습니다. 워낙 오랫동안 부모로부터 '받고만' 살았고 자기가 생활하면서 준비했던 일을 자신을 위한 것으로만 알아 왔기 때문입니다. 누구나 받는 일에 너무 익숙해지면 주는 일에 어색해지기 쉽습니다.

하지만 지금부터 조금씩 직업의 기본 의미를 생각하면서 진로를 찾고 준비하면 됩니다. 나이가 어려도 자기 주변을 찾아보면 무언가 자기가 해 줄 수 있는 것을 발견할 수 있습니다. 그렇게 조금씩 일을 해 주다 보면 점점 더 많은 일을 해 줄 수 있는 사람이 됩니다. 어른은 단순히 나이가 많은 사람이 아닙니다. 다른 사람에게 무언가 도움이 되는 것을 주는 사람이 어른입니다. 나이가 아무리 많아도 다른 사람에게 피해를 주거나 도움이 되지 않는 사람은 어른이 아닙니다. 직업의 기본만 알아도 좋은 어른이 될 수 있습니다.

힘든 공부 진로, 노는 예능 진로?

수민이는 요리 수업을 마치고 친구와 노래방에 갔습니다. 수민이는 노
래 부르며 이런 생각이 들었습니다.
'가수는 이렇게 놀면서 엄청난 돈을 번다던데….'
더 늦기 전에 수민이가 가수 준비를 하는 것이 좋을까요?

진로에는 크게 두 가지 길이 있습니다. 하나는 공부의 길, 다른 하나는 예
능의 길입니다. 공부 진로는 지식·기술 전문가가 되는 분야이고 예능 진
로는 오락·예술·운동 예능인이 되는 분야입니다.

공부 진로는 자기 분야 자격증을 따는 것이 주된 목표입니다. 졸업장도
그 학교 수업 과정을 모두 통과했다는 자격증으로 볼 수 있습니다. 자격
증은 그 분야에서 일할 만한 실력이 있다는 증거가 됩니다. 직장을 구할
때 자격증을 보여 주면 바로 실력을 인정받을 수 있습니다. 자격증을 얻
으려면 자격증 시험을 통과해야 합니다. 그러려면 시험에 관련된 어려운
책을 보고 지식과 기술을 쌓아야 합니다. 결국 자기 분야의 어려운 책을
읽는 것이 공부 진로를 가는 사람에게 중요한 일이 됩니다.

전자회사나 정보통신회사 쪽 진로를 정했다면 대학교의 전기전자공학부
에서 학습하며 자격증을 준비해야 합니다. 그곳의 전공과목에는 'CMOS
VLSI 디자인'이라는 과목이 있습니다. 이 과목은 대체 무엇을 배우는 과
목일까요? 보통 사람은 잘 모르는 것이 정상입니다. 대학교 전공과목 책
은 그 분야 전공자가 아니면 읽기 어려운 것이 당연한 일입니다.

그에 반해 예능 진로는 딱히 실력의 증거가 되는 자격증이 없습니다. 그
렇다면 예능 분야는 전문 지식과 기술이 필요 없나요? 유명한 연기자나

가수, 운동선수 실력을 따라잡기 어렵다는 것은 누구나 다 아는 사실입니다. 단지 그 분야의 자격증이 없을 뿐 공부 진로처럼 많은 노력과 실력이 필요합니다.

공부 진로는 자격증이나 학교 졸업장처럼 뚜렷한 목표가 있어 정해진 준비 과정을 따라가면 되지만 예능 진로는 그렇지 않아 사람마다 준비 과정이 다릅니다. 특히 예능 진로는 자격증이 따로 없어 자기 실력을 직접 보여 주어야만 합니다. 자기 실력을 직접 보여 주는 시험장, 공연장, 경기장을 무대라고 합니다. 예능인은 이 무대에서 실력을 인정받아야 합니다. 결국 '무대에 설 기회를 어떻게 얻느냐' 그리고 '그곳에서 자기 실력을 충분히 보여 주고 상대방에게 인정받을 수 있느냐'가 예능 진로를 가는 사람에게 중요한 일이 됩니다.

공부 진로는 성적서·졸업장·자격증, 예능 진로는 무대와 실력 보여 주기를 목표로 삼고 꾸준히 준비해야 합니다. 그런데 엔지니어·설계사·의사 같은 공부 진로는 준비하는 일이 매우 부담스럽게 느껴집니다. 하지만 연예인·가수·프로게이머 같은 예능 진로는 부담스러운 느낌이 덜 듭니다. 예능 진로는 사람의 '놀이나 취미'와 관계가 많기 때문입니다. 흔히 공부하다가 쉴 때 스포츠 경기 방송을 보거나 음악을 듣곤 합니다. 복잡한 설계도나 전공 책 보는 것을 놀거리나 취미로 생각하는 사람은 거의 없습니다. 공부는 일하는 느낌, 예능은 쉰다는 느낌이 강합니다. 실제로 많은 사람이 놀이나 취미로 다양한 예능 활동을 합니다. 더 나아가 예능 진로는 놀이나 취미 생활을 그대로 진로로 발전시킬 수 있습니다. 노는 일과 직업이 자연스럽게 연결되므로 즐기면서 진로를 준비하게 됩니다. 노래방에서 취미로 노래 부르다가 인기 가수가 되는 사람이 상당히 많습니다. 예능 진로는 공부 진로보다 부담이 적은 편입니다.

가수 진로를 맛보고 싶으면 노래방에 가면 됩니다. 경험하는 일에 돈이 많이 들지 않고 누구나 할 수 있습니다. 그러나 엔지니어·의사 같은 공부 진로는 미리 맛보기가 어렵습니다. 병원에 가서 의사 역할을 잠시 직접 해 볼 수는 없습니다. 예능 진로는 쉽게 직업을 미리 경험할 수 있는 장점이 있습니다.

놀이나 취미는 '자기가 즐기려고 하는 일'입니다. 앞에서 말한 '직업은 다른 사람을 위해 일하는 것'이라는 말과 반대됩니다. 예능 진로는 다른 사람 신경 쓰지 않고 자기 능력만 좋으면 인정받을 수 있는 기회가 많습니다. 직업의 기본 의미를 몰라도 괜찮은 진로가 예능 진로입니다.

더 중요한 사실은 예능 진로는 돈을 많이 벌 수 있다는 것입니다. 사람은 유익한 것보다 재미있는 것에 관심이 더 쏠리기 마련입니다. 예능 분야는 사람이 많이 모입니다. 돈을 주고 공연 티켓이나 경기 티켓을 사기에 노래나 운동 경기를 하나의 상품으로 봐도 괜찮습니다. 많은 사람이 모일수록 상품을 많이 팔고 큰돈을 벌 수 있습니다. 인기 가수나 유명 운동선수가 큰돈을 버는 것은 누구나 아는 사실입니다.

이처럼 예능 진로는 진로 부담도 별로 없고, 진로를 미리 경험하기도 쉽고, 자기만 생각하면 되고, 인기와 돈을 많이 얻을 수 있는 진로입니다. 하지만 예능 진로가 좋기만 한 것은 아닙니다. 바로 예능 진로의 여러 가지 장점이 특이한 어려움을 만들어 냅니다.

진로에 대한 부담이 너무 많아도 문제이지만 너무 적어도 문제가 됩니다. 이런 생각은 자신의 진로 준비를 느슨하게 만들 수도 있습니다. 진로 준비는 자신의 많은 시간을 써야 하는 일입니다. 적당한 취미 생활을 진로 준비로 착각하면 성실하지 못한 생활을 할 수도 있습니다.

동아리 활동, 코인 노래방, 취미 모임, 야구 연습장 등 예능 진로를 미리 체험할 수 있는 곳은 많습니다. 그런데 이런 예능 체험에는 조건이 있습니다. 바로 '관객이 없는 무대'라는 것입니다. 예능인의 활동 공간은 무대입니다. 좋은 예능인이 되려면 큰 무대에서 제대로 활동할 수 있어야 합니다. 문제는 많은 관객이 있는 무대에 설 기회를 얻기가 굉장히 어렵다는 것입니다. 안타깝게도 예능 준비자 대부분이 큰 무대에 서지 못합니다. 큰 무대에 서서 자기 실력을 관객에게 보여 주고 인정받아야 대단한 예능인이 됩니다. 그러나 현실은 그 순서가 반대입니다. 이미 자기 실력을 인정받은 사람만이 큰 무대에 설 수 있습니다. 'TV 전국노래자랑'만 해도 약 30:1~40:1의 지원자 경쟁을 이긴 사람만 많은 관객과 시청자가 보는 무대에 오릅니다. 공부 진로는 준비 과정에서 많은 사람과 함께 시험을 치르는 시험장이라는 큰 무대에 올라 자기 실력을 확인해 볼 수 있습니다. 그러나 예능 진로는 그 준비 과정에서 많은 사람이 있는 큰 무대에 올라 자기 실력을 확인할 기회를 얻지 못합니다. 그만큼 자기 실력을 제대로 확인하기 어렵습니다. 그렇기에 작은 무대를 먼저 감당하는 것이 순서입니다. 많은 사람이 아닌 단 한 명의 관객 앞에서라도 기꺼이 그 사람에게 인정받으려는 마음이 필요합니다. 그 사람이 아주 작은 아이일지라도요.

예능 분야에는 아마추어와 프로라는 두 가지 종류가 있습니다. 아마추어는 직업이 아닌 취미로 예능을 하는 사람을 말하며 프로는 취미가 아닌 직업으로 예능을 하는 사람입니다. 아마추어 축구 선수든 프로 축구 선수든 자기가 활약해서 팀의 승리를 얻는 것이 목표입니다. 다른 점이 있다면 아마추어 선수의 승리 목적이 자기만족과 즐거움을 위해서라면, 프로 선수의 승리 목적은 관중과 팬의 만족과 즐거움을 위해서입니다. 관중과 팬은 아슬아슬하고 멋진 장면이 시합에서 나오는 것을 좋아하지만 무엇보다도 자기가 응원하는 팀이 이기는 것을 가장 좋아합니다. 아마추어 선수는 '재밌게 공 찼으면 됐지' 혹은 '오늘은 내 실력이 제법 오른 것 같아'라는 것에 만족합니다. 그러나 프로 선수는 자기 재미나 실력 향상보다 팀 승리에 최우선으로 집중해서 관객에게 기쁨을 주어야 합니다. 결국 프로 선수는 '자기 실력이 어디까지 올라갈 수 있느냐'보다, '얼마나 관중에게 인정받을 수 있느냐'가 중요합니다. 관중에게 팀 승리의 즐거움을 꾸준히 주면서 그 대가로 관중의 인정과 사랑을 받아야 합니다. 그러나 예능인의 목표를 자기 돈벌이와 자기가 유명인이 되는 것에 둔다면 관중과 팬은 자기 돈벌이와 인기를 올려 주는 도구가 되어 버립니다. 그렇게 되면 관중의 사랑을 받아야만 계속 일할 수 있는 예능인이 오히려 관중을 하찮게 여기게 됩니다. 프로 선수는 자기를 위해 이기는 것이 아니라 관중과 팬을 위해 이긴다는 사실을 잊지 말아야 합니다. 관중에게 좋은 모습을 꾸준히 보여 주겠다는 마음이 확실해야 그것을 위해 자기가 꾸준히 준비할 수 있습니다. 자기만을 위해 일하는 예능인은 자신이 잘되면 목표를 이루었기에 더 이상 무언가를 열심히 준비할 필요가 없어집니다. 점점 자기 실력은 떨어지고 관중에게 잊히는 사람이 됩니다. 예능 진로는 자기 위주로만 생각하고 준비해도 괜찮은 진로가 아닙니다. 다른 진로와 비슷하게 '다른 사람을 위해 일한다'라는 직업의 기본 의미를 꼭 기억해야만 제대로 된 예능인이 될 수 있습니다.

그리고 예능인이 무조건 큰돈과 많은 인기를 얻는 것은 아닙니다. 자신이 직접 만들어서 보여 주는 것이 커야만 그리고 관객에게 큰 인정을 받아야만, 예능인으로서 얻는 것이 많습니다. 적당히 일하면서 저절로 큰돈을 버는 것이 예능 진로가 아닙니다. 큰 무대에 설 기회가 왔을 때 보여줄 수 있는 자기 실력이 이미 충분해야 합니다. 기회가 왔을 때 실력이 부족하거나 그때부터 준비하게 되면 너무 늦습니다.

외로운 사람

장애물: 외로움

수민이는 요리사 중에서도 주방을 능숙하게 관리하고, 새로운 메뉴도 개발하며 TV에도 나오는 유명하고 멋진 주방장이 되고 싶었습니다. 그런 주방장이 되기 위해 많은 준비와 노력이 필요하다는 생각은 들지만 아무래도 막막하기만 합니다.

진로를 준비하는 사람은 "열심히 준비해서 좋은 결과를 얻었다"라는 성공한 사람의 말을 흔하게 듣습니다. 여기서 '열심히 준비해서' 부분은 오랜 시간이 걸리고, '좋은 결과를 얻었다' 부분은 짧은 시간이 걸립니다. 오랜 시간이 걸린 부분을 고작 한마디 말로 설명했기에 준비하면서 겪었던 자세한 사정을 알지 못합니다. TV나 뉴스에서 유명인이 큰돈을 벌고 인기를 얻는 모습은 많이 보여 주지만 그 사람이 겪었던 어려운 준비 과정은 고작 "열심히 했다, 힘들었다" 같은 간단한 말뿐입니다. 진로를 준비하는 사람은 성공한 사람이 얻는 이득은 잘 알지만 준비 과정은 잘 몰라 막막함을 느끼게 됩니다.

진로 준비는 자기 실력을 자기가 쌓아야 하는 '자기만의 일'입니다. 준비하면서 겪는 어려움 또한 자기 자신만 알 수 있으며 그 일을 감당할 사람도 자기 자신뿐입니다. 그래서 진로를 준비할 때 가장 힘든 것이 바로 '외로움'입니다. 외로움은 오래 겪었다고 해서 익숙해지는 것이 아닙니다. 항상 서먹하고, 두렵고, 견디기 힘든 일입니다. 진로 준비는 도서관에서 하든, 연습장에서 하든, 자기 방에서 하든 언제나 외로운 일입니다.

자기 외로움의 반대는 다른 사람의 즐거움입니다. 진로를 준비하는 외로운 사람이 성공해서 즐거운 인생을 보내는 다른 사람을 자주 쳐다보면 어떻게 될까요? 성공한 사람에게 모여드는 인기와 돈을 보다가 자신의 외롭고 막막한 상황을 보면, 기대했던 삶과 현실의 삶이 너무나 반대되기에 준비하는 시간을 견디기가 더욱 어렵습니다. 그래서 진로를 준비하는 사람은 '성공해서 얻게 될 이득을 바라보는 것'보다 '지금 당장 생긴 외로움을 자기가 담담하게 받아들이는 것'에 더 집중할 필요가 있습니다.

이런 외로움은 진로 준비 때문에 생기는 것이라서 이 문제를 해결하려면 진로 준비가 끝나야만 합니다. 진로 준비생이 외로움을 해결할 방법은 딱히 없습니다. 해결할 방법이 없기에 그저 자기가 받아들이고 견뎌야 합니다. 남이 대신 해 줄 수 없습니다. 진로 준비는 돈이 많다고, 좋은 선생님이 있다고, 칭찬과 격려를 많이 해 준다고, 재능과 적성이 좋다고, 노력을 많이 했다고 되는 일이 아닙니다. 겸손한 마음을 갖든, 진로의 기본 의미를 생각하든, 억지로 참든, 목표를 자주 바꾸든, 자기만의 방법으로 외로움을 견디면서 필요한 실력을 끝까지 쌓아야 합니다.

이런 외로움을 견디기 어려울 때는 연예인이나 이성 친구에게 집착하거나 취미 생활에 빠져들면서 자기 외로움을 달래기도 합니다. 특히 외로움에서 벗어나려고 할수록 이런 일에 더욱 신경 쓰게 됩니다. 이런 일이 나쁜 것은 아니지만 진로 준비에 큰 방해가 될 수 있다는 것을 알아 두어야 합니다. 그만큼 외로움을 어쩔 수 없는 부분으로 여기고 받아들일 필요가 있습니다. 이럴 때 가족이 위로해 주면 상당히 큰 도움이 됩니다. 그 대신 가족이 위로하기보다 더 잘하라고 강요하면 외로움이 오히려 더 커질 수 있다는 것을 조심해야 합니다.

대박 노리기

장애물: 한탕주의

수민이는 우연히 발견한 요리 비법으로 대박 난 요리사를 TV에서 보았습니다. 열심히 준비해도 운 좋은 사람을 따라가긴 어렵다고 생각했습니다.

"공부를 열심히 하면 좋은 성적을 얻는다." 누구나 아는 말이지만 이 말을 실천하는 일은 어렵습니다. 공부를 한두 번 열심히 하는 것은 할 만해도 꾸준히 열심히 하는 것은 힘들기 때문입니다. 살을 빼는 일, 악기를 연습하는 일도 비슷합니다. 진로를 준비할 때 외로움만큼 어려운 것이 바로 꾸준히 준비하는 일, 끈기입니다.

사람 성격이나 취향에 따라 일을 조금씩 꾸준히 하는 것을 좋아하는 사람, 한 번에 몰아서 하는 것을 좋아하는 사람이 있습니다. 준비할 것이 적당한 양이라면 두 가지 방법 모두 가능하지만, 대단히 큰 양이라면 한꺼번에 하는 방법을 쓰기가 어렵습니다. 그런데도 운에 기대어 한 번에 많은 것을 해내려는 태도를 '한탕주의'라고 합니다. 진로 역시 많은 양의 준비가 필요하며 이런 한탕주의를 바라는 사람이 꽤나 많습니다.

"어떤 사람이 복권으로 대박이 났다", "주식으로 갑자기 큰돈을 벌었다" 이런 말은 흔하게 듣는 말이지만 자기 주변에서 그런 사람을 보는 일은 거의 없습니다. 물론 매주 복권 당첨자는 어디선가 나오겠지만 자기가 당첨자가 될 확률은 0%에 가깝습니다.[7] 소문만 무성하고 실제로는 없는 것으로 봐도 괜찮은 것이 한탕주의입니다. 실제 생활에서는 무언가를 꾸준히 준비해서 얻는 것이 대부분입니다.

----
7 로또 복권 당첨 확률: 0.0000122773804%

길을 가다가 주변을 쳐다보면 수많은 좋은 차와 멋진 건물을 바로 볼 수 있습니다. 좋아 보이는 자동차나 건물의 주인 대부분이 운 좋은 한탕으로 그것을 얻은 것이 아닙니다. 다들 자기 인생의 많은 시간 동안 꾸준히 준비해서 얻은 것입니다. 물론 부자 부모에게 물려받았거나 갑자기 대박이 난 사람도 있을 것입니다. 그러나 부자 부모를 만나는 일이나 갑작스러운 운이 따르는 일은 워낙 드문 일이며 자기가 노력한다고 되는 일도 아니기에 그런 일은 굳이 생각할 필요가 없습니다. 자꾸 한탕주의에 빠지면 현실적이지 않은 생각을 자주 하게 됩니다. 특히 자기가 무언가 꾸준히 준비하는 것 자체를 스스로 하찮게 여기기 쉽습니다.

우연히 대단한 것을 얻었다는 다른 사람의 이야기를 자기 머릿속에서 자꾸 지워야 합니다. 부잣집에서 태어나지 못한 것, 특별한 운이 없는 것, 좋은 재능이 없는 것을 한탄하는 일은 자기를 비뚤어지게 만듭니다. 비뚤어진 마음은 진로 준비에 손해만 될 뿐입니다. 한탕주의를 버려야 자기가 차근차근 준비해 가는 것을 의미 있게 대할 수 있습니다. 특히 외로움과 한탕주의는 준비를 포기하게 하므로 항상 조심해야 합니다.

한탕주의는 편하게 살려는 태도와 관계가 많습니다. 자기 인생 목표를 편한 생활로 정하면 불편한 준비 과정을 견디기 어렵습니다. 부족한 준비로 인해 목표를 달성하지 못하면 원래 목표인 편한 생활을 하지 못합니다. 결국 편한 생활을 추구하는 사람은 지금도, 나중도 불편하게 생활하게 됩니다.

재능과 적성을 못 찾으면?

수민이는 자기에게 요리사로서 재능이나 적성이 있는지 궁금합니다.
나중에 다른 진로에 자기 재능이 있다는 것을 알게 되면 아무래도 크게
실망할 것 같습니다. 자기 재능과 적성을 빨리 찾았으면 좋겠다고 생각
했습니다.

재능은 다른 사람보다 어떤 일을 더 잘하는 능력입니다. 같은 시간을 일
할 때 재능 있는 사람은 상대방보다 훨씬 많은 일을 합니다. 두 사람이 같
은 양의 일을 할 때 재능 있는 사람은 상대방보다 훨씬 빨리 일을 끝냅니
다. 적성은 다른 사람보다 어떤 일에 잘 맞는 능력입니다. 두 사람에게 어
떤 일을 시켰을 때 적성 있는 사람은 상대방보다 훨씬 더 오래 일합니다.
여기에서 재능과 적성을 합치면 어떻게 될까요? 상대방보다 일을 더 잘
하는 사람이 상대방보다 더 오래 일하게 됩니다. 당연히 실력 차이가 훨
씬 심하게 벌어집니다. 그만큼 자기 재능과 적성에 맞는 진로를 찾아서
준비하면 대단한 실력을 가진 사람이 됩니다.

재능은 다른 사람과 비교해서 나타나는 능력이므로 자기 재능을 찾으려
면 비교할 사람이 많을수록 좋습니다. 이런 곳은 주로 학교나 각종 대회
가 있습니다. 학교는 많은 사람이 쉽게 모이는 장소라서 개인 능력을 비
교하기 좋습니다. 노래를 남들보다 잘하거나, 그림을 잘 그리거나, 기계
다루는 솜씨가 대단하거나 등등 무언가 특별히 잘하는 친구를 학교에서
쉽게 찾을 수 있습니다. 그런데 학교생활은 수업과 시험 위주로 되어 있
어 공부 분야 재능을 찾기에는 좋지만 다른 분야 재능을 찾기에는 썩 좋
지 않습니다. 아무래도 여러 가지 대회에 되도록 많이 참가하는 것이 재

능 찾는 일에 도움 됩니다.

사람은 재미있는 일에 많은 관심을 두고 많은 시간을 쓰므로 그 일을 잘할 가능성이 많습니다. 이런 이유로 어떤 일에 흥미를 많이 느끼면 그것을 재능으로 생각하기도 합니다. 그러나 자기가 관심이 없거나 싫어하는 일이 오히려 자기 재능이 되는 경우도 상당히 많습니다. 재미 위주로 자기 재능을 찾는 것은 썩 좋지 않습니다. 돈이 많으면 자기 재능을 찾기가 쉬울까요? 김연아 피겨 선수가 맨 처음 신었던 스케이트는 최고급 스케이트가 아니라 옆집에서 신다가 물려준 스케이트였습니다. 남들이 쓰기 어려운 비싼 도구를 써서 좋은 결과를 얻었다면 실제 실력은 남보다 부족할 수 있습니다. 그렇다고 자기가 어떤 직업에 재능이 있는지 세상 모든 직업을 일일이 해 볼 수도 없는 노릇입니다. 아쉽지만 자기 재능을 찾기 위해 많은 방법을 써 봐도 대부분 사람은 자기 재능을 거의 찾지 못합니다.

적성 역시 다른 사람과 비교해서 나타나는 능력입니다. 다른 사람보다 시간이 훨씬 빨리 간다고 느끼는 일이나 오래 하더라도 좀처럼 질리지 않는 일, 겉으로 보기에 어려운 일이라도 막상 하면 할 만하다고 생각되는 일, 즉 '재미있거나 할 만하다'라는 생각이 드는 일이라면 자기 적성에 맞다고 볼 수 있습니다. 적성은 재능과 달리 재미나 흥미와 관계가 많은 편입니다.

그러나 재밌거나 할 만한 일이라도 오래 하면 지겹고 힘듭니다. 스케이트 디는 일을 재밌게 했던 김연아 선수도 항상 그 일이 재밌었다고 하지 않았습니다. 오랜 연습으로 힘들어서 자기와 맞지 않는 일로 생각하고 그만두고 싶을 때도 있었다고 본인의 책에서 말했습니다. 자기 적성을 재미나 흥미로 확인하는 것은 한계가 있습니다. 특히 사람은 나이에 따라 상황에 따라 자기에게 잘 맞는 일이 변하기도 하므로 자기 적성을 정확하게 찾는 일은 매우 어렵습니다.

재능과 적성은 중요한 자기 능력이라서 자기가 제대로 알고 이용하면 잘하는 일을 훨씬 더 잘할 수 있으므로 대단한 사람, 성공한 사람이 될 수 있습니다. 문제는 재능과 적성을 찾기가 매우 힘들다는 것입니다. 잴 만한 도구가 없으며 눈에 보이지도 않습니다. 재능 테스트, 적성 검사 같은 조사 방법으로는 두루뭉술한 결과를 얻을 뿐입니다. 대부분 사람은 자기 재능과 적성을 제대로 알지 못하고 제대로 쓰지도 못한 채로 살게 됩니다. 그래서 각 분야에서 노력하는 사람은 많지만 굉장한 실력자는 매우 적습니다.

사람은 태어날 때 받는 자기 재능과 적성을 자기가 알지 못하고 자기 마음대로 이용하지도 못합니다. 매우 억울한 일입니다. 그런데 많은 사람이 자기 재능과 적성을 찾지 못했다고 후회만 하고 살지는 않습니다. 각자 자기 나름대로 열심히 살고 있습니다. 다른 사람보다 굉장히 뛰어난 사람이 되지 못했다고 망한 인생이 아닙니다. 4등도 100등도 1,000등도 충분히 좋은 인생길을 갈 수 있습니다. 자기가 세계 1등 선수가 아니었어도 세계 최고 선수를 키워내는 감독이 될 수 있습니다. 어떤 일에 1,000등을 했어도 자기 동네에선 실력 좋은 사람으로 인정받을 수 있습니다. 자기 재능과 관계없는 일을 하더라도 자기 직장에 꼭 필요한 사람이 되고 가정을 잘 지키는 사람이 될 수 있습니다. 세계 최고가 되지 않아도 누구나 좋은 인생길을 갈 수 있습니다.

일거리 만들기

수민이는 주방장이 될 꿈을 가지고 학교와 직장을 열심히 다니고 있습니다. 이제 주방장이 될 일만 남은 건가요?

라면을 조리할 때 봉지 안에 있는 것만 넣어 끓이면 기본적인 맛이 납니다. 그런데 거기에 만두나 치즈 같은 여러 가지 재료를 자기가 직접 더 넣으면 훨씬 좋은 맛이 납니다. 라면 끓이는 간단한 일이라도 자기가 일거리를 더 만들면 요리 실력이 더욱 좋아집니다.

진로의 기본 수준은 자기가 목표로 세운 직업을 지금 당장 맡았을 때 바로 일할 수 있는 것을 말합니다. 이런 기본 수준이 되려면 진로 준비 기간에 선생님이나 감독 같은 윗사람이 시킨 것을 하면서 일을 배워야 합니다. 직장에 들어가서 일할 때도 윗사람이 시킨 일을 주로 하게 됩니다. 시킨 일을 제대로 하는 것을 진로의 기본으로 볼 수 있습니다. 거기에서 진로의 발전으로 이어지려면 자기가 남보다 특별히 잘하는 부분을 따로 만들어야 합니다.

이런 실력 차이를 만드는 것은 지능, 재능과 적성, 돈과 관계가 많습니다. 자기에게 이런 것이 많을수록 유리합니다. 그 대신 이런 것은 자기 마음대로 갖기 어렵다는 문제가 있습니다. 그렇다면 자기가 직접 다룰 수 있으면서 현실적으로 실력 차이를 만드는 방법이 필요합니다. 그것은 바로 '일 만들기'입니다. 자기 실력이 기본 수준이 되었다면 실력 차이를 내고 싶은 분야의 일을 자기가 직접 만들어서 해야 합니다.

예전 시대는 학교나 직장에서 시킨 것만 성실하게 잘하면, 즉 기본 실력만 잘 쌓아도 상당히 인정받는 시대였습니다. 특히 기본 실력을 갖춘 분야가 많을수록 실력 차이를 낼 수 있었습니다. 다양한 분야를 적당히 잘하면 실력 좋은 사람으로 인정받았습니다. 그러나 지금 시대는 인터넷 시대입니다. 인터넷의 대표적인 특징은 '검색'입니다. 자기가 직접 정보를 찾아내는 것입니다. 학교나 직장에서 주는 내용 이외의 것을 자기 스스로 많이 찾아보는 사람이 많이 가져갑니다. 특히 한 분야에 집중할수록 실력 차이를 더욱 낼 수 있습니다. 자기가 다른 사람보다 더 많이 찾아보고 더 많은 일을 만들어서 실력을 키웠다면 나이나 학벌은 더 이상 문제가 되지 않습니다.

예전보다 지금 시대가 사람 간의 실력 차이가 더욱 심한 편입니다. 자기가 스스로 진로를 세우고 직접 일거리를 만들어서 하는 사람은 이미 전문가의 길을 가고 있는 것입니다. 하지만 부모나 주변 사람이 시킨 일만 하는 사람은 지금 시대를 살아도 옛날 사람과 같습니다.

진로의 끝판왕

수민이가 스스로 일을 만들면서 실력 차이를 키워도 자기 노력만으로
는 주방장이 되기 어렵습니다. 수민이의 직장 동료가 매일 괴롭히거나
무례한 손님을 자꾸 만나면 애써 키운 실력을 제대로 쓰기도 전에 요리
사를 그만둘 수도 있습니다.

진로를 준비하거나 직업인으로 일하면서 겪는 큰 어려움은 몸의 피곤함
보다 사람에게 받는 마음의 상처입니다. 몸의 피곤함은 쉬고 나면 사라
지지만 마음의 상처는 오랫동안 남기에 큰 문제가 됩니다. 자기 진로를
하찮게 보는 주변 사람, 준비가 부족하다고 비난하는 사람, 자기를 괴롭
히는 직장 동료, 힘든 요구를 하는 손님 등등 이런저런 무례한 사람을 어
쩔 수 없이 만나게 되며 이런 일을 피할 방법은 사실 없습니다. 진로 문제
의 끝판왕은 무례한 사람을 감당하는 일입니다.

진로 준비생이나 직장인으로서 사람에게 받은 상처를 감당하는 방법을
조금씩 준비해야 합니다. 이런 준비 없이 갑자기 무례한 사람을 만나 상
처받게 되면 정신적인 스트레스를 버티기가 매우 힘듭니다. 어려운 손님
을 대하는 자기만의 방법을 따로 만들거나, 무례한 사람을 대하는 직장
규칙을 확인하거나, 받은 스트레스를 푸는 방법을 찾아보거나 등등 여러
가지 방법이 있을 것입니다. 하지만 가장 중요한 대비책은 '자기 직업의
기본 역할'을 기준으로 삼고 무례한 사람 문제를 다루는 것입니다.

요리사 수민이가 만든 음식에 불만을 느끼고 음식점에서 행패를 부리는
손님이 있습니다. 수민이는 이 손님을 어떻게 대해야 할까요? 정답은 없
겠지만 정답에 가까운 방법은 있습니다. 요리사라는 자기 역할을 기준으

로 삼고 해결책을 찾는 것입니다. 요리사는 좋은 음식을 손님에게 주는 것이 기본 역할이기에 손님이 거짓말을 한 것이 아니라면 음식에 대한 불만은 요리사로서 처리해 주어야 합니다. 다시 요리를 만들어 주거나 돈을 환불해 주어야 합니다. 그러나 손님이 가게 물건을 부수거나 다른 손님에게 피해를 준 것을 참는 일은 요리사 역할이 아닙니다. 그런 부분은 무례한 행동을 한 손님에게 보상을 요구하며 책임을 물어야 합니다. 가게에 직장 상사가 있다면 함께 의논해서 이런 식으로 일을 처리하는 것이 좋습니다. 자기 역할 부분은 자기가 책임을 지고 자기 역할이 아닌 부분은 상식적인 기준으로 판단하면 됩니다.

연예인과 인터넷 댓글 문제도 비슷합니다. 실력에 대한 부분은 비난이든 불만이든 겸손하게 받아들이고, 사람 자체를 비난하거나 사생활이나 가족 일에 끼어드는 것은 법을 통해 확실히 막아야 합니다.

무례한 사람과 엮이는 것은 아무리 자주 겪어도 항상 어려운 일입니다. 그런 사람을 일일이 자기가 이해할 필요는 없지만 그런 사람이 만든 문제를 자기가 적절한 기준을 가지고 다룰 수 있어야 합니다. 그래야 자기 자신을 잘 지키며 자기 진로를 무사히 갈 수 있습니다.

특히 자기가 그런 무례한 사람이 되지 않는 것이 중요합니다. 무례한 사람을 만나는 것은 자기가 선택할 수 없는 일이지만 무례하지 않은 사람이 되는 것은 자기가 선택할 수 있는 일입니다. 사회생활을 하면서 겪는 어려움을 용기 내어 잘 넘기길 바랍니다.

독버섯 진로

수민이는 쉽게 많은 돈을 버는 진로가 실제로 있다는 말을 들었습니다.

재밌는 영화를 만들려면 연출(카메라 이동, 장면 효과, 의상 분장 등), 스토리, 많은 배우가 시간과 노력을 함께 쏟아부어야 합니다. 그러나 에로 영화(성행위 영화)는 연출이 다양하지 않고, 스토리가 거의 없으며, 많은 배우도 전문적인 연기 능력도 필요하지 않습니다. 보통 영화에 비해 에로 영화는 적은 시간과 노력으로 만들 수 있습니다. 그런데도 에로 영화는 항상 인기가 많습니다.

성(性, sex)이라는 분야는 사람의 본능과 관계가 있어 자기가 자유롭게 조절하기 어려우며 자극이 커 사람을 쉽게 흥분시킵니다. 사람이 휩쓸리기 쉬운 자극이라서 많은 사람을 모읍니다. 실력이 많이 부족해도 사람의 강력한 성(性)적 본능이 부족함을 바로 채워 주기에 적은 노력으로 큰 결과를 얻을 수가 있습니다. 많은 사람이 모이므로 돈과 인기를 얻는 데도 유리합니다.

이런 성적인 자극을 돈으로 거래하는 일을 성매매업(섹스 산업)이라고 합니다. 겉으로 보면 성매매업 진로야말로 쉽고 편하면서 돈과 인기는 많이 얻는 진로로 보입니다. 그러나 세상에 단점이 없는 진로는 없습니다. 성매매업 진로에는 심각한 문제가 있습니다.

일단 성(性)을 돈으로 사고파는 일은 불법입니다. 사회는 성매매를 도둑질이나 사기와 같은 범죄로 봅니다. 성매매업을 진로로 삼는다는 것은 도둑이나 사기꾼을 인생 목표로 정한 것과 비슷합니다. 그리고 손님을 접대하는 일인 '접객업'과 '성매매업'은 다릅니다. 술을 마시며 노는 유흥

업소(룸살롱, 카바레)는 직원이 손님 시중을 드는 서비스업으로 불법이 아닙니다. 그 대신 유흥업소에서 성매매업을 하면 불법이 됩니다.

사회의 많은 사람이 성을 사고파는 것을 나쁘게 봅니다. 성매매업에서 일하는 사람은 자기를 나쁘게 바라보는 많은 사람의 시선을 감당해야 합니다. 길을 가다가 보이는 많은 사람 모두가 자기를 비난한다고 생각해 본다면 적당히 넘길 일이 아닙니다. 결국 성매매업 종사자는 외모를 바꾸거나 멀리 이사를 하는 경우가 많습니다. 항상 자기 과거가 드러나는 것을 걱정하며 살아야 합니다. 외모는 바꿔서 가릴 수 있어도 자기 기억과 마음속 죄책감까지는 감출 수 없습니다. 게다가 성행위 비디오는 자기가 사는 기간뿐만 아니라 그 후대까지 계속 남아 이어집니다.

그렇다면 성매매가 불법이 아닌 합법이 될 수 있을까요? 왜 성매매는 정식으로 진로가 될 수 없나요? 성매매가 합법이 되고 정식 직업이 된다는 것은 음식점이나 편의점처럼 언제든 이용할 수 있는 일이 된다는 뜻입니다. 경품이나 선물처럼 성매매를 주고받을 수 있어 성매매가 하나의 상품이 됩니다. 자기 부모나 배우자가 편의점 다녀오듯 성매매 시설에 다녀올 수도 있고, 그곳에서 일할 수도 있습니다. 사람은 자기가 사랑하는 사람이 다른 사람과 성행위하는 것을 적당히 넘길 수 없습니다. 이런 일은 남녀 관계와 가족 관계를 바로 망가뜨립니다.

성매매업은 쉽고 편하게 큰돈을 버는 진로로 보이지만 그만큼 자기 손해 역시 매우 큰 진로입니다. 잠깐만 일해도 자기 인생 전체를 망가뜨릴 수 있는 일입니다. 세상에서 평생 후회할 수 있는 진로는 성매매 진로뿐입니다.

그러므로 함부로 성매매업을 자기 진로로 생각해선 안 됩니다. 간혹 어려운 상황을 이겨내기 위해 성매매 일을 해 보려고 생각할 수도 있습니다. 그럴 때는 자기 아버지나 어머니가 그런 일을 해도 괜찮은지 한번 생각해 보면 진심으로 그 일을 판단할 수 있습니다. 성(性)에 관련된 아르바이트 역시 조심해야 합니다. 보통 아르바이트보다 쉽게 많은 돈을 얻으므로 호기심이 생길 수 있습니다. 그런 일을 하게 되면 변태 성욕자나 성범죄자와 자꾸 엮이게 됩니다. 약점을 잡히고 범죄를 당하기 쉬운 곳으로 자꾸 들어가는 것은 몹시 위험한 일입니다. 성(性)적인 문제에 대한 자세한 내용은 뒤의 〈결혼과 가정〉에서 따로 말합니다.

친구와 연인

사람이 이 세상 모든 사람과 친하게 지낼 수는 없습니다. 이 세상 모든 사람과 사랑하며 지낼 수도 없습니다. 가족을 제외하고 자기가 매우 친하게 지내는 사람과 깊게 사랑하는 사람은 몇 명뿐입니다. 사람은 이렇게 몇 명 되지 않은 사람과 친구 관계, 연인 관계를 맺으며 살아갑니다. 친구를 만들려는 순희 이야기와 애인을 만들려는 민수 이야기입니다.

아는 사이 되기

순희는 미영이와 친구가 되고 싶었습니다. 순희는 이야기를 준비했습니다.

"천을 서로 비비면?"

"천문대."

이제 친구 될 일만 남았습니다.

인간관계는 서로 주고받는 것이 있어야 만들어집니다. 돈이나 선물은 쉽게 주고받기 어렵지만 사람의 말은 돈이나 선물보다 쉽게 주고받을 수 있어 인간관계를 만드는 기본이 됩니다. 문제는 서로 잘 모르는 어색한 사이라면 말을 주고받는 일이 쉽지 않다는 것입니다. 그런 상황에서 갑자기 유머를 꺼내는 것은 더 어려운 일입니다. 그렇다고 서로 아무 밀도 하지 않으면 전혀 친해지지 않습니다. 그런데 서로 어색한 사이라도 부담없이 할 수 있는 대화가 있습니다. 그것은 바로 인사말입니다.

"안녕", "안녕하세요."

서먹한 사이뿐만 아니라 서로 모르는 사이라도 주고받을 수 있는 말입니다. 서로 친하고 안 친하고를 생각할 필요가 없습니다. 시간이 오래 걸리지노 않습니다. 대화할 장소가 따로 필요한 것도 아닙니다. 말하고 상대에게 대답을 듣지 못했다고 혼자 상처받을 필요도 없습니다. 대답을 듣기도 쉬운 편입니다. 말할 거리를 따로 찾지 않아도 됩니다. 상대방에게 좋은 느낌을 주려면 일을 잘하거나, 외모가 뛰어나거나, 머리가 좋거나, 말을 잘하거나 등등 특별한 일을 보여 주어야 합니다. 하지만 인사말은 특별한 일이 아닌데도 상대방에게 좋은 느낌을 줍니다. 그 대신 상대방에게 '조금씩' 좋은 느낌을 주므로 꾸준히 할 필요가 있습니다.

가끔 인사하기 애매할 때가 있습니다. 어색하다거나, 부끄럽다거나, 귀찮다거나, 굳이 할 필요 없다고 생각하거나 등등 여러 가지 이유가 있을 것입니다. 그러나 밥 먹을 때 숟가락과 젓가락이 당연히 있어야 하는 것처럼 사람을 만나거나 지나칠 때 당연히 인사하는 것으로 생각해야 합니다. 인사하기 애매할 때는 그냥 인사를 해 버리는 것이 낫습니다. 말하면서 인사하는 것이 어렵다면 고개를 잠깐 숙이는 것으로도 충분합니다.

아는 사람에게 인사하지 않으면 상대방에게 일부러 피하거나 무시하는 느낌을 줍니다. 인간관계에 손해가 생깁니다. 인사는 '해도 그만, 안 해도 그만'이 아니라 '하면 이득, 안 하면 손해'로 여겨야 합니다. 인사가 자기 습관이 될수록 느낌 좋은 사람, 매너 있는 사람, 착한 사람 등등 좋은 평가를 자주 받습니다.

처음 태어난 아기와 엄마도 "안녕"이라는 인사말로 관계를 시작하듯 모든 인간관계는 인사로 시작합니다. 친구 사이가 되려면 먼저 아는 사이가 되어야 합니다. 아는 사이가 되려면 일단 인사부터 시작해야 합니다.

순희가 미영이와 친구가 되려면 뜬금없이 가서 개그를 말해 주는 것도 괜찮은 방법입니다. 하지만 어색하다고 느낀다면 "안녕" 한마디만 하고 돌아가도 좋습니다. 그 말 한마디뿐이라도 충분히 좋습니다.

아는 사이에서 친구 사이로

엄마가 순희에게 물었습니다.

"요즘 친구 많이 사귀었니?"

"저 친구 많아요."

순희는 친구가 많다고 생각합니다.

친함은 서로 가깝게 지내는 것입니다. 내가 상대방을 가깝게 생각하고 상대방도 나를 그렇게 생각하면 "서로 친하다"라고 말할 수 있습니다. 그렇다면 서로 친한 것을 어떻게 확인할까요?

'내가 상대방과 가깝다고 생각하는 것'은 자기 마음이니까 바로 확인됩니다. 그러나 '상대방이 나를 가깝게 생각하는 것'은 상대방 마음이라서 바로 확인되지 않습니다. 아직 상대방 마음을 보여 주는 도구가 없기 때문에 그 마음을 알려면 말이나 글로 직접 물어봐야 합니다.

"너는 나와 친하다고 생각하니?"

상대방이 "응"이라고 대답해 준다면 상대방 마음을 확인할 수 있습니다. 그런데 문제는 대부분 친한 사이를 이런 식으로 물어보고 확인하지 않는다는 것입니다. 오히려 이런 식으로 말하는 것은 시비 거는 느낌이 더 강합니다.

상대방은 "나는 너와 친하다고 생각해"라고 말하면서 자기 마음을 알려 주지 않습니다. 상대방이 알려 주지 않으니 상대방이 나를 대하는 행동과 말 그리고 느낌으로 추측하는 수밖에 없습니다. 결국 자기 마음대로 자기와 상대방의 친구 관계를 정할 때가 상당히 많습니다. 그래서 순희는 친구가 많다고 생각합니다. 사실 상대방과 내가 친한지 아닌지 아리 송할 정도라면 아직 친구 사이보다 아는 사이에 더 가깝습니다.

친구 사이는 '서로 놀기 편한 사이, 말 한마디 하지 않아도 아무렇지 않은 사이'라고 말해도 괜찮습니다. 그것이 친구가 있어 좋은 점이기도 합니다. 하지만 무엇보다 친구는 서로의 속마음을 어느 정도 주고받는 사이여야 합니다. 고민이나 하소연 같은 이야기를 나눈 적이 없고 노는 이야기나 일 이야기 정도만 나누는 사이는 아는 사이로 봐야 합니다. 상대방이 나에게 고민이나 속마음을 말했다면 상대방이 나를 친구로 보았다고 생각하면 됩니다.

처음 만난 사람과 친해지려면 시간이 필요합니다. 그런데 서로 오래 알고 지냈다고 무조건 친구가 되는 것은 아닙니다. 그렇다고 친구가 되는 일에 매우 큰 노력이 필요한 것도 아닙니다. 친구 되기가 어려운 일은 아니지만 아무것도 하지 않아도 되는 일 또한 아닙니다. 속마음을 주고받는 일을 포함하여 어느 정도 해야 할 일이 있습니다.

순희가 친구 만드는 과정을 함께 살펴보면서 그 일을 알아봅시다.

연락처와 안부

> 순희와 미영이는 자주 인사하면서 어색함이 상당히 줄었습니다. 더 가
> 까운 사이가 되려면 순희가 무엇을 해야 할까요? 순희는 그동안 친구를
> 어떻게 사귀었는지 생각해 보았습니다. 막상 생각해 보니 기억이 나지
> 않았습니다.

인사말을 자주 나눴다고 무조건 친구가 되는 것은 아닙니다. 인사는 친
구뿐만 아니라 주변 어른이나 아이에게도 하는 기본적인 행동일 뿐입니
다. 사이가 더 가까워지려면 더 많은 말을 주고받아야 합니다. 직접 만나
서 자주 대화를 나누는 것도 좋지만 전화나 인터넷을 많이 쓰는 요즘 시
대에는 이를 이용하여 서로 연락하는 것이 상당히 중요합니다.

상대방과 연락하려면 먼저 연락처를 주고받아야 합니다. 전화가 걸려오
면 일단 자기가 하던 일을 멈추고 상대방과 대화해야 하기에 연락처를 주
고받은 것은 상대방에게 자기 시간을 내어 주겠다는 뜻이 됩니다. 이것
은 자기 일상생활에 상대방이 들어오는 것을 어느 정도 받아 준다는 뜻
또한 됩니다. 이런 이유로 일 때문이 아니라면 모르는 사이끼리 연락처
를 주고받는 것은 썩 좋지 않습니다. 그렇다고 무조건 안 된다는 것은 아
닙니다. 상황에 따라 자기가 결정하면 됩니다. 이왕이면 연락처 교환은
아는 사이가 된 후에 하는 것이 좋습니다. 그래야 어색하지 않고 자연스
럽게 연락처를 주고받을 수 있습니다.

상대방과 연락처를 주고받고 싶을 때 적당한 핑곗거리나 거짓말로 연락
처를 묻는 것은 좋지 않습니다. 특별한 방법이 있어야만 연락처를 주고
받을 수 있다면 말 잘하는 사람, 성격 좋은 사람, 잘생긴 사람만 이런 일

이 가능합니다. 서로 가까워지는 일에 이런 조건이 꼭 필요한 것은 아닙니다. 단지 서로 인사하면서 아는 사람이 된 후에 솔직하게 물으면 되는 일입니다. 인사 한번 하지 않은 사람이 엉뚱한 이유를 대며 연락처를 묻는 것은 상당히 무례한 일입니다. 상대방의 연락처 요청을 거절할 때도 있습니다. 여러 가지 이유를 들어서 거절할 수 있겠지만 가장 무난한 방법은 솔직하게 "알려 주기 부담스럽네요, 미안합니다"라고 말하는 것입니다. 상대방 부탁을 거절하는 일은 쉽지 않습니다. 그렇다고 거짓말로 상황을 피하는 것은 좋은 선택이 아닙니다. 연락처 요청을 거절당한 사람은 부끄럽고 기분 나쁠 것입니다. 자기 외모나 능력의 부족함을 탓할 수도 있습니다. 아쉽겠지만 사람 관계는 자기 생각대로 안 될 때가 많습니다. 자기 또한 상대방 요구를 무조건 들어주지는 않으니까요.

거절을 당한 사람은 상처받은 자기 기분도 중요하지만 자기 요구로 인해 불편하게 된 상대방 기분 또한 생각할 필요가 있습니다. 상대방 어려움을 생각하지 못하면 자신의 나쁜 기분에만 신경 쓰게 됩니다. 그러면 자신의 무례함을 잊어버리고 상대방을 미워할 수도 있습니다. 상대방이 자기 생각을 따라 주지 않은 것은 슬픈 일이지만 화내거나 따질 이유가 되진 않습니다. 특히 자기 요구를 들어주지 않았다고 상대방을 함부로 대하면 절대 친구 사이가 되지 않습니다. 거절당한 사람은 "불편하게 해서 미안하다"라는 말로 매너 있게 대답해야 좋습니다.

연락처를 받았다면 너무 늦은 밤이나 이른 아침을 제외하고 전화나 문자를 통해 연락할 수 있습니다. 연락할 때 어떤 말을 주고받아야 할까요? 서로 아주 친하다면 이런저런 이야기를 쉽게 나누겠지만 그렇지 않다면 연락해도 딱히 할 말이 없습니다. 그럴 때 주고받을 수 있는 말은 '안부'입니다. 안부라는 것은 상대방에게 어려운 일이 있는지 없는지 묻는 것을 말합니다.

"요즘 건강 괜찮니?", "오늘 학교생활 할 만했니?"

안부를 묻는다는 것은 사실 인사말을 살짝 바꾼 것과 비슷합니다. 안부 역시 인사말처럼 말하는 사람도 듣는 사람도 부담 없이 주고받는 말입니다. 어찌 보면 정성이 없어 보이는 대화로 느껴지기도 합니다. 하지만 안부를 묻는 일은 자기가 '상대방이 잘 지내는 것'에 관심이 있다는 표현입니다. 처음부터 친해지려고 무리하는 것보다 이런 작은 관심을 조금씩 주고받으며 자연스럽게 친해져야 합니다. 실제 사람이 친해지는 과정 또한 이런 식으로 이루어집니다. 자연스러운 인사말과 진심으로 건네는 안부로 자기도 모르게 어느덧 친구가 됩니다. 그래서 대부분 사람이 어떻게 지금 친구와 가깝게 지내게 되었는지 잘 기억하지 못합니다.

간단한 인사와 짧은 안부 연락만으로도 충분히 친구 사이에 가까워집니다. 친구뿐만 아니라 일 때문에 만난 사람과도 인사와 안부는 부담 없이 좋은 관계를 만들어 주는 방법입니다.

순희는 미영이와 연락처를 주고받고 서로 안부를 물으며 지내고 있습니다. 그런데 사람이 친해지려면 입을 통한 말만으로는 부족합니다. 눈을 통해 서로 보는 일이 필요합니다.

약속 만들기

순희와 미영이가 더 친해지려면 서로 만나서 함께 시간을 보내는 것이
좋습니다. 어떻게 만날까요? 만나고 나서는 무얼 해야 할까요?

서로 만나서 함께 시간을 자주 보내고 많은 대화를 할수록 상대방과 더욱
친해집니다. 그러려면 먼저 '약속'을 만들어야 합니다. 만날 일을 만들어
야 합니다. 혼자 하는 일은 자기 마음대로 정하면 되고 그 일을 그만두더
라도 다른 사람에게 피해가 가지 않습니다. 그러나 다른 사람과의 약속
은 자기 마음대로 정할 수 없고 누군가 약속을 어기면 다른 쪽은 피해를
보게 됩니다. 상대방과 약속을 만드는 일은 자기 혼자서 일거리를 만드
는 것보다 훨씬 부담스러운 일입니다.

막상 약속을 만들려고 하면 막막할 때가 많습니다. 흔히 약속을 잡는다
고 하면 극장·식당·놀이동산 같은 특별한 장소나 여행하기·구경하기 같
은 특별한 일을 생각하게 됩니다. 이런 약속을 만드는 것이 나쁜 선택은
아닙니다. 하지만 서로에게 시간과 돈이 상당히 드는 일을 만드는 것은
상당한 부담이 됩니다. 특히 서로 아주 친한 사이가 아니라면 그 부담은
더욱 큽니다. 그래서 약속을 만들 때는 함께 좋은 시간을 많이 보내는 것
보다 약속 부담을 줄이는 것에 더 신경 쓰는 것이 낫습니다.

상대방 취향이나 돈의 형편을 신경 쓰지 않고 아무 때나 쉽게 만들 수 있
는 약속이 친해지는 일에 좋은 약속입니다. 그런 약속은 바로 평범한 장
소에서 평범한 일을 하는 '일상생활 약속'입니다.

평범한 장소는 흔히 가는 곳입니다. 주변에 있는 공원·산책로·등산로·등
하굣길 아니면 근처 도서관·시장·마트 이런 곳도 괜찮습니다. 서로 익숙

한 곳에 가면 마음이 편안하기에 어색함이 상당히 줄어듭니다. 게다가 약속 장소에서 문제가 생기더라도 잘 아는 곳이라면 당황하지 않고 문제를 처리할 수도 있습니다.

평범한 일 중에서 약속을 잡을 만한 일은 식사 약속이 있습니다. 사람이 밥 먹는 일은 흔한 일이면서 중요한 일이기도 합니다. 부담 없이 함께 중요한 일을 하므로 사이가 가까워지는 데 많은 도움이 됩니다. 가족이 서로 가까운 사이로 지내는 이유 중 하나가 식사를 자주 같이 하기 때문입니다. 식사 약속을 정할 때는 좋은 음식과 멋진 장소를 따지는 것도 좋으나 함께 식사한다는 것 자체에 의미를 두고 서로 편하게 식사하는 것이 좋습니다. 외국은 친구 사이에 가족 식사에 초대하거나 친하게 지내려고 식사 초대를 하는 문화가 많습니다. 이런 문화가 우리나라에도 활발하게 이루어지면 좋겠습니다.

약속을 잡고 만나서 함께 놀 때도 부담이 적은 놀이를 선택하는 것이 좋습니다. 놀이는 무언가를 하는 것보다 보는 것이 대체로 쉽습니다. 영화나 다양한 쇼를 보는 것도 좋지만 이런 것은 취향이 맞지 않으면 오히려 힘든 시간이 됩니다. 취향을 타지 않는 쉬운 볼거리가 친해지는 데 좋은 놀이입니다. 어떤 지역이든 그 지역에는 볼만한 장소가 몇 가지씩 있습니다. 이미 익숙한 장소라도 함께 보는 사람이 다르면 지루하지 않고 즐거운 시간이 됩니다. 특히 꽃·강·바다·경치 같은 자연은 누구나 즐길 수 있고 항상 질리지 않는 볼거리입니다. 특히 이런저런 고민 없이 쉽게 정할 수 있다는 점이 좋습니다.

이런 약속을 만들려면 일상적인 장소와 일상생활을 자기가 하찮게 여기지 않아야 합니다. 사람은 자기가 하찮게 여기는 곳에 다른 사람을 초대하지 않습니다. 따로 시간을 내어 그곳에 가려고도 하지 않습니다. 많은 사람이 유명한 사람의 일상생활을 보기 위해 TV나 동영상을 찾아봅니다.

하지만 자기 인생의 주인은 유명한 사람이 아닌 자기 자신입니다. 유명인의 일상생활을 보고 부러워하는 것보다 동네 주변을 산책하는 자기 일상생활이 훨씬 더 소중합니다. 소중한 일상을 친구와 함께한다면 그 가치는 더욱 클 것입니다. 그래서 친구와 함께 보내는 잠깐의 일상생활이 굉장히 좋은 것입니다.

순희는 미영이와 학교 근처 공원에 같이 갔습니다. 공원 의자에 앉아서 이야기하다 보니 훌쩍 시간이 지났습니다. 어느덧 둘은 속마음 이야기도 줄곧 나누는 사이가 되었습니다. 이제는 아는 사이가 아닌 친구 사이라고 생각해도 괜찮을 것 같습니다. 순희는 앞으로 계속 미영이와 잘 지낼 수 있을까요? 지내다 보면 사이가 안 좋을 때도 있을 텐데요.

티격태격

다툼

순희와 미영이는 제법 친합니다. 연락하는 일도 만나는 일도 자연스럽습니다. 서로 티격태격하는 일도 많아졌습니다. 친구 사이 이대로 괜찮을까요?

친구 사이가 되려면 상대방과 꽤나 오랜 시간을 함께 보내야 합니다. 사람은 자기 시간에 한계가 있어 함께 많은 시간을 보낼 사람이 그리 많지 않습니다. 그만큼 친구는 자기 인생에 몇 안 되는 소중한 사람입니다. 어색한 사이에서 아는 사이로 발전하고 함께 오랜 시간을 보내며 속마음까지 주고받는 친구 사이가 되었다면 우정이나 의리까지 더해져 제법 단단한 관계가 됩니다. 친한 친구 사이라면 몇 개월 혹은 몇 년 동안 연락하지 않아도 친구 사이가 좀처럼 끝나지 않습니다. 아주 오랜만에 연락해도 서운함보다 반가움이 더 큰 것이 친구 사이입니다.

사람은 완벽하지 않습니다. 친구 사이도 사람 사이입니다. 자신이나 상대방이나 실수와 잘못을 어느 정도 하고 사는 것을 알고 있습니다. 친구 사이에 웬만한 실수나 잘못은 서로 받아 줍니다. 약속 시간에 자주 늦는 친구를 보고 그런 점 때문에 친구 사이를 그만두는 일은 그리 많지 않습니다. 대부분 적당히 잔소리 몇 마디 하고 어울려 지냅니다.

하지만 친구 사이가 가족처럼 도저히 떼기 어려운 사이는 아닙니다. 친구 사이를 끝내는 것이 쉽지는 않지만 자기나 상대방이 친구 노릇을 너무 심하게 못하면 언제든지 끝낼 수 있습니다. 이렇게 친구 사이가 끝나는 때는 주로 친구에게 무언가를 강제로 요구할 때입니다. 친구 사이에 서로가 이런저런 일을 부탁할 수 있고 부탁받을 수도 있습니다. 하지만 '친하니까 이 정도는 괜찮겠지'라고 생각하던 것이 점점 '친구인데 이 정도도 못 해 주나?', '이 정도도 못 해 주면 친구도 아니다'라는 식으로 바뀌면서 어느새 부탁이 아닌 강요가 되는 것이 문제입니다. 가족이라도 서로에게 자주 강요하면 그 관계가 많이 망가집니다. 그 대신 가족은 피로 연결된 사이이며 다른 사람은 그 자리를 대신하지 못하기에 버틸 수가 있습니다. 하지만 친구는 생각이나 목표가 같거나 혹은 서로 가깝게 지내다가 연결된 사이입니다. 친구는 헤어지더라도 다른 친구가 그 자리를 대신할 수 있습니다. 친구 사이는 강요로 인해 망가진 관계를 버티지 못합니다. 만약 그런 상황에서도 친구 사이가 계속된다면 그것은 폭력이나 집착으로 이어진 사이입니다. 그런 사이는 사실 친구 사이도 아닙니다. 친구 관계에서 부탁과 강요를 최대한 구별해야 합니다. 부탁할 순 있어도 강요해선 안 됩니다. 부탁하는 사람이 자기 부탁을 조금만 당연하게 생각하면 자연스럽게 강요가 됩니다. 자기가 친구 요구를 당연하게 생각하고 받아 주는 것은 괜찮습니다. 그러나 친구가 내 요구를 무조건 받아 줘야 한다고 생각하는 것은 꼭 하지 말아야 합니다. '이 정도는 괜찮아'라는 말은 절대로 자기가 해서는 안 될 말입니다. 오직 자기로 인해 불편하게 된 상대방만 할 수 있는 말입니다.

친구 사이에 조심해야 할 또 다른 것이 바로 무례입니다. 친구 사이는 심각한 문제가 있어도 깨지지 않을 때가 있고 가벼운 문제로 쉽게 깨질 때도 있습니다. 이런 일이 일어나는 이유는 바로 사람의 기분 때문입니다. 사람 기분은 똑같은 일에도 기분이 좋을 때가 있고 나쁠 때가 있는 것처럼 정말로 알기 어렵고 이상한 것입니다. 이 기분 때문에 사람이 함께 어울려 사는 일이 어렵습니다. 모든 사람의 관계가 만들어지고 끊어지는 것도 사람의 기분이 큰 역할을 합니다. 친구 사이에 말을 함부로 하거나 욕을 하면서 서로의 친함을 확인하는 사람이 있습니다. 이런 식의 친구 사이는 서로 기분이 좋을 때만 가능합니다. 기분이 좋지 않을 때 말을 함부로 주고받으면 평상시에 그냥 넘어갔던 일도 심각한 싸움으로 바뀝니다. 말 한마디, 사소한 일로 친구 사이가 깨지게 됩니다. 서로 가까워지면 서로를 함부로 대하기 쉬워집니다. 함부로 대한다는 것은 자기 기분 위주로 상대방을 대하는 것입니다. 게다가 자신의 좋은 기분을 억지로 나쁜 기분으로 바꾸지 못하는 것처럼 사람은 자기 기분을 직접 조절하기 힘듭니다. 결국 사람은 자기 기분을 자기 마음대로 다루지 못하면서 자기 기분에 이리저리 휘둘립니다. 자기 기분을 감당하지 못합니다. 감당하기 어려운 일은 조심히 다루어야 합니다. 친구 사이에 상대방 기분을 좋게 하는 것보다 나쁘지 않게 하는 것에 좀 더 신경 써야 합니다. 무엇보다 자기 기분 위주로 친구를 대하는 것을 특히 조심해야 합니다. 친구 사이에 그런 식으로 행동하는 사람이 있다면 그 친구하고는 친구 사이가 거의 끝난 것입니다.

친구 사이는 문제가 생기더라도 사과하는 사람이 있거나 잘못을 이해해 주는 사람이 있다면 오랜 친구로 지낼 수 있습니다. 그러나 친구 사이를 오래 유지하는 것이 의무는 아니라서 상당히 큰 어려움을 참아가면서까지 친구 관계를 유지하는 것은 불가능합니다. 친구 사이는 상당히 단단한 만큼 한번 끊어지면 다시 붙이기도 어렵습니다. 곁에 있을 때 강요하지 말고 매너 있게 대하면서 사이좋게 지내길 바랍니다.

순희와 미영이가 오래오래 친구로 지냈으면 좋겠습니다.

친함과 사귐

민수와 희정이는 같은 동아리 친구입니다. 민수는 희정이가 마음에 듭니다. 들리는 얘기로 희정이는 남자 친구가 없다고 합니다. 사귈까요?

'사귄다'라는 말을 사전에서 찾아보면 '서로 친하게 지내다'라고 쓰여 있습니다. 친구든 애인이든 친하게 지내면 사귄다고 말할 수 있습니다. 부모님이 "요새 친구 좀 사귀었니?"라고 물을 때 사귐은 동성 친구(남자끼리, 여자끼리)와 이성 친구(남자와 여자) 모두를 뜻합니다. 하지만 친구끼리 "너네 사귀냐?"라고 물을 때 사귐은 이성 친구를 뜻합니다. 실제 생활에서 사귐은 주로 이성 친구와 친하게 지내는 것을 의미할 때가 많습니다. 좀 더 정확히는 이성과 적당히 친하게 지내는 것이 아닌 상당히 깊은 관계로 지내는 것을 사귄다고 말합니다.

그렇다면 사귐이란 '이성 간에 매우 많이 친한 사이'라고 말할 수 있습니다. 서로 매우 많이 친하기에 둘이 서로 붙을 만큼 가까워도 어색하지 않습니다. 친구 사이에 서로 껴안으면 조금 불편한 느낌이 들지만 사귀는 사이는 그렇지 않습니다. 그래서 사귄다고 하면 이성 친구 간에 껴안거나 뽀뽀 같은 애정 표현, 스킨십을 하는 사이로 생각하기 쉽습니다.

매우 많이 친한 사이가 되려면 일단 친한 사이가 돼야 합니다. 친한 사이는 연락하고, 약속을 잡아 함께 시간을 보내며, 서로 다투기도 하고, 때때로 속마음을 주고받는 사이입니다. 여기에서 더욱 깊은 사이가 되려면 함께 보내는 시간만 늘린다고 되는 것이 아닙니다. 시간이 지날수록 서로에게 좋은 모습만 보여 주면 쉽게 사이가 매우 가까워지겠지만, 서로에게 나쁜 모습도 보여 줄 때가 많아 오히려 사이가 더 멀어지기도 합니다.

이런 상황에서 더욱 가까운 사이가 되려면 서로에게 나쁜 모습을 보여 주더라도 사이가 멀어지지 않아야 합니다. 상대방의 단점을 자기가 어느 정도 받아들일 수 있어야 합니다. 거기에 속마음을 더 많이 주고받을수록 둘 사이는 더욱 가까워집니다. 속마음을 자주 이야기하지 않거나, 상대방 단점을 견디기가 너무 힘들면 서로 사귄다고 보기 어렵습니다. 사귀자고 고백하고 그 고백을 받아 준 사이라고 해서 혹은 서로 뽀뽀하는 사이라고 해서 진정으로 사귀는 사이가 되는 것이 아닙니다.

단점 받아 주기와 속마음 주고받기는 사실 상당히 어려운 일입니다. 남녀는 신체나 생각이나 성격 등등 많은 것이 서로 다릅니다. 서로 다르다는 것은 이런 어려운 일을 받아 주고 하게 해 주는 이유가 됩니다. 특히 사랑이라는 이유는 그러한 일을 더욱 가능하게 만듭니다. 머리로 이해하기 어려운 것이 사람의 사귐입니다. 그만큼 계산적인 사귐은 오래가기 어렵고 다른 사람의 사귐에 대해 함부로 말하는 것은 좋지 않습니다.

어떤 한 사람과 사귄다는 것은 그 사람과 좋은 일·싫은 일·어려운 일을 함께 하는 것입니다. 즐겁게 지내고 다정하게 스킨십하는 것만 생각하고 사귐을 시작하면 아무래도 상대방에게 금방 실망하고 헤어지기 쉽습니다. 두 사람 사이에 싫은 일과 어려운 일은 어떤 것이 있는지 알아야 하고, 그것을 함께 말하고, 서로 감당할 수도 있어야 합니다. 그래야만 제대로 사귈 수 있습니다. 그러지 않고 '내가 좋아하기 때문에'라는 이유만으로는 제대로 사귀기 어렵습니다. 특히 자기 기분 위주로 생활하는 사람은 다른 사람과 사귀지 않는 것이 자신이나 상대방에게 더 낫습니다.

민수가 희정이와 사귀려면 희정이의 단점을 좋아할 필요까진 없지만 그러려니 하고 적당히 넘길 수는 있어야 합니다. 희정이 역시 마찬가지입니다. 이처럼 자기 눈에 콩깍지가 씌어야 서로 사귈 수 있습니다. 어느덧 민수는 희정이와 매우 친해졌습니다. 희정이와 본격적으로 사귀려면 민수는 어떻게 해야 할까요?

관심법

민수는 희정이를 볼 때마다 기분이 좋아 활짝 웃어 줍니다. 희정이도 민수에게 반갑게 대해 줍니다. 이제 민수는 어떻게 해야 할까요?

서로 모르는 사람 두 명이 1미터 간격으로 마주 보고 서 있습니다. 한 명이 갑자기 상대방 코앞까지 성큼 다가가면 어떨까요? 상대방은 아마 깜짝 놀랄 것입니다. 그런데 서로가 한 발자국씩 다가가면 어떨까요? 그리 놀라지 않고 가깝게 마주 보고 설 수 있습니다. 이것이 사람을 사귀는 방법입니다. 이렇게 서로 가까워지면서 친구보다는 더 가깝고 애인이라고 하기엔 애매한 느낌이 들 때가 있습니다. 이런 것을 흔히 '썸'이라고 말합니다. 썸은 영어 단어 섬싱(something: 어떤 것)에서 나온 말로 남녀 사이에 어떤 친근한 느낌이 있거나 특별한 일이 있는 것을 말합니다. 이런 것을 양쪽이 함께 느끼면 '썸을 탄다'라고 합니다. 썸은 친한 사이와 사귀는 사이의 중간 단계인 만큼 상대방에게 잘해 주려고 하거나 잘 보이려고 신경을 쓰곤 합니다.

속마음을 함께 나눌 수 있는 사람, 서로의 단점을 어느 정도 인정해 주는 사람은 자기에게 좋은 사람입니다. 사람은 좋은 물건을 보면 갖고 싶은 마음이 생기듯, 상대방이 좋은 사람이라고 생각되면 그 사람을 갖고 싶은 마음이 생깁니다. 사람을 갖고 싶다는 것은 그 사람과 특별히 가깝게 지내고 싶은 마음으로 볼 수 있습니다. 이렇게 썸 타는 사이에서 사귀는 사이로 발전하고 싶은 마음은 사람으로서 갖는 자연스러운 모습입니다.

친구가 되는 일은 서로 지내다 보니 자기도 모르게 친구가 될 때가 많습니다. 하지만 사귀는 일은 그렇지 않습니다. 대부분 '고백'이라는 과정을 거쳐야만 사귀게 됩니다. 음식을 먹거나 놀면서 느끼는 기분 좋고 나쁨은 얕은 감정이라서 표현하기 쉽지만, 좋아하는 느낌이나 사랑은 깊은 감정이라서 표현하기 어렵습니다. 오래 사귀는 사이나 부부 사이라도 상대방에게 사랑한다고 직접 말하는 일은 여전히 부담스럽습니다. 게다가 고백을 하는 일은 거절당할 수도 있기에 그 어려움이 더욱 큽니다. 고백을 받는 사람 역시 비슷한 이유로 어려움을 느낍니다. 서로 사귀려면 이런 부담스러운 일을 양쪽 모두 겪어야 하는 것입니다. 사귀는 데 고백이 필수는 아니지만 사람들이 이런 부담스러운 고백을 하는 데는 이유가 있습니다.

서로 썸을 타고 있더라도 자기 진심을 전하고 상대방 진심을 알려면 말을 주고받아야만 합니다. 수십 년을 함께 산 부부라도 상대방 마음을 제대로 알지 못할 때가 많습니다. 자기 멋대로 상대방 마음을 짐작하는 것은 위험합니다. 게다가 '서로 매우 많이 가까운 사이'라는 것은 '너무 가까워 둘 사이에 다른 사람이 낄 수 없다'라는 의미도 있습니다. 고백은 이런 다짐을 하고 상대방을 안심시키는 일이기도 합니다.

고백할 때는 '어떤 선물을 준비할까, 어떻게 말을 할까, 거절과 승낙 어떤 결과가 있을까?' 같은 고민을 하게 됩니다. '대단한 선물을 사거나, 말을 굉장히 잘한다거나, 승낙할 만한 멋진 이벤트를 만든다거나' 같은 방법은 상당히 어려운 일입니다. 사실 고백 자체만으로도 어려운 일인데 거기에 다른 어려운 일까지 더해지면 사귀는 일은 대단한 사람만 할 수 있는 특별한 일이 됩니다. 그러나 현실에선 누구나 사람을 사귈 수 있으며 고백 방법 역시 그리 어렵지 않습니다.

상대방 마음을 보는 법을 '관심법'이라고 합니다. 관심법은 특별한 사람에게만 있는 것이 아닌 누구에게나 있는 능력입니다. 상대방이 자기 마음을 솔직하게 말하면 그 말을 듣는 사람은 완벽하진 않아도 상대방 진심을 상당히 볼 수 있습니다. 특별한 선물이나 말재주가 없어도 자기 진심을 그대로 말할 수만 있다면 훌륭한 고백 방법이 됩니다. 고백 자체가 대단한 것이기에 굳이 일부러 꾸밀 필요가 없는 것입니다. 물론 자기가 할 수 있는 여러 가지 준비를 하면서 정성을 더 들이는 것은 좋은 일이지만 무조건 해야 하는 일은 아닙니다.

고백은 상대방에게 OX를 선택받는 자리지만 회사나 학교의 면접 시간이 아닙니다. 고백은 꽉 닫힌 문 앞에서 "문 좀 열어 주세요"라고 말하는 것이 아니라 상대방이 반쯤 열어 놓은 문 앞에서 "들어가도 될까요?"라고 말하는 것과 가깝습니다. 고백은 아는 사이로 시작하여 친한 사이를 지나 썸을 타다가 우리가 매우 매우 가까운 것을 확인하는 시간입니다. 그런 과정을 거쳤다면 고백은 부담스러운 일이 아닌 기대되는 일이 됩니다. 하지만 이런 과정 없이 조금 아는 사이에서 바로 고백하면 심각하게 어려운 일이 됩니다. 모르는 사람이 다짜고짜 우리 집에 들어오겠다고 하는 것이나 그것을 허락해 주는 것이나 모두 상식적인 일이 아닙니다.

고백하는 사람이 고백받는 사람보다 더 많은 용기가 필요하고 더 많은 부담이 듭니다. 그만큼 고백하는 쪽은 상대방을 사랑하는 마음이 더 크다고 볼 수 있습니다. 고백하는 사람은 남자 여자를 따질 필요 없이 사랑이 더 큰 쪽이 하면 됩니다. 그리고 고백받는 사람은 허락과 거절을 선택하는 쪽이라서 자기가 상대방보다 높은 위치에 있다고 착각할 수도 있습니다. 하지만 고백하는 사람의 사랑이 좀 더 크고 그 사람이 용기를 더 낸 것일 뿐입니다. 고백받는 사람은 거절하더라도 상대방의 이런 점은 알아줄 필요가 있습니다. 고백하는 사람을 무시하는 것은 무례한 태도입니다.

그리고 고백하는 일이 잘되었다면 다른 사람과는 사귀지 않겠다는 다짐을 서로 주고받는 것이 사귀는 사이의 매너입니다. 서로 지내다가 사귐을 그만두더라도 사귈 때만큼은 둘 사이에 다른 사람이 들어와서는 안 됨니다. 다른 사람을 사귀려면 사귀던 사람과 먼저 끝내는 것이 순서입니다. 고백할 때 이런 약속을 해야 서로 안심하게 되고 무책임한 행동을 막을 수 있습니다. 친구는 여러 명이 될 수 있지만, 애인은 한 명만 돼야 합니다.

민수는 희정이와 저녁 식사 약속을 잡았습니다. 민수는 그날 말끔하게 차려입고 희정이에게 진심을 담아 고백할 계획입니다.

미안해 좋은 친구야

퇴짜

"민수야, 미안해 그냥 좋은 친구로 지내자." 민수는 생각지도 못한 대답을 들었습니다. 역시 사람 생각은 알기 어려운가 봅니다.

중요하게 생각하지 않은 일이라도 거절당하면 기분이 좋지 않습니다. 하물며 중요하게 생각했던 고백을 거절당하면 매우 큰 충격을 받고 기분이 엉망이 됩니다. 그런데 이런 자기 기분보다 더 큰 문제가 있습니다. 상대방이 자기를 사귈 만한 사람으로 보지 않았다는 사실입니다. 거절당한 사람은 상대방이 자기를 싫어한다고 생각하거나 앞으로 더는 사이가 좋아지지 않을 것으로 생각하기도 합니다. 이런 이유로 많은 사람이 고백하는 일을 주저하거나 후회합니다.

사람에게는 일관성이라는 특징이 있습니다. 일관성은 처음부터 끝까지 한결같은 성질입니다. 치킨을 좋아하는 사람은 치킨을 일주일에 한 번 먹어도 좋고, 매일 먹어도 좋아합니다. 이러면 "이 사람은 일관성 있게 치킨을 좋아하네"라고 말할 수 있습니다. 하지만 치킨을 하루에 1번 먹는 것에서 하루에 3번 먹는 것으로 늘려도 일관성 있게 치킨을 좋아할 수 있을까요? 며칠은 가능해도 평생을 매 끼니 치킨만 먹고 살 수는 없을 것입니다. 아무리 좋아하는 치킨도 지나치게 많이 먹으면 질립니다. 더 이상 일관성 있게 치킨을 좋아하는 사람이라고 말할 수 없습니다.

사람은 한결같이 사는 것이 어렵습니다. 특히 사람 마음은 변하기가 쉬워 더욱 일관성이 없습니다. 사람이든 물건이든 좋았다가 싫었다가 다시 좋아지는 경험을 누구나 한 적이 있을 것입니다. 부모 자녀 사이라도 항상 좋기만 한 것은 아닙니다. '이리 갔다 저리 갔다' 하는 것이 사람 마음입니다. 그래서 사람 마음을 함부로 판단해서는 안 됩니다. 자기가 거절 당했다고 해서 상대방이 자기를 싫어한다고 함부로 생각하는 것은 좋지 않습니다. 고백은 확인 과정입니다. 고백을 거절당했다는 것은 자기가 상당히 성급하게 행동했다는 뜻입니다. 두 사람 사이가 매우 가깝지 않 았지만 자기는 그런 줄 알고 착각했던 것입니다. 사이가 매우 가깝지 않 은 것과 상대방이 자기를 싫어하는 것은 크게 다릅니다. 거절을 자기를 싫어하는 것으로 성급하게 생각해 버리면 자기 기분뿐만 아니라 앞으로 그 사람과의 관계도 엉망이 될 것입니다. 그만큼 거절당한 이유를 '자기 를 싫어하는 것'으로 생각하지 말고 되도록 '자신의 성급함'으로 두는 것 이 낫습니다. 특히 거절의 이유로 자기 외모·돈·학벌·직업을 탓하는 것은 더욱 좋지 않습니다. 혹시나 외모나 돈 같은 이유로 거절당했다면 그것 은 친한 사이조차 되지 않은 상태에서 성급하게 고백한 것입니다.

거절의 이유를 자기 성급함에 두면 서로 어색하더라도 좋은 관계를 유지 할 수 있습니다. 그러면 다시 고백할 기회를 얻을 수도 있고 혹은 다른 사 람에게 고백하더라도 그때는 실수할 일이 줄어들 것입니다. 필요할 땐 기다리고, 기다려도 안 된다면 포기해야 할 수도 있습니다. 사람 관계는 억지로는 되지 않는 일입니다.

간혹 서로 잘 알지 못한 사이지만 갑작스러운 고백을 통해 사귀는 관계도 있습니다. '매우 많이 친한 사이' 이전 단계인 '아는 사이와 친한 사이'라 는 중간 단계가 빠졌기에 조금 억지로 사귀는 것으로 볼 수 있습니다. 아 무리 스킨십이 자연스럽고 매우 가까운 사이로 보여도 속마음을 서로 말 하고 상대방 단점을 감당하는 일이 되지 않으면 제대로 된 사귐이 아닙니 다. 특히 이런 사이는 상대방 단점을 갑자기 경험하면 그것을 감당하기 가 매우 어렵습니다. 급하게 사귄 사이는 작은 싸움에도 쉽게 헤어질 수 있기에 더 많은 대화와 인내가 필요합니다.

민수는 희정이에게 고백했지만 거절을 대답으로 들었습니다. 하지만 그 이후로도 계속 서로 친하게 지냈습니다. 1년 후에는 거꾸로 희정이가 민수에게 고백했고 둘은 사귀는 사이가 되었습니다. 앞으로 서로 잘 지내려면 어떻게 해야 할까요?

감정싸움과 사랑싸움

관계의 계속

민수와 희정은 사귄 이후로 상당한 시간이 흘렀습니다. 서로 잘 지내는 편이지만 요즘에는 서로 다투는 일이 부쩍 늘었습니다.

서로 매우 가깝게 지내면 상대방 대하기가 편해집니다. 양쪽 모두 자기 속마음, 자기 의견, 자기감정을 잘 드러냅니다. 사귀기 전보다 좋을 때는 훨씬 더 좋아하고 싫을 때는 싫은 티를 팍팍 냅니다. 서운한 일이 있을 때 예전 같으면 혼자 속으로 생각하고 넘어갈 일도 사귀고 나선 상대방 앞에서 그냥 울어 버리거나 싸웁니다. 그만큼 서로 여러 가지 일로 부딪칠 때가 많습니다.

이럴 때 '상대방과 나는 생각이 다르구나'라고 받아들이면 딱히 문제가 되지 않습니다. 하지만 서로 매우 가까운 사이라면 이렇게 생각하는 일이 잘되지 않습니다. 사이가 가까운 것처럼 생각도 서로 가깝게 되길 원합니다. 사귀는 사람의 생각이 자기 생각과 같거나 자기 생각에 따라 주기를 바랍니다. 그러나 현실은 서로 생각이 다를 때가 훨씬 많습니다. 결국 서로 다름을 인정하지 못하고 생각을 표현하는 일도 거침없기에 다툼이 자주 생깁니다. 친구 사이에도 친할수록 다툼이 많습니다. 세상에서 가장 가까운 사이인 가족은 더욱 심합니다.

"가슴에 대못을 박는다"라는 말이 있습니다. 사람 가슴에 큰 못이 박히면 아프면서 잘 빠지지 않습니다. 그렇듯, 다투고 생긴 나쁜 기억은 마음에 오래 남아 잘 사라지지 않습니다. 사람은 살면서 좋은 기억과 나쁜 기억이 마음속에 같이 쌓입니다. 그렇게 쌓인 기억은 시간이 지나면 점점 사라지기도 합니다. 그런데 다툼으로 인한 나쁜 기억은 마음속에서 훨씬 오래 남기에 시간이 지날수록 좋은 기억보다 나쁜 기억이 더 많이 쌓입니다. 게다가 사람 사이는 좋은 일과 나쁜 일이 함께 있을 때 좋은 일보다 나쁜 일에 더 큰 영향을 받습니다. 99번 잘해 주어도 1번 실망을 주면 그 1번의 실망이 99번의 좋은 기억을 다 덮기도 합니다. 사람 관계는 서로 가까울수록, 오랜 시간을 함께할수록 점점 좋아지기보다 나빠지기가 더 쉽습니다.

가족은 피로 맺어진 관계라는 특별한 보호 장치가 있어서 사이가 나빠지더라도 어느 정도 버틸 수가 있습니다. 그러나 사귀는 관계는 그런 장치가 없습니다. 두 사람의 사랑으로 버틸 수 있는 한계까지만 견딜 수 있습니다. 애인 사이는 붙어 있는 자석처럼 조금 멀어져도 어느새 가까워집니다. 흔히 밀고 당기기, '밀당'이라는 표현을 쓰기도 합니다. 적당히 밀어도 튕겨 나가지 않고, 멀어졌어도 당기면 금세 다가옵니다. 밀당 좀 했다고, 몇 번 싸웠다고 사귀는 관계가 끝나진 않습니다. 하지만 마음속에 서로에 대한 나쁜 기억이 쌓여 가는 것은 막을 수가 없습니다. 쌓여 버린 나쁜 기억이 자기 사랑으로 감당할 수 없는 수준이 되면 사귀는 관계가 끝납니다. 연애는 자기가 끝났다고 생각하면 그걸로 끝입니다. 사귈 때는 상대방 허락을 받아야 하지만 헤어질 때는 상대방 허락이 필요 없기 때문입니다.

사귀는 관계를 계속 유지하려면 서로에게 상처를 주는 다툼을 피해야만 합니다. 그러나 사람의 생각이나 취향은 다르기에 사람 관계에서 다툼을 피할 수는 없습니다. 결국 사귀는 사람이 신경 써야 할 중요한 일은 '싸움을 어떻게 해야 안 할까?'보다 '싸우고 난 뒤에 어떻게 해야 하는가?'입니다. 싸우고 난 뒤에 상대방에게 쌓인 나쁜 기억을 최대한 줄이는 것에 관심을 두어야 합니다. 자판으로 화면에 쓴 글씨는 쉽게 지우지만 사람 마음에 쓴 기억은 좋든 싫든 잘 지워지지 않습니다. 그나마 좋은 기억을 더 많이 만들어 나쁜 기억을 덮거나, 나쁜 기억이 마음속에 들어갈 때 최대한 작게 만드는 방법이 필요합니다. 그러려면 '감정싸움'을 '사랑싸움'으로 바꿔야 합니다.

자기가 잘못했든, 상대가 잘못했든, 이유가 어찌 됐든 사람 사이에 다툼이 생기는 가장 큰 이유는 자기 기분이 나빠서입니다. 상대방의 작은 잘못이라도 자기 기분이 크게 상하면 다투게 되고, 상대방의 큰 잘못이라도 자기 기분이 상하지 않으면 다투지 않습니다. 자신의 나쁜 기분을 가지고 서로 다투는 것을 '감정싸움'이라고 합니다. 이에 반해 '사랑싸움'은 감정싸움과 다릅니다. 사랑이란 주로 상대방을 소중히 여기는 것을 뜻하지만, 그 외에도 서로 걱정하고, 믿고, 의지하고 감싸 주고 등등 여러 가지 뜻이 섞여 있습니다. 그중에서 '상대방 걱정하기'를 가지고 서로 겨루는 것을 '사랑싸움'이라고 말할 수 있습니다. 사랑싸움에는 단 한 가지 규칙만 있습니다.

'싸운 뒤에 먼저 다가간 사람이 이긴다.'

사귀는 사람끼리 싸우면 서로의 감정이 상하면서 감정싸움이 시작됩니다. 사이가 동시에 멀어집니다. 화해하면 멀어진 사이가 다시 가까워지지만 사이가 다시 가까워지는 일은 동시에 일어나지 않습니다. 둘 중 누군가가 먼저 다가가야만 일이 시작됩니다. 한 명이 먼저 다가가면 상대방이 다가오지 않더라도 일단 거리는 어느 정도 좁혀집니다. 상대방 또한 다가오면 매우 가까운 사이로 다시 돌아갈 수 있습니다. 여기서 먼저 다가가는 사람은 상대방에게 더 큰 잘못을 한 사람이 아닙니다. 상대방을 더 많이 사랑하는 사람이 먼저 다가갑니다. 자기 기분이 나쁜 것보다 상대방을 더 걱정하기 때문입니다. 그래서 먼저 다가가는 사람이 사랑싸움에서 이기는 사람입니다. 감정싸움으로 시작한 다툼을 사랑싸움으로 마무리하는 것입니다. 이러면 다툼으로 생긴 나쁜 기억이 사라지진 않지만 굉장히 작아집니다. 그만큼 서로에게 나쁜 기억이 굉장히 많이 쌓이는 것을 막아 줍니다.

그런데 이 사랑싸움에서는 진 사람의 역할도 대단히 중요합니다. 진 사람은 '상대방이 먼저 다가온 것'의 의미를 알아야 합니다. 먼저 다가와 준 사람의 사랑이 자기 사랑보다 크다는 것을 모르거나 그 일을 당연하게 생각하면, 사랑 대결에서 진 사람이 자기가 이긴 것으로 착각하게 됩니다. 자기가 이겼는지 졌는지조차 모르는 대결은 무효입니다. 사랑싸움이 물거품이 된 것입니다. 그렇게 되면 감정싸움으로 시작한 다툼이 감정싸움으로 마무리됩니다. 감정싸움으로 끝나 버린 다툼은 나쁜 기억 그대로 서로에게 차곡차곡 잘 쌓입니다. 순식간에 높게 쌓인 나쁜 기억은 감당할 수 없는 마음의 상처가 됩니다. 이제 남은 단계는 이별을 결심하는 것뿐입니다. 이별은 상대방 허락이 필요 없기에 그대로 사이가 끝나게 됩니다.

사람은 자기 기분이 무엇보다 중요합니다. 서로 싸우고 나면 자기 기분이 제일 상합니다. 그런 와중에도 자기 속상한 것보다 상대방이 힘들어하는 것을 더 걱정하는 사람이 돼야 사귀는 사이가 계속 유지될 수 있습니다. 상대방의 이런 사랑을 받는 사람도 제대로 받을 수 있어야 합니다. 상대방이 자기를 더 많이 사랑하는 것을 알아주고 고마워해야 합니다. 자기가 더 사랑하지 못해서, 자기 기분만 생각해서, 먼저 다가가지 못해서 미안해힐 줄 알아야 합니다. 그것을 알지 못하거나, 자기가 우위에 있다고 안심하거나, 상대방을 더욱 자기 마음대로 다루려고 한다면 남은 일은 이별 소식을 듣는 것뿐입니다. 사귀는 일은 서로 사랑입니다. 짝사랑이 아닙니다. 아무리 서로 가까운 사이여도 상대방을 더 사랑하지 못하거나 상대방 사랑을 제대로 알지 못하거나 그 사랑을 제대로 받지 못하면 짝사랑이 됩니다. 사귀기 전에는 짝사랑이 가능해도 사귀는 사이에서 짝

사랑이 되면 헤어지게 됩니다.

자신과 상대방의 사랑 크기를 어떻게 알 수 있을까요? 사랑은 눈에 보이지 않는 것이지만 서로 사랑하는 사이라면 그것을 알아야 합니다. 모르면 관계를 유지할 수 없습니다. 상대방이 주는 물질이나 선물로는 제대로 알기 어렵습니다. 자꾸 상대방의 마음을 보려고 해야만 조금씩 볼 수 있습니다.

이런 사랑싸움은 사귀는 관계뿐만 아니라 가족 관계나 다양한 인간관계에서도 꼭 필요한 일입니다.

민수와 희정이가 다투는 일은 앞으로도 자주 있을 것입니다. 싸우고 나서 상대방에게 화내기보다 먼저 다가가지 못한 자신에게 화낸다면 오래오래 좋은 사이가 될 것입니다.

이별하기 이별당하기

민수는 희정이에게 헤어지자는 말을 들었습니다. 최근 희정이의 표정이 좋지 않았던 것을 알고는 있었지만 헤어질 줄은 미처 몰랐습니다. 민수는 뜻밖의 이야기에 충격을 받았습니다.

장난감 블록을 쌓는 일은 시간이 오래 걸리지만 그것을 무너뜨리는 일은 한순간입니다. 서로 가까워지는 사귐은 시간이 오래 걸리지만 서로 완전히 멀어지는 이별은 한순간에도 가능합니다. 게다가 사귈 때는 마음을 같이 열어야 하지만 이별할 때는 둘 중 한 명만 마음을 닫아도 됩니다. 그만큼 이별은 생각보다 훨씬 빠르고 간단합니다.

이별은 폼 나는 일이 아닙니다. 스트레스와 부담이 상당히 많은 일입니다. 남의 이야기라면 적당히 격려하고 위로하면 되겠지만 자기 이야기라면 너무나 아쉽고 괴롭고 슬프고 비참한 일이 됩니다. 사람이 살면서 겪는 상당히 어려운 일 중 하나입니다.

사귐은 결혼 아니면 이별이라는 그 끝이 확실하게 있는 관계입니다. 흔히 나이가 제법 있는 사람만 결혼을 목표로 사귄다고 생각합니다. 그러나 나이가 많든 적든 사귀면서 상대방을 결혼 상대로 생각하지 않으면 이별이라는 목적지를 향해 가는 관계일 뿐입니다. "나는 너를 연애 상대로만 생각해"라는 말은 결혼할 때가 되면 헤어진다는 말입니다. 많은 연인이 사귀는 날짜를 세는 것도 어쩌면 그 끝이 있다는 것을 느끼기 때문일지도 모릅니다. 그렇다고 결혼 생각이 없는 사귐이 나쁜 것은 아닙니다. 사람이 미래를 정해 놓고 생활하는 것이 의무는 아니니까요. 사귀는 일은 커플마다 각자 형편이 있기 때문에 정답은 딱히 없습니다.

헤어지는 일에도 자기만의 이유가 있습니다. 자기 때문에, 상대방 때문에, 어쩔 수 없이 등등 여러 가지 이유가 있을 것입니다. 다만 확실한 것은 이별은 자기가 노력한다고 해서 피할 수 있는 것이 아니라는 점입니다. 사람은 좋은 일은 환영하지만 나쁜 일은 피하려고 합니다. 이별은 나쁜 일이기에 받아들이기 싫고 피하고 싶은 일입니다. 그래서 간혹 이별해야만 하는 상황인데도 이별하지 못하거나, 이별을 당하고 나서 그것을 받아들이지 못하는 사람이 있습니다. 사귀는 사이는 법적으로도, 개인적으로도 상대방에게 무언가를 꼭 해야만 하거나 서로를 보살펴야만 하는 관계가 아닙니다. 서로 헤어지는 일은 슬프더라도 문제가 있는 일은 아닙니다. 더 이상 사랑으로 버틸 만한 사이가 아니라면 이별을 선택할 줄도 알아야 합니다. 특히 남녀 문제가 아닌 사람 대 사람 관계까지 망가졌다면 이별을 결정할 필요가 있습니다.

상대방이 바람나거나, 폭력을 쓰거나, 심각한 문제를 갑자기 일으켰다면 한순간에 이별할 수 있겠지만, 대부분 이별은 천천히 진행되다가 결정될 때가 많습니다. 상대방에게 헤어지자는 말을 들었을 때 그것을 전혀 몰랐다면 그동안 상대방 마음에 관심이 많이 부족했던 것입니다. 상대방 사랑을 당연하게 생각하고 자기 마음대로 안심했던 것입니다. 사귀는 사이에서 주도권은 겉으로 보기에는 더 많이 사랑받는 쪽에 있지만, 실제로는 더 많이 사랑해 주고 더 많이 맞춰 주는 쪽에게 있습니다. 부모에게 많이 의지한 사람일수록 부모 사랑을 당연하게 생각하는 것처럼, 사귀는 상대방에게 많이 의지한 사람일수록 상대방 사랑을 당연하게 생각하기에 "더는 너를 사랑하지 않아"라는 말을 좀처럼 받아들이지 못합니다. 이런 사람은 이별을 받아들이지 못하고 상대방에게 집착하거나 상대방을 괴롭히기도 합니다. 그만큼 가족이든 애인이든 사랑받는 것을 당연하게 생각하지 않도록 누구나 조심해야 합니다.

사람은 살면서 친구나 애인을 만들기도 하고 헤어지기도 합니다. 헤어지는 일은 사람이 살면서 겪는 자연스러운 일 중 하나입니다. 그 대신 헤어질 때 자기가 상대방에게 주로 상처를 받은 사람이었는지 아니면 상처를 준 사람이었는지가 중요합니다. 상처받은 일이 많았다면 노력만으로 감당하지 못하는 관계라는 것을 인정하고 다른 만남을 기대하는 것이 좋습니다. 상처를 준 일이 많았다면 아무래도 자기가 변해야 할 것입니다. 특히 지난날에 자기가 상처 주었던 사람을 다시 만난다면 꼭 사과해서 마음의 빚을 갚아야 합니다. 고백하는 일, 허락받는 일, 거절당하는 일, 헤어지는 일 모두 만만치 않은 일입니다. 그만큼 사람이 서로 만나 함께 지내는 일은 어렵습니다. 그런데 어렵다고 해서 특별한 사람만 이런 일을 하는 것은 아닙니다. 이 세상에 부모 없이 태어나는 사람은 없습니다. 사람마다 흔하게 있는 그 모든 부모가 대단하고 특별해서 사귀었고 결혼했던 것은 아닙니다. 좋은 일도 나쁜 일도 함께 겪으면서 때로는 좋아하고 때로는 싸우면서 지내다 보니 세상 많은 사람 중에 자기 짝 한 명이 어느새 옆에 있는 것입니다.

사람 관계를 만드는 일에 돈이 많은 도움을 줍니다. 그러나 둘의 사랑 크기만큼만 관계를 유지할 수 있기에 오래 함께 지내려면 사랑이 필요합니다. 돈만 많으면 관계를 쉽게 만들 수는 있어도 관계가 오래가기 어렵습니다. 서로가 사랑을 주고받으면서 그 사랑을 키워야 함께 오래 지낼 수 있습니다. 그래서 많은 사람이 사랑이 중요하다고 흔하게 말하는 것입니다. 사랑과 결혼에 대한 자세한 내용은 뒤의 〈결혼과 가정〉에서 따로 말합니다.

민수는 헤어짐의 충격이 있겠지만 그동안 자기가 상대방 마음을 너무 몰랐다는 것을 생각해야 합니다. 누구나 처음부터 사귀는 일, 헤어지는 일을 잘하진 않습니다. 다음에 기회가 있다면 그때는 지금보다 더 낫기를 바랍니다.

공부와 활용

공부는 지식이나 기술을 자기 것으로 만드는 일입니다. 머리로 배우는 것이 이론 공부, 몸으로 배우는 것이 실습입니다. 이 두 가지를 함께 하는 것이 공부입니다. 많은 사람이 어떤 공부든 열심히만 하면 좋은 결과를 얻는다고 생각합니다. 틀린 말은 아니지만 현실에서 무작정 열심히 하는 것만으로는 좋은 결과를 얻지 못합니다. 공부하는 방법을 알아야 하고 자기가 공부한 것을 제대로 써먹을 수도 있어야 합니다. 가수가 되려고 노래 공부를 하는 수연이 이야기입니다.

보물찾기

> 수연이는 힘 있고 좋은 목소리를 내는 멋진 가수가 되고 싶었습니다. 가
> 수는 무엇보다 노래를 잘해야 합니다. 음악 이론을 많이 안다고 해서 좋
> 은 가수라고 하지는 않습니다. 수연이는 이론 공부를 굳이 해야 하나요?

이론과 실습 중에서 어떤 것이 더 중요하다고 딱 잘라 말하기는 어렵지만
대체로 실습이 더 중요한 편입니다. 이론을 못해도 노래를 잘할 순 있지
만 실습을 못하면 노래를 잘할 수 없습니다. 의학 지식이 아무리 높아도
진찰과 치료를 하지 못하는 의사라면 실력 있는 의사가 아닙니다. 게다가
자기 실력을 직접 확인할 수 있는 확실한 방법은 이론보다 실습입니다.
이론 공부는 실습하기 위해 하는 공부라고 해도 지나친 말이 아닙니다.
그러나 자기 실력을 키우는 일에 이론 공부는 대단히 중요합니다. 어떤
분야든 그 분야에서 전문적으로 쓰는 말, 용어가 있습니다. 예를 들어, 음
악에는 벌스(verse), 훅(hook), 브리지(bridge)라는 음악 용어가 있습니
다. 이론 공부는 그 분야 용어를 배우는 것이 기본입니다. 실습하면서 "훅
부분 더 힘 있게 불러 주세요"라고 선생님이 말했을 때 용어를 모르면 대
화가 되지 않기에 음악 실습이 중단됩니다. 훅은 노래의 핵심 부분인 후
림구를 말합니다.[8] 이론 공부를 하지 않으면 실습을 하지 못하므로 자기
실력을 제대로 키울 수 없습니다.
이론 공부는 책이나 자료에서 자기에게 필요한 내용을 꺼내는 일입니다.
선생님은 자기가 꺼내지 못한 내용을 대신 꺼내 주고, 꺼낸 내용을 더 알

---

8 벌스 - 노래에서 1절, 2절에 해당하는 부분, 후렴 이전 부분 가사. 브리지 - 후렴과 후렴 사이에
  나오는 연주나 노래.

기 쉽게 도와줍니다. 많은 사람이 이론을 공부하는 일에 선생님 도움을 받습니다. 선생님이 꺼내 준 내용을 받아들이면서 실력을 쌓는 것이 이론을 공부하는 보통 방법입니다. 그런데 엄마가 발라 준 생선 살을 편하게 받아먹는 것과 자기 스스로 생선 살을 발라 먹는 것은 음식 먹는 실력에 큰 차이가 있습니다. 이론 공부 실력을 제대로 키우려면 결국에는 자기 스스로 내용을 꺼내는 것이 중요합니다. 이 세상 어떤 분야든 그 분야에서 높은 실력을 가지려면 굉장히 많은 지식을 얻어야 합니다. 게다가 각 분야의 지식은 시간이 흐를수록 지금도 계속 쌓이고 있습니다. 선생님이 그 많은 지식을 모두 다 알려 줄 수 없으며 그분들이 항상 자기 옆에 있어 주는 것도 아닙니다. 언제든지 자기 스스로 책이나 자료를 이용하여 이론 공부를 할 수 있어야 합니다.

문제는 여러 사람이 같은 책을 보더라도 내용을 꺼내는 실력이 사람마다 다르다는 것입니다. 이런 실력은 그 책 분야에 재능이 많을수록 혹은 관심이 많을수록 뛰어납니다. 그런데 특정 분야에 재능이나 관심을 갖는 일은 누구나 가능한 일이 아니므로 재능이나 관심이 부족한 사람도 내용을 꺼내는 실력을 향상시킬 방법이 필요합니다. 그것은 바로 '이론 공부의 쓸모를 아는 일'입니다. 사람은 어떤 일이든 자기가 직접 써먹을 만하다면 잘 배우는 편입니다. "멋진 사람을 쉽게 애인으로 만드는 법", "10분만에 100만 원을 버는 일" 같은 쓸 만하고 자기에게 이득이 되는 내용이 책에 있다면 누구라도 그 책 내용을 자기 것으로 만들려고 할 것입니다. 이런 일이 잘되는 분야는 주로 게임·스포츠·연예입니다. 옆 사람이 말려도 하려고 합니다. 이런 분야 공부가 잘되는 이유는 단순히 자기 취미와 관계가 많은 것보다 자기가 직접 그 내용을 써먹으려고 하기 때문입니다. 게임 공부를 하면 그 내용을 게임할 때 바로 써먹을 수 있습니다. 자기가 좋아하는 운동을 공부하는 일은 그 운동을 더 잘하는 데 도움 됩니다. 호감 있는 연예인의 자료를 보고 연구하는 일은 그 자체로 자기에게 쓸모 있고 즐거운 정보가 됩니다. 이처럼 자기가 필요로 하는 것을 직접 찾아서 공부할 때 많은 내용을 꺼내서 자기 것으로 만들 수 있습니다.

이와 반대로 자기가 그 쓸모를 모르고 단순히 시험 성적을 얻으려고 하는 공부는 스스로 내용을 꺼내는 실력을 올리기 어렵습니다. 좋은 성적을 얻는 것이 자기에게 이득이 되긴 합니다만 공부한 내용을 생활에서 바로 써먹지 못하기에 허전함을 느끼고 의욕 또한 부족하게 됩니다. 재미 위주로 하는 공부 역시 오래 하거나 흥미가 떨어지면 계속 공부하기가 어려우므로 이런 실력을 키우기 힘듭니다.

이론 공부에서 중요하게 생각하는 주된 공부는 국어·수학·영어입니다. 많은 사람이 이 과목을 공부할 때 자기 스스로 내용을 꺼내지 못합니다. 과목에서 꺼낸 내용을 자기가 직접 써먹는다고 생각하지 않으며 시험 성적을 위한 공부 혹은 재미를 붙여서 하는 공부로 생각할 때가 많습니다. 이런 과목을 가장 제대로 써먹는 직업은 선생님이나 학원 강사입니다. 이런 직업만이 자기가 배운 국영수 과목을 최대한 써먹을 수 있습니다. 그러나 선생님 진로를 가는 사람만 국영수 과목을 써먹는 것은 아닙니다. 작가나 기자가 되려는 사람에게는 국어 과목 내용이 도움 되고, 기업 경영이나 컴퓨터 관련 직업은 수학 과목 내용과 연결되는 부분이 많습니다. 영어 과목 내용은 세상 모든 직업과 연관되며 번역가나 통역사는 특별히 높은 수준의 영어 실력이 필요합니다. 이 외에도 이론 공부와 수많은 직업이 서로 관련되어 있습니다.

국어 과목에서 꺼내어 생활에서 써먹어야 할 것은 책을 보는 능력입니다. 사람은 자기 실력을 키우거나 생활을 즐기는 방법으로 책을 이용할 수 있어야 합니다. 다른 사람의 말과 글을 이해하고 비판하고 즐기는 일은 사람으로서 평생 해야 하는 중요한 일입니다. 게다가 직장인은 다양한 서류를 만들어야 하므로 상당한 국어 능력이 필요합니다. 이처럼 국어의 읽기 능력·맞춤법·쓰기 능력은 개인 및 직장인으로서 써먹을 일이 많습니다.

수학 과목에서 꺼내어 생활에서 써먹어야 할 것은 문제 해결 능력입니다. '1+2=3'이라는 식에서 왼쪽 '1+2'를 원인이라고 하면, '3'은 결과가 됩니다. 정한 규칙을 사용하여 문제의 원인이나 결과를 찾는 것이 수학입니다. 학년이 높아질수록 수학식이 복잡해질 뿐 원인이나 결과를 찾는 일이라는 것은 변함이 없습니다. 수학은 사람이 생활하거나 일하면서 문제가 생길 때 문제의 원인을 파악하거나 그 결과를 예측하는 일에 도움이 되는 공부라고 볼 수 있습니다.

영어 과목에서 꺼내어 생활에서 써먹어야 할 것은 대화 능력입니다. 예전에는 '유명인, 인기인'이라고 불렀던 말을 요즘에는 '셀럽(celebrity), 인플루언서(influencer)'라고 바꿔 부릅니다. 그 외에도 '입소문'은 '바이럴(viral)', '개인 메시지'는 '멘션(mention)'처럼 한글 단어를 영어 단어로 바꿔 말하는 것이 발음하기 더 편하거나 특별한 이득이 있는 것도 아니지만 일부러 영어 표현을 쓰는 일이 많습니다. 그만큼 사람 사이의 대화에서 영어가 매우 중요해졌습니다. 영어 실력이 부족하면 일상적인 대화를 주고받기 어려운 시대가 점점 되고 있습니다. 시대가 변하면 자기를 시대에 맞추는 일이 필요합니다.

그 외에 사회나 과학, 예능 과목 역시 사람과 대화하는 일에 도움 되거나 생활 상식으로 알아 둘 필요가 있는 것이 많습니다. 현실에서는 학교에서 배운 과목을 실제로 써먹기 어렵다고 생각합니다. 그러나 게임, 드라마, 영화, 운동, 직업 등 생활 속 많은 일이 학교에서 배운 것과 알게 모르게 연관되어 있습니다. 세상의 모든 과목을 다 잘할 수는 없겠지만 자기가 알아둔 것이 많을수록 자기 생활에 더 큰 도움이 되는 것은 사실입니다.

그 쓸모를 모르고 막연하게 공부하거나 부모나 선생님 지시만 무작정 따르면서 학습하면 부담만 많아지고 노력에 비해 얻는 것은 줄어듭니다. 부담을 줄이고 많은 것을 얻는 공부를 하려면 공부해서 훌륭한 사람이 된다는 어렴풋한 목표를 세우기보다 실제로 자기가 공부한 내용과 그것을 써먹는 분야를 연결시키는 일이 필요합니다. 사실 이런 부분은 학교와 어른이 많이 도와주어야 하는 부분입니다. 하지만 현실의 학교와 어른은 시험이라는 경쟁에 주된 관심을 두기에 결국 이런 일은 자기가 직접 할 수밖에 없습니다. 사람이든 책이든 인터넷 검색이든 자기 주변에 있는 것을 최대한 이용하여 자기가 공부한 것이 실제로 어떻게 쓰이는지 찾아볼 필요가 있습니다.

세상에 있는 수많은 지식을 숨겨진 보물이라고 하면 그것을 찾아내서 가져가는 양은 사람마다 다릅니다. 자기 재능이나 적성을 빨리 찾거나 주변 상황이 좋은 사람은 다른 사람보다 훨씬 많은 보물을 가져갈 수 있습니다. 그런 것이 딱히 없는 사람은 확실히 좀 더 적은 보물을 가져갈 것입니다. 그 사람들을 서로 비교하면 차이가 많이 나는 것이 사실입니다. 그러나 세상에 있는 지식의 모든 보물은 그 양이 너무나 많습니다. 전체 보물의 양과 각 사람이 가져간 양을 비교해 보면 누구나 아주 작은 양일 뿐입니다. 남이 좀 더 많이 가져간 것에 신경 쓰기보다 하나라도 자기 보물을 더 찾는 일에 관심을 갖는 것이 좋겠습니다.

동영상 자료 찾기

수연이는 연습하고 있는 노래가 잘 외워지지 않아 고민입니다. 왜 자꾸 까먹을까요?

이론 공부를 하면서 꺼낸 내용을 잘 외우거나 잘 이해하면 공부를 잘한다고 말합니다. 공부는 타고나는 능력인 지능이나 재능과 관계가 많습니다. 그러나 타고난 사람만 공부를 잘하는 것은 아닙니다. 특별한 지능이나 재능이 없는 보통 사람도 외우고 이해하는 능력이 상당히 있으며 이 능력을 더욱 발전시킬 수도 있습니다. 외운다는 것은 책이나 자료에서 꺼낸 내용을 자기 머릿속에 옮겨 넣고 필요할 때 그것을 다시 꺼내 쓰는 것입니다. 문제는 글에서 내용 꺼내는 것을 잘해도 외우기를 제대로 하지 못하면 공부하는 데 큰 손해가 생긴다는 것입니다.

대형 마트에서 손님이 원하는 상품을 찾을 때 무작정 모든 층, 모든 구역을 전부 뒤지진 않습니다. 몇 층, 어떤 구역에 그 상품이 있는지 미리 확인하고 찾아갑니다. 마트는 상품을 종류에 따라 나눠 놓기 때문입니다. 이처럼 종류에 따라 정리하는 것이 분류입니다. 상품을 진열대에 넣을 때 분류해서 넣고, 손님은 진열대에 분류된 것을 보고 원하는 상품을 찾습니다. 이런 분류 작업이 없다면 마트 직원은 일하기가 어렵고 손님은 물건 고르기가 어렵습니다.

사람은 살면서 자기가 보고 듣고 생각한 것이 머릿속에 끊임없이 들어갑니다. 자기가 예전에 보았던 영화, 그동안 들었던 많은 이야기, 어떤 일에 대한 자기 생각을 한 장면씩 쭉 펼쳐 놓으면 수많은 대형 마트를 다 채우고 남을 정도로 그 양이 많을 것입니다. 사람 머릿속에는 수많은 자료와 정보가 들어 있기에 자기가 어떤 내용을 머릿속에 넣을 때나 꺼낼 때 모두 분류가 꼭 필요합니다. 특히 내용을 머릿속에서 꺼낼 때보다 넣을 때가 더 중요합니다. 일단 대충 넣어 놓고 나중에 분류하면서 꺼내려고 하면 당연히 제대로 꺼내지 못합니다. 제대로 분류해서 넣어야만 오랜만에 찾아도 잘 꺼낼 수 있습니다. 결국 자기가 공부한 것을 나중에 기억해 낼 때 분류하는 것보다 막상 공부할 때 제대로 분류하는 것이 외우는 일에 큰 도움이 됩니다.

사람 눈을 카메라, 사람 뇌를 동영상 저장소라고 한다면 사람은 온종일 자기 눈으로 촬영된 동영상을 바로바로 뇌에 저장합니다. 엄청난 양의 동영상이 자기 머릿속에 들어 있는 셈입니다. 누구나 오래전 기억이 문득문득 생각난 경험이 있을 것입니다. 그것은 머릿속에 들어 있는 수많은 동영상 중에 하나를 찾아서 재생한 것과 같습니다. 사람의 머리는 대단한 것입니다. 이처럼 사람의 머리 능력이 기본적으로 굉장히 좋기에 머릿속에 한 번 들어간 것은 좀처럼 사라지지 않습니다. 기억이 안 나는 것은 자기가 예전에 머릿속에 넣었던 내용이 사라진 것이 아니라 찾지 못한 것으로 볼 수 있습니다. 찾지 못했기에 당연히 꺼내지도 못합니다. 그런데 분류를 잘해서 넣을수록 좀 더 잘 찾게 되고 잘 꺼내게 됩니다. 기억하는 일에 큰 도움이 되는 것입니다. 오래오래 기억하고 싶은 학생 여름 휴가를 보냈다면 단순히 좋은 추억으로 생각하기보다 중학생 때, 그중에서 여름방학 때, 또 그중에서 가족 휴가 갔을 때로 분류해서 기억해 두면 나중에 다시 생각할 때 도움이 됩니다.

분류해서 머릿속에 넣는 방법은 사람마다 다릅니다. 내용 정리를 깔끔하게 한다든지, 다양한 메모를 활용한다든지, 글씨를 예쁘게 쓴다든지, 비슷한 것끼리 나누는 일을 자주 한다든지 등등 자기에게 잘 맞는 방법을 스스로 찾아야 합니다. 자기가 어떤 책을 공부했을 때 지금 정리한 내용이 책 전체에서 어떤 부분인지 금방 확인되면 분류가 잘되었다고 볼 수 있습니다. 목차를 잘 활용하는 것이 중요합니다. 모든 책에 목차가 있는 것은 원하는 쪽을 보고 찾아가라는 뜻이 있지만 '자기 머릿속에 이런 순서로 분류해서 정리하면 좋다'라는 뜻도 있습니다. 그리고 자기가 공부한 내용을 어디에서 써먹는지 잘 알수록 잘된 분류입니다. 시험을 볼 때 그 문제가 책의 어떤 부분에서 나온 문제이고, 이 문제를 풀어서 어디에 써먹는지를 알면 제대로 분류해서 외운 것으로 볼 수 있습니다.

분류라는 것은 비슷한 것끼리 모으는 일입니다. 정리하고 청소하는 일과 비슷합니다. 책은 책꽂이에, 쓰레기는 쓰레기통에, 장난감은 장난감 통에 넣습니다. 책을 책꽂이에 넣더라도 만화책은 만화책끼리, 소설은 소설끼리, 교과서는 교과서끼리 또다시 정리합니다. 자기 성격이나 습관이 정리하는 일과 잘 맞지 않더라도 기억하는 능력을 키우고 싶다면 공부할 때만큼은 공부한 내용을 깔끔하게 분류하면서 정리해야 합니다. 그러면 태어날 때부터 재능과 지능이 좋은 사람을 따라잡긴 어려워도 상당한 수준까지 외우는 실력을 키울 수 있습니다. 이왕이면 방 정리도 잘하는 것이 좋겠지만요.

수연이가 무작정 노래를 외우려고 하기보다 자기 나름대로 노래를 여러 부분으로 나눠서 정리하면 까먹는 일이 훨씬 줄어들 것입니다.

사과는 기차

수연이는 노래 실력이 제법 늘었습니다.

1. 사과는 맛있어.

2. 맛있는 건 바나나.

3. 바나나는 길어.

4. 긴 건 기차.

1234 과정을 거쳤더니 사과가 어느새 기차가 되었습니다. 1234 과정 하나하나가 틀린 말은 아닙니다. 그러나 '사과는 기차다'라는 말은 틀린 말입니다. 어쩌다가 사과가 기차가 되었을까요?

사과와 바나나는 둘 다 음식입니다. 같은 종류라서 서로의 특징을 비교할 수 있습니다. 그러나 바나나는 음식이고 기차는 기계입니다. 다른 종류라서 서로의 특징을 비교하는 것이 썩 좋지 않습니다. 그리고 만약 1번 문장이 기준이라면, 2번 문장을 "바나나는 맛있어"로 바꾸고, 3번은 "사과와 바나나는 맛있어"가 돼야 합니다. 대신 그렇게 되면 리듬이 깨져 노래가 되지 않습니다. 무엇보다 노래 가사는 틀린 말이어도 괜찮습니다. 이처럼 간단한 노래도 이해할수록 더 많은 내용을 꺼낼 수 있습니다. 이해한다는 말은 어떤 일의 원인과 결과를 아는 것입니다. 무조건 정해 놓은 대로 하거나 시킨 대로만 하는 것과 반대입니다.

약한 불로 달군 프라이팬에 식용유를 두르고 달걀을 익히면 달걀 프라이가 됩니다. 많은 사람이 달걀 프라이를 만들 때 이 방법을 외워서 조리합니다. 그런데 프라이팬에 식용유를 두르지 않아도 약한 불로만 조리하면 달걀 프라이가 잘 만들어집니다. 여기서 달걀 프라이를 만드는 방법으로 기름을 넣고 안 넣고가 중요한 일은 아닙니다. 기름을 넣는 이유를 몰라도 맛있는 달걀 프라이를 만들 수 있습니다. 하지만 그 이유를 알면 달걀 프라이를 이용한 요리를 더 맛있게 만들 수 있습니다.

기름을 쓰지 않고 조리하면 구운 음식이 되고 기름을 쓰고 조리하면 튀긴 음식이 됩니다. 구운 음식은 느끼하지 않은 담백한 맛이 나지만 튀긴 음식은 고소하며 바삭한 맛이 납니다. 기름을 넣고 만든 달걀 프라이가 좀 더 맛있는 편이기에 튀기는 방법이 인기가 많습니다. 식사 때 기름이 부족한 음식이 많으면 기름진 달걀 프라이를 만들어 고소한 맛을 내는 것이 좋습니다. 그 대신 기름진 음식이 많으면 구운 달걀 프라이를 만들어 느끼한 맛을 줄이는 것이 좋습니다. 이처럼 간단한 음식이라도 이해하고 요리하면 더욱 좋게 써먹을 수 있으며, 자기 요리 실력을 더 높이는 데도 도움 됩니다.

이해하는 것은 어떤 내용을 원인과 결과로 나누는 일이기에 분류에 많은 도움이 됩니다. 분류가 잘될수록 외우기가 잘되므로 이해하며 요리할수록 많은 요리 과정을 외울 수 있게 됩니다. 공부도 마찬가지입니다. 이해하면서 공부해야 글에서 내용을 더 꺼낼 수 있고, 꺼낸 내용을 잘 외울 수 있으므로 자기 실력을 키우는 일에 좋습니다.

줄 서기

> 수연이는 최근에 마음에 드는 가수가 몇 명 생겼습니다. 수연이는 그 가
> 수에 대해 이것저것 알고 싶은 마음이 들었습니다.

책을 읽고 공부하는 것은 글쓴이(저자)가 정리해 놓은 내용을 자기가 받아들이는 일입니다. 저자가 정리한 내용을 자기가 모두 받아들일지, 어느 정도만 받아들일지, 받아들이지 않을지는 자기 마음입니다. 그래서 공부할 때 책 내용이 자기 마음에 드는지 안 드는지가 매우 중요합니다. 아무리 대단하고 특별한 책을 봐도 자기 마음에 들지 않으면 공부가 잘되지 않습니다. 흔히 공부를 이론이나 법칙을 배우는 일, 지식과 기술을 알아가는 일로 생각합니다. 맞는 말입니다. 그런데 공부는 저자가 쓴 내용이 마음에 들어서 자기가 저자를 뒤따라가는 것이라고 말할 수도 있습니다. 사람을 따르는 일입니다.

이론이나 법칙은 어떤 사람이 관찰하고 깨닫고 정리한 내용을 많은 사람이 인정한 것을 말합니다. 그러려면 그 내용이 어떤 일에 큰 도움이 된다든지, 많은 사람이 인정할 만한 좋은 내용이라든지, 그 사람의 제자가 되고 싶은 사람이 많다든지 등등 여러 가지 이유가 있어야 합니다. 그리고 이론이나 법칙에는 뉴턴, 아인슈타인 등등 그 내용을 정리한 사람의 이름이 항상 나옵니다. 굳이 사람 이름을 일일이 알지 않아도 그 내용을 공부하는 데 큰 문제가 없음에도 말입니다. 그만큼 이론이나 법칙에서는 그 내용만큼이나 저자를 중요하게 여깁니다. 그리고 저자를 중요하게 여기는 사람이 많을수록 그 내용은 대단한 이론이 되고 저자는 유명한 사람이 됩니다.

같은 분야의 지식과 기술도 전문가마다 그 내용이 다를 때가 많습니다. 그럴 때는 자기와 잘 맞는 전문가를 따르면서 그 뒤를 이어 나갑니다. 각 전문가마다 따르는 사람이 많아지면 한 분야에 여러 조직이 점점 생기기도 합니다. 시간이 지나면서 그런 조직이 계속 커지면 하나의 학문이나 학파가 생기기도 합니다.

영국의 알프레드 마셜(1842-1924)이라는 사람은 수학자였지만 사회를 관찰하고 자기가 깨달은 것을 가지고 《경제학 원론》이라는 책을 썼습니다. 그 책 내용을 많은 사람이 인정하고 따르면서 그 책을 기준으로 하나의 학문이 생겼습니다. 그것이 바로 '경제학'입니다.

자기가 어떤 분야 공부를 잘하고 싶다면 그 분야에서 자기 마음에 드는 전문가를 먼저 찾고 그 사람을 연구하는 것이 중요합니다. 어린이 위인전 수준이 아니라 전문가 수준으로 연구해야 합니다. 그리고 그 사람을 자기 스승으로 삼고 그 뒤를 꾸준히 따라가면 그 분야를 제대로 공부하게 됩니다.

그런데 스승의 뒤를 따라가면서 문제가 생길 때가 있습니다. 사람은 원래 완벽하지 않으며 스승 역시 사람입니다. 스승이 정리한 내용에 틀린 것이 나타나거나 한계가 드러나기도 합니다. 그리고 스승이 개인적인 잘못을 저지르거나 사회적인 문제를 일으키기도 합니다.

현실 사회를 이론으로 정리한 알프레드 마셜의 《경제학 원론》 책은 현실과 맞는 부분이 있지만 그렇지 않은 부분 또한 상당히 많습니다. 흔히 교과서나 유명한 책이라고 하면 잘못이 없는 책, 무조건 받아들여도 괜찮은 책이라고 생각하기 쉽습니다. 교과서는 많은 사람이 인정한 내용을 다루며 전문가가 검토한 책이지만 완벽한 책은 아닙니다. 저자가 사람이라면 이 세상에 완벽한 책은 없습니다. 이론이나 법칙 또한 마찬가지입니다. 그래서 공부할 때는 '이 사람 말이 무조건 맞아'라고 생각하기보다 '이 사람은 이렇게 정리했구나, 저 사람은 저렇게 정리했구나'라고 열린 마음으로 받아들이는 것이 좋습니다.

스승으로 정한 사람의 뒤를 좇아가다 보면 그 사람을 존경하게 되고 그 사람과 비슷한 인생을 살고 싶은 마음도 들기 마련입니다. 그런데 그 정도가 지나치면 그 사람이 잘못한 부분까지도 옳다고 믿게 되는 것이 문제입니다. 스승의 좋은 점은 받아들이고, 나쁜 점은 따로 골라내서 버리고, 잘못된 점은 자기가 고치고, 자기가 직접 관찰하고 깨달은 것을 더해야 스승을 뛰어넘을 수 있습니다. 그러나 스승의 모든 것을 억지스럽게 따라가려는 태도는 스승을 넘어서기 어렵게 만들며 오히려 스승의 명예를 더럽히기도 합니다.

자기가 위험한 상황에 처했을 때 맞서 싸우는 것과 피하는 것 중 어떤 것이 옳은가요? 정답은 없습니다. 상황에 따라 각각 다른 선택을 할 수 있으며 결과를 보고 자기 선택이 옳았는지 아닌지 확인하게 됩니다. 비슷하게 어떠한 상황에도 무조건 맞는 사람의 지식은 없습니다. 지식이라는 것은 사실 많은 사람이 적당히 약속한 내용이기 때문입니다. 누군가가 기존의 결과보다 더 좋은 결과가 나오는 지식을 발표하면 새 지식이 이전 지식을 대신하게 됩니다. 언제든지 교체당할 수 있는 것이 사람의 지식입니다. 게다가 완벽하게 모르는 내용이라도 적당히 사람과 사회에 맞춰 이용하고 있는 것이 사람의 지식이기도 합니다.

예를 들어 1/2이라는 분수를 생각해 봅시다. 이 수는 '하나를 두 개로 나눈다, 쪼갠다'라는 뜻이 있습니다. '절반'이라고 말하기도 합니다. 생활에서 흔하게 사용하는 수입니다. 그런데 이 수는 현실에서 사람이 확실하게 다룰 수 있는 수가 아닙니다. 세상에서 어떤 물체도 완벽하게 절반으로 나눌 수 없기 때문입니다. 오직 숫자 상태에서만 정확한 절반을 표현할 수 있을 뿐입니다. 그래서 개념인 숫자를 정확하게 절반으로 나누는 것은 가능하지만 사과나 바나나를 그 어떤 오차도 없이 정확하게 반으로 나누는 것은 사람으로서 불가능합니다. 이처럼 사람은 흔히 쓰는 숫자 1/2도 완벽하게 알지 못합니다.

사람과 완벽이라는 말은 서로 어울리는 말이 아닙니다. 그렇기에 항상 자기가 틀릴 수도 있다는 것을 생각할 수 있는 사람이 공부를 정말로 잘 하는 사람이 됩니다.

실습할 곳이 없다

> 가수가 목표인 수연이는 그동안 음악 이론을 꾸준히 배웠습니다. 배운
> 것을 바탕으로 실습실과 노래방에서 노래 연습도 열심히 했습니다. 과
> 학 선생님이 목표인 미영이는 열심히 공부하는 중입니다. 그런데 미영
> 이는 어디에서 실습해야 할까요?

예능 분야는 실습할 기회를 얻기 쉬운 편입니다. 가수를 준비하는 수연
이는 관객은 없어도 실습장에서 노래 연습을 할 수 있습니다. 예술 학교
나 학원에서 실습할 수도 있습니다. 그에 반해 공부 분야는 실습할 기회
를 얻기 매우 어렵습니다. 거의 불가능한 편입니다. 대학교에 가거나 직
장에 들어가면 그제야 실습할 기회를 얻습니다. 과학 선생님 진로를 준
비하는 미영이가 하는 실습은 교생 실습입니다. 교생 실습은 주로 교육
대학교 마지막 학년을 다닐 때 하게 됩니다. 초중고 학생 시절과 대학 시
절 내내 이론 위주로 배우다가 막바지에 잠깐 하는 실습이 고작입니다.
그것도 실습할 학교의 허락을 받아야만 가능한 일입니다.

공부 분야 준비를 하는 사람은 자기가 지금 준비하는 것이 언젠가는 도움
이 될 것이라고 믿으면서 실습이 없는 막막한 준비를 계속해야 합니다.
그만큼 사기 역힐을 제대로 감당하려는 마음과 생활력과 매너가 많이 필
요합니다.

브이로그(Vlog)는 자기 일상생활을 동영상으로 찍어 인터넷에 공개한 영
상물입니다. 최근 각 분야 직장인이 자기 직장 생활과 실제 일하는 것을
브이로그로 올려 둔 것이 많습니다. 실습 기회가 부족한 학생들에게 이
런 직장인 브이로그는 굉장히 많은 도움이 될 것입니다.

큰 통에 물 붓기

수연이는 이론과 실습으로 노래 실력을 쌓고 있습니다. 그런데 실력을 얼마나 쌓아야 하나요?

커다란 통에 물을 가득 채웠습니다. 그 통에 오렌지 가루를 하루에 한 숟가락씩 섞어 오렌지주스를 만들려고 합니다. 시간이 지나 오렌지주스는 진한 맛이 날 수도 있고, 보통 맛이 날 수도 있고, 싱거운 맛이 날 수도 있습니다. 이 중에서 싱거운 오렌지주스는 먹을 만한 주스가 아닙니다. 적당한 수준 이상의 맛이 나야만 먹을 만한 주스가 됩니다. 통의 물이 먹을 만한 오렌지주스가 되려면 굉장히 긴 시간이 필요할 것입니다.

공부 분야든 예능 분야든 이론과 실습으로 쌓은 실력이 일정 수준을 넘겨야 써먹을 만한 실력이 됩니다. 그리고 그 일정 수준을 넘기기 위해 자기가 채워 넣어야 할 공부의 양은 대부분 대단히 큽니다. 게임이나 취미는 써먹을 만한 실력을 만들기 위해 채워야 할 공부의 양이 비교적 적은 편입니다. 공부한 것을 그때그때 써먹을 수 있어 공부할 맛이 나기도 합니다. 그러나 진로는 많은 양의 공부를 하더라도 밍밍한 오렌지주스처럼 써먹기가 어렵습니다. 이처럼 오랜 시간을 채우기만 해야 하고 맛을 보더라도 싱거운 맛만 보게 되는 것이 진로 공부입니다. 이런 이유로 써먹을 만한 실력을 갖추기 전에 하던 공부를 그만두는 사람이 상당히 많습니다.

그렇다면 오렌지주스를 만들 때 하루에 한 숟가락이 아닌 열 숟가락을 넣으면 좀 더 빨리 먹을 만한 주스가 되지 않을까요? 마른 사람이 살찌고 싶어서 평상시 먹는 밥의 10배를 먹어도 바로 살찌진 않습니다. 똥만 많이 쌀 뿐입니다. 뚱뚱한 사람이 살을 빼고 싶어서 밥을 며칠 굶어도 바로 살이 빠지진 않습니다. 건강을 크게 해칠 뿐입니다. 마른 사람이 울퉁불퉁한 근육을 얻고 싶다고 갑자기 하루에 10시간을 운동하면 몸살이 날 뿐입니다. 사람은 하루에 자기가 감당할 수 있는 양이 어느 정도 정해져 있습니다. 공부도 마찬가지입니다. 하루에 자기 머리나 몸이 받아들일 수 있는 분량에 한계가 있습니다. 그래서 많은 양을 한 번에 몰아서 공부하는 것은 좋지 않습니다. 오렌지주스 통은 사람이 아니기에 많은 오렌지 가루를 넣어도 괜찮지만, 사람은 이론과 실습을 한꺼번에 몰아서 하면 괜찮지 않습니다.

게다가 오렌지주스 통이 너무 크면 하루에 오렌지 가루 한 숟가락을 넣는 것과 열 숟가락을 넣는 것이 별 차이가 없습니다. 사람 또한 온종일 쉬지 않고 평상시보다 열 배를 더 공부한다고 해도 채워야 할 전체 공부량이 너무 많으므로 그런 행동이 공부 실력을 키우는 일에 썩 도움 되지 않습니다. 오히려 무리하다가 건강이 나빠지면 큰 손해가 날 뿐입니다.

공부는 무리하게 하다가 힘이 빠지는 것보다 꾸준히 하면서 양을 조금씩 늘려 가는 것이 좋습니다. 그런데 그렇게 하면 자기 실력이 올라가는 것을 확인하기 어렵기에 답답함을 느낍니다. 공부는 큰 노력을 하는 것도 중요하겠지만 무엇보다 자기 실력을 써먹을 만한 수준으로 올릴 때까지 초조해하지 않는 것이 더 중요합니다. 자기 실력을 너무 낮게도, 너무 높세도 판단하지 말고 다른 사람의 인정을 충분히 받을 때까지 묵묵하게 준비하면 대단한 공부 실력을 얻게 될 것입니다.

나 잘난 아니고 너 잘난

실력 써먹기

수연이는 대단한 가수가 되어 부자가 되고 인기 많은 사람도 되고 싶습니다. 가수로서 많은 사람에게 즐거움을 주고 싶기도 합니다.

꾸준히 오랫동안 공부해서 쌓은 실력과 기회가 만나면 본격적으로 자기 진로를 가게 됩니다. 실력 있는 사람이 하는 일은 크게 두 가지가 있습니다. 하나는 자기 가치를 높이는 일이고 다른 하나는 자기 실력으로 다른 사람에게 도움이 되는 일입니다. 수연이가 자기 노래 실력을 키우고, 가수가 될 기회를 얻고, 좋은 노래로 다른 사람에게 즐거움을 주다 보면, 자연스럽게 가수로서 자기 가치가 높아집니다. 다른 분야도 마찬가지입니다. 이런 과정이 실력 있는 사람의 진로이자 세상살이입니다.

그런데 이런 과정에서 자기 가치를 높이는 일에 너무 집중하면 문제가 생깁니다. 자기 가치를 높이는 일에 관심을 가지고 노력하는 일은 절대 나쁜 일이 아닙니다. 그런 생각이 있어야 자기 실력을 키우는 일에도 도움이 됩니다. 문제는 자기 이득에 너무 많은 신경을 쓰다 보면 다른 사람에게 도움을 주기보다 오히려 피해를 주게 된다는 사실입니다.

카카오톡·라인·텔레그램 같은 스마트폰 메신저 프로그램은 개인 혹은 단체의 편하고 재밌는 대화를 도와주는 앱입니다. 이 앱을 통해 서로 사진이나 동영상을 주고받기도 합니다. 그만큼 많은 사람에게 도움을 주는 도구입니다. 그런데 이런 서비스는 범죄에도 이용됩니다. 2020년 'n번방 사건'이라 불리는 범죄 사건이 있었습니다. 메신저 앱을 통해 비밀 대화방을 만들고 많은 사람이 그 안에서 피해 여성의 부끄러운 사진과 동영상을 주고받으며 피해자를 괴롭혔던 범죄 사건입니다. 예전에는 이런 협박과 폭행 범죄가 어둡고 사람이 없는 곳에서 은밀하게 일어났습니다. 하지만 요즘에는 이런 범죄가 밝고 사람이 많은 곳에서 버젓이 인터넷과 스마트폰을 통해 일어날 수 있습니다. n번방 사건의 범죄자는 사람 심리를 잘 알고 정보 수집과 홍보 등 많은 일을 계획하고 실행할 수 있는 실력 좋은 사람이었습니다. 그런데 그 실력을 다른 사람을 괴롭히고 깎아내리는 일에 쓰면서 이를 이용해 돈을 벌고 자기 가치를 높이려고 했습니다. 그 결과 많은 피해자를 만든 심각한 사회 범죄를 일으켰고 체포되어 징역 42년이라는 대가를 치르게 되었습니다. 감옥에서 40년을 산다는 것은 앞으로 남은 자기 인생에 청년 시절과 중년 시절이 없어진 것을 의미합니다. 그 사람에게 남은 인생은 노인 시절밖에 없습니다.

아무리 똑똑하고 어떤 분야에서 실력이 좋은 사람이라 해도 다른 사람에게 도움이 되지 않으면 헛것이 됩니다. 다른 사람에게 도움이 된다는 것은 다른 사람을 위해 희생하고 봉사한다는 뜻이 아닙니다. 자기 실력을 제대로 쓰고 자기 역할을 제대로 감당하면 되는 일입니다. 자기 가치를 올리는 일에 너무 깊이 빠지면 그동안 자기가 쌓은 실력으로 자칫 다른 사람을 괴롭히는 사람이 되기 쉽습니다. 조금씩 인정받으면서 성장하는 것보다 다른 사람을 억지로 끌어내리는 것이 자기가 높아지는 편한 방법이기 때문입니다. 특히 자기 실력이 부족한 사람이 남보다 높아진 것처럼 느끼는 방법이기도 합니다. 남을 괴롭히는 사람은 나쁜 사람과 자주 어울리고 자기 주변에 자기로 인해 억울함을 당한 사람이 많습니다. 배신과 보복에 휘말려 망하는 길을 가기 쉽습니다. 무자비하고 강한 도둑들이 서로 같은 편이 되면 잠깐 동안은 강한 세력이 되지만 어느샌가 서로 싸우다가 함께 망하는 것과 비슷합니다.

남보다 높아지려는 마음을 억지로 없애지는 못하기에 그런 마음에 너무 사로잡히는 것을 조심해야 합니다. 남을 괴롭히는 사람이 되면 그동안 쌓아 놓은 자기 실력이 아무리 좋아도 하찮은 실력으로 평가받게 됩니다. 자기 재산과 인간관계에도 큰 손해가 납니다. 예전에는 다른 사람에게 피해를 주고 그냥 넘어갈 수도 있었습니다. 그러나 요즘 시대는 인터넷 기술 발달로 과거의 잘못이 많은 사람에게 쉽게 공개되고 빠르게 퍼집니다. 예전의 잘못을 어물쩍 감추기 힘든 세상이 되었습니다. 남을 괴롭힌 사람이 잘살기가 점점 어려워지고 있습니다.

자기 가치는 자기가 정하는 것이 아니라 다른 사람이 그 사람의 삶을 보고 평가하는 것입니다. 자기가 자기를 평가하는 '나 잘난'은 의미가 없습니다. 상대방이 자기를 평가해 주는 '너 잘난'은 의미가 있습니다. 그래서 자기 가치를 자기가 억지로 올리는 일은 좋은 방법이 아닙니다. 다른 사람을 낮추면 자기 가치가 잠깐은 올라갈 수는 있어도 금세 자기 또한 그 가치가 떨어집니다. 세상은 남을 헐뜯는 사람을 대단한 사람으로 봐 주지 않습니다. 사람은 완전하지 않기에 남을 비난한 사람 역시 언제든지 비난받는 사람이 될 수 있습니다. 대단한 사람이 되려면 다른 사람을 낮추지 말고 대단한 일, 가치 있는 일을 하면 되는 것입니다.

자기 한계 돌파

지치지 않기

수연이는 자기가 존경하고 좋아하는 대단한 가수처럼 되려고 열심히
실력을 쌓고 있습니다. 그런데 자꾸 지치고 힘들 때가 많습니다.

평상시에 2시간을 공부하는 사람이 갑자기 3시간을 공부하면 힘이 많이
듭니다. 그러나 평상시에 5시간을 공부하는 사람이 4시간을 공부하면 여
유를 느낍니다. 이런 차이는 사람마다 적성, 체력 같은 능력이나 주변 상
황이 달라서 나타납니다. 사람은 하루에 감당할 수 있는 공부량이나 연
습량의 한계가 어느 정도 정해져 있습니다. 많은 사람이 자기 목표를 달
성하기 위해 자기가 하루에 감당할 수 있는 최대량을 해내려고 계획하고
노력합니다. 그날 계획을 달성하면 뿌듯함과 보람을 느끼지만 그렇지 못
하면 아쉬움과 후회를 느낍니다. 이렇게 하루하루 최선을 다하고 자기
부족함을 아쉬워하는 일이 잘못된 일은 아닙니다. 문제는 이런 방식으로
는 하루하루가 버겁기에 쓰고 남은 힘, 즉 '여력'이 생기지 않는다는 것입
니다.

일을 막 시작할 때는 의욕이 앞선 나머지 무리하게 계획을 세우기가 쉽습
니다. 하루하루 계획을 힘겹게 이루며 생활하다 보면 계획대로 하지 못한
날이 생깁니다. 그날 하지 못한 부분은 다음 날 때워야 합니다. 하루 계획
량을 버거워하는 사람에게 할 일이 더 늘어나면 그다음 날 계획을 달성하
긴 더 어렵습니다. 점점 자신감과 의욕이 떨어지면서 지치게 됩니다.

여력이 생기지 않으면 계획량은 높지만 자기 실력은 부족하다는 뜻입니
다. 실력을 갑자기 올리기는 어려우므로 계획량을 조금씩 낮추며 여력이
생기게 해야 합니다. 만약 여력이 점점 늘어나면 좀 더 높은 목표로 조금

씩 바꿉니다. 이런 식으로 하면 지치지 않으면서 자기 실력의 한계를 조금씩 늘릴 수 있습니다. 그러면 예전에는 정해진 시간을 공부하는 것이 버거웠지만 나중에는 같은 시간을 공부해도 훨씬 가볍게 할 수 있습니다. 그 대신 계획량을 조절할 때 지나치게 많이 낮추는 것은 문제가 될 수 있습니다.

공부하다가 지치게 되면 대부분 자기 노력이나 정신력을 탓할 때가 많습니다. 그렇다고 죽을 각오를 하고 고집부리면서 무리하게 공부하는 것은 몸과 마음의 건강에 좋지 않으며 좋은 결과를 내는 것도 아닙니다. 100미터 달리기처럼 짧은 과정이라면 무리해도 괜찮겠지만 공부는 장거리 마라톤이라서 처음에 무리하면 중간도 가기 전에 포기하게 됩니다. 지치지 않게 컨디션을 잘 조절하면서 자기 한계를 조금씩 돌파하길 바랍니다.

철없는 사람

수연이는 언제까지 자기 목표를 위해 준비해야 할까요? 할머니가 되었
어도 여전히 계속해야 하나요?

이론이든 실습이든 공부하는 일은 그 자체로 쉽지 않은 일입니다. 아무
리 자기 분야에 재능이 있고 적성에 맞는 사람이라도 오랜 시간 책상에
앉아 공부하거나 많은 시간을 실습하는 일은 피곤한 일입니다. 학생이라
면 누구나 "나 오늘 공부하기 싫어, 연습하기 싫어" 같은 말을 하며 투정
부릴 때가 있습니다. 어른과 직장인 또한 이런 마음이 있습니다. 그런데
공부하면서 투정을 부리려면 조건이 하나 필요합니다. 그 조건은 바로
'자기가 공부할 수 있는 상황'이 돼야 한다는 것입니다. 직장인도 투정을
부리려면 일단 직장에 다녀야 합니다.

영희는 롤러코스터 놀이기구를 타고 나서 무서운 마음에 엉엉 울었습니
다. 영희는 그 놀이기구를 탄 일을 매우 후회했습니다. 그런데 영희가 그
런 경험을 한 것은 놀이동산에 갈 수 있는 시간이 있었고, 놀이기구를 직
접 탈 수 있는 건강이 있었고, 입장권을 살 수 있는 돈이 있었기에 가능
한 일이었습니다. 공부하면서 투정 부리는 것도 마찬가지입니다. 공부할
시간이 있고, 공부한 책이 있고, 공부할 수 있는 건강이 있고, 공부할 장
소가 있고, 학용품이나 노트 같은 공부할 도구가 있고, 학교나 선생님 같
은 교육 기관이 있기에 자기가 공부할 수 있습니다. 초중고 미성년자 시
기는 부모 양육과 국가의 의무교육 혜택이 있기에 많은 학생이 당연하게
공부할 기회를 얻습니다. 그러나 성인이 되면 부모 양육, 부모의 교육 지
원, 국가 의무교육 혜택이 더 이상 당연한 일이 아닙니다. 그때부터 자기

가 공부하려면 공부할 기회(여건)를 스스로 만들어서 해야 합니다. 물론 성인이 되자마자 의식주정 생존 문제와 자기 실력을 쌓는 문제를 스스로 해결하긴 어렵습니다. 대부분 부모의 노움을 계속 받으며 생활할 것입니다. 그러나 성인이 된 이후에는 부모에게 지원받더라도 그것을 당연하게 여기지 않아야 합니다.

사람이 일하면서 투정 부리는 일이 나쁜 것은 아닙니다. 사람은 누구나 자신의 불편하고 힘든 감정을 말할 자격이 있습니다. 오히려 자기감정을 표현하지 못하고 숨기기만 하는 것은 큰 문제입니다. 부담스러운 일을 잠시 내려놓고 재밌고 편한 휴식을 즐기려는 마음은 전혀 문제 될 것이 없습니다. 그 대신 자기가 공부할 수 있는 여건이 되기에, 직장 생활을 하고 있는 상황이기에 투정 부릴 수 있다는 사실을 잊지 않아야 합니다.

철수가 복권에 당첨되어 백만 원을 벌었고, 물건을 잘못 사서 백만 원을 잃게 되었습니다. 철수가 돈을 벌었을 땐 기뻤어도 잠을 잘 잤지만, 돈을 잃었을 땐 슬픔에 잠을 제대로 자지 못했습니다. 이처럼 사람은 주로 이득보다 손해에 신경을 더 많이 씁니다. 공부할 때도 자기 가족이나 주변 사람이 공부할 여건을 만들어 준 것에 감사하기보다 자기가 공부하면서 겪는 어려움과 피곤함에 더 많은 신경을 쓰게 됩니다. 그래서 공부할 수 있는 상황에 감사하는 일이 당연한 일이지만 현실에선 굉장히 하기 어려운 일이 됩니다.

특히 자신의 공부 부담에 너무 사로잡히면 감사하는 일은 더욱 잊어버리고 투정 부리는 일이 매우 심해집니다. 자기에게 공부할 기회가 있는 것을 당연하게 생각합니다. 공부 여건이 항상 자기에게 주어진다고 착각하게 됩니다. 사람 인생은 시간제한이 있습니다. 자녀의 미성년자 시기 역시 시간제한이 있습니다. 부모 또한 사람이라서 자녀가 공부할 여건을 도와주는 일에 시간제한이 있습니다. 국가가 사람의 교육을 평생 보장해 주지 않습니다. 특히 시간은 돈이 많다고 해서, 어리다고 해서 더 주지 않습니다. 부자든 가난한 사람이든 어린 사람이든 노인이든 누구나 공부할 여건에 시간제한이 있는 것입니다. 특히 공부만 신경 쓰며 생활하는 시기는 미성년자 청소년 시기뿐입니다.

청소년 시기에 이런 생각을 하기가 쉽지 않습니다. 그러나 공부할 여건이 주어진 것에 감사하긴 어려워도 공부할 시간이 제한되어 있다는 정도는 생각하고 살 필요가 있습니다. 자기가 처한 상황을 아는 사람은 투정 부리더라도 금세 자기 일을 스스로 찾아서 다시 할 수 있습니다. 하지만 자기 상황을 제대로 파악하지 못하고 자기가 마음만 먹으면 언제든지 일을 시작할 수 있다고 생각하는 사람은 자기 일을 미루다가 여건이 되지 않는 것을 뒤늦게 알고 좌절하게 됩니다. 그런 것을 흔히 '철없다'고 말합니다. 공부 잘하는 것보다 철없는 사람이 되지 않는 것이 더 중요합니다.

사과와 용서

우리나라 사람의 평균 수명은 대략 83세 정도입니다. 사람과 가깝게 지내는 동물인 개나 고양이[9]에 비해 훨씬 오래 삽니다. 오래 살다 보면 좋은 일을 겪을 때도 많지만 나쁜 일에 휘말릴 때도 많습니다. 자기가 잘못해서 상대방에게 피해를 주기도 하고, 상대방이 자기에게 나쁜 일을 저지르기도 합니다. 살면 서 이런 일이 생기는 것은 어쩔 수 없는 일이기도 합니다. 그 래서 사과하기와 용서하기를 알아 두어야 합니다. 드림맨과 드림걸의 이야기입니다.

----
9 평균 수명: 개 10~13년, 고양이 12~18년.

나 사과 안 해

사과의 어려움

옛날 옛날에 드림 마을이라는 곳이 있었습니다. 그곳엔 친구들을 도와
주고 악당을 물리치는 드림맨과 드림걸이 살고 있었습니다. 어느 날 드
림맨은 드림걸의 백만 원짜리 변신 신발을 억지로 신어 보다가 그 신발
을 망가뜨렸습니다.

드림맨의 잘못이 확실한 사건입니다. 드림맨은 사과하고 돈을 물어 줄
까, 모른 척하고 도망갈까, 오히려 화를 낼까 고민했습니다. 드림맨은 최
근 변신 망토를 사느라 돈이 별로 없었습니다. 그런 상황에서 드림걸에
게 많은 돈을 물어 줘야 한다고 생각하니 드림맨은 속이 쓰렸습니다. 만
약 드림맨에게 많은 돈이 있었어도 큰돈을 물어 주는 것은 여전히 내키지
않는 일입니다. 드림걸에게 고개 숙여 사과하는 것도 부끄럽습니다. 드
림걸이 자기 때문에 우는 모습을 보는 것 또한 괴로운 일입니다. 이처럼
자기 잘못을 사과하는 일은 자기 잘못이 확실해도 감당하기 어렵습니다.
사과는 자기 잘못을 인정하고, 그 잘못을 최대한 책임지고, 용서를 비는
것입니다. 용서는 상대방 사과를 보고 그 잘못을 없었던 일로 해 주는 것
입니다. 잘못한 사람, 가해자가 먼저 사과하면 피해받은 사람, 피해자가
그걸 보고 용시하는 것이 사과와 용서의 기본 순서입니다. 그래서 잘못
한 사람이 먼저 사과하지 않으면 상대방이 용서하는 일 또한 없습니다.
세상에는 다른 사람이 대신 해도 되는 일이 있고 자기만 할 수 있는 일이
있습니다. 음식을 배달하는 일은 다른 사람에게 대신 부탁해도 되지만,
학교 반장이 반장 노릇을 하기 싫다고 자기 마음대로 다른 사람에게 그
역할을 맡길 수는 없습니다. 그럴 때는 다시 반장을 뽑아야 합니다. 피해

자에게 사과하는 일은 다른 사람에게 맡길 수 없는 일입니다. 다른 사람이 대신 하는 사과는 받는 사람이 사과의 진심이나 정성을 느낄 수 없으며 오히려 피해자를 더 화나게 만듭니다. 요즘 시대는 다양한 곤란한 일을 전문가나 다른 사람에게 맡겨 처리할 수 있습니다. 그러나 사과하는 일은 그런 도움을 받을 수 없습니다. 자기가 잘하든 못하든 직접 해야만 하는 일이라서 사과는 어려운 일입니다.

직접 사과하려면 가해자가 자기 잘못을 확실하게 인정해야만 합니다. 문제는 자기 잘못을 100% 인정하는 일이 매우 어렵다는 것입니다. 사람은 자기 보호 본능이 있어 자기가 잘못한 일이라도 조금씩은 상대방이나 주변 상황을 탓하기 쉽습니다. 자기가 한눈팔면서 길을 가다가 남과 부딪쳐도 '하필 그때 내 옆을 지나갈 게 뭐람'이라고 생각하게 되는 것이 사람 마음입니다. 사람은 자기도 모르게, 본능적으로 사과하지 않으려 하기 때문에 사과하는 것은 어려운 일입니다.

피해자에 대한 미안함과 두려움이 너무 큰 사람은 사과하는 일을 자꾸 피하려고 합니다. 이렇게 용기가 부족한 사람에게 사과는 더욱 어려운 일이 됩니다. 무엇보다 피해자를 하찮게 여기는 사람은 사과할 마음이 거의 들지 않습니다. 그런 무례한 사람에게 사과는 더욱 어려운 일이 됩니다. 이처럼 사과하는 일은 쉬운 일이 아니기에 잘못을 하고 사과하지 않는 사람이 상당히 많습니다.

어느 날 드림맨은 드림 유치원에 다니는 드림둥이와 놀고 있었습니다. 드림둥이는 드림맨에게 똥침을 놓았습니다. 드림맨은 쓰러졌습니다. 드림둥이는 말했습니다.

"미안해요, 그렇게까지 아픈 줄 몰랐어요, 용서해 주세요."

유치원생 드림둥이는 드림맨에게 사과했습니다. 어린아이가 할 만한 일이라면 청소년과 어른 역시 할 만한 일이 됩니다. 상대방에게 미안함을 느낀다면, 자기 잘못을 인정한다면, 책임지려는 용기가 있다면 누구나 가능한 일이 사과입니다. 결국 사과하는 일은 어렵지만 할 만한 일이기도 합니다.

살면서 어려운 일을 해내지 못한 것은 비난받을 만한 일이 아닙니다. 그러나 사과는 어렵다고 해서 하지 않으면 "사람의 기본이 되지 않았다"라는 큰 비난을 받게 됩니다. 사과하지 않은 사람은 자기가 다른 사람에게 큰 피해를 받아도 억울해할 자격이 없습니다. 게다가 법은 사과하지 않은 사람에게 더욱 큰 벌을 내립니다. 그만큼 사과는 사람이 살면서 꼭 감당해야만 하는 일입니다.

누가 누가 잘못했나

드림맨과 드림걸은 악당과 싸우고 있었습니다. 드림맨은 악당의 공격을 피하려다 드림 광선을 준비하는 드림걸을 밀었습니다. 악당을 조준했던 드림걸은 넘어지면서 드림맨의 집에 드림 광선을 쏘았습니다. 드림맨의 집은 부서졌습니다. 드림맨은 울었습니다.

드림맨과 드림걸 둘 다 잘못이 있으므로 누가 사과하고 누가 용서해야 하는지 애매한 상황입니다. 이처럼 자기 잘못이 100% 확실하지 않을 때는 자기 잘못을 인정하고 상대방에게 직접 사과하기가 어렵습니다. 애매한 상황에서 무턱대고 사과하는 것도 옳은 일이 아닙니다. 싸운 사람들이 가족이나 연인이라면 더 사랑하는 사람이 먼저 다가가서 서로 사과하고 함께 용서하면 됩니다. 그런 관계가 아니거나 그럴 만한 상황이 아니라면 잘못이 더 큰 사람이 먼저 사과해야 합니다.

서로의 잘못이 애매할 때는 자기가 더 많이 잘못한 것으로 인정해야 자기가 직접 가서 사과할 수 있습니다. 그러나 상대방이 더 많이 잘못했다고 생각하면 자기가 먼저 상대방에게 사과할 이유가 없습니다. 문제는 서로의 잘못을 판단하는 사람이 '자기 자신'이라는 것입니다. 사람은 자기 잘못은 작게, 상대 잘못은 크게 생각하기 쉽습니다. 자기가 자기편을 드는 것은 지극히 자연스러운 태도입니다. 그래서 서로 함께 잘못했을 때는 상대방이 더 많이 잘못했다고 대부분 생각하기에 자기가 먼저 사과하기가 어렵습니다. 게다가 애당초 잘못을 따지는 일 자체가 굉장히 어렵습니다. 드림맨과 드림걸의 잘못한 정도를 정확하게 계산해서 나누는 것은 불가능합니다. 다른 사람에게 서로의 잘못을 판단해 달라고 부탁해도 뾰족한 대답을 얻기는 힘듭니다. 이런 상황이라면 사과하는 일이 잘되지 않기에 그다음 단계인 용서하는 일 역시 이루어지지 않습니다. 싸움은 점점 더 커지게 됩니다. 다툼이 사과와 용서로 마무리되지 않으면 대부분 큰 싸움으로 번집니다. 사소한 일이라도 언제든지 서로 철천지원수가 될 수 있는 것입니다.

사고가 나면 주로 문제를 처음 일으킨 사람의 잘못을 더 크게 볼 때가 많습니다. 문제를 먼저 일으킨 사람이 무조건 큰 잘못을 한 것은 아니지만 문제의 시작이 없었다면 문제가 생길 일이 없었기 때문입니다. 잘못을 비교하기 애매할 때는 먼저 잘못한 사람이 주로 먼저 사과하고 나중에 잘못한 사람이 그 사과를 받은 뒤에 자신도 사과하는 것이 흔한 사과 방법입니다. 물론 드림맨 사건처럼 먼저 잘못한 사람보다 나중에 잘못한 사람이 훨씬 더 큰 문제를 일으킬 때도 있습니다. 그럴 때는 나중에 잘못한 사람이라도 먼저 사과해야 합니다.

세상의 대부분 사건은 가해자와 피해자가 확실한 사건보다 드림맨 집 사건처럼 애매한 사건이 훨씬 많습니다. 그런 일이 있을 때는 서로가 사과를 얼마나 빨리 하느냐가 중요합니다. 사과가 늦으면 용서 또한 늦어지기에 싸움이 길어집니다. 사과를 아예 하지 않으면 상황은 더욱 심각해집니다. 드림맨과 드림걸은 양쪽 모두 잘못이 있기에 일단 서로 사과하는 일부터 시작해야 다음 단계로 넘어갈 수 있습니다.

사과하는 방법

책임지기

> 먼저 잘못했던 드림맨이 드림걸에게 먼저 사과했습니다.
>
> 드림맨: 내가 너를 밀었으니 밀어서 다친 부분은 내가 책임질게, 그리고
> 너는 내 집을 부쉈으니 내 집만 책임지면 돼.
>
> 드림걸: ?
>
> 드림걸이 몽땅 책임지는 꼴이 되었습니다.

양쪽 모두 잘못이 있을 때 각각 자기 잘못만 책임지면 문제가 쉽게 해결될까요? 겉으로 보면 드림맨의 말이 맞는 것처럼 보일 수 있습니다. 그러나 애당초 드림맨의 실수가 없었다면 드림걸은 드림맨의 집 문제를 생각할 필요도 없었습니다. 그렇다고 집을 부순 사람이 드림걸이라는 사실은 바뀌지 않습니다. 이처럼 애매한 사건에서 그 문제를 책임지는 일은 상당히 어렵습니다.

사과는 자기 잘못이 있었다는 것을 '인정'하고 상대방에게 '고백'하는 일입니다. 자기 잘못을 인정하는 것은 일부러든 실수로든 자기 때문에 상대방이 피해받았다고 생각하고 미안해하는 일입니다. 자기가 상대방에게 준 피해를 최대한 책임지려는 뜻도 들어 있습니다. 자기 잘못을 고백하는 것은 그 미안한 마음과 책임지려는 마음을 진심으로 상대방에게 전하는 일입니다. '미안한 척'이 아닌 '진심으로 미안함'을 상대방에게 보여야 합니다. 적당한 말과 밋밋한 태도로 하는 사과는 상대방에게 진심 어린 사과가 되지 않습니다. 말과 행동에 큰 정성을 들여야 합니다.

드림맨은 자기 잘못을 인정하지도 고백하지도 않았습니다. 드림맨의 말을 들어 보면 전혀 진심이 담긴 미안함이 느껴지지 않습니다. 특히 드림

걸에게 모든 책임을 떠넘기고 자기는 책임지지 않으려고 하는 태도가 큰 문제입니다. 드림걸은 이런 식으로 사고를 처리하려는 드림맨의 제안을 거절해야 합니다. 그렇게 되면 집 문제가 계속 해결되지 않기에 오히려 드림맨에게 손해입니다. 서로 잘못을 인정하고 사고를 함께 책임지는, 정성과 진심이 들어간 사과가 양쪽 모두에게 필요합니다.

상대방이 받은 피해를 완전히 책임지는 방법은 딱 한 가지입니다. 잘못이 일어나기 전의 과거로 돌아가 문제가 생기는 것을 미리 피하는 방법뿐입니다. 이 방법이 아니라면 아무리 노력해도 상대방이 겪은 피해와 마음속에 남은 상처를 모두 없애지 못합니다. 결국 사람은 잘못을 저지른 순간 이미 상대방에게 되돌릴 수 없는 피해를 줍니다. 그래서 상대방이 받은 피해를 책임지는 방법은 그 피해와 상처를 완전히 없애는 것이 아닌 최대한 줄이는 것입니다. 그러기 위해 쉬운 사과가 아닌 정성을 들인 사과를 해야 합니다. 흔히 '성의 표시를 한다'라고 말합니다.

성의 표시를 하는 대표적인 방법은 '돈'입니다. 상대방에게 피해를 주고 미안하다는 말이나 글만 보여 주는 것은 용서받을 만한 사과가 아닙니다. 물건에는 물건 가격이 쓰여 있지만 사람이 준 피해에는 그 가격이 쓰여 있지 않습니다. 사과하는 사람은 얼마를 물어 줘야 하는지 많은 고민을 해야 하고, 필요하다면 상대방에게 물어봐야 합니다. 상당히 부담스러운 일입니다. 돈을 마련하는 일 또한 쉽지 않습니다. 미성년자라면 부모에게 이런 상황을 이야기하고 부모와 함께 돈을 마련해야 합니다. 성인이라면 자기 돈을 쓰든 일을 해서 갚든 자기가 책임져야 합니다. 이처럼 돈으로 성의 표시를 하는 일은 그 과정과 준비가 상당히 복잡하고 어렵습니다. 용서받을 만한 사과가 되려면 이 정도 노력이 필요한 것입니다. 돈으로 문제를 해결하는 방법이 삭막하게 느껴질 수 있습니다. '돈이면 모든 것을 해결할 수 있구나'라고 생각할 수도 있을 것입니다. 그러나 돈으로 성의 표시를 하는 사과가 가장 효과가 좋은 사과입니다. 문제는 이 방법이 가장 좋은 사과임에도 불구하고 상대방이 받은 피해와 마음의 상처를 완전히 없애진 못한다는 것입니다. 그나마 이렇게라도 하는 것이 최선입니다.

그 외에 선물이나 편지를 추가로 준비하면 상대방에게 사과하려는 자기 진심을 더욱 전할 수 있습니다. 좋아하는 사람을 위해 선물을 고르는 일조차 쉽지 않습니다. 하물며 자기 때문에 피해받은 사람을 위해 선물을 준비하는 것은 더욱 쉽지 않을 것입니다. 어려운 만큼 선물을 추가한 성의 표시는 상대방에게 위로가 되며 자기 진심을 보여 주는 좋은 방법이 됩니다. 편지 또한 좋은 사과 방법입니다. 말로 하는 고백을 편지로 하면 훨씬 부담이 줄어드는 것처럼 사과 또한 편지를 이용하면 적은 부담으로 진심이 담긴 사과를 할 수 있습니다. 말로 하는 사과는 간단하게 하고 나머지 사과 말은 편지로 하는 것이 서로에게 좋습니다. 게다가 선물을 준비하기 어려운 형편이거나 미성년자라면 돈이 비교적 적게 드는 편지 사과가 상당히 쓸 만합니다. 사과 편지나 사과문을 쓰는 것은 한 가지 기준만 알면 됩니다.

'사과문은 자기가 아닌 상대방을 위해 쓰는 것.'

이것만 알면 잘못된 사과문을 쓸 일이 없습니다. 자기에게 이득이 되는 말, 즉 자기가 잘못하게 된 이유나 과정은 최대한 간단하게 쓰거나 아예 쓰지 않아도 됩니다. 그 대신 자기반성과 피해 보상을 위한 앞으로의 노력 같은 상대방을 위한 말은 최대한 많이 써야 합니다. '실수였다, 상대방도 잘못이 있다' 같은 변명이나 상대방에게 도움이 안 되는 말은 아예 쓰지 않아야 합니다. 상대방만 생각하고 쓰는 것이 사과문입니다.

직접 만나서 편지를 전하기 어렵다면 휴대폰 문자나 카톡·라인 같은 메신저를 사용할 수 있습니다. 확실히 직접 쓴 편지보다 정성이 떨어진 느낌을 줍니다. 이 방법을 쓴다면 더 많은 정성을 들여야 합니다. 기프티콘(선물 쿠폰)이나 선물 송금(카카오페이, 네이버페이 등)을 함께 이용하는 것도 쓸 만한 방법입니다.

드림맨과 드림걸이 서로의 실수와 잘못을 인정하고 함께 집을 다시 만들기로 약속하면 이번 사건은 좋게 마무리될 수 있을 것입니다. 둘은 다시 힘을 모아 악당을 물리치는 좋은 영웅이 될 것입니다. 그러나 서로 제대로 사과하지 않으면 집 문제는 계속 해결되지 못하고 사이만 계속 나빠지게 되며 둘은 영웅이 아닌 악당이 될지도 모릅니다.

사과의 목적은 상대로부터 용서를 받는 것입니다. 용서받지 못한 사과는 실패한 사과입니다. 용서받는 사과가 되려면 어려운 사과가 돼야 합니다. 사과하는 일은 쉬운 일이 아닙니다. 그동안 사과하는 일이 쉬웠다면 자신을 다시 한번 점검해야 합니다. 상대방에게 사과하는 일이 쉬운 사람은 거꾸로 상대방이 자기에게 잘못하고 대충 사과하더라도 딱히 할 말이 없습니다. 자기 인생이 소중한 만큼 상대방 인생을 가볍게 보면 안 됩니다. 사과할 때는 이왕이면 말과 글로, 돈으로, 선물로 하는 사과를 모두 다 하는 것이 좋습니다.

잘못을 기회로 바꾸기

> 드림맨은 길을 가다가 실수로 드림걸의 발을 밟았습니다. 드림걸은 병원에 입원하게 되었습니다. 드림맨은 병원에 있는 드림걸을 찾아가 직접 사과의 말을 하고 병원비와 선물, 편지까지 주었습니다. 그런데 드림걸은 드림맨의 사과를 받지 않고 화를 냈습니다.
> "나가! 꼴도 보기 싫어!"

성의 표시를 하며 진심 어린 사과를 했다고 상대방이 무조건 사과를 받아 주는 것은 아닙니다. 사과는 언제든지 거절당할 수 있습니다. 이런 어려움 때문에 많은 사람이 사과하는 일을 주저하거나 피하려고 합니다. 더 나아가 어차피 용서받기 어려운 일이라고 생각되면 굳이 사과를 안 하는 것이 낫다고 생각하는 사람도 있습니다.

상대방이 자기 사과를 무조건 받아 줄 것으로 생각하면 성의 없는 사과를 하기 쉽습니다. 반대로 상대방이 자기 사과를 무조건 받아 주지 않을 것으로 생각하면 사과하는 일 자체를 피하기 쉽습니다. 이처럼 사과하는 사람이 섣부르게 상대방 피해자 마음을 예상하면 제대로 된 사과가 잘되지 않습니다. 사과하는 사람은 사과의 말과 성의 표시를 준비하면서 자신의 미안한 마음이 가짜가 아닌 진짜라는 것을 보여 주는 일에만 관심을 둬야 합니다.

사과를 받아 주고 용서해 주는 것은 '사과의 진심을 느꼈고, 자기가 받은 피해를 감당하겠다'라는 뜻입니다. 그만큼 용서받지 못했다는 것은 '상대방 사과가 진심으로 느껴지지 않았다'라거나 '피해가 너무 커 감당하기 어렵다'라는 뜻이 됩니다. 사과했지만 용서받지 못한 사람은 상대방의 이런 이유를 생각할 수 있어야 합니다. 그렇지 않으면 자기를 용서해 주지 않은 상대방을 원망하거나 자기 스스로 '할 만큼 했다'라고 생각하며 사과하는 일을 그만두게 됩니다. 사과하고 용서받지 못한 사람이 할 일은 자기 진심을 더욱 제대로 보여 주는 다른 사과 방법을 찾는 것입니다. 게다가 상대방이 피해를 감당하기 어려워 어떤 사과를 하더라도 용서받기 어려운 상황이라면 더 많은 정성을 준비하거나 시간을 두고 나중에 다시 사과해야 합니다. 사과하는 사람이 사과하는 타이밍을 정하는 것처럼 용서하는 사람이 용서해 주는 타이밍을 정합니다. 그런데 사과는 용서받기 위해 하는 것이므로 가급적 사과할 때는 사과받는 사람에게 그때를 최대한 맞추는 것이 좋습니다. 사과는 피해자의 용서를 기다리면서 시간을 두고 계속하는 일입니다. 때에 따라 아주 오랜 시간이 걸리기도 합니다.

사과받는 사람이 잘못한 사람에게 언제 어떻게 사과하라고 강요하진 못하기에 피해자는 가해자가 사과할 때까지 기다려야 합니다. 잘못한 사람이 먼저 사과하지 않으면 용서해 줄 수 없기 때문입니다. 가해자의 사과가 자기 마음에 들지 않아 사과하는 일을 자꾸 물리치면 가해자는 사과하는 일을 멈출 수도 있습니다. 그러면 일이 마무리되지 않기에 피해자는 지난날의 상처에서 벗어나지 못하는 생활을 계속해야 합니다. 피해자는 가해자가 사과했다면 적당한 선에서 그 사과를 받아 주고 사고를 마무리하는 것이 좋습니다. 용서해야 잘못한 사람이나 사과받은 사람이나 괴로운 과거에서 점점 벗어납니다. 사과받는 사람은 자기 자신을 위해 용서할 수 있어야 합니다.

잘못한 사람은 끊임없이 사과하면서 상대방의 용서를 기다리고, 피해자는 상대방이 정성을 들인 진정한 사과를 해 주길 기다립니다. 진정한 사과와 용서가 서로 만나려면 이런 기다림의 과정이 필요합니다. 사과하는 일과 용서하는 일은 상당히 복잡한 일입니다. 그런데 이처럼 복잡하게 일을 해야만 제대로 된 사과와 용서가 됩니다. 사소한 잘못을 사과하더라도 한 번이라도 더 미안해하고, 한 번이라도 더 성의 표시를 하는 것이 좋습니다. 그런 사과를 받은 사람은 조금이라도 더 피해를 줄일 수 있게 되고, 조금이라도 더 마음의 상처가 아물 수 있습니다.

자기 주변 사람과 사이좋게 지내는 사람이 있는가 하면 그렇지 못한 사람도 있습니다. 사이좋게 지내는 사람이 항상 주변 사람과 좋은 일만 있는 것은 아닙니다. 그런 사람도 주변 사람과 다투거나 피해를 주고받기도 합니다. 중요한 것은 그런 나쁜 일이 있을 때 제대로 된 사과가 없다면 용서 또한 없기에 자연스럽게 나쁜 관계가 계속된다는 것입니다. 그 대신 제대로 된 사과가 있다면 좋은 용서 또한 있기에 나쁜 일이 있어도 더 좋은 관계가 되기도 합니다. 사과와 용서를 제대로 알고 처리할 수 있다면 잘못을 좋은 기회로 바꾸는 사람이 됩니다.

그럴 수도 있지

드림걸은 드림맨이 소중히 여기는 그림책에 낙서를 했습니다. 그걸 본
드림맨은 화를 냈습니다. 드림걸이 말했습니다.
"친구끼리 그럴 수도 있지!"
드림맨은 드림걸의 말이 알쏭달쏭했습니다.

자기가 잘못을 하고 사과할 때 특별히 조심할 것은 바로 '살다 보면 그럴 수도
있지'라는 생각입니다. 이 말은 사과를 받고 상대방 잘못을 용서해 주는 피해
자만 할 수 있는 말입니다. 그런데 잘못을 저지른 사람이 이런 말을 하는 것
은 큰 문제가 됩니다. 자기가 자기 잘못을 용서하는 꼴이 되기 때문입니다.
그렇게 되면 사과하는 일은 아예 사라지고 용서받는 일은 매우 쉬워집니
다. 자기 잘못을 인정하지 않아도 되고, 책임지지 않으며, 정성을 들일 필
요도 없으므로 잘못을 다시 저지르는 일 또한 쉽습니다. 이런 생각을 하
는 사람은 상대방에게 쉽게 그리고 끊임없이 잘못하면서도 상대방에게
미안해하지 않습니다. 주로 가족이나 친구 사이에 '그럴 수도 있지'라는
생각을 할 때가 많습니다. 이런 생각은 자기에게 소중한 사람을 함부로
대하게 만듭니다. 게다가 평상시에 그 말을 당연하게 생각했다면 모르는
사람에게 잘못하고도 사과하지 않는 사람이 될 수 있습니다.
자기 잘못을 상대방이 마냥 이해해 주고 받아 줄 것으로 생각하는 일은
위험합니다. 사과할 때는 부끄럽거나 민망하더라도 정중하게 해야 합니
다. 그리고 만약 상대방이 "그럴 수도 있지"라고 용서해 주면 크게 감사해
야 합니다. "그럴 수도 있지"라는 말은 어떤 상황에서도 절대로 자기가 할
말이 아닙니다.

취직과 보수

사람 생활은 크게 일하는 것과 쉬는 것으로 나눌 수 있습니다. 둘 다 중요한 일입니다. 그런데 쉬는 것은 누구나 할 수 있지 만 일하는 것은 직장이 있는 사람만 할 수 있습니다. 뿐만 아 니라 제대로 쉬려면 돈이 필요하며 돈은 주로 직장에서 일해 야 벌 수 있습니다. 결국 사람 생활에서 일하는 것이 쉬는 것 보다 좀 더 중요합니다.

직장을 얻어 일하는 취직과 일하고 돈을 받는 보수는 사람 생 활에서 굉장히 중요한 일입니다. 이것을 제대로 알고 다룰 수 있어야 합니다. 취직과 보수에 대해 이야기합니다.

어떻게 취직할래?

근로, 노동: 돈을 벌려고 일하는 것.

고용: 직장에 직원으로 들어가는 것.

고용주, 주인, 사업주: 직장에서 일을 시키고 돈을 주는 사람.

근로자, 노동자, 직원: 직장에서 일하고 돈을 받는 사람.

보수, 임금, 급여, 봉급, 페이: 일하고 받은 돈.

시급: 한 시간 일하고 받는 임금.

최저임금: 시급 중 가장 낮은 금액. (2023년: 시간당 9,620원)

월급: 한 달 일하고 받는 임금.

연봉, 연급: 일 년 일하고 받는 임금.

키오스크: 손님이 직접 주문하고 돈을 내게끔 만든 기계.

돈 버는 흔한 방법은 직장에 가서 일하는 것입니다. 자기 집에 돈이 많든 적든 대부분 사람은 직장에서 일하면서 돈을 법니다. 돈을 벌기 위해 일하는 것이 근로 또는 노동입니다. 반대로 돈을 주고 일을 시키는 것이 고용입니다. 근로에는 일을 시키는 사람, 고용주·주인·사업주가 있고 시킨 일을 하는 사람, 근로자·노동자가 있습니다. 고용주는 근로자에게 주는 돈, 임금을 미리 정하고 근로자가 일을 마치면 그 돈을 줍니다.

그런데 임금은 어떻게 가격을 정할까요? 근로는 물건이 아니라서 가격을 '정확히' 정하기 어렵습니다. '적당히' 정하는 수밖에 없습니다. 적당히 정하기 때문에 일을 시작하기도 전에 임금을 정할 수 있습니다. 어떤 가게는 시간당 임금(시급)을 9,160원을 주고 사람을 고용하지만, 다른 가게는 시간당 만 원을 주기도 합니다. 가게 주인 고용주가 임금을 자기 마음대로 정할 수 있기 때문입니다. 가격을 매기기 어렵지만 어떻게든 가격을 정하고 돈을 주고받아야 하는 것이 고용입니다. 그만큼 고용이라는 것 자체가 상당히 어려운 일입니다. 사람을 고용하는 방법에는 아르바이트, 계약직(비정규직), 정규직이라는 3가지 방법이 있습니다.

아르바이트는 파트타임 근무 혹은 시간제 근무라고 합니다. 한 시간을 기준으로 삼고 일하면서 돈을 받습니다. 계약직과 정규직은 한 달 혹은 일 년을 기준으로 삼고 임금을 정합니다. 3가지 고용 방법의 큰 차이점은 일하는 기간이 서로 다르다는 것입니다. 아르바이트는 딱히 정해진 근무 기간이 없지만 대부분 짧은 기간 일합니다. 계약직의 일하는 기간은 2년이 최대입니다. 정규직의 일하는 기간은 약 10~30년 정도입니다(최대 60세까지). 아르바이트에서 계약직, 정규직으로 갈수록 일할 수 있는 기간이 길어지는 편입니다.

아르바이트는 쉽게 배우고 쉽게 할 만한 일을 주로 하는 고용 방법입니다. 일이 간단한 편이라서 매시간마다 하는 일이 거의 같습니다. 1시간 일하면 1시간 임금, 5시간 일하면 5시간 임금으로 정확하게 임금을 계산할 수 있습니다.

계약직(비정규직)은 일하는 기간을 서로 약속한 고용 방법입니다. 계약한 기간(최대 2년)이 끝나면 재계약을 하거나 일을 그만둬야 합니다. 아르바이트보다 더 복잡하고 어려운 일을 긴 기간 동안 맡아서 합니다. 그만큼 아르바이트보다 일할 자격을 얻기가 훨씬 까다롭습니다. 직장에 따라 다르겠지만 현장 근무, 사무실 근무, 회의 등 여러 가지 일을 하는 편입니다. 매시간 하는 일이 변할 수도 있어 시급으로 임금을 정하기 어렵습니다. 한 달(월급) 혹은 일 년(연봉)을 기준으로 임금을 정합니다.

정규직은 특별한 이유가 없다면 자기 나이에서 60세까지 일하는 기간이 보장되는 고용 방법입니다. 계약직보다 자격을 얻기가 더 어려운 편이며, 상당히 복잡하고 다양한 일을 하게 됩니다. 오랜 시간이 걸리는 연구나 사업, 전문적인 일을 하는 직업, 규모가 크고 안정된 회사, 공무원 등이 정규직으로 일합니다. 계약직과 정규직은 전문적인 일을 하고 많은 책임감이 필요한 직장에서 주로 고용하는 방법입니다. 병원에서 수술하던 의사가 퇴근 시간이 지났다고 수술을 멈추고 집에 가지 않듯, 자기 일을 책임지고 관리하는 능력이 필요합니다.

아르바이트·계약직·정규직 모두 장단점이 있습니다. 아르바이트는 일할 자격을 얻는 것과 직접 일하는 것 모두 부담이 적고, 일한 만큼 정확하게 임금을 받을 수 있습니다. 그 대신 단순한 일을 하기에 적은 임금을 받는 편입니다. 계약직과 정규직은 그와 반대라고 보면 됩니다. 복잡하고 어려운 일을 하면서 더 많은 임금을 받습니다. 대체로 계약직이나 정규직이 돈을 벌고 자기 실력을 키우기에 좋습니다.

최근 자동 결제 시스템을 이용한 키오스크가 가게나 마트에서 점점 늘어나고 있습니다. 단순한 일은 사람 대신 기계를 쓰는 시대가 되고 있습니다. 아직 사람이 직접 해야만 하는 일이 많지만 갈수록 이런 시스템으로 인해 사람의 일거리가 줄어드는 것은 사실입니다. 앞으로 자기 직장을 가지고 살아가려면 되도록 단순한 일보다 복잡한 일, 시킨 대로 하는 일보다 무언가를 직접 만들고 개발하는 일을 하는 것이 좋아 보입니다.

인생 엿보기

공적 증명(공증): 어떤 사실을 믿을 만한 단체가 확인해 줌.

세대: 함께 생활하는 사람.

주민등록 초본: 자기 개인 정보가 있는 공증 서류.

주민등록 등본: 함께 생활하는 사람의 정보가 있는 공증 서류.

전형: 사람을 뽑는 일.

보훈: 국가유공자나 그 가족에게 보답하는 일.

마트에서 상품을 고를 때 더 좋은 것을 고르려면 디자인·기능·튼튼함·회사 등을 꼼꼼하게 살펴봐야 합니다. 그런데 간단하게 좋은 상품을 고르는 방법이 있습니다. 가격을 확인해 보는 것입니다. 대체로 가격이 높을수록 좋은 상품이 많기 때문입니다.

같은 상품이라도 좋은 것을 고르려는 손님 마음처럼 어떤 직장이든 맡긴 일을 제대로 하는 좋은 사람을 뽑으려고 합니다. 그런데 좋은 사람에게 있는 실력·정신력·성격·인성 등은 상품처럼 눈으로 직접 살펴볼 수가 없습니다. 사람에겐 가격표 또한 붙어 있지 않습니다. 그래서 필요한 것이 서류(문서)입니다. 자기 서류에 직장에서 원하는 것이 많을수록 가치 있는 사람으로 평가받습니다. 그런데 자기 엄마가 '이 사람은 실력과 인성이 매우 좋습니다'라고 쓴 서류는 믿을 만하지 않아 직장에서 받아 주지 않습니다. 누구나 믿을 만한 곳에서 써 준 서류여야만 합니다. 국가 기관·유명한 단체·학교·우체국 같은 곳에서 내어 준 서류가 직장에서 받아 주는 서류입니다. 이런 서류를 공적 증명 서류, 공증 서류라고 합니다. 자신의 유창한 영어 실력을 직장에 알리고 싶다면, '나 영어 잘해요'라고 쓴 서류가 아닌 '한국토익위원회'라는 회사에서 내어 주는 공증 서류, 토익 성적표를 보여 줘야 합니다. 직원을 가르칠 때 일을 잘 배울 만한지, 자기 역할을 제대로 감당할 만한지, 생활 매너나 의사소통하는 일에 문제는 없는지 확인하는 일에 서류를 이용합니다.

직장을 구할 때 준비하는 서류 중 기본 서류는 <u>주민등록 초본과 등본</u>입니다. 국가 기관이 보장하는 서류입니다. 주민등록 초본에는 지원자의 개인 정보가 들어 있습니다. 주민등록 등본에는 지원자와 함께 생활하는 사람, 세대의 정보가 들어 있습니다. 직장은 남의 이름이나 주소를 사용하여 직장 생활을 하려는 사기꾼을 막아야 합니다. 갑자기 직원과 연락이 되지 않을 때는 직원의 이러한 정보가 필요합니다. 이런 이유로 직장은 직원의 정체와 직원의 생활을 어느 정도 알 필요가 있습니다. 주민등록 초본과 등본은 자기가 태어나면서 지금까지 이뤄 온 자기 생존의 기록입니다. 사람은 끊임없이 자기 생명을 관리하고 사고와 병을 이겨내야만 살 수 있기에 사람의 생존은 그 자체만으로도 큰 의미가 있습니다. 쉽게 받는 서류이지만 상당한 의미가 있는 서류입니다.

직장에서 중요하게 보는 서류는 <u>학교 서류</u>입니다. 공공기관인 학교에서 보장하는 서류입니다. 주로 졸업장(최종 학력 증명서)과 성적표(성적 증명서)를 직장에 냅니다. 이 두 가지 서류는 가장 최근에 졸업한 학교와 그 성적이 나타나 있습니다. 어릴 때 다녔던 학교의 졸업장과 성적표는 그리 중요하지 않습니다. 이 말은 어릴 때 좋은 평가를 받지 못했어도 나중에 좋은 평가를 받았다면 괜찮다는 것을 의미합니다. 기회가 계속 오는 것은 아니지만 다음 기회에 지난번의 실수를 바로잡으면 되는 것입니다. 지금 당장 좋은 평가를 받지 못했다고 포기하거나 좌절할 필요가 없습니다. 또한 어릴 때 좋은 평가를 받았더라도 최근에 잘하지 못했다면 실력 없는 사람으로 평가받는다는 의미도 있습니다. 나쁜 과거가 있든 좋은 과거가 있든 자기 지난날에 집착하기보다 미래를 바라보며 겸손하게 직장을 준비해야 합니다. 그렇다고 어릴 때 대충 살아도 된다는 뜻은 아닙니다. 어릴 때부터 자기 실력을 차곡차곡 쌓아 가는 것이 이왕이면 좋습니다. 이런 서류는 직장에서 지원자의 성실함과 실력을 살펴보는 자료가 됩니다. 경쟁률이 높은 학교를 졸업했거나 학교 성적이 좋다는 것은 상당한 노력과 자기 관리가 있었다는 증거가 되기 때문입니다.

직장에서 중요하게 보는 다른 서류는 <u>자격증</u>입니다. 자격증은 국가 기관이나 믿을 만한 단체에서 보장하는 서류입니다. 직장인은 컴퓨터로 일할 때가 많으므로 컴퓨터 관련 자격증이 있으면 일단 좋습니다. 지원한 직장과 관계가 있는 자격증이 많을수록 직장에서 좋게 평가합니다. 전문적인 직장일수록 자격증은 필수 조건이 됩니다.

그 외에 장애인이나 국가 유공자는 관련 증명서를 준비해야 합니다. 직장이나 학교에서 직원이나 학생을 뽑는 것을 '전형'이라고 합니다. 장애인 특별 전형은 장애인만 특별히 뽑는 것이며, 보훈 특별 전형은 국가 유공자나 그 자녀만 뽑는 것입니다. 이런 전형은 모두 법으로 정해 놓은 것이며 법적인 이유가 아니더라도 필요한 제도입니다. 특별 전형이라는 말 때문에 장애인과 국가 유공자에게만 많은 혜택을 준다고 생각할 수 있습니다. 그러나 장애인 특별 전형은 장애인만 따로 모으고 그중에서 적은 인원을 뽑기에 보통 사람에게 손해를 주지 않습니다. 게다가 장애인을 많이 뽑는 곳은 정부에서 지원금을 주기도 합니다.
국가 유공자 역시 특별 전형이 있습니다. 만약 특별 전형이 없으면 보너스 점수를 받기도 합니다. 국가 유공자는 자기 잘못이 아닌 나라나 정부로 인해 막대한 피해를 억울하게 받았던 사람입니다. 유공자는 장애를 입거나 사망하는 경우가 많습니다. 그만큼 유공자나 그 가족은 매우 어려운 형편에서 생활하게 됩니다. 특히 유공자 자녀는 어린 나이에 부모의 뒷바라지를 하거나 돈을 벌어 가정을 지키는 역할을 할 때가 많습니다. 마치 100m 달리기 경주에서 국가 유공자 가족은 200m 달리기를 하는 것과 같습니다. 유공자나 그 가족이 취직할 때 특별 전형으로 뽑히거나 보너스 점수를 받는 것은 억울하게 피해를 겪고 괴로운 인생을 살았던 것에 비하면 작은 보상입니다. 유공자 보너스 점수를 얻으려고 일부러 어릴 때부터 고아나 소년소녀 가장으로 생활하려는 사람은 아무도 없을 것입니다.

특별히 공중 서류는 아니지만 꼭 제출해야 하는 중요한 서류가 있습니다. 바로 자기소개서입니다. 자기소개서는 자기 성장 과정이나 자신의 자랑거리를 쓰면서 자기 가치를 알리는 서류입니다. 그런데 직장에서는 지원자가 가치 있는 사람인지 대단한 사람인지가 그리 중요하지 않습니다. 애초에 사람은 누구나 가치 있는 존재이며, 직장은 직장의 가치를 높이려고 직원을 뽑는 것이라서 지원자가 잘난 사람이기보다 직장에 도움이 될 만한 사람이기를 원합니다. 아무리 잘난 사람이라도 직장에 도움이 안 되는 사람은 필요 없습니다. 무작정 자기 자랑만 늘어놓기보다 자기 성장 과정과 자신의 자랑거리가 그 직장에 충분한 도움이 된다는 것을 알려야 합니다. 소개팅 장소에서는 자기소개를 자기 가치를 높이는 것과 연결해야 하지만, 직장에서는 자기소개를 직장 가치를 높이는 것과 연결해야 합니다.

공중 서류는 서류를 내어 주는 단체에서 보장하는 문서이기에 개인이 서류를 위조하면 그 단체와 지원하는 직장 두 곳을 속이는 셈이 됩니다. 게다가 문서위조는 사기죄에 해당하며 범죄입니다. 어떤 문서라도 위조하다가 나중에 걸리면 단체·직장·법원 세 곳에서 처벌받게 됩니다. 그러면 직장이나 학교의 합격이 언제든지 취소될 수 있으며, 국가에 벌금을 내고 범죄자, 전과자가 되기도 합니다.

서류 몇 장으로 사람을 제대로 판단할 순 없습니다. 애초에 사람이 사람을 판단하는 것 자체가 어려운 일입니다. 사람의 과거를 종이 몇 장에 담을 수는 없으며, 현재 그 사람이 어떤 사람인지, 앞으로 어떻게 변할지는 그 누구도 모르는 일입니다. 그러나 서류를 통해 그 사람 인생을 작게나마 엿볼 수는 있습니다. 직장에서는 그 작은 엿보기를 가지고 그 사람을 믿고 뽑는 것입니다. 우리 직장에 도움이 되는 사람이 되길 기대하는 마음으로요. 제출하는 서류 중에서 짧은 시간 안에 만들 수 있는 서류는 거의 없습니다. 각 서류마다 자기 인생의 긴 시간과 많은 노력이 들어 있습니다. 자기 인생을 담은 귀한 서류를 잘 준비하길 바랍니다.

면접 떨어지면 망하는데

소속감: 직장에서 손님이 아닌 직원으로서 갖는 마음.

취업: 직장을 얻음.

서류 전형을 통과하면 면접 전형을 진행하게 됩니다. 마트에 진열된 귤에 비싼 가격표를 붙여 두고 맛을 보장한다는 글이 적혀 있더라도 직접 먹어 봐야만 좋은 귤인지 확인할 수 있습니다. 지원자가 제출한 서류가 믿을 만한 서류라도 면접관은 서류 내용을 직접 확인할 필요가 있습니다. 면접관이 지원자 서류 내용을 자세히 물을 때 제대로 대답하지 못하거나 서류와 다른 모습을 보이면 지원자는 매우 낮은 평가를 받습니다. 지원자는 면접관의 다양한 질문을 대비하는 것도 좋지만 자기가 제출한 서류를 자세하게 검토하는 것이 훨씬 더 중요합니다.

면접하는 또 다른 목적은 서류로 확인하기 어려운, 지원자의 성격·인성이나 소속감·협력·태도를 직접 보려는 것입니다. 이런 특징은 수많은 질문을 만들 수 있고 같은 대답이라도 면접관에 따라 다른 평가를 받기도 합니다. 정답이 없는 질문이라서 대답을 미리 준비하기가 매우 어렵습니다. 이런 질문에 대답할 때는 완벽한 대답이 아닌 나쁘지 않은 대답을 하는 것이 중요합니다.

어느 날 영수·영희·철수가 직장 면접을 보러 갔습니다. 3명이 함께 들어간 면접 장소에는 5명의 면접관이 앉아 있었습니다. 보통 이런 면접에서는 한 명당 3~4개 질문을 줍니다. 면접관은 영수에게 자기소개를 부탁했습니다. 영수는 자기소개를 영어로 하겠다고 말했습니다. 면접관은 굳이 그럴 필요 없이 편하게 하라고 대답했습니다. 하지만 영수는 꼭 영어로 하겠다고 다시 말했습니다. 영수는 영어로 자기소개를 하게 되었습니다. 그런데 영수는 자기소개를 한 지 30초가 지나기도 전에 말문이 갑자기 막혀 버렸습니다. 면접관은 "됐습니다"라고 영수에게 말했습니다.

영수는 불필요한 행동을 하고 오히려 손해를 보았습니다. 괜한 짓을 한 것입니다. 하지만 영수가 그런 행동을 한 것은 나름대로 이유가 있었습니다. 면접에서 영수가 받을 수 있는 질문 개수와 대답할 수 있는 시간은 적습니다. 그만큼 질문을 받았을 때 무리해서라도 최대한 많은 점수를 받아야 영수에게 이득입니다. 영어로 자기소개를 하면 자기소개에 영어 실력까지 함께 보여 줄 수 있어 점수를 더 받을 거라고 영수는 생각했던 것입니다. 영수는 많은 준비를 했을 것입니다. 그러나 면접에서 너무 떨거나 당황하게 되면 영수처럼 준비한 대로 대답하지 못하게 됩니다.

사람은 직장을 구할 때 '보수는 얼마인지, 쉬는 날은 며칠인지, 혜택은 어떤 것이 있는지' 같은 자기가 받는 것에 관심을 두기 마련입니다. 자기 이득을 생각하는 것은 사람으로서 자연스러운 일이기도 합니다. 면접을 볼 때 '점수를 더 많이 받아, 합격한 뒤에 직장에서 돈과 혜택을 받으면, 내 생활이 좋아질 것이다, 만약 불합격해서 이런 것을 받지 못하면 내 생활은 힘들어진다'라고 생각할 수 있습니다. 자기가 받는 것에 신경을 너무 많이 쓰게 되면 두려움 또한 매우 커지기 때문에 면접은 더욱 부담스럽고 떨리는 일이 됩니다. 거기에 영수처럼 무리까지 하게 되면 부담은 더욱 커져 면접을 오히려 망치기 쉽습니다.

직장을 위해 일해 주고 그 대가로 보수를 받는 것이 직장 생활입니다. 면접관은 수많은 지원자 중에서 제대로 일해 줄 사람을 원합니다. 지원자는 '자기가 직장에서 받을 것'보다 '자기가 직장에게 줄 것'에 기준을 두고 대답해야 합니다. 면접관이 어떤 질문을 하더라도 이 기준을 맞추는 쪽으로 대답해야 나쁘지 않은 대답이 됩니다.

면접관이 "엄마가 좋아요, 아빠가 좋아요?"라는 질문을 했습니다. "아빠에게 용돈을 더 많이 받아서 아빠가 좋습니다"라는 대답은 받는 것과 관계있는 대답입니다. "무엇이라도 가정을 위해 주려고 하는 아빠가 좋습니다, 아빠처럼 이 직장을 위해 저의 능력을 주고 싶습니다"라는 대답은 주는 것과 관계있는 대답입니다. 첫 번째 대답은 직장 생활과 연결되지 않지만 두 번째 대답은 직장 생활과 자연스럽게 연결됩니다.

면접에서 성격이나 직장 생활 태도를 물을 때도 단순히 자기 성격이 좋다거나 단체 생활을 잘한다고 대답하기보다 자기 성격이나 태도를 회사 이득과 연결하는 방향으로 대답해야 좋습니다. 면접관은 지원자가 좋아하는 것과 싫어하는 것, 지원자의 정치 성향 같은 개인적인 일에 관심을 갖지 않습니다. 지원자가 '이 직장에서 진심으로 일할 생각이 있는지, 일할 수준이 되는지'를 알고 싶을 뿐입니다. 면접에서 떨어졌다면 면접관에게 자신의 그런 점을 보여 주지 못한 것입니다. 면접관에게 좋은 점수를 얻으려면 자기가 직장에게 줄 수 있는 이득에 대해 깊게 생각하고 면접을 준비해야 합니다. 이런 준비는 짧은 기간 안에 이루어지지 않습니다. 서류 준비처럼 면접 준비 역시 오랜 시간을 연습하고 생각해야 합니다.

면접에서 떨어지면 누구나 마음에 상처를 받게 됩니다. 그런데 받기로 기대했는데 못 받으면 실망이 크나, 주기로 기대했는데 못 주는 것은 실망이 크지 않습니다. 특히 자기가 '직장에 이득을 줄 만한 실력이 아직 부족했다'라고 생각하면 '앞으로 그 실력을 마련하기 위해 준비를 더 해야겠다'라고 다짐하게 됩니다. 이런 마음은 면접에 떨어지고 실망한 자신을 다시 가다듬고 자기 실력을 더 키우는 일에 도움이 됩니다.

면접이라는 부담스러운 자리에 나가서 생판 처음 보는 사람에게 좋은 평가를 받는 것은 어려운 일입니다. 특히 지원자가 지나치게 억지로 좋은 평가를 받으려고 하면 자기 실력을 제대로 보여 주지 못하고 오히려 손해가 날 수 있습니다. 자기 실력을 있는 그대로만 보여 주어도 상당히 좋은 면접을 한 것입니다. 손해 보지 않는 면접을 하길 바랍니다.

무한 성장

스펙: 취직에 도움 되는 자격증, 졸업장 등 다양한 자료.

가게나 회사를 만들고 운영하는 목적이 무엇일까요? 아무래도 장사를 잘 해서 돈을 많이 버는 것이 주된 목적일 것입니다. 그렇다면 가게나 회사 는 돈을 많이 벌어서 도대체 무엇을 하려는 것일까요? 가게 주인이나 사 장님이 부자가 되는 것, 직원에게 돈을 많이 나누어 주는 것, 건물을 크게 만드는 것 등등 여러 가지 대답이 나올 수 있습니다.

사람이 죽지 않을 정도로만 먹고사는 것을 목표로 삼으면 생활하는 일이 상당히 쉽습니다. 그러나 많은 사람이 그런 삶을 원하지 않습니다. 간신 히 버티는 생활이나 예전이나 지금이나 항상 같은 생활이 아닌 예전보다 더 나은 생활을 원합니다.

모든 생명체가 태어날 때부터 죽을 때까지 자기 몸을 계속 성장시키면서 살아갑니다. 특히 사람은 몸뿐만 아니라 마음도 재산도 지위도 점점 성 장하길 바라며 삽니다. 이처럼 사람은 성장하려는 특징이 있기에 여러 사람이 함께 모여서 일하는 직장 역시 성장하려는 특징이 있습니다. 직 장은 시간이 지날수록 덩치가 커지며 함께 일하는 사람이 많아집니다. 직장 목표 또한 더 높은 기술력을 갖는 것과 더 많은 돈을 버는 것으로 점 점 커집니다. 그렇게 얻은 기술력과 돈으로 다시 직장을 더 키우고 직원 을 더 늘립니다. 결국 직장이 돈을 많이 벌어서 하려는 일은 끊임없는 직 장의 성장입니다. 성장하는 일은 사람이 죽거나 직장이 망해야만 멈춥니 다. 살아 있는 한 성장을 향해 끝없이 나아가는 것은 사람이나 직장이나 피할 수 없는 일입니다.

그래서 직장은 직장 성장을 돕는 사람을 원합니다. 면접 때 지원자는 직장의 성장에 많은 관심이 있어야 하며 자기가 그 성장을 어떤 식으로 돕겠다는 계획과 방법이 있어야 합니다. 면접할 때 지원자는 단순히 '열심히 하겠다, 어떤 것을 잘한다'라고 대답하기보다 최대한 직장의 성장과 연결하여 대답하는 것이 좋습니다.

"특기가 뭔가요?"라는 질문을 받았을 때 "저는 다른 사람의 목소리를 흉내 내는 성대모사를 잘합니다"라는 대답보다 "제 특기는 성대모사인데 이걸로 직장 분위기를 좋게 만들면 회사 성장에 도움이 될 것입니다"라는 대답이 훨씬 낫습니다. 다소 억지스럽게 보이는 대답이지만, 면접관은 지원자가 회사 성장에 관심이 있고 그 성장에 자기가 참여하겠다는 마음을 느낄 수 있습니다.

자기소개를 하더라도 자기가 어떤 지역 출신이고 어떤 학교를 나왔는가는 면접관과 딱히 상관이 없는 일입니다. 지원자가 살았던 지역이나 다녔던 학교가 면접관과 같다면 면접관의 흥미를 끌 수는 있겠지만 그리 중요한 것은 아닙니다.

"어릴 때부터 이 회사 물건을 이용하면서 많은 도움을 받았습니다. 이제는 제가 많은 사람과 회사의 성장에 도움을 주는 사람이 되고 싶습니다"라는 식으로 자기소개를 직장 성장과 연결하여 대답하는 것이 좋습니다.

면접에서 이렇게 대답할 때 조심해야 할 점이 하나 있습니다. 그것은 바로 억지가 아닌 자연스럽게 말해야 한다는 것입니다. 그러려면 가짜가 아닌 진짜로 그런 생각을 가져야 합니다. 사람은 생활하면서 오랫동안 자기가 가지고 있었던 생각을 말할 때 자연스럽게 말합니다. 평상시에 관심이 없던 일을 갑자기 말하려고 하거나 자기 생각과 반대되는 말을 억지로 하면 자연스럽게 말하기가 어렵습니다.

면접관은 수많은 지원자를 상대했던 사람입니다. 면접관은 지원자의 어설픈 거짓말이나 억지스러운 대답을 쉽게 알아냅니다. 지원자가 완벽한 연기자가 아니라면 면접에서 솔직하게 말해야 손해를 보지 않습니다. 지원자는 자기가 지원한 직장의 성장을 오랫동안 진심으로 바라는 마음이 필요합니다. 문제는 세상에는 수많은 직장이 있어 그 많은 직장에 일일이 깊은 관심을 두기는 불가능하단 것입니다.

그래서 되도록 자기가 원하는 직장을 일찍 정하는 것이 좋습니다. 자기가 정한 직장을 오랫동안 살펴봐야 깊은 관심이 생기고 많은 정보 또한 얻을 수 있습니다. 그 직장이 과거에 어떻게 성장했는지, 지금은 어떻게 성장하고 있는지, 앞으로 성장하려면 어떻게 해야 하는지를 알아보려면 오랜 준비가 필요합니다. TV를 판매하는 회사만 하더라도 수많은 회사가 있습니다. 서로 비슷한 종류의 회사라도 회사마다 과거·현재·미래가 각각 다릅니다. 적당한 직장을 여럿 골라서 적당히 취업 준비를 하는 것보다 이왕이면 오래전부터 한 곳을 정해 놓고 그 직장을 목표로 준비해야 좋습니다. 그러면 충분한 면접 실력을 갖추게 되며 자기 대답과 그 직장의 성장을 자연스럽게 연결하여 대답하기 쉽습니다.

취업을 준비하는 많은 사람이 직장에 들어가기 위해 열심히 자기 실력을 쌓습니다. 그만큼 지원자 중에는 실력 좋은 사람이 상당히 많습니다. 면접에서 지원자는 마치 장기 자랑 대회처럼 자기 실력이 좋다는 것을 보여주려고 노력합니다. 면접관 역시 실력 좋은 사람을 대단하게 여길 것입니다. 그런데 면접관은 대단한 사람보다 직장 성장에 도움을 주는 사람을 뽑고 싶어 합니다. 열심히 쌓은 자기 실력을 우리 직장에 기꺼이 쓸 마음이 있는 사람을 원하는 것입니다. 직장은 성장해야만 살아남을 수 있습니다. 면접관은 직장의 성장과 직장의 생존에 관심이 있고 도움을 줄 만한 사람을 간절히 원합니다. 아무리 잘났어도 그 일에 관심이 없는 사람은 직장에서 필요 없습니다. 면접에서 떨어진 것은 실력이 없다기보다 그런 점을 면접관에게 보여 주지 못한 것입니다.

그런 점을 면접관에게 잘 보여 주려면 면접을 보러 가는 직장을 많이 공부해야 합니다. 특정 과목이나 자격증 같은 스펙 공부는 책을 구해서 하면 됩니다. 그러나 직장을 공부하는 일은 책이나 문제집이 거의 없습니다. 오랫동안 그 직장에 관한 뉴스 기사와 자료를 모으면서 공부하는 수밖에 없습니다. 취업을 위해 여러 스펙을 준비하는 것도 좋지만 직장 공부에도 많은 시간을 투자할 필요가 있습니다. 잘난 사람이 아닌 뽑을 만한 사람이 되기를 바랍니다.

쉽게 탈락하는 사람

고소: 범죄 사실을 신고하고 재판을 요구하는 일.

사람과 직장은 끊임없이 성장하려고 합니다. 그런데 이 성장을 방해하는 것이 있습니다. 바로 병과 사고입니다. 사람은 병과 사고를 당하면 성장이 멈출 뿐만 아니라 오히려 예전보다 뒤떨어지게 됩니다. 직장에도 이와 비슷한 병과 사고가 있습니다. 직장의 병은 직장이나 직원에게 피해를 주는 것입니다. 직장의 사고는 갑자기 직장이나 직원에게 나쁜 일이 생긴 것입니다. 이런 직장의 병과 사고는 주로 '직원'이 만듭니다.

병과 사고를 일으키는 직원은 직장의 성장을 막고 직장을 위험에 빠뜨립니다. 일 잘하는 사람 10명이 있더라도 이런 사람 1명이 있으면 직장에 이득보다 손해가 훨씬 더 큽니다. 문제를 일으키는 직원 1명 때문에 식장이 통째로 망하는 사건을 신문 기사에서 때때로 볼 수 있습니다. 그만큼 직장은 일 잘하는 사람을 뽑는 것보다 피해 주는 사람을 막는 것이 더 중요합니다.

다른 직원에게 피해를 주는 사람, 직장 분위기를 망치는 사람, 직장에 큰 손해를 끼치는 사람은 다른 좋은 점이 아무리 많더라도 무조건 탈락합니다. 지원자의 서류 내용이 좋고 면접을 잘해서 취직된 이후라도 나중에 이런 사람으로 확인되면 직장은 그 사람을 내보냅니다.

인터넷에서 간단한 글이나 짧은 댓글을 쓰는 것은 돈 걱정 없이 쉽게 하는 일입니다. 그러나 인터넷에 자기가 남긴 글이나 흔적은 다른 사람과 연결되고 자기도 모르게 복사되어 많은 곳에 여기저기 흩어집니다. 그것을 일일이 찾아서 지우는 일은 굉장히 어렵습니다. 인터넷에 자기가 남긴 글이 좋은 글이거나 문제가 없는 내용이라면 상관없지만 남을 괴롭히고 욕하거나 비상식적인 글을 쓴 것은 오랫동안 많은 곳에 남아 나중에 문제가 될 수 있습니다. 특히 자기 글로 남에게 큰 피해를 주어 고소당하고 처벌받았다면 인터넷뿐만 아니라 법원에도 그 기록이 남습니다. 법원 재판 기록은 법원에 가서 신청하면 누구나 볼 수 있도록 항상 공개합니다. 최근 2019년부터 우리나라는 인터넷으로도 법원 기록을 살펴볼 수 있습니다. 사회에서 일어난 범죄 사건과 그 결과를 언제 어디서나 쉽게 확인할 수 있는 것입니다. 사람이 저지른 범죄를 감추는 일이 점점 어려워지고 있습니다. 물론 사건 가해자의 이름이나 주소 같은 개인 정보는 가려져 있지만 사건 피해자가 범인의 직장이나 인터넷에 피해 사실을 알리는 것까지 막기는 어렵습니다.

인터넷 글을 보면 '조회수'가 있습니다. 조회수는 그 글을 본 횟수입니다. 자기 글의 조회수가 2천 회라면, 2천 명의 사람을 자기 앞에 모아 놓고 자기가 쓴 글을 발표한 것과 같습니다. 실생활에서 사람 2천 명을 모으고 그 앞에서 발표하는 것은 매우 어려운 일입니다. 그러나 인터넷 세상에서는 이런 일을 비교적 쉽게 할 수 있습니다. 누구나 많은 사람을 상대로 말할 수 있다는 것은 인터넷 글의 큰 장점입니다. 그만큼 자기 말을 많은 사람에게 전파할 수 있기에 좋은 일이든 나쁜 일이든 사실이든 거짓말이든 인터넷에선 빠르게 퍼집니다. 특히 자극적이고 폭력적인 내용일수록 사람의 눈과 귀를 집중시키기에 내용 전파가 더욱 빠릅니다. 이런 이유로 인터넷에서 거짓과 폭력적인 글로 어떤 사람에게 피해를 주려고 마음먹으면 매우 큰 피해를 쉽게 줄 수 있습니다. 피해가 크기 때문에 당하는 사람 역시 그냥 넘어가지 않고 경찰에 신고하고 고소할 때가 많습니다. 인터넷에서 적당히 쓴 글 하나로 경찰서에 불려 가고 법원에서 재판받는 일이 상당히 많습니다.

이렇게 인터넷에 남긴 지난 시절의 잘못된 글과 법원에 남은 자신의 과거 범죄 기록은 나중에 자기가 직장 생활을 할 때 큰 문제가 됩니다. 직장은 이런 일과 관계있는 사람을 직장과 직원에게 피해 줄 만한 사람으로 봅니다. 직장은 그런 사람을 위험을 무릅쓰고 굳이 직장 동료로 받아들이지 않습니다.

직장은 여러 사람이 함께 일하는 곳이라서 서로 협력하는 일이 매우 중요합니다. 자기 의견만 주장하거나 자기 마음대로 일하는 직원은 직장 성장에 큰 걸림돌이 됩니다. 개인주의가 심하거나 한쪽으로 크게 치우치는 정치사상이 있는 사람은 협력하는 모습을 기대하기 어렵기에 직장에서 좋아하지 않습니다. 지원자의 공격적인 태도나 대답을 피하려는 모습 또한 마찬가지입니다. 되도록 다른 사람과 잘 어울리는 모습과 성격을 보여 줄 필요가 있습니다. 이런 모습이나 성격은 억지로 만들어서 되는 일이 아닙니다. 일상생활에서 자연스럽게 만들어야 합니다.

취업 과정에서 가능성이 거의 없는 사람이 되지 않는 방법은 간단합니다. 사람을 괴롭히지 않고 주변 사람과 적당히 어울릴 수 있으면 됩니다. 그 정도만 해도 취업 가능성이 있는 사람이 되는 것입니다. 직장은 사람이 생활하는 곳이기에 사람으로서 '기본 생활과 기본 생각'이 부족하지 않아야 합니다. 특별한 생활이 아닌 일상생활이 가능해야 합니다. 이것이 직장 준비를 하는 사람이 갖추어야 할 기본기입니다. 취업을 위해 특별한 스펙을 준비하는 것도 좋지만 사람의 기본 생활과 기본 생각이 제대로 준비되어야 합니다. 이런 기본기는 기본이지만 저절로는 되지 않음을 꼭 기억해야 합니다. 그리고 지난날의 잘못을 정리하는 것 또한 굉장히 중요한 취업 준비 과정 중 하나입니다.

사람은 누구나 실수할 수 있습니다. 문제는 그 실수가 계속 남아 자기 인생의 중요한 순간에 큰 손해를 끼칠 수 있다는 것입니다. 한때의 실수로

'굳이 저 사람을 뽑을 필요는 없지'라는 평가를 받지 않아야 합니다. 어렵게 통과한 직장 생활을 본격적으로 시작할 때 자기 과거가 자신을 직장에서 쫓겨나게 만들 수 있습니다.

기대와 실망의 직장 생활

고용 관계: 직장과 직원의 관계.

노동법, 근로기준법: 근로자(노동자)를 보호하기 위한 법.

고용노동부: 고용 관계에 문제가 있을 때 신고하는 곳.

사직, 퇴사: 직장을 그만두고 스스로 물러남.

서류와 면접을 통과했다면 직원으로서 직장 생활을 시작합니다. 친척 집에 가더라도 처음에는 어색하듯, 신입 직원은 직장 생활 모든 것이 어색합니다. 직장은 직원이 맡은 일을 잘해 주길 기대하고 직장인은 자기가 다니는 직장이 좋은 직장이길 기대합니다. 어색함과 기대감으로 직장 생활을 하다 보면 직장과 직원 서로가 자기 생각과 다르단 걸 조금씩 느끼게 됩니다. 어색함과 기대감은 조금씩 불편함과 실망으로 바뀝니다. 세상에 좋은 직장과 좋은 직원만 있다면 좋겠지만 현실은 그렇지 않습니다. 돈을 제대로 주지 않거나 엉뚱한 일을 시키는 직장이 있고, 맡은 일을 제대로 하지 않는 직원도 있습니다. 둘 중 어느 한쪽에 문제가 있으면 직장과 직원 관계가 금세 엉망이 됩니다. 고용 관계를 잘 유지하는 것은 쉬운 일이 아닙니다. 고용 관계는 계약 관계입니다. 고용 관계가 망가지면 직장은 직원을 내보내는 '해고'의 방법으로, 직원은 스스로 직장을 떠나는 '사직'의 방법으로 서로의 계약을 깨면서 관계가 끝납니다.

철수는 연필 회사에 취직하고 월급 200만 원을 받기로 계약했습니다. 그런데 연필 회사는 철수에게 월급을 160만 원만 주고 해고하였습니다. 직장이 철수의 돈 40만 원을 도둑질한 것입니다. 직장 괴롭힘으로 인해 철수는 생활에 큰 피해를 입었습니다. 돈을 도둑맞으면 경찰서에 신고합니다. 그런데 일하고 받는 돈, '임금'을 도둑맞으면 경찰서가 아닌 고용노동부에 신고해야 합니다. 고용노동부는 이런 사건을 전문적으로 맡아서 해결해 주는 정부 기관입니다. 직장이 문제를 일으킬 때 직원은 스스로 그 문제를 해결하지 못하기에 고용노동부의 도움을 받아야 합니다.

고용 관계는 직장과 직원, 둘만의 관계입니다. 제대로 일해 주고 제대로 임금을 받으면 문제가 생기지 않습니다. 그사이에 다른 사람이 끼어 참견할 이유가 없습니다. 그러나 직장이 직원에게 돈을 제대로 주지 않거나 괴롭히면 고용노동부가 '노동법(근로기준법)'을 이유로 그 직장에 간섭할 수 있습니다. 나쁜 직장이 있을 때 가만 내버려 두면 그런 직장이 점점 많아져 사회가 혼란해지기 때문입니다. 고용노동부는 연필 회사에게 떼먹은 돈을 철수에게 주라고 명령합니다. 만약 연필 회사가 그 명령을 지키지 않으면 고용노동부는 그 직장을 고소하고 죄를 재판받게 합니다. 직원이 직장으로부터 괴롭힘을 당할 때 나쁜 짓에 대한 증거[10]를 모아 두면 많은 도움이 됩니다. 그런데 고용노동부는 필요한 자료를 직원이 아닌 직장에게 요구하므로 그러지 않아도 크게 상관은 없습니다.

문제는 직장이 돈 주기를 끝까지 거부하고 재판받을 때입니다. 재판으로 직장의 죄가 확인되면 직장은 벌금을 내야 합니다. 벌금은 국가에 내는 것이지 직원에게 주는 것이 아닙니다. 결국 직원이 떼인 돈을 받으려면 민사 재판을 해야 합니다. 민사 재판은 자기 돈이 드는 일이라서 부담이 많습니다. 직원이 나쁜 직장을 만나면 어쩔 수 없이 피해를 받습니다.

영수는 연필 회사에 취직하고 월급 200만 원을 받기로 계약했습니다. 그런데 직원 영수는 일하는 시간에 자주 밖에 나가 놀았습니다. 연필 회사는 그런 영수를 해고하고 싶었습니다. 직원이 피해 볼 때는 고용노동부가 도와줍니다. 그러나 직장이 피해를 볼 때는 고용노동부가 도와주지

---

10 근로계약서, 사진 촬영, 메신저 대화, 전화 통화 녹음, 증인 등.

않습니다. 고용노동부는 직원만 도와주는 곳입니다. 그 대신 직장은 불량한 직원을 직접 해고하면서 스스로 문제를 해결할 수 있습니다. 게다가 직원이 직장에서 제대로 일하지 않고 밖에 나가 놀고 왔다면 그 시간 동안의 임금은 주지 않아도 됩니다.

그런데 직원이 문제를 일으킬 때 직장이 스스로 해결할 수 있다고 해서 직장이 무조건 유리한 것은 아닙니다. 직원이 직장의 물건이나 재산을 일부러 부수거나 손해를 입혔을 때만 직장은 재판을 통해 그것을 물어내라고 요구할 수 있습니다. 직원이 직장에서 제대로 일하지 않아 생긴 피해는 대부분 직장 스스로 감당해야 합니다. 결국 직장 또한 나쁜 직원을 만나게 되면 어쩔 수 없이 피해를 받습니다.

이처럼 고용 관계에서 문제가 생길 때는 직장이 직원을 통해 대단히 많은 이득을 얻으려고 하거나 직원이 제대로 일하지 않으면서 돈을 받아 이익을 챙기려고 할 때 나타납니다. 고용 관계에서 상대방에게 피해를 주면서 자기 이익을 많이 얻으려고 욕심부리면 언제든지 이런 일이 나타납니다. 받으려고만 하고 주려는 생각이 없이 상대방을 대하면 상대방에게 큰 피해만 주고 자기가 원하는 것 또한 얻지 못하게 됩니다. 고용 관계뿐만 아니라 사람 관계에서도 상대방을 이용해 먹으려고만 하면 이득을 얻기보다 손해를 보기가 더 쉽습니다.

돈 주세요

근로계약서

사례금: 감사의 뜻으로 주는 돈.

수당: 정해진 봉급 이외에 따로 주는 돈. 추가 임금. 보너스.

직원 복지, 복리 후생: 직장이 직원에게 주는 여러 가지 혜택.

고용 관계는 직원이 일하고 그 대가로 직장이 돈을 주는 계약 관계입니다. 간단한 계약은 말로 해도 괜찮지만 복잡하거나 큰돈을 주고받는 계약은 계약서를 써야 합니다. 고용 관계에서 쓰는 계약서는 '근로계약서'입니다. 취직하고 가장 먼저 하는 일은 직장과 직원이 함께 근로계약서를 쓰는 일입니다.

간단한 일을 해 주고 심부름값을 받거나, 도움을 주고 감사 표시로 사례비를 받을 때는 근로계약서를 쓰지 않습니다. 일정 기간 동안 정식으로 고용 관계가 되어야만 근로계약서를 씁니다.

근로계약서는 직장과 직원 마음대로 쓸 수 없습니다. 근로기준법(노동법)에서 정한 내용을 지키면서 계약서를 써야 합니다. 문제는 직원이 근로계약서를 쓸 때 계약서 내용과 법을 제대로 알지 못하는 경우가 많다는 것입니다. 이것은 직장도 마찬가지입니다. 근로계약서 내용은 무조건 확실히 알아 두어야만 합니다. 노동법의 모든 내용을 알 필요까진 없지만 근로계약서와 관계있는 법 내용은 꼭 알아 둘 필요가 있습니다.

노동법은 기본적으로 직원을 보호하기 위해 만든 법입니다. 직원 편만 들어주는 법입니다. 직원은 일하는 시간이 길수록, 받을 돈이 적을수록 불리합니다. 노동법은 직원이 너무 불리하지 않도록 일할 수 있는 최대한의 시간과 받아야 하는 최소한의 돈을 정합니다. 그 조건과 비슷하거나 보다 나은 조건으로 직장과 직원은 근로계약서를 써야만 합니다. 2022년 기준으로 직원이 일주일 동안 일할 수 있는 기본 시간은 40시간이며 최대 시간은 52시간입니다. 최저임금은 시간당 9,160원입니다.

나이

근로계약서를 쓰기 전에 기본적으로 알아야 하는 내용은 취업할 수 있는 '나이'입니다. 우리나라 노동법은 어린이와 청소년이 직장에 들어가서 일하는 것을 금지합니다. 학교생활에 문제가 생기기 때문입니다. 취업 나이 제한은 성인(만 19세, 고등학교 졸업 이후)이 되면 사라집니다. 그러나 미성년자도 어느 정도 조건이 맞으면 일하고 돈을 벌 수 있습니다.

일단 미성년자는 할 수 있는 일에 제한이 있습니다. 술을 취급하는 곳(편의점, 술 판매 음식점), 밤에 일하는 곳(오후 10시 이후), 청소년 제한 직종(피시방, 만화방, 노래방)에서 미성년자는 일할 수 없습니다. 그래서 미성년자는 술을 팔지 않는 음식섬에서 일하거나 광고지를 나눠 주는 일을 주로 하게 됩니다.

미성년자는 나이별로 일할 수 있는 조건이 조금씩 다릅니다. 고등학교 3학년(만 18세)은 신분증(주민등록증)만 있으면 됩니다. 중학교 3학년(만 15세)부터 고등학교 2학년(만 17세)까지는 가족관계증명서와 부모님 동의서가 필요합니다. 중학교 1학년과 중학교 2학년(만 13~14세)은 위의 2가지 서류에 취직 인허증 서류가 더 필요합니다. 취직 인허증은 교장 선생님 허락까지 받아야 하는 서류라서 상당히 얻기 복잡한 서류입니다. 게다가 이런 나이의 학생은 할 만한 일도 거의 없습니다. 초등학생은 음악 공연이나 연극 공연 같은 일은 할 수 있으나 다른 일은 아예 불가능합니다.

직장 크기

근로계약서를 쓰기 전에 기본적으로 알아야 하는 다른 내용은 '직장 크기'입니다. 자기가 일하는 직장이 큰 직장인지 작은 직장인지 알아 두어야 합니다. 작은 직장은 직장 건물이 작은 것이 아니라 직원 수가 적은 직장입니다. 직장에서 하루에 일하는 직원이 보통 1~4명(5인 미만)이라면 작은 직장으로 봅니다. 그렇지 않고 5명 이상이라면 큰 직장으로 봅니다. 작은 가게라도 직원 수가 많으면 큰 직장인 것입니다. 자기가 직접 확인하기 어렵다면 직장에 물어봐야 합니다.

작은 직장은 큰 직장에 비해 노동법 간섭을 거의 받지 않습니다. 작은 직장은 형편이 어려운 곳이 많고 고용노동부가 일일이 관리하기 어렵기 때문입니다. 작은 직장은 직원으로서 노동법의 보호를 제대로 받지 못합니다. 그리고 큰 직장에서 일하더라도 일주일에 총 15시간보다 적게 일하는 사람(하루에 2~3시간 정도만 일하는 사람)은 노동법의 보호를 거의 받지 못합니다. 이런 직원은 계약서를 쓰더라도 임시 직원이나 도우미에 가깝습니다.[11] 여러 가지 보너스나 휴가를 거의 받지 못합니다.

근로계약서 내용

1. 근로계약 기간

직장과 직원이 서로 의논해서 일하는 기간을 함께 정합니다. 기간이 끝나면 직장에서 나가거나 직장과 다시 계약해야 합니다. 계약직이나 단기 아르바이트는 시작 날짜와 끝 날짜를 모두 쓰며, 정규직이나 장기 아르바이트라면 시작 날짜만 씁니다.

----

11 초단시간 근로자.

2. 업무 내용

근로계약서에 자기 업무 내용을 쓸 때는 비교적 간단하게 씁니다. 일에 대한 자세한 내용은 직장 상사나 고용주, 가게 주인과 대화하고 메모하면서 따로 정리해 두어야 합니다. 자기가 맡은 역할이 무엇이고 어떤 권한이 있으며 문제가 생기면 어떻게 책임져야 하는지 제대로 확인해야 합니다. 특히 일하다가 애매할 때는 자기 마음대로 판단하지 말고 직장 상사에게 꼭 물어보면서 일을 해야 합니다.

3. 근무시간

하루 동안 일하는 시간을 적는 곳입니다. 2022년 기준, 직장 근무시간은 일주일 동안 하루에 8시간씩, 5일 일하는 주 40시간이 기본입니다. 이 시간보다 일을 더 하려면 일주일에 최대 12시간까지 연장해서 일할 수 있습니다. 일주일 총 근무시간 52시간(40+12)을 넘기는 직장은 불법이므로 처벌받습니다. 만약 일주일에 30시간을 기본 근무시간으로 일하는 직장인이라면 12시간을 더해 최대 42시간을 일할 수 있습니다. 무조건 최대 52시간은 아닙니다. 그리고 노동법의 보호를 받는 직원이 되려면 일주일 총 근무시간이 최소 15시간 이상이 돼야 합니다. 직장인 대부분은 일주일 동안 총 15~52시간을 일한다고 볼 수 있습니다.

4. 휴게 시간

근로계약서 근로 시간에는 휴게 시간이 함께 있습니다. 휴게 시간은 학교 다닐 때 겪었던 쉬는 시간과 비슷합니다. 휴게 시간은 직장에서 간섭할 수 없는 개인 자유 시간입니다. 그 시간만큼은 자기 하고 싶은 것을 하며 쉬면 됩니다. 잠자고 싶으면 잠깐 자도 됩니다.
노동법은 4시간 일하면 최소 30분은 휴게 시간으로 보내도록 정해 놓았습니다. 1시간당 10분 휴식과 비슷한 개념입니다. 오전부터 오후까지 8시간 일하는 직장은 근무시간 중에 1시간을 휴게 시간으로 정해야 합니다. 직장 대부분은 점심시간 1시간을 휴게 시간으로 정합니다. 그 대신 점심시간이 따로 없는 직장이나, 일 때문에 점심시간을 휴게 시간으로 쓰지 못하는 직원은 휴게 시간을 따로 정해야 합니다. 특별히 알아야 할 것은 이 휴게 시간은 일하는 시간에 포함되지 않으므로 휴게 시간에 대해선 임금을 주지 않습니다. 그래서 하루에 직장에서 일하는 시간이 8시간이라면 9시간을 직장에서 보내야만 합니다. 하루 8시간 근무하는 사람이 오전 9시에 출근하면 8시간 뒤인 오후 5시에 퇴근하지 않고, 그보다 1시간 뒤인 오후 6시에 퇴근하는 이유가 바로 휴게 시간 때문입니다.

영수가 편의점에서 4시간 아르바이트를 하기로 근로계약을 했어도 4시간만 일하고 집에 갈 수 없습니다. 휴게 시간 30분을 편의점에서 더 보내야만 합니다. 그런데 영수 혼자서 일하는 편의점이라면 일하는 중간에 편의점 문을 닫고 30분의 휴게 시간을 갖기가 사실상 어렵습니다. 그렇다고 일 끝나고 휴게 시간 때문에 편의점에서 30분을 억지로 있는 것도 좋지 않습니다. 이럴 때는 휴게 시간 없이 일하고 바로 집에 가는 것이 더 낫습니다. 하지만 직원이 2명 이상 일하는 곳은 서로 번갈아 가면서 휴게 시간을 꼭 가져야 합니다.

5. 휴일과 주휴수당

일주일에 최소 하루는 직원에게 휴일을 주는 것, 주휴를 노동법은 정하고 있습니다. 꼭 법 때문이 아니더라도 사람은 쉬지 않으면 제대로 일하지 못합니다. 일주일 중 직장이 정한 직원 휴일이 '주휴일'입니다.

철수의 직장은 토요일과 일요일을 휴일로 삼습니다. 철수가 근로계약서를 쓸 때 휴일은 2일이지만 그중에 하루를 주휴일로 정해야 합니다. 철수 직장은 일요일을 주휴일로 정했습니다. 이렇게 휴일 중에서 주휴일을 따로 정하는 이유는 '주휴수당' 때문입니다. '수당'은 보너스로 받는 돈입니다. 주휴수당은 주휴일에 받는 보너스입니다. 주휴일로 정한 날은 집에서 노는 날이지만 직장에서는 그날을 일한 날로 인정해 줍니다. 철수는 토요일과 일요일 모두 쉬지만 일요일에 쉬는 것은 직장에서 일한 것처럼 여기기 때문에 일요일은 놀고 돈 받는 날이 됩니다.

그런데 주휴수당은 일주일 개근한 사람만 받을 수 있다는 조건이 있습니다. 평일에 하루라도 결석하면 그 주는 주휴수당이 없습니다. 그러면 결석한 날의 임금과 그 주의 주휴수당이 없어지므로, 한 주 동안 받을 수 있는 임금의 이틀 치가 빠지게 됩니다.[12]

직원이 5인 미만인 작은 직장이라도 직원이 개근하고 열심히 일했다면 주휴일과 주휴수당을 받을 자격이 있습니다. 그 대신 주 15시간 근무가 되지 않는 사람은 주휴일과 주휴수당을 정식으로 받지 못합니다. 아무래도 일하는 시간이 너무 적어 따로 휴일을 주지 않아도 괜찮다고 노동법에서 판단한 것으로 보입니다.

6. 기본급

근로계약서에서 가장 중요한 부분은 임금입니다. 직장과 직원이 서로 의논해서 임금을 결정할 때도 있지만 대부분 직장에서 일방적으로 정할 때가 많습니다. 아르바이트 모집이나 취업 안내문을 보면 직장에서 정한 임금이 쓰여 있을 때가 많습니다.

기본급은 근무시간을 기준으로 직장에서 정한 기본임금입니다. 시급·일급·월급의 형태로 정합니다. 큰 직장은 주로 일 년 단위로 임금을 정하기

----

[12] 직장 허락 없이 갑자기 결석(무단결석)하거나 병으로 출근하지 않은 것을 결석으로 봅니다. 정식 휴가는 결석으로 여기지 않습니다.

에 연봉 계약 방식을 주로 씁니다. 연봉이라고 해서 일 년 치를 한 번에 주는 것이 아니라, 월급으로 나누어서 줍니다. 기본급은 직원이 받는 임금 중 가장 큰 돈이면서 여러 가지 수당(보너스)을 받는 기준이 됩니다. 기본급이 높을수록 각종 수당 또한 높아집니다.

7. 상여금

임금에는 상여금이 있습니다. 상여(賞與)란 '상 받는 것'을 말합니다. 직원이 일을 잘하고 직장이 이득을 많이 얻으면 직장은 직원에게 상으로 보너스 임금을 줍니다. 그것이 바로 상여금입니다. 인센티브라는 말을 쓰기도 합니다. 노동법에 상여금을 주는 기준은 없습니다. 직장 마음대로 주는 것이라서 직장마다 받는 상여금이 다릅니다.

직장 대부분은 상여금을 미리 정해서 주는 편입니다. 상여금은 퍼센트(%) 단위를 써서 나타냅니다. 300% 상여금은 한 달 기본급의 3배를 상여금으로 주는 것을 뜻합니다. 200% 상여금은 기본급의 2배가 됩니다. 상여금은 직장 형편이 좋아지면 더 늘어날 수도 있고 형편이 나빠지면 받지 못할 수도 있습니다. 상여금은 직접 받는 월급이 아닌 기본급만 가지고 계산하는 것을 알아 두어야 합니다.

8. 기타 급여(제수당)

임금에는 기타 급여, 제수당이 있습니다. 정한 시간 외에 일을 추가로 하면 돈을 더 받는 것을 말합니다. 직장 생활을 하다 보면 직장에 특별한 일이 생기거나 필요에 따라 근무를 더 할 때가 있습니다.

휴일에 추가로 일하면 휴일근무수당, 근무 시간이 끝난 뒤에 추가로 일하면 연장근무수당, 밤에 일하면 야간근무수당을 받습니다. 직장에 따라 다르지만, 주로 큰 직장(5인 이상)은 이런 기타 급여를 자신의 보통 시급의 1.5배로 계산합니다. 그 대신 작은 직장(5인 미만)은 기타 급여가 평상시 급여와 같습니다. 그래서 휴일이나 밤에 일하는 곳은 5인 이상 큰 직장이 직원에게 좀 더 유리합니다. 이런 추가 근무는 일주일에 12시간을 넘길 수 없도록 노동법에서 정하고 있습니다.

9. 퇴직금

근로계약서 임금 내용에 없지만 직원이 받아야 하는 돈이 있습니다. 직장을 그만둘 때 받는 퇴직금입니다. 근로계약서에 퇴직금 내용이 없는 것은 굳이 계약서에 쓰지 않거나 직원이 모르더라도 직장 스스로 알아서 줘야 하기 때문입니다. 그러나 가끔 퇴직금을 주지 않는 직장이 있기에 자기 퇴직금을 직접 알아 두고 직원으로서 퇴직금을 요구할 수도 있어야 합니다.

퇴직금은 직원이 직장을 그만두고 다음 직장을 찾을 때까지 자기 생활을 유지하기 위해 직장에서 추가로 주는 돈입니다. 식상 생활 1년딩 1개월 치 '보통 월급'을 퇴직금으로 계산합니다. 보통 월급은 대략 1달 기본급에 1달 치 수당(보너스)을 합친 것입니다. 만약 직원이 5년 일하고 퇴직하면 대략 5달 치 월급을 퇴직금으로 받게 됩니다. 퇴직금은 1년을 기준으로 계산하므로 최소 1년 이상 직장 생활을 해야 받을 수 있습니다. 퇴직금은 직원 월급 중 일부를 직장에서 떼고 그것을 모아서 나중에 돌려주는 것이 아닙니다. 직장이 따로 준비해서 주는 것입니다.

10. 해고예고수당

근로계약서 임금 내용에 없지만 직원이 받아야 하는 돈에는 해고예고수당 또한 있습니다. 이 돈은 직장이 직원에게 내는 벌금과 비슷합니다. 직장이 직원을 해고할 때는 최소한 30일 전에 알려야 합니다. 직원에게 지금 직장 생활을 마무리하고 다음 직장을 구할 시간이 필요하기 때문입니다. 그런데 직장이 직원에게 이런 시간을 주지 않으면, 그 직원은 갑작스럽게 일과 돈이 끊기게 되어 생활에 어려움이 생깁니다. 직원에게 해고일까지 1달의 시간을 주기 어렵다면 돈이라도 1달 치를 챙겨 주어야 합니다. 이것이 노동법에서 정한 '해고예고수당'입니다.

만약 "3일 후에 직장에서 나가세요"라는 문서나 이메일을 오늘 받았다면, 그 직원은 이번 달 오늘까지 일한 임금에 3일 치 임금이 아닌 1달 치 임금을 더한 돈을 해고일에 받게 됩니다. 그런데 직장에서 "30일 후에 직장에서 나가세요"라는 연락을 오늘 받았다면, 해고예고수당 없이 그날까지 일하고 임금을 받아서 나가면 됩니다. 그러나 직원이 직장 생활을 한 지 3개월이 되지 않았을 때, 재난이 생겨 회사가 망할 때, 직원이 직장에 고의로 큰 손해를 주었을 때는 30일의 해고 준비기간과 해고예고수당 모두 줄 필요가 없습니다.

주휴수당, 퇴직금, 해고예고수당은 작은 직장(5인 미만)이라도 직원이라면 무조건 직장에서 받아야 하는 돈입니다. 그만큼 노동법은 일주일에 한 번 쉬는 것과 퇴직하는 직원에게 돈과 시간을 주는 것을 굉장히 중요하게 여깁니다.

그런데 주 15시간이 되지 않는 근로자(임시 직원, 초단시간 근로자)는 1년을 일해도 1년 일한 것으로 보지 않기에 퇴직금 대상이 되지 않습니다. 비슷한 이유로 주휴도 없습니다. 하지만 그런 근로자라도 해고할 땐 30일 이상의 시간을 줘야만 하기에 해고예고수당은 받을 수 있습니다.

11. 직원 복지(복리 후생)

직장 생활을 하다 보면 밥을 먹거나, 자동차를 이용하거나, 전화를 이용할 때가 있습니다. 이런 일은 개인 생활이지만 직장 생활에 필요한 일이기도 합니다. 식사비를 직장에서 내어 주는 직장이 있는가 하면 식사비를 주지 않는 직장도 있습니다. 교통비나 통신비 역시 직장마다 다릅니다. 그리고 같은 직장의 직원이라도 직원이 하는 일에 따라 이런 비용을 주기도 하고 주지 않기도 합니다. '알아서 밥 주겠지'라고 생각하지 말고 근로계약서를 쓸 때 이런 내용을 물어봐야 합니다.

그 외에도 직장은 다양한 혜택을 직원에게 주면서 직장 일을 잘하라고 격려합니다. 이런 것을 직원 복지 혹은 복리 후생이라고 합니다. 휴가 때 휴가비를 준다거나, 직원에게 교육비를 준다거나, 출퇴근 시간을 직원에게 맞춰 준다거나, 자녀 교육비를 지원하는 등 직장마다 다양한 직원 복지가 있습니다. 이런 직원 복지는 휴가를 제외하고 노동법에서 따로 정한 것이 없습니다. 직장마다 복지가 다르며 직장 형편에 따라 새로운 직원 복지가 생기기도 하고 있던 직원 복지가 사라지기도 합니다.

12. 휴가(연차유급휴가)

직장에는 휴가 제도가 있습니다. 일 년 동안 직장 생활을 하면 그다음 해에 1년 치 휴가 15일을 받습니다. 이것을 연차 휴가, 연가라고 합니다. 이런 휴가는 직장 생활을 오래 할수록 조금씩 늘어나기도 합니다. 연차 휴가는 자기가 쉬고 싶을 때 직장 허락을 받고 쓸 수 있습니다. 그런데 휴가는 직원 모두 쉬는 것이 아니라 자기만 쉬는 것입니다. 자기 휴가 기간 동안 자기 때문에 직장에 문제가 생기지 않도록 미리 조치를 하고 휴가를 가야 합니다. 직장 생활 기간이 1년이 안 된 사람은 1달 일한 대가로 다음 달에 1달 치 휴가 1일을 받습니다. 이것은 월차 휴가입니다.

직원이 주휴일에 쉬면 일을 한 것으로 보고 1일 치 돈을 받았던 것처럼, 휴가도 쉬지만 일을 한 것으로 봐 주기에 휴가 날짜만큼 돈을 줍니다. 그래서 직장 휴가는 '임금이 있다'라는 뜻의 유급이라는 말을 붙여 '연차유급휴가'라고 합니다. 연차나 월차를 쓰지 않았다면 직장에서 돈, 휴가 미사용수당으로 받을 수도 있습니다.

13. 사회 보험

근로계약서에 보면 사회 보험 항목이 있습니다. 사회 보험은 '고용보험·산재보험·국민연금·건강보험' 4대 보험을 말합니다. 각 보험은 직원이 일하면서 병이나 사고가 생기거나 직장을 그만둘 때 여러 도움을 줍니다. 법은 직장과 직원 모두 이 보험에 가입할 것을 의무로 하고 있으며 보험에 가입하지 않은 직장은 처벌받습니다. 직장은 직원을 4대 보험에 가입시키고 직원의 4대 보험 비용을 직장과 직원이 대략 절반씩 나눠서 매달 내야 합니다. 직장과 직원이 매달 내는 4대 보험 비용은 대략 직원 월급의 10% 정도입니다.[13] 직원 월급이 백만 원이라면 직장과 직원이 각각 8만 오천 원 정도를 보험료로 내야 합니다.

직원은 자기 임금에서 10% 가까운 돈이 매월 빠져나가기에 아깝다고 생각할 수도 있습니다. 그러나 이 4대 보험은 직원에게 유리한 보험입니다. 특히 직장이 보험료 절반을 대신 내어 주기에 직원에게 큰 이득입니다. 건강보험의 경우 직장 직원이 아닌 개인으로 가입하면 훨씬 비싼 보험료를 내야 합니다.

14. 세금

사람이든 직장이든 돈을 벌면 무조건 소득세라는 세금을 내야 합니다. 직장인은 임금을 받아 돈을 벌기에 이런 소득세를 냅니다. 소득세는 자기 임금에 따라 다르게 정해지고 계산하는 것도 복잡합니다. 대략 최저

---

13 좀 더 정확히는 8.5%이지만 상황에 따라 조금씩 다릅니다.

임금을 받고 혼자서 생활한다면 매월 소득세로 1만 5천 원 정도를 내는 편입니다. 1년이면 약 20만 원을 소득세로 내게 됩니다.

자기가 열심히 일해서 번 돈을 국가가 가져가는 것이 좋게 생각되지는 않을 것입니다. 그러나 그런 세금으로 국가가 고용노동부나 경찰 같은 곳을 운영하기 때문에 안전하게 직장 생활을 할 수 있고 자기가 번 돈을 남에게 뺏기지 않을 수도 있는 것입니다.

'4대 보험과 세금'은 직원이 직접 내는 것이 아니라, 직장이 직원에게 임금을 주기 전에 미리 떼어 냅니다. 이것을 '원천 징수'라고 합니다. 이런 이유로 자기가 원래 받아야 하는 임금보다 실제로 받는 임금이 조금 적습니다.

15. 실업급여

실업급여는 근로계약서 임금 내용에 없지만 받을 수 있는 돈입니다. 스스로 직장을 그만두지 않고 어쩔 수 없이 직상을 잃게 되면, 직장을 구하는 일에 도움 되라고 고용보험에서 돈을 줍니다. 이것이 실업급여입니다. 직장을 떠난 그날부터 다음 직장을 얻을 때까지 최대 1년 동안 예전 직장에서 받았던 임금의 약 60%를 고용보험에서 받게 됩니다. 근로계약서 기간이 끝났거나 직장에서 해고당한 사람은 퇴직금과 실업급여로 생활하면서 다음 직장을 구해야 합니다.

실업급여는 직장에 직접 출근한 날이 180일(6개월) 이상 돼야 받을 수 있습니다. 그러려면 대략 8개월 정도는 직장 생활을 해야 합니다. 실업급여는 직장을 그만둔 날부터 일 년 동안만 받을 수 있기에 늦게 신청할수록 받을 수 있는 실업급여가 줄어듭니다. 만약 해고된 날 이후로 3개월이 지나고 실업급여를 신청했다면 9개월 치만 받으므로 손해입니다.

실업급여는 일할 자격이 있고 일할 마음이 있어도 어쩔 수 없이 직장을 그만두게 된 사람의 취업 준비를 돕기 위한 것입니다. 적당히 일하고 일부러 직장을 그만두고 돈을 거저 받으려는 사람을 위해 있는 것이 아닙니다. 그래서 직장에 피해를 주거나 자기 마음대로 직장에 출근하지 않았던 직원은 해고되더라도 실업급여를 받지 못합니다. 게다가 거짓말로 실업급여를 받은 사람은 고용노동부가 그 돈을 다시 가져가거나 벌금을 내게 합니다. 직장 생활을 하면서 직급을 올리고 경력을 쌓는 일은 임금을 받는 것만큼 중요한 일입니다. 자주 직장을 떠나게 되면 이런 일을 이루지 못하므로 실업급여에 의지하는 마음은 그리 좋지 않습니다.

16. 최저임금

노동법은 직원이 받는 최대 임금은 정하지 않지만 직원을 보호하기 위해 최저임금은 정해 놓고 있습니다. 최저임금은 해마다 조금씩 바뀝니다. 2022년 최저임금은 시급으로 9,160원입니다. 자기 임금을 시급으로 계산해서 최저임금보다 적으면 직장에 알리고 임금을 최저임금 수준까지 올려 달라고 요구해야 합니다. 만약 직장에서 거부한다면 고용노동부에 신고하고 도움을 받아야 합니다.

시급으로 임금을 받는 사람은 자기 임금과 최저임금을 바로 비교할 수 있습니다. 그러나 월급이나 연봉으로 임금을 받는 사람은 시급을 따로 계산해서 최저임금과 비교해야 합니다. 계산하는 방법[14]은 상당히 복잡한 편이라서 최저임금 확인 계산을 도와주는 다양한 인터넷 사이트를 이용하는 것이 좋습니다.

5인 미만 작은 직장에서 일하든, 주 15시간 미만 직원이든 근로자는 무조건 최저임금과 같거나 더 높은 임금을 받아야만 합니다.

---

14 기본급+매월 상여금 일부분+매월 식사비와 교통비 일부분+기타 등등

17. 계약서 보관

여기까지 근로계약서를 다 썼다면 복사해서 한 장씩 직장과 직원이 갖습니다. 이젠 일 잘하고 돈 잘 받으면 됩니다. 계약서를 쓰지 않고 말로만 계약하는 것은 나중에 문제가 생길 수 있습니다. 무엇보다 노동법을 어기는 불법 행위입니다.

어릴 때부터 공부와 연습을 하면서 자기 실력을 키우고 힘든 취업 시험을 통과해 직장 생활을 하게 된 만큼, 직원은 다양한 돈과 혜택을 받을 자격이 있습니다. 직장이 직원 임금과 복지를 일일이 챙기는 것이 쉬운 일은 아니지만 직원 또한 직장 성장을 위해 자기 인생의 많은 시간을 직장에 투자합니다.

직장인으로 일하면 이것저것 받는 것이 상당히 많습니다. 모두 법적인 근거가 있고 직장은 그것을 실제로 줍니다. 법과 직장은 '사람이 일하는 것은 대단한 것'이라고 인정해 줍니다. 이런 인성을 받는 일은 실제로 직장 생활을 해 보고 보수를 받아 본 사람만 아는 것입니다. 일하는 것이 막연히 두렵거나 귀찮게만 생각된다면 아르바이트라도 해 보면서 직접 임금을 받아 볼 필요가 있습니다. 그러면 '일하는 것의 대단함'을 직접 경험할 수 있을 것입니다.

짐 싸기

이직: 직장을 그만두거나 직장을 옮기는 것.

취업규칙, 회사 규정, 내규: 직장에서 정한 직장 생활 규칙.

평판 조회, 레퍼런스 체크: 사람 됨됨이를 알아보는 것.

자산: 돈이나 돈이 되는 물건, 가치가 있는 지식이나 기술.

정년: 60세에 직장을 그만두는 것.

임금피크제: 임금을 줄이는 대신 정년까지 일하는 것.

직장 생활에는 항상 그 끝이 있습니다. 일정 기간이 지나면 다니던 직장을 그만두거나 다른 직장으로 옮겨야 합니다. 이것을 '이직'이라고 합니다. 이직에는 직원 스스로 그만두는 사직과 강제로 직원을 그만두게 하는 해고·권고사직·명예퇴직·정년이 있습니다.

사직

직장을 스스로 그만두는 것을 사직이라고 합니다. 직원이 근로계약을 직접 취소해 버리는 일입니다. 직장 일이 너무 버겁거나, 다른 직원과 사이가 좋지 않다거나, 병이나 사고를 당하거나, 가정에 문제가 있거나, 다른 직장으로 옮긴다거나 등의 이유로 직원은 사직할 수 있습니다.

사직하려면 먼저 사직서를 써서 자기 부서 관리자(팀 소속이면 팀장, 부 소속이면 부장)나 고용주(사장, 주인)에게 냅니다. 그러면 사직 날짜를 직장으로부터 받게 됩니다. 정해진 사직일이 되면 그날부터 직장에 안 가면 됩니다. 사직일 전날이 마지막 근무일이 됩니다.

만약 직장으로부터 사직 날짜를 받지 못하면 사직서를 제출한 날로부터

노트 8 취직과 보수 **247**

한 달(30일) 되는 날이 자동으로 사직일이 됩니다. 자동 사직일은 법으로 정한 내용입니다.[15]

학교에는 학교에서 정한 학교생활 규칙, 교칙이 있듯이 직장에는 직장에서 정한 직장 생활 규칙, '취업규칙'이 있습니다. 취업규칙은 '회사 규정, 사규, 내규'라고도 불리며 그 직장의 고용주(사장, 주인)가 정합니다.

직장이 직원에게 일하는 시간, 임금, 휴가를 제대로 보장하지 않고 괴롭히면 노동법은 직장을 혼내 주는 역할을 합니다. 직장은 노동법을 따라야만 하고 그렇지 않으면 처벌받습니다. 그런데 법이란 것은 그 법을 지키지 않는 사람에게만 상관있는 것입니다. 노동법을 지키는 직장에게 노동법은 아무런 간섭을 할 수 없습니다.

그 대신 직원이 직장에서 제대로 일하지 않을 때는 취업규칙이 직원을 혼내 주는 역할을 합니다. 직원은 자기 직장의 취업규칙에 따라야만 하고 그렇지 않으면 불이익이나 해고를 당할 수 있습니다. 직원이 직장 생활을 계속하려면 노동법이 아닌 직장 규칙을 따라야 합니다.

직장이 직원을 해고할 때는 노동법에 따라 30일의 기간을 직원에게 주는 것이 직장의 의무입니다. 직원이 스스로 사직할 때는 민법에 따라 30일의 기간을 직장에게 주는 것이 직원의 의무입니다. 다시 말해, 직원이 사직서를 내고 직장에서 허락을 받지 못했다면 30일 동안은 직장의 취업규칙을 따르면서 성실히 근무해야 합니다. 만약 사직서를 쓰고 나서 사직일이 되기 전에 자기 마음대로 직장에 출근하지 않으면 그 직장의 취업규칙에 따라 무단결근이 됩니다. 무단결근을 한 직장인은 나중에 실업급여를 받지 못할 수도 있습니다. 게다가 무단결근으로 인해 직장에 피해가 있었다면 직장이 손해배상을 그 직원에게 요구할 수도 있습니다.

사직하는 직원이 직장을 옮길 때 새 직장은 이전 직장에서의 근무 태도를

---

15 민법 제660조.

확인할 때가 많습니다. 평판 조회 혹은 레퍼런스 체크라고 합니다. 이전 직장에서 근무 태도가 나빴거나 매너 있게 이직하지 않았다면, 새 직장은 그 사람을 거부하거나 좋지 않게 생각할 것입니다.

직장의 시설·장비·기술·지식을 '직장 자산'이라고 합니다. 직장에서 직원이 직장 자산을 이용하여 만든 결과물은 직원의 것이 아닌 직장의 것입니다. 직원이 직장을 그만둘 때는 그 직원과 관계있는 모든 직장 자산을 직장에 반납하고 일은 다른 직원에게 넘겨주어야 합니다. 이것을 '인수인계'라고 합니다. 만약 이직할 때 직원이 자기와 관계있는 직장 자산을 자기 마음대로 없애거나 망가뜨리면 그 손해를 그대로 물어 주어야 합니다. 특히 직장의 기술이나 지식을 삭제하거나 다른 직장에 넘겨주는 일은 감옥에 갈 정도로 심각한 범죄입니다. 자기가 맡았던 일을 다른 직원에게 넘길 때 제대로 해 주지 않으면 자신은 나쁜 평판을 받게 되고, 인수인계받는 직원은 곤란해지며, 직장은 손해를 보게 됩니다. 자신과 직장모두에게 문제가 생깁니다. 만약 좋지 않은 일로 사직하게 되더라도 인수인계만큼은 제대로 해야만 합니다.

해고

'해고'는 직장이 직원과 함께 썼던 근로계약서를 취소하고 직원을 내보내는 것입니다. 자기 일을 제대로 하지 않거나 불성실한 태도로 직장 생활을 하는 것, 거짓말, 나쁜 사생활(도박, 폭행), 직장에 피해를 주는 것, 병이나 사고로 건강을 잃는 것 등 직원에게 문제가 있을 때 직장은 취업규칙에 따라 직원을 해고할 수 있습니다. 직장인은 자기 역할뿐만 아니라 개인 생활이나 건강에 문제가 생겨도 직장에서 쫓겨날 수 있는 것입니다. 게다가 직장 형편이 갑자기 어렵게 되면 문제가 없는 직원이라도 해고당할 수 있습니다. 직장이 직원을 내보내는 방법에는 '해고, 권고사직,

명예퇴직, 정년'이 있습니다.

취업규칙을 어기거나 직장에 큰 피해를 준 직원은 해고당할 수 있습니다. 그런데 이런 이유가 아닌 상급자 기분을 나쁘게 하거나 사소한 실수를 저지르거나 같은 비상식적인 이유로 해고당하면 고용노동부에 도움을 요청할 수 있습니다. 직장에서 직원을 해고할 때는 '서류로, 최소 30일 전에' 직원에게 알려야 합니다. 해고 같은 중요한 일은 '대화로, 급하게' 처리해선 안 됩니다. 해고당한 직원은 실업급여를 신청해서 받을 수 있습니다. 그런데 개인적인 범죄를 일으켰거나, 직장에 막대한 피해를 줬거나, 오랜 기간 연락하지 않고 직장에 나오지 않았다면 실업급여를 받지 못합니다.

'권고사직'은 퇴직을 부추기는 것입니다. 해고보다 살짝 부드럽게 느껴질 뿐 사실상 해고와 같습니다. 직장은 그 직원이 직장에서 나가 주길 원하므로 사실상 직장과 직원이 사이좋게 지내기가 어렵습니다. 권고사직도 해고처럼 실업급여를 받을 수 있습니다.

'명예퇴직'은 직장에서 명예롭게 퇴직하는 것입니다. 직원이 나이가 많이 들면 체력·건강·협동 등 여러 가지 부분에서 문제가 생기기에 강제로든 스스로든 직장을 나가야 합니다. 어쩔 수 없이 직장에서 밀려나는 것보다 직장과 의논해서 사이좋게 퇴직하는 것을 명예퇴직, 희망퇴직이라고 합니다. 스스로 사직서를 쓰고 그만두는 사직과 상당히 다르며, 권고사직과도 다릅니다. 권고사직은 직원을 미리 정하고 퇴직을 요청하지만, 명예퇴직은 신청자를 받는 식으로 처리합니다. 스스로 직장을 그만두는 것은 실업급여를 거의 받지 못합니다. 명예퇴직은 스스로 퇴직하는 일이므로 실업급여를 받기 어렵습니다. 그래서 직장은 명예퇴직자에게 실업급여보다 더 많은 금액을 명예퇴직수당으로 주기도 합니다.

'정년(停年)'에서 정(停)은 '정지, stop'의 뜻입니다. 나이가 너무 많이 들었으니 직장 생활을 멈추라는 것입니다. 직장마다 정해 놓은 정년이 있으며 직장 대부분은 60세를 정년으로 정합니다. 그런데 현실적으로 공무원, 공공기관 직원, 교사 등을 제외하고 직장에서 60세 정년까지 일하고 퇴직하는 사람은 거의 없습니다. 많은 직장인이 나이가 40세 후반이나 50세쯤 되면 슬슬 명예퇴직이나 권고사직의 길을 가게 됩니다. 몇몇 직장은 '임금피크제'라고 해서 직원이 적당한 나이가 되면 임금을 줄이는 대신 정년까지 고용을 보장해 주는 제도를 쓰기도 합니다.

가족, 친구, 애인, 직장 그 어떤 관계라도 그 끝은 항상 불편하고 어색하고 어려운 일입니다. 그만큼 직장 생활을 그만둘 때는 불안함, 미안함, 어색함, 아쉬움 등 여러 좋지 않은 감정이 들기 마련입니다. 그런데 직장 생활을 시작할 때 서류, 면접, 근로계약서 등 여러 가지 형식과 과정이 있듯, 직장 생활을 마칠 때도 형식과 과정이 있습니다. 더는 함께하지 않을 직장이라고 생각하고 무례하게 대하기보다 직장에서 정한 퇴직 절차를 성실하게 따라 주는 것이 그동안 직장에서 많은 시간을 보내고 돈을 받았던 사람으로서 갖추어야 할 매너입니다. 그 대신 직장 생활 기간이나 퇴직 때 직장이 자기에게 무례하게 대한다면 고용노동부와 노동법을 통해 도움을 받을 수도 있어야 합니다.

직원이 좋아도 직장이 좋지 못하면 직원이 직장을 떠나야 합니다. 직장이 좋아도 직원이 좋지 못하면 직원이 직장을 떠나야 합니다. 잘못이 어느 쪽에 있든 일했던 직장을 떠나는 것은 직원으로서 썩 좋은 일은 아닙니다. 그나마 직원으로서 제대로 직장 생활을 하다가 직장을 떠나는 것이 자기에게 후회가 적습니다. 후회 없는 직장 생활은 없겠지만 이왕이면 후회가 적은 직장 생활을 하기 바랍니다.

병과 사고

일 년에 대략 사망자의 90%는 질병으로, 나머지 10%는 사고
로 사망합니다.[16] 의학 기술은 나날이 발전하지만 여전히 사람
대부분은 병으로 죽습니다. 흔히 '나이가 많이 들어 수명이 다
했다'라는 말은 노인이 질병으로 사망한 것입니다. 나이가 많
다고 저절로 죽지는 않습니다.

사람은 완벽하지 않기에 자신이든 상대방이든 실수나 잘못을
할 때가 있습니다. 살다 보면 누구나 어쩔 수 없이 사고에 휘
말릴 수 있는 것입니다. 게다가 사람은 다른 생명체에 비해 상
당히 오래 살기에 이런 사고는 의외로 자주 일어납니다. 병과
사고는 겪고 싶지 않지만 사람이라면 누구나 경험해야만 하는
일이므로 이것을 제대로 알고 다룰 수 있어야 합니다. 병과 사
고에 대해 이야기합니다.

----

16 2022년 우리나라 통계청 자료. 전쟁이나 자연 재해 같은 특별한 사건이 없다면
  이 비율은 거의 변하지 않습니다.

잘못 없어도 걸리는 병

병의 원인

병을 예방하는 일에 대해 어떻게 생각합니까?

1. 노력하면 상당히 막을 수 있다.

2. 노력해도 막기 어렵다.

모든 일에는 그 원인이 있습니다. 한 가지 원인만으로 어떤 일이 생기면 그 원인을 파악하기 쉽습니다. 그런데 현실에서 어떤 일이 생길 때는 여러 가지 원인이 섞여 있기에 그 일의 원인을 파악하기가 어렵습니다. 병 또한 비슷합니다. 자기가 어떤 병에 걸렸다면 그 원인이 있습니다. 자기가 감기에 걸렸다면 춥고 건조한 주변 환경, 지저분하고 약해진 몸 상태, 감기 바이러스 접촉 등등 여러 가지 이유가 있을 것입니다. 이 중에서 자기가 감기에 걸리게 된 정확한 이유를 찾는 일은 쉬운 일이 아닙니다. 특히 감기처럼 간단한 병이 아닌 심각하거나 오래된 병일수록 그 원인을 찾는 일이 더욱 어렵습니다. 의학이 발달한 오늘날에도 많은 병의 원인을 정확히 파악하지 못하고 있습니다. 그래서 대부분 사람은 자기가 병에 걸린 원인을 찾는 일보다 치료하는 일에 관심을 더 많이 갖습니다. 하지만 자기가 병에 걸린 이유를 제대로 알아야 치료에 큰 도움이 되고 나중에 낫더라도 그 병이 다시 생기는 것을 막을 수 있습니다.

철수는 춥게 잠을 자고 다음 날 감기에 걸렸습니다. 사람은 몸이 차가워지면 병에 대한 저항력이 떨어집니다. 목이나 코가 감기 바이러스에 감염되면서 감기에 걸립니다. 이처럼 자기가 병에 걸릴 만한 경험이나 행동을 하고 병에 걸리는 것을 '후천성 질병'이라고 합니다.

몸이 자기 마음대로 움직이지 않는 것이 마비입니다. 자기 몸 여러 곳에서 마비가 생기면 스스로 의식주와 청소 문제를 해결하지 못해 생존하기 어렵습니다. 다른 사람의 도움을 받아야만 합니다. 머리나 목, 허리에 큰 충격을 받게 되면 몸에 마비가 올 수 있습니다.

'교통사고'로 목이나 허리를 심하게 다친 사람은 팔과 다리에 마비 증상이 나타납니다. 사고라는 경험을 통해 얻은 병이므로 교통사고 마비는 후천성 질병입니다. 이런 후천성 질병은 병의 원인을 알기 쉽습니다. 게다가 교통사고 마비는 수술을 통해 어느 정도 치료할 수 있습니다.

'뇌졸중'이라는 병에 걸리면 몸에 마비 증상이 나타납니다. 흔히 중풍이라고 하며 담배·술·운동 부족으로 인해 뇌혈관이 막히면서 몸이 마비됩니다. 뇌졸중 역시 자기 행동이 병의 원인이 되기에 후천성 질병입니다. 문제는 이런 원인이 오래되어야 뇌졸중이 생긴다는 것입니다. 담배를 조금 피웠다고 해서 바로 뇌졸중이 생기는 것은 아닙니다. 이처럼 후천성 질병이라도 병이 나타날 때까지 오랜 시간이 걸리면 자기가 병에 걸린 원인을 정확히 파악하기가 어렵습니다. 뇌졸중 역시 수술을 통해 어느 정도 치료할 수 있습니다. 그런데 생활하면서 얻는 병인 후천성 질병과는 달리, 원인을 알기 어려운 병을 '선천성 질병'이라고 합니다.

'뇌성 마비'는 뇌에 문제가 생겨 몸에 마비 증상이 나타나는 병입니다. 뇌성 마비는 대부분 태어날 때부터 생긴 병이라서 선천성 질병에 가깝습니다. 산모에게 특별한 실수나 잘못이 없어도 아기에게 생길 수 있는 병이며 아직도 그 원인을 확실히 알지 못합니다. 게다가 현재 의학 기술로는 아직 뇌성 마비를 고치긴 어렵습니다.

'루게릭병' 역시 뇌성 마비와 비슷하게 뇌에 문제가 생기면서 몸에 마비가 오는 병입니다. 그런데 루게릭병은 주로 50대 이후에 특별한 이유 없이 갑자기 나타납니다. 후천성 질병이 아니라서 선천성 질병으로 여깁니다. 루게릭병 또한 아직도 정확한 원인을 모르며 현재 의학 기술로 고칠 수 없는 병입니다. 대부분 선천적인 병은 후천적인 병에 비해 원인을 파악하는 일, 치료하는 일 모두 훨씬 어렵습니다.

마비라는 증상 하나만 보더라도 그와 관계있는 여러 가지 병이 있습니다. 세상에는 마비 외에도 수많은 증상이 있고 그에 따른 수많은 병이 있습니다. 그중에서도 여전히 원인을 제대로 모르는 병이 많습니다. 병의 원인을 모르면 당연히 병을 예방하는 일 또한 할 수 없습니다. 게다가 약과 의료 기술로 고치지 못하는 병 또한 아직도 많습니다.

사람은 누구나 자신만의 크고 작은 선천성 질병이 있습니다. 자기만의 선천성 질병이 어릴 때부터 나타나는 사람이 있고, 특정 나이가 되어 나타나는 사람도 있으며, 노인이 된 후에 큰 병으로 나타나는 사람도 있습니다. 자기 잘못이 없어도 자기도 모르게 갑자기 나타날 수 있는 병이 누구에게나 있는 셈입니다. 자신이나 주변 사람이 담배를 피우지 않아도 갑자기 폐암에 걸리는 사람이 있는 것처럼요. 선천성 질병 외에도 자기 몸 관리를 제대로 하지 못하거나 병에 걸릴 만한 주변 상황이 있어서 후천성 질병에 걸리기도 합니다. 담배를 자주 피우거나, 다른 사람의 담배 연기를 자주 맡거나, 오염된 공기를 자주 접하는 사람은 폐암에 걸릴 수 있습니다.

이처럼 사람은 선천성 질병과 후천성 질병의 위험 속에서 살아갑니다. 나이가 많이 들수록 자기 몸은 점점 약해지고, 이 두 가지 질병이 몸속에서 점점 기지면서 큰 병으로 나타나기에 노인 대부분은 병으로 사망합니다. 태어날 때부터 폐가 약한 사람이 담배까지 피우면서 체력이 약한 노인이 되면 심각한 폐병으로 죽을 수 있는 것입니다. 그런데 그 사람이 담배를 피우지 않았다면 아무래도 훨씬 더 늦게 폐병이 나타날 것입니다. 결국 건강은 병을 미리 막고 없애는 일이 아닌 병을 늦추는 일에 좀 더 가깝습니다. 이 사람에게 폐가 약한 것과 노인이 된 것은 자기가 선택할 수 없는 일이지만 담배 피우는 것을 그만두는 것은 자기가 직접 선택할 수 있는 일입니다. 자기가 직접 선택하고 다룰 수 있는 병의 원인을 스스로 관리하면서 최대한 병을 늦추는 것이 병 관리·건강 관리입니다.

몸 밖의 후천성 병은 사고나 부주의가 원인일 때가 많습니다. 조심히 생활하면서 병을 피해야 합니다. 몸속의 후천성 병은 좋지 않은 생활 습관이나 병을 하찮게 생각하는 것이 원인일 때가 많습니다. 사람의 생활 습관은 바꾸기가 상당히 어렵지만 병을 심각하게 생각하는 것은 할 만한 일입니다. 병을 어느 정도 두려워할 필요가 있습니다. 그리고 선천성 병은 가족이 자주 걸리는 병이나 자기가 남보다 약한 신체 부위와 관계가 많습니다. 이런 부분에 대해 자기가 특별 관리를 해야 합니다.

병을 예방하고 고치는 일에 의학 기술의 도움을 많이 받고 있지만 병의 원인을 아는 일, 병을 예방하는 일, 병을 치료하는 일 모두 지식과 사람 노력만으로는 한계가 있습니다. 그래서 자신과 가족 건강을 항상 걱정하고 살피는 일이 필요합니다. 사실 그것이 병에 대해 사람이 할 수 있는 가장 좋은 예방이자 해결책입니다. 사람은 언제 아플지 모르기에 건강할 때 한 번이라도 자신과 주변 사람을 더 사랑하는 일이 필요합니다.

아픈데 안 아픈 느낌

자기 몸은 누가 가장 잘 알까요?

1. 자신.

2. 의사.

3. 아무도 모른다.

몸의 특정 부분에 문제가 생기고 그 부분이 제대로 활동하지 않는 것이 병입니다. 병이 생긴 부분은 불편하고 괴롭고 아픕니다. 이것이 '증상'입니다. 증상은 어떤 병이 있다는 신호가 됩니다. 이 증상이 매우 커질수록 병을 더욱 확실히 느낄 수 있습니다. 갑자기 배가 아프면 배 속에 병이 생겼음을 알게 됩니다. 그 증상이 더 심해져서 허리를 펴기 힘들 정도로 배가 매우 아프면 배 속에 심각한 병이 생겼음을 알게 됩니다.

사람은 배가 고파도 속이 아프고 음식을 많이 먹어도 속이 아픕니다. 소화가 잘되지 않거나 소화기관 위(胃)에서 피가 나도 속이 아픕니다. 병의 원인이 달라도 비슷한 증상이 사람에게 나타납니다.

칼에 베인 피부에서 피가 나는 것은 눈에 잘 보이고 아픔 또한 잘 느껴져 증상이 잘 나타납니다. 그런데 배 속에서 피가 나는 것은 사람 눈에 안 보이고 아픔 또한 피부에서 피가 나는 것처럼 잘 느껴지지 않습니다. 증상이 잘 느껴지지 않으므로 몸 밖의 병과 달리 몸속의 병은 확인하기 어렵습니다. 그렇다고 속이 아플 때마다 촬영 의료 기계, 내시경으로 배 속을 확인할 수는 없는 노릇입니다.

병에는 감기처럼 단번에 걸리는 병이 있지만 고혈압처럼 천천히 걸리는 병도 있습니다. 단번에 걸리는 병은 증상이 빠르고 확실하게 나타나므로 자기 병을 확인하기 쉽습니다. 그 대신 심장과 뇌에 나쁜 영향을 주는 고혈압은 비만·스트레스·운동 부족이 오랫동안 계속되면서 생기기에 병의 진행이 느려 확인하기 어렵습니다. 자기도 모르게 병이 커지므로 큰 병이 되고 나서야 확실한 증상이 나타나고 병이 있음을 알게 됩니다.

음식을 먹으면 그 음식은 영양분으로 소화됩니다. 영양분은 사람의 에너지와 몸을 만드는 데 쓰입니다. 지난번에 먹었던 식사가 몸속에서 천천히 자동으로 에너지·코털·손톱·뼈와 살 등등 수많은 것을 만들어 냅니다. 특이한 점은 몸 안에서 필요한 것들이 점점 생기는 것을 자기가 일일이 알지도 느끼지도 못한다는 것입니다. 사람의 몸 안에서 병이 점점 생기는 것 역시 마찬가지입니다. 좋은 것이든 나쁜 것이든 자기 몸에서 무언가 만들어지는 것을 자기가 거의 알지 못합니다. 만약에 그럴 때마다 특별한 느낌이 온다면 사람은 제대로 생활하지 못할 것입니다.

사람은 증상이 나타나야 병원에 가서 치료를 받습니다. 몸이 멀쩡한데 심심하다고 병원에 가지는 않습니다. 자기 몸에 나타난 증상을 자기가 잘 알아야 병원에 갑니다. 그러나 사람은 병의 원인이 달라도 비슷한 증상이 나타나기에 증상을 대수롭지 않은 일로 착각할 수 있습니다. 몸속에 생긴 병, 천천히 드는 병은 병이 매우 커지기 전에는 심각한 증상이 나타나지 않습니다. 이처럼 사람의 증상은 부족한 점이 많아 자기 병을 자기가 아는 일이 어렵습니다. 게다가 암이 아니면 가벼운 병이라고 생각하거나 심각한 병에 걸리더라도 병원만 가면 괜찮다고 생각하는 사람은 뚜렷하게 나타나는 증상까지 무시합니다. 결국 병이 심각해진 뒤에 병원에 갈 때가 많습니다. 의료 기술이 아무리 발전해도 심각한 병은 낫기가 어렵습니다. 그렇다고 작은 증상이 있을 때마다 병원에 가는 것도 좋은 방법은 아닙니다. 이런 상황에서 가장 좋은 방법은 '예방'입니다.

병에 걸리면 부모님이 책임져 줄 것으로 생각하거나, 어떤 병이라도 병원에서 알아서 치료할 것으로 믿거나, 자기 몸은 항상 튼튼하다고 자만하는 것은 병을 쉽게 여기는 태도입니다. 건강에 좋지 않은 행동을 많이 하는 것보다 병을 함부로 대하는 태도가 큰 병을 만드는 주된 이유가 됩니다. 병을 우습게 여기지만 않아도 많은 병을 예방할 수 있습니다.

어떤 일을 잘 모를 땐 물어보고 찾아봐야 합니다. 자기 몸에서 특별한 증상이 느껴지거나 비슷한 증상이 자주 나타나면 가족이나 친구에게 물어보거나 인터넷으로 정보를 찾아봐야 합니다. 가급적이면 시간을 내서 의사와 상담하는 것이 좋습니다. 자기 몸이라도 자기가 모르는 것이 굉장히 많기에 자기 몸에 대해 함부로 아는 척하지 말아야 합니다.

병을 고치고 건강을 관리해 주는 전문 시설이 병원이긴 하나 자기 건강을 병원에만 맡길 수는 없습니다. 평상시에 병과 건강 관리에 관한 다양한 상식과 정보를 알아 둘 필요가 있습니다. 특히 사람마다 자기가 자주 걸리는 병이나 자기에게 예민하고 약한 곳이 있습니다. '어쩔 수 없는 일'이라고 포기하거나 '에라 모르겠다'라고 함부로 자기 약점을 대하지 말고 자기 약점 관리를 꾸준히 해야 합니다. 건강검진이나 의사 진료 때 자기 약점은 더 자세하게 검사하고 상담할 필요가 있습니다.

세상 수많은 의료인이 사람을 조금이라도 더 살리려고 아주 긴 세월 동안 쌓아온 지식과 기술이 의학입니다. 그만큼 의학에는 수많은 사람의 정성과 사랑이 담겨 있습니다. 그런 의학을 함부로 여기는 것은 매너가 매우 부족한 태도입니다. 예로부터 전해 내려오는 치료법인 민간요법이 치료에 더 도움 될 수도 있고, 병원 치료가 더 도움 될 수도 있습니다. 그것은 사람마다 다릅니다. 어떤 방법이 무조건 옳은지 따지는 것보다 가능한 모든 방법을 이용하여 병을 고치는 것이 중요합니다. 사람 몸에 관한 지식과 의학이 앞으로 가야 할 길은 아직도 멉니다. 자기가 모든 것을 다 안다고 생각하는 것은 너무 성급한 결정입니다.

죽을 만한 병이라고 하면 대부분 '암'을 떠올립니다. 한 해 사망자 중 암으로 사망하는 비율은 대략 30%입니다. 나머지 60%는 암이 아닌 다양한 병으로 인해 사망합니다.[17] 암이 아닌 평범하게 생각되는 질병도 쉽게 생각해선 안 됩니다. 특히 심장·폐·뇌 같은 곳은 아주 잠깐만 잘못되어도 생명이 매우 위험하기에 이런 곳에 병이 생기는 일은 암보다 무서운 병으로 봐야 합니다.

----

17 2020년 통계청, 나머지 60%에는 심장병·폐렴·뇌졸중·자살 등이 있습니다.

마음의 병이 커지면

자기 마음이 어떻다고 생각하나요?

1. 상당히 건강하다.

2. 조금 비뚤어졌다.

3. 많이 삐뚤어졌다.

길을 가다 넘어져 무릎에 피가 나면 따끔한 느낌이 들지만 몸속 소화기
관, 위(胃)에서 피가 나면 속이 불편하거나 어지러운 느낌이 듭니다. 몸
속 병은 증상이 적어 병을 확인하기가 쉽지 않습니다. 그런데 몸속 병보
다 증상이 더 적은 병이 있습니다. 그것은 바로 '마음의 병'입니다. 마음의
병은 우울하거나, 불안하거나, 가슴이 답답하거나, 머리가 아픈 것이 그
증상입니다. 이런 증상은 일상생활에서 흔하게 경험하는 일이라서 특별
한 병의 증상으로 생각하지 않습니다. 게다가 몸 밖과 몸속의 병은 눈이
나 의료 기계로 확인할 수 있지만 마음의 병은 그럴 수도 없습니다. 자기
마음의 병을 확인하기 어려우므로 그 병을 고치는 일 또한 어렵습니다.
물론 병원의 정신과 치료를 받고 증상을 어느 정도 없앨 수는 있습니다.
그러나 자기 마음을 병들게 하는 원인을 없애지 못하면 문제가 해결되지
않습니다.

사람 마음에 문제가 있을 때는 주로 '화날 때와 슬플 때'입니다. 다른 사
람에게 상처받거나 정신건강에 좋지 않은 일을 접할수록 화난 마음과 슬
픈 마음이 듭니다. 이런 마음이 자주 들면 자기 마음이 병들고 있다고 생
각할 수 있어야 합니다. 사람에겐 감정이 있습니다. 사람이 화날 때 화내
는 것은 자연스러운 감정 표현입니다. 필요할 때는 화를 내야 자신의 화

난 상태를 상대방에게 알려 줄 수 있고, 자신에게 스트레스가 쌓이는 것을 어느 정도 풀 수 있습니다. 문제는 지나치게 자주 화내거나 혹은 매우 크게 화내는 일처럼 심각하게 화날 때입니다. 생활하면서 화나는 일은 여러 가지가 있습니다. TV나 장난감이 고장 나거나, 자기 목표를 미루다가 이루지 못하거나, 다른 사람이 자기에게 손해를 끼치면 화납니다. 이 중에서 물건이나 자기 자신 때문에 화난 것은 심각하게 화날 때가 아닙니다. 하지만 상대방이 자기에게 스트레스를 주어 화난 것은 대부분 심각하게 화날 때가 됩니다. 특히 상대방이 자신을 괴롭히는 일은 더욱 그렇습니다. 생활하다 보면 가끔씩 자기를 괴롭히거나 자기에게 무례하게 구는 사람을 만납니다. 그런 상대방의 무례를 재치 있게 받아넘기면 좋겠지만, 그러기 어렵다면 무례한 사람을 피하거나 그런 사람과 떨어져 지내는 것도 쓸 만한 방법입니다. 무례한 사람을 감당하지 못해 자신을 하찮게 여기거나 상대방을 미워하게 되면 자기 마음이 점점 병들게 됩니다. 슬픈 일은 화난 일과 비슷합니다. 성격에 따라 나쁜 일이 생길 때 화내지 않고 슬퍼하는 사람이 있습니다.

재밌는 글을 읽거나 흥미로운 영상을 보는 것처럼 사람은 적당한 자극을 받으면 기분이 좋아지고 스트레스가 풀립니다. 그런데 폭력적이거나 성(性)적인 놀거리를 자주 경험하면 지나친 자극에 익숙해집니다. 아주 매운 음식을 많이 먹다 보면 매운 음식에 익숙해지는 것처럼요. 문제는 그런 일을 계속하면 소화기관에 문제가 생긴다는 것입니다. 이처럼 자극이 심한 글이나 영상을 자주 보게 되면 자기 마음이 점점 병들게 됩니다.

생활하다 보면 뉴스나 TV 프로그램에서 범죄·비리·몰상식한 일 같은 나쁜 소식을 들을 때가 있습니다. 사회인으로서 사회와 사람의 어두운 부분을 아는 것은 생활에 필요한 일이기도 합니다. 불편하더라도 그런 일을 알아 두면 다양한 사고를 예방하는 일과 사회 정보를 아는 일에 도움이 됩니다. 그러나 세상의 불편한 진실을 많이 안다고 해서 무조건 좋은 것은 아닙니다. 화나고 실망스러운 소식을 자주 접하면 자기 마음이 점점 병들게 됩니다. 뉴스나 TV 프로그램이 그렇게 커진 마음의 병을 책임져 주지 않습니다. 나쁜 소식을 자주 접하면서 세상과 사람을 나쁘게만 생각하는 일이 많아지면 자기 마음이 병들고 있다고 생각해야 합니다. 그럴 때는 사회 소식 듣는 일을 조금 줄이는 것이 낫습니다.

사람은 자기와 같은 의견을 가진 사람을 좋아하고 자기와 다른 의견을 가진 사람을 좋아하지 않습니다. 특히 자기와 같은 생각을 하는 사람이 많을수록 그 무리에 소속감을 많이 느끼며 그곳이 옳은 곳이라고 생각하기 쉽습니다. 그 무리의 생각과 다른 생각은 무조건 비난하려고 합니다. 인터넷은 생각이 비슷한 사람을 굉장히 쉽게 그리고 많이 모아 주기 때문에 이런 일이 자주 나타납니다. 이런 활동을 자주 할수록 화가 자주 나고 공격적인 마음을 먹을 때가 많습니다. 자기가 인터넷 카페·온라인 커뮤니티·유튜브 같은 인터넷 생활을 너무 많이 하거나 그 생활에 많이 의지한다면 자기 마음의 병이 커졌다고 생각할 필요가 있습니다.

이처럼 화난 일과 슬픈 일, 자극적인 문화생활, 불편한 사회 소식, 지나친 인터넷 생활은 마음의 병을 키우는 주된 원인이 됩니다. 이런 일은 요즘 사람이라면 어쩔 수 없이 겪는 일이기에 피하기가 어렵습니다. 많은 사람이 마음의 병을 가지고 생활하면서도 그 증상을 제대로 확인하지 못해 자기 마음은 건강한 편이라고 오해하면서 생활하고 있습니다.

그래서 자신의 마음 건강을 항상 관리할 필요가 있습니다. 무언가 보고 나서 마음이 상하는 일을 조금씩 줄여야 합니다. 마음이 상한 사람은 희망이 아닌 나쁜 미래를 생각하기 쉽습니다. 자기 미래는 자신도 다른 사람도 모른다는 사실을 꼭 기억하면서 자기 마음이 비뚤어지는 것을 줄여야 합니다. 다른 사람의 미래 역시 마찬가지이므로 상대방을 함부로 판단하거나 저주하는 일 또한 하지 않아야 합니다.

마음의 병은 마음속 괴로운 일을 털어 내기만 해도 굉장히 큰 치료가 됩니다. 자랑할 만한 일이 아닌 괴롭고 부끄러운 일은 매우 가까운 사이가 아니면 말하기 어렵습니다. 이런 일에는 가족의 도움을 받는 것이 좋습니다. 마음이 즐거운 일은 말하지 않더라도 마음이 괴로운 일은 가족 간에 말할 수 있어야 합니다. 그럴 만한 상황이 되지 않으면 친구와 마음속 이야기를 나누는 것도 좋습니다. 그 대신 자신 또한 친구의 속마음을 들어 줄 수도 있어야 합니다. 정부 기관에서 운영하는 상담센터[18]에 연락하는 것도 쓸 만한 방법입니다. 특별한 결과를 얻지 못하더라도 자기 말을 들어 주는 곳이 있다는 것은 상당한 도움이 됩니다.

사람의 몸과 마음은 서로 합쳐져 있습니다. 몸이 아프면 마음도 아픕니다. 반대로 마음이 아프면 몸 또한 아픕니다. 마음의 병이 커지면 몸에도 심각한 병이 나타납니다. 보이지 않는 자기 마음의 병을 스스로 관리해야만 자기 몸과 마음을 지킬 수 있습니다.

---

18 희망의 전화(129), 생명의 전화(1588 9191).

사고 치거나 사고당하거나

서로 잘못해서 사고가 나면 누가 가해자가 될까요?

1. 잘못을 더 많이 한 사람.

2. 피해를 더 많이 준 사람.

매년 우리나라 인구의 대략 90%는 병으로, 나머지 10%는 사고로 사망합니다. 2020년 우리나라에서 교통사고·추락사고·자살 등 사고로 사망한 사람은 약 2만 6천 명입니다. 병으로 인한 사망자보다 적지만 그래도 많은 사람이 사고로 사망하고 있습니다.

살다 보면 누구나 사고에 휘말리게 됩니다. 사고가 나면 피해를 준 사람, 즉 가해자는 사고 낸 책임을 져야 하므로 손해가 생깁니다. 그리고 피해받은 사람, 즉 피해자 역시 당연히 손해가 생깁니다. 결국 사고가 나면 무조건 양쪽 모두 손해를 보게 됩니다. 차이가 있다면 '가해자는 자기 때문에, 피해자는 상대방 때문에 손해가 났다'라는 것입니다. 양쪽 손해를 완전히 없애는 방법은 사고 나기 직전의 과거로 돌아가 사고를 없었던 일로 만드는 것뿐입니다. 그러나 이런 일은 불가능합니다. 결국 사람이 할 수 있는 최선은 일어난 사고를 '없었던 일에 최대한 가깝게 만드는 것'입니다.

그래서 사고가 날 때 가장 먼저 해야 할 일은 사고와 관계있는 사람의 생명을 보호하는 일이 됩니다. 사람이 생명을 잃거나 장애를 얻게 되는 것은 없었던 일로 만들기가 가장 어렵기 때문입니다. 가해자든 피해자든 사고가 일어나면 당장 자신이 할 수 있는 모든 방법을 이용하여 자신과 상대방을 보호해야 합니다. 자신이 할 수 있는 일이 딱히 없다면 119에 신고하거나 주변에 도움을 요청하는 일이라도 해야 합니다.

그다음으로 해야 할 일은 '누가 더 잘못했는가?'를 따지는 일입니다. 사고 가해자는 피해자를 돈·시간·정성을 들여 도와야만 하기에 가해자와 피해자를 확인하는 과정은 중요한 일입니다. 문제는 사고가 나면 여러 가지 원인이 겹칠 때가 많아 그 확인이 어렵다는 것입니다.

졸면서 자동차를 운전하던 철수가 횡단보도가 없는 도로에서 무단 횡단하는 영희를 치었다면, 철수와 영희 모두 잘못이 있습니다. 이런 상황에서는 둘 중에서 더 많이 잘못한 쪽이 가해자가 됩니다. 손해가 더 큰 쪽이 무조건 피해자가 되는 것은 아닙니다. 어느 쪽이 더 큰 잘못을 했는지 확인하려면 기준이 필요합니다.

가장 중요한 기준은 '상식'입니다. 많은 사람이 옳다고 생각하는 것이 상식입니다. 사람이라면 누구나 아는 규칙이기도 합니다. 누구나 아는 규칙을 기준으로 삼기에 서로 모르는 사이라도 잘못을 따질 수 있습니다. 상식적으로 가해자와 피해자를 구별하고, 그 피해 보상을 서로 결정하여, 사고를 없었던 일에 가깝게 만드는 것이 가장 빠르고 좋은 사고 처리 방법입니다.

그러나 상식만으로는 판단하기 어려운 사고이거나 상대방이 상식이 없는 사람이라면 '법'이 잘못을 따지는 기준이 됩니다. 법은 상대방이 우길 수도 없고 상대방이 몰랐다고 핑계 댈 수도 없는 기준입니다. 상식이 통하지 않을 때는 법으로 잘못을 따져야 합니다. 필요에 따라 법원에 가서 재판을 할 수도 있습니다.

사고가 나고 자기가 가해자인지 피해자인지 애매할 때는 급하게 사과하지 말고 상식적으로 그리고 법적으로 충분히 생각한 뒤에 자기 입장을 결정해야 합니다. 만약 자기 잘못으로 사고가 난 것이 확실하다면 빠르게 피해자에게 사과하는 것이 좋습니다.

운전자 철수와 보행자 영희에게 일어난 사고는 양쪽 모두 잘못이 있는,

'쌍방 과실'입니다. 상식적으로 볼 때 사람이 위험하게 걷는 것보다 자동차가 위험하게 달리는 것이 훨씬 더 위험합니다. 자동차가 사람보다 무겁고 빠르기 때문입니다. 철수 잘못이 더 큽니다. 법적으로 볼 때 졸음운전과 무단횡단이 만나면 잘못한 정도는 졸음운전이 약 90%, 무단횡단이 약 10%입니다. 결국 상식적으로도 법적으로도 철수 잘못이 더 큽니다. 철수는 가해자가 되며 영희가 예전처럼 건강하게 회복될 때까지 책임을 져야 합니다. 만약 철수가 졸음운전을 하지 않고 영희만 무단횡단을 했다면 상식과 법으로 판단하기가 어렵습니다. 자세한 상황에 따라 의견이 다르기 때문입니다. 이럴 때는 법원에서 잘못을 따져야 합니다.

가해자는 피해자에게 생긴 손해를 없애는 일에만 온 힘을 기울이면 됩니다. 피해자는 자신의 몸과 마음을 원래대로 만드는 일에만 관심을 가져야 합니다. 피해자는 사고가 난 이유를 알고 사과받을 자격이 있습니다. 가해자는 사고 설명을 피해자와 그 가족에게 충분히 하고 사과해야 합니다. 가해자는 설명할 때 변명하지 않게 조심해야 합니다. 그런 변명은 가해자가 말할 필요도 없고, 피해자가 들을 필요도 없습니다. 그리고 가해자가 피해 보상을 할 때는 급하게 결정하기보다 가족이나 주변 사람과 충분히 상의한 후에 피해자와 결정하는 것이 낫습니다.

피해자는 가해자로부터 사과와 보상을 받고 자신에게 생긴 손해를 빨리 털어내야 합니다. 가해자가 알아서 해 주기만을 기다리기보다 자신이 할 수 있는 범위 안에서 최대한 회복하려고 힘써야 합니다. 오랫동안 고통 속에 있을수록 자기만 손해입니다. 피해자 역시 자기 의지와 노력이 상당히 필요합니다. 간혹 가해자가 책임을 다하지 않을 수도 있습니다. 그럴 때는 피해자로서 요구 사항을 당당하게 주장할 수 있어야 합니다. 필요하다면 경찰과 법원에 부탁하는 것도 한 방법입니다. 그리고 어려운 일을 당했다고 자신의 신세를 한탄하거나 운이 나쁘다고 생각하기보다 '살다 보면 어쩔 수 없는 사고를 만난다'라고 생각하는 것이 몸과 마음을 회복하는 일에 좀 더 낫습니다.

많은 사람이 사고가 나면 크게 당황합니다. 무작정 책임을 피하려고 하는 사람, 상대방을 꾸짖으려고 하는 사람, 어쩔 줄 몰라 가만히 있는 사람, 도망가는 사람 등 사람마다 다양한 태도를 보입니다. 사고는 자신에게 흔하게 일어나는 일이 아니라서 누구나 사고가 나면 당황하는 것이 자연스러운 사람의 모습입니다. 그만큼 대부분 사람이 사고를 처리하는 일에 익숙하지 못합니다. 사고를 직접 경험하고, 사과하고, 사과받고, 책임지고, 요구하고, 감당하는 일 모두 부담스러울 수밖에 없습니다. 각종 보험이나 법은 사고 처리를 돕는 역할을 할 뿐 사고를 처리하고 마무리하는 일은 결국 자신이 직접 해야 합니다. 어릴 때부터 사고가 났을 때 뒤처리를 부모에게 맡기고 빠지지 말고, 최대한 자기가 직접 감당하는 연습이 필요합니다. 사고 처리를 잘하면 원수로 지낼 사이가 오히려 친구가 될 수도 있습니다.

교통사고

보행자 잘못으로 교통사고가 날 때 누구 피해가 가장 큽니까?

1. 제대로 운전한 운전자.

2. 병원에 실려 간 보행자.

사람의 하루는 집에서 일터로 이동하면서 시작합니다. 이동하는 사람은 도로를 이용합니다. 도로는 차가 쓰는 차도와 사람이 쓰는 인도로 나뉩니다. 자동차는 사람보다 덩치가 매우 크므로 차도가 인도보다 훨씬 넓습니다. 도로는 건물과 건물 사이에 있습니다. 건물에서 사람이 나오자마자 차도가 있으면 위험하므로 도로 양쪽 끝을 인도로, 가운데를 차도로 정합니다. 그래서 사람이 반대쪽 길로 넘어가려면 넓은 차도를 건너야만 합니다. 그만큼 도로에서 사람은 자동차보다 불리합니다. 자동차 무게는 대략 1,000~1,500kg이며 사람 무게는 대략 50~70kg입니다. 자동차가 사람보다 약 20~30배 무겁습니다. 자동차 속도가 빨라질수록 무거운 정도는 더욱 커집니다. 자동차와 사람이 부딪친 것은 빨리 굴러가는 바윗덩어리에 사람이 맞은 것과 비슷합니다. 이와 같은 이유로 자동차와 사람 관계에서 사람은 약한 쪽에 있습니다.

도로를 이용하는 사람과 운전자는 누구나 교통사고를 낼 수 있습니다. 음악을 들으며 차도를 지나가는 보행자가 자동차에 부딪힐 수 있고, 휴대폰 화면을 보는 운전자의 자동차가 보행자와 부딪힐 수도 있습니다. 교통사고가 나면 일단 사람의 안전을 확보한 뒤에 가해자와 피해자를 구별하고 사고처리를 해야 합니다. 도로에서 사람과 교통사고가 나면 주로 운전자가 가해자가 됩니다. 인도가 아예 없는 자동차 전용 도로(고속도로, 도시고속도로)에서 사람과 교통사고가 날 때는 주로 보행자가 가해자가 됩니다.

문제는 운전자·보행자 교통사고가 나면 누가 잘못했든 무조건 보행자가 큰 피해를 본다는 것입니다. 자동차에 비해 보행자는 너무나 약하기 때문입니다. 교통사고가 크게 나면 보행자는 생명을 잃거나 신체장애를 얻게 됩니다. 로봇 장난감을 매우 세게 벽에 던져 고장 나면 아무리 고치더라도 연결부위가 느슨해지거나 예전처럼 제대로 움직이지 않습니다. 교통사고로 신체장애를 얻는 것은 이와 비슷합니다. 게다가 교통사고를 당하면 온몸에 충격을 받으므로 병원에 가서 치료받아도 여러 증상이 계속 남게 됩니다. 이것이 교통사고 후유증입니다.

물론 차 안에 있던 운전자 역시 심한 정신적 충격을 받을 것입니다. 운전자가 피해자에게 돈과 정성으로 보상하는 일 또한 쉬운 일이 아닙니다. 그러나 생명을 잃거나 장애인이 되는 보행자의 피해는 정신적인 피해를 받거나 큰돈을 손해 보는 운전자의 피해와 비교할 수 없을 만큼 매우 큽니다. 피해 보상과 돈 문제는 대부분을 자동차보험을 통해 해결할 수 있으며 피해자에게 정성을 들이는 것은 힘들어도 할 만한 일입니다. 그러나 사망·신체장애·교통사고 후유증 문제는 없었던 일로 되돌리기 불가능한 일입니다. '잘못이 누구에게 있느냐'보다 '교통사고를 당한 보행자는 되돌리기 어려운 큰 손해를 입게 된다'라는 사실이 중요합니다. 다시 말해, 자동차와 사람이 부딪치면 누구에게 잘못이 있든 무조건 사람이 손해입니다. 그러므로 도로에서 보행자는 자동차 운전자가 능숙하게 운전하기만을 기대하지 말고 자기 스스로 안전을 챙겨야만 합니다.

운전자 잘못으로 인해 보행자가 교통사고를 당했을 때 피해자가 할 수 있는 일은 가해자가 처벌받는 일과 가해자가 보상을 제대로 하길 기다리는 것뿐입니다. 피해자는 가해자를 직접 처벌할 수 없으며 가해자 보상이 마음에 들지 않는다고 재산을 강제로 뺏을 수도 없습니다. 잘잘못을 따져 봤자 피해자가 가해자에게 직접 할 수 있는 일은 거의 없습니다.

최근 스마트폰 시대가 되면서 많은 사람이 스마트폰을 이용하면서 길을 다닙니다. 바쁘게 살면서 쉴 시간이 부족하기에 길을 걸을 때만이라도 음악과 영상을 즐기려는 사람이 많습니다. 그런 마음이 이해되기도 합니다. 그러나 교통사고가 일어나는 시간은 1초라는 한순간이지만 그 고통이 지속되는 시간은 남은 평생입니다. 사람은 무슨 일이든 실수와 잘못을 할 수 있지만 교통사고는 그 대가가 너무 큰 것이 문제입니다. 길을 걸을 때는 언제든지 자동차 경적 소리를 들을 수 있게 귀를 이어폰으로 막지 말고, 영상이 아닌 주변 자동차를 눈으로 계속 지켜봐야 합니다.

교통사고에서 자동차 운전자에게 작은 잘못이라도 있다면 운전자가 사고 책임을 거의 대부분 감당하게 됩니다. 그만큼 운전할 때는 작은 실수도 일어나지 않게 신경을 많이 써야만 합니다. 오로지 보행자가 잘못해서 교통사고가 나더라도 운전자는 사람에게 큰 피해를 준 죄책감으로 괴롭게 살아야 합니다. 운전자는 골목이나 막힌 도로에서 갑자기 튀어나오는 보행자, 주변 상황을 제대로 보지 않는 보행자, 자기 자동차보다 훨씬 크고 무거운 차 등을 조심해야 합니다.

사람의 하루는 일터에서 집으로 돌아오면서 끝납니다. 집에 왔을 때 온 가족이 무사히 집에 있다면 오늘 하루 우리 가족이 교통사고 위험에서 잘 벗어난 것입니다. 이것은 당연한 일이 아니라 안심하고 감사해야 할 일입니다. 가족이 자기 일을 잘하는 것보다 서로의 안전을 묻고 확인하는 일을 더 중요하게 여길 필요가 있습니다.

운전자는 보상 범위가 넓은 자동차 종합 보험에 가입해야 합니다. 자기가 운전을 아무리 잘해도 언제든지 교통사고가 날 수 있습니다. 운전하면서 어떤 운전자나 보행자를 만날지 모릅니다. 차는 고장 나더라도 사람은 다치지 않게 하는 운전자가 돼야 합니다. 교통사고를 막으려면 무엇보다 보행자보다 운전자가 잘해야 합니다. 모든 보행자를 철없는 아기라고 생각하고 운전하는 것도 좋은 방법입니다. 그리고 보행자는 차가 오는 쪽을 꼭 보면서 도로를 이용하고 찻길을 건널 때는 천천히 이동하는 것이 좋습니다.

도둑 사고

다음 중 누가 더 잘못했을까요?

1. 돈을 훔친 사람.

2. 돈을 잃어버린 사람.

부자가 되는 방법은 꾸준히 돈을 벌고 그 돈을 모으는 것입니다. 이 방법은 시간이 오래 걸리고 어렵습니다. 이와 반대로 시간이 짧게 걸리면서 쉽게 부자가 되는 방법이 있습니다. 다른 사람이 오랫동안 어렵게 모은 돈을 빼앗는 것입니다. 다른 사람의 재산을 빼앗는 것이 도둑입니다. 도둑 중에서 몰래 빼앗는 짓이 '절도', 대놓고 폭행이나 협박을 하며 빼앗는 짓이 '강도'입니다. 도둑질이 나쁜 행동인 것을 누구나 압니다. 그렇지만 도둑질은 그 이득이 매우 커서 어느 시대든 이면 곳이든 항상 도둑이 있었습니다. 이것은 미래에도 마찬가지일 것입니다. 언제 어디서나 도둑이 있기에 누구나 살면서 도둑질당할 위험이 있습니다. 그리고 누구든지 도둑질하고 싶은 마음이 들거나 그런 행동을 할 수 있습니다.

철수는 도서관에서 책상 위에 만 원을 올려두고 화장실에 갔습니다. 화장실에 다녀온 철수는 자기 돈이 사라진 것을 발견했습니다. 철수는 조심하지 않아 자기 돈을 도둑맞았습니다. 며칠 후 철수는 도서관에서 자기 옷 주머니 안에 돈을 넣고 잠시 졸았습니다. 철수는 또다시 돈을 도둑맞았습니다. 철수가 조심하더라도 도둑이 작정하고 돈을 훔치면 언제든지 도둑맞을 수 있습니다.

두 사건에서 철수가 조심했든 안 했든 철수에게 잘못은 없습니다. 잘못은 무조건 도둑에게 있습니다. 하지만 중요한 것은 '누가 잘못했는가?'를 정하는 일이 아니라 철수에게 손해가 생겼다는 사실입니다. 철수에게 잘 못이 있든 없든 빼앗긴 돈이 저절로 돌아오진 않습니다.

세상에는 남의 물건을 가져가도 된다고 생각하는 사람, 자기가 가지고 싶은 것은 훔쳐서라도 가지려는 사람이 있습니다. 사회에는 수많은 사람이 모여 있기에 도둑질하는 사람도 있는 것입니다. 철수처럼 자기 돈을 자신이 두고 싶은 곳에 두는 것이 나쁜 행동은 아닙니다. 그런데 사람 중에는 도둑질하려는 사람이 있고 그런 마음을 먹은 사람이 자기 주변에서 누군지 알 수 없습니다. 이런 상황에서 도둑이 스스로 도둑질하지 않기를 막연히 기대하기보다 그런 사람을 자기 스스로 조심하는 일이 필요합니다. 도둑질당하면 무조건 자기에게 손해가 나기 때문입니다.

도둑 대부분은 몰래 훔쳐가는 절도의 방법을 씁니다. 몰래 하는 일이기에 도둑을 조심하더라도 언제든지 당할 수 있습니다. 특히 도둑이 자신을 위협하거나 폭력을 써서 자기 것을 강제로 뺏는, 강도질을 할 수도 있습니다. 강도는 절도보다 더 막기 어렵고 더 큰 피해를 당합니다.

도둑맞게 되면 경찰에 신고하고 기다리는 것이 상식적인 행동이라고 생각할 것입니다. 그러나 자기가 직접 도둑을 쫓고 빼앗긴 물건을 되찾는 것이 더 상식적인 일입니다. 경찰에 도둑 신고를 하는 것은 '내 돈 찾아 주세요'라기보다 '도둑 잡아 주세요'라는 뜻입니다. 실제로도 경찰이 하는 일은 도둑을 잡는 것일 뿐, 도둑맞은 물건을 일일이 찾아 주거나 도둑의 재산을 강제로 떼어서 피해자에게 주지는 않습니다. 도둑을 잡았어도 도둑이 훔친 것을 다 써 버렸거나 잃어버렸다면 되찾을 방법이 거의 없습니다. 잡힌 도둑이 감옥에 간다고 해서 자기 손해가 없어지는 것도 아닙니다. 재판을 통해 빼앗긴 것의 일부를 찾을 수는 있겠지만 재판을 하려면 자기 돈과 자기 시간 또한 추가로 듭니다. 그래서 좀 더 빨리 자기 스스로 도둑을 잡아서 자기 물건을 조금이라도 더 찾는 것이 중요합니다. 도둑 맞은 곳을 직접 살펴보고, 주변 사람에게 직접 물어보고, 메모도 직접 붙이고, CCTV도 스스로 확인해 봐야 합니다. 손해가 크다면 경찰에 신고하는 일까지 해야 합니다.

특히 강도를 당하면 자기 재산뿐만 아니라 자기 몸까지 다칠 수가 있습니다. 강도에게 맞서는 것은 좋은 생각이 아닙니다. 웬만하면 있는 것을 그냥 주고 나중에 경찰에 신고하는 것이 낫습니다. 절도와 달리 강도는 경찰에서 강력범죄 수사팀이 살인·강간 수준의 중요 사건으로 정하고 특별히 수사합니다. 강도는 절도에 비해 처벌이 대략 10배 이상 높습니다.

이처럼 도둑 사고에 일단 휘말리면 자기 재산과 정신 건강에 무조건 손해가 나며 이런저런 할 일이 늘어납니다. 그래서 도둑 사고는 미리 막는 것이 가장 좋습니다. 도둑을 막는 좋은 방법은 도둑이 자기 근처에 오지 않게 하는 것입니다. 자기 물건 관리를 못하는 사람, 훔쳐 가고 싶은 물건이 있는 사람에게는 도둑이 자꾸 모여듭니다.

자기 물건을 잘 관리하려면 항상 도둑에 대비하는 태도가 필요합니다. 돈과 귀중품은 항상 몸에 지니고 다니며 가방이나 옷의 지퍼나 단추를 잘 닫고 다녀야 합니다. 무엇보다 자기 물건을 소중히 여기는 마음이 필요합니다. 사람은 자기 것보다 남의 것이 더 좋아 보일 때가 많습니다. 남의 것에 자꾸 관심을 주면 남의 것은 대단한 것, 내 것은 하찮은 것으로 여기게 됩니다. 하찮은 사기 것은 잃어버리거나 도둑맞기 쉽습니다. 게다가 좋아 보이는 남의 것을 도둑질하려는 마음이 점점 생깁니다. 결국 자기 물건을 제대로 관리하지 못하면 도둑질당하기 쉬워지고 오히려 자신이 도둑이 되기도 합니다. 남의 것이 아무리 좋아 보여도 결국 내 것만은 못합니다.

훔쳐 가고 싶을 만한 물건을 함부로 보이지 않는 것도 도둑을 예방하는 일에 중요합니다. 많은 돈이나 비싼 물건을 자주 보여 주거나 자랑하면 금세 자기 근처에 은밀히 도둑이 모여듭니다. 강도나 사기 사건은 주로 계획범죄가 많습니다. 자기 재산을 자주 자랑하는 사람은 강도나 사기 같은 계획범죄의 대상이 되기 쉽습니다. 최근 인스타그램이나 페이스북 같은 SNS를 통해 자기 자신이나 자기 물건을 자랑하는 일이 시대의 유행이 되고 있습니다. 이런 시대 분위기에 너무 휩싸이지 않게 조심해야 합니다. 어둡거나 혼자 떨어져 있는 곳은 될 수 있으면 피하는 것이 좋습니다. 도둑맞으면 자기 잘못이 없어도 자기가 가난해지는 손해를 감당해야 합니다. 하루에도 수많은 사람이 억울하게 도둑질당합니다. 평생 도둑질 한 번 당하지 않고 사는 사람은 없습니다. 자기 물건 관리에 힘쓰고 자랑하는 일을 줄이면서 도둑맞는 일을 예방하고 줄여야 할 것입니다.

여전히 수많은 사람이 쉽게 돈을 얻으려고 도둑질을 하다가 법의 처벌을 받고 있습니다. 수많은 도둑이 감옥에 가는 것을 뻔히 알면서도, 도둑은 끊임없이 생깁니다. 남의 돈을 빼앗아서 부자가 되는 계획은 세워도 범죄가 들통나서 감옥에 갇히는 것까지는 계획하지 않기 때문입니다. 남의 것을 훔치려는 계획을 세웠다면 잡혀서 감옥에 가는 것까지 계획에 넣어 두어야 합니다. 감옥 생활을 어떻게 할지 준비를 단단히 해야 합니다. 그만큼 도둑질은 무모한 짓입니다.

도둑질로 부자가 되는 사회라면 그 누구도 일하려고 하지 않을 것입니다. 그러면 사회는 망하게 됩니다. 국가는 사회를 망치는 도둑을 절대로 내버려 두지 않습니다. 결국 남의 것을 빼앗아서 자기 것으로 만드는 방법으론 부자가 될 수 없습니다. 도둑질하면 자신과 상대방 모두 가난해집니다. 도둑질로 남는 것은 억울한 피해자와 범죄자 자신뿐입니다.

사기 사고

다음 중 나쁜 사람은 누구일까요?

1. 사기 치는 사람.

2. 사기당하는 사람.

다른 사람을 거짓말로 속이는 것이 '사기'입니다. 누구나 다른 사람에게 거짓말을 하거나 거짓말을 들은 적이 있을 것입니다. 가벼운 거짓말 몇 번 했다고 사기꾼이 되어 감옥에 가진 않습니다. 그런데 일부러 거짓말을 해서 다른 사람 재산에 피해를 주거나, 다른 사람 재산을 빼앗거나, 다른 사람 인생에 큰 손해를 주면 사기죄로 감옥에 갑니다.

나뭇잎 도마뱀은 주변 나뭇잎처럼 자기 몸 색깔을 변하게 하여 다른 동물을 속입니다. 나뭇잎 도마뱀은 본능을 이용하여 쉽게 속임수를 쓰지만 그것을 알아차리는 일은 사람조차 상당히 어려운 일입니다. 사람은 이런 동물보다 훨씬 지능이 높기에 사람의 속임수를 알아차리는 것은 더욱 어렵습니다. 사람은 온종일 주변에 속임수가 있나 없나 확인하면서 생활할 수 없으므로 사기꾼이 마음먹고 상대방을 속이려고 하면 어쩔 수 없이 당하게 되는 것입니다. 게다가 나뭇잎 도마뱀은 한 가지 종류의 속임수를 쓰시만 사람의 속임수는 금전 사기, 결혼 사기, 취업 사기 등 그 종류까지 많습니다. 살면서 사기를 당하는 것은 피해자가 어리석기보다 워낙 사기꾼에 비해 피해자가 불리하기 때문입니다. 누구나 살면서 크고 작은 사기를 언제든지 당할 수 있습니다.

상대방을 속이는 것은 나쁜 일이지만 상대방을 믿고 그 말에 따라 주는 것은 나쁜 일이 아닙니다. 사기 치는 사람이 나쁘지 사기를 당한 사람이 나쁜 것은 절대 아닙니다. 그러나 피해자가 나쁘지 않다고 해서 사기로 인한 손해가 없어지진 않습니다. 사기당하지 않는 법을 알아야 합니다.

'금전 사기'는 거짓말에 속아 자기 돈을 남에게 갖다 바치고 빼앗기는 일입니다. 도둑질을 당하면 자기 재산만 손해가 나지만, 금전(돈) 사기를 당하면 자기 재산뿐만 아니라 속았다는 괴로움과 배신당한 슬픔까지 느끼게 됩니다. 문제는 이런 억울하고 황당한 일을 누구나 당할 수 있다는 것입니다. 금전 사기는 사기 중에서 가장 대표적인 사기입니다. 전화로 거짓말을 하는 보이스 피싱, 돈을 빌리고 갚지 않는 돈 떼먹기, 거짓 회사를 만들어 돈을 뺏는 투자 사기 등이 있습니다.

보이스 피싱은 사기꾼이 상대방과 그 가족의 전화번호나 이름을 알아낸 뒤 전화로 사기 치는 일입니다. 흔히 가족의 갑작스러운 병·사고·범죄에 관한 거짓말을 하며 돈을 보내라고 요구합니다. 자신이나 가족에게 위급한 일이 일어났다는 소식을 들으면 누구나 혼란에 빠질 수 있습니다. 의외로 쉽게 당할 수 있는 사기입니다.

'돈을 떼이는 일'은 남에게 돈을 빌려주고 제때 받지 못하는 일입니다. 생활하면서 흔히 겪는 일이기도 합니다. 적은 돈이라도 떼이면 스트레스를 받습니다. 특히 큰돈을 떼이면 자기 인생에 막대한 손해가 생깁니다.

투자 사기는 주식투자회사나 부동산 전문회사라고 속인 후 돈을 받아 도망가는 것을 말합니다. 짧은 기간 안에 투자한 돈의 수십 또는 수백 배로 불려 준다는 거짓말로 사람을 꾀어냅니다. 큰돈을 쉽게 만들어 준다는 거짓말은 누구나 솔깃할 만한 말입니다. 뉴스나 신문에서 투자 사기를 당한 사람의 소식을 자주 들을 수 있습니다.

이러한 사기는 대부분 '사기꾼의 거짓말 - 자기가 돈을 건넴 - 사기꾼의 도망'이라는 과정으로 이루어집니다. 사기꾼이 사람에게 거짓말하는 방법은 매우 많아 일일이 다 알기 어렵습니다. 사기꾼은 교묘하고 치밀하게 사기를 칩니다. 누구든 사기꾼과 어울리게 되면 사기당할 수 있습니다. 상대방의 거짓말에 속지 않는 방법이란 사실 없는 것과 마찬가지입니다. 아무리 똑똑한 사람이라도, 아무리 사기에 관한 지식이 많아도 사소한 거짓말 하나하나까지 모두 다 알아챌 수는 없습니다. 그만큼 '사기꾼의 거짓말' 부분을 확실하게 대비하는 것은 불가능합니다. 그러나 '자신이 돈을 건넴' 부분은 대비하는 방법이 있습니다. 이 부분만 제대로 알면 '사기꾼의 도망' 단계로 넘어가지 않기에 사기당할 일을 대부분 막을 수 있습니다.

돈거래는 돈을 주고받는 일입니다. 돈거래에서 돈을 주면 그 돈은 '너의 돈'이 되고 돈을 받으면 그 돈은 '내 돈'이 됩니다. 즉, '내 돈'이 한 번 상대방에게 넘어가면 그 순간부터 그 돈은 무조건 내 마음대로 하지 못하는 '너의 돈'이 됩니다. 그래서 돈 건네는 일을 항상 조심해야 합니다.

호떡 1개를 10만 원에 파는 가게가 있습니다. 영희가 그 가게에 들어가 자기 돈 10만 원을 건네주고 호떡을 샀다면 건넨 10만 원은 영희 돈이 아닌 호떡 가게 주인 돈이 됩니다. 그런데 영희 마음이 갑자기 바뀌었고 아직 먹지 않은 호떡을 되돌려 주고 돈을 돌려받고 싶었습니다. 이 상황에서 돈을 다시 돌려줄지 말지 결정하는 사람은 영희가 아닌 호떡 가게 주인입니다. 호떡을 살 때는 영희 돈이었기에 영희 마음대로 살 수 있었지만, 상품을 취소하고 돌려주는 돈은 가게 주인 돈이므로 주인 마음에 달려 있습니다. 가게 주인이 붕어빵을 호떡으로 속여 판 것이 아니라면 굳이 돈을 다시 돌려줄 필요는 없습니다. 손님이 돈을 주고 가게 주인이 물건을 넘겨준 순간 거래는 끝난 것입니다. 흔히 백화점이나 마트에서 거래 취소를 해 주는 것은 의무라서가 아니라 그곳의 특별한 서비스라서 가능한 일입니다. 호떡 주인이 그런 서비스를 무조건 해 줄 필요는 없습니다. 그만큼 돈이 한 번 상대방에게 넘어가면 상황이 정반대가 됩니다.

가족으로 속여서 갑자기 돈을 보내라는 보이스 피싱(거짓 전화) 사기꾼의 말에 속을 수는 있습니다. 그 대신 사기꾼에게 돈을 넘겨주는 순간만 조심하면 됩니다. 무엇보다 상대방에게 돈을 건네는 일을 서두르지 말아야 합니다. 사기꾼에게 돈을 급하게 보내지만 않으면 보이스 피싱 대부분을 피할 수 있습니다. 보이스 피싱에 당했다면 최대한 빨리 돈을 보냈던 은행에 이야기해야 합니다. 돈을 보내고 30분 이내에 신고하면 돈을 전부 찾을 수 있습니다. 병원비나 범죄 사건 합의금은 급하게 돈을 낼 필요가 없다는 것도 상식으로 알아 두면 좋습니다.

개인과 개인 돈거래 또한 돈을 건네주는 순간을 조심해야 합니다. 돈을 빌려주는 순간 그 돈은 상대방 돈이 되며 돈을 갚을지 말지는 상대방 마음에 달려 있습니다. 만약 돈을 떼먹은 사람이 처음부터 갚을 마음이 없었다면 사기죄로 감옥에 가지만, 가진 돈이 없거나 사정이 있어서 갚지 못한 것은 사기죄가 아니라서 감옥에 가지 않습니다. 그만큼 돈을 빌려주면 빌려 간 사람이 유리합니다. 돈 빌려준 사람이 빌려 간 사람에게 애걸복걸해야 하는 일이 빌려준 돈 받는 일입니다. 그래서 돈을 빌려주려면 돈을 건네주는 순간, 즉 자신이 불리해지는 순간을 기록해 두는 것이 큰 도움이 됩니다. 그것이 '차용증'입니다. 개인 간 돈거래는 가급적 하지 않는 것이 좋고 어쩔 수 없이 돈을 빌려줄 때는 차용증을 쓰는 것이 낫습니다. 개인적으로 돈을 빌리는 사람은 주로 은행에서 대출을 거절당한 사람이라서 빌려준 돈을 돌려받기가 사실상 어려운 편입니다. 돈을 빌려주는 사람은 이런 위험을 떠안기에 돈 빌리는 사람은 차용증을 쓰는 것이 매너입니다. 빌리려는 사람이 핑계를 대며 차용증을 쓰지 않는다면 돈을 갚고 안 갚고를 떠나서 매너가 없는 것입니다. 매너 없는 사람과는 돈거래를 하지 않는 것이 좋습니다. 이런 차용증 없이 돈을 떼먹히면 재판으로 해결해야 합니다. 이런 경우 돈을 빌려준 사람이 사건 자료를 다 모아야 하기에 돈 빌려준 사람만 고생하게 됩니다. 재판에 이기면 빌려준 돈을 어느 정도 강제로 받아 낼 수 있지만 재판하면서 이런저런 비용이 들게 됩니다. 만약 돈 떼먹은 사람이 파산하게 되면 그마저도 받을 수 없습니다.

'투자 사기'는 돈을 빌려주면 나중에 손해 없이 큰돈을 준다고 속이고 빌려준 돈을 가로채는 사기입니다. 거짓 회사나 가짜 사업을 만들어서 돈을 뺏는 일입니다. 이 사기 역시 돈 건네는 일을 조심해야 합니다. 사기치는 회사는 맡긴 돈을 10배, 100배 큰돈으로 불려 준다고 약속합니다. 그 말을 듣고 큰 욕심을 부리면 자기 재산 대부분을 건네주기도 합니다. 그러나 돈을 건네는 순간 그 돈은 사기꾼의 돈이 됩니다. 빼앗긴 돈을 다시 찾는 일은 거의 불가능합니다. 자기 재산을 투자회사에 맡길 때는 이왕이면 널리 알려진 기업에 맡기고, 한 곳에 너무 많은 돈을 맡기지 않아야 좋습니다. 무엇보다 쉽고 간단하게 부자가 되는 방법은 없다는 사실을 꼭 기억해야 합니다.

보이스 피싱, 돈 떼이는 일, 투자 사기 같은 금전 사기를 당하는 순간은 사기꾼의 거짓말에 속은 순간이 아니라 자기 돈을 상대방에게 건네는 그 순간입니다. 돈은 그냥 주든 빌려주든 일단 상대방 손에 들어가면 내 것이 아닙니다. 어떤 거래든 급하게 돈 건네는 일을 하지 않아야 합니다. 사기꾼에게 한 번 건네준 돈을 다시 돌려받으려면 사기꾼이 그 돈을 처리하기 전에 자신이나 경찰이 그 돈을 직접 찾아야만 합니다. 사기꾼을 잡아도 그 돈을 다 써 버렸다면 돈을 다시 찾긴 거의 불가능합니다. 그 외에 중요한 사기에는 결혼 사기와 취업 사기가 있습니다.

결혼 사기는 범죄 사실, 이혼 사실, 자녀의 존재 등을 거짓말하고 결혼하는 것입니다. 이럴 때는 재판으로 혼인을 취소할 수 있습니다. 혼인 취소는 결혼 사실을 무효로 만들고 혼인 중명서에서 기록을 삭제하는 것입니다. 그러나 나이·재산·직업·학력을 거짓말하고 결혼하는 경우는 혼인을 취소하기 어렵습니다. 이런 경우는 혼인 취소가 아닌 이혼을 해야 합니다. 이혼은 혼인 중명서에 기록이 남습니다. 한번 결혼한 사실은 지워지지 않는 기록이 되는 것입니다. 결혼을 급하게 결정하거나 결혼을 빌미로 서로 돈거래하는 것은 매우 좋지 않습니다.

취업 사기는 아는 사람·광고지·지하철 전단지·인터넷 취업사이트를 통해 쉬운 일을 하고 많은 돈을 준다고 모집한 뒤 물건을 강제로 사게 하거나, 돈을 뺏거나, 일을 시키고 약속한 돈을 제대로 주지 않는 것입니다. 직장을 선택할 때는 미리 직장에 연락해 보거나 개인적으로 조사해 보는 일이 필요합니다. 특히 무조건 돈을 많이 주는 직장은 이 세상에 없다는 것을 꼭 기억해 두어야 합니다.

사기꾼은 거짓말로 사람을 유혹하고 함정에 빠뜨립니다. 터무니없는 거짓말은 믿기 어렵지만, 많은 진실에 거짓말을 살짝 섞으면 구별하기 어려운 거짓말이 됩니다. 거기에 쉽게 큰 이득을 준다는 욕심을 불어넣으면 더욱 맛있어 보이는 거짓말이 됩니다. 몸과 마음이 아프거나, 세상 상식이 부족하거나, 실패를 자주 경험한 사람이거나, 생활력이 약한 사람은 이런 맛있는 거짓말을 덥석 물기 쉽습니다. 곤란한 사람을 더 힘들게 만드는 일이 사기입니다. 문제는 그런 거짓말을 구별하는 일이 절대 쉽지 않다는 것입니다. 그 대신 '돈은 한 번 건네주면 끝'이라는 생각을 항상 가지고 어떤 일이든 차근차근 준비하고 진행하는 습관을 가질 필요가 있습니다.

도둑질은 도둑이 한 일이라서 도둑만 원망하면 됩니다. 그러나 사기는 자신과 사기꾼이 함께 한 일이라서 사기꾼뿐만 아니라 자기 자신도 원망하게 됩니다. 스스로 자기 재산을 사기꾼에게 준 사실은 자기 자신을 매우 한심하게 생각하도록 만듭니다. 그만큼 도둑맞은 것보다 사기당하는 것이 훨씬 더 괴롭습니다. 도둑질당하고 자살 같은 극단적인 선택을 하는 경우는 거의 없지만 사기당하고 극단적인 선택을 하는 경우는 상당히 많습니다. 혹시나 사기를 당하더라도 자기 인생을 함부로 판단하고 포기하는 일은 없어야 합니다. 세상에서 돈이 정말로 중요한 것이긴 하나 생명만큼은 아닙니다.

자살 사고

자살을 생각하는 사람에게 어떻게 대해야 할까요?

1. 그 사람의 괴로움을 이해해 주고 위로해 준다.

2. 좀 더 살아 보라고 말한다.

한 해 동안 수많은 사람이 교통사고·추락사고·화재사고·범죄사고 등 다양한 사고로 목숨을 잃습니다. 그중에서 가장 많이 목숨을 잃는 사고는 자살 사고입니다. 2020년 사고 사망자 중 자살자의 비율이 약 50%였습니다. 교통사고·추락사고 같은 나머지 사고를 모두 합친 수와 자살 사고 수가 거의 같았던 것이었습니다. 참고로 2021년 한국의 코로나 사망자 수는 약 4,500명이며 같은 기간 한국 자살자 수는 약 13,000명입니다. 자살자가 코로나 사망자보다 약 3배 많았습니다. 이처럼 자살 사고는 생각보다 심각한 사고입니다.

교통사고가 나면 굉장히 소란스럽습니다. 많은 사람이 사고를 보게 되고 사고가 알려지기도 쉽습니다. 그러나 자살 사고가 나면 매우 조용합니다. 사람이 없는 곳에서 은밀히 일어나기 때문입니다. 간혹 학교 폭력이나 범죄 같은 특별한 사건과 자살이 관계있을 때는 크게 알려지기도 합니다만, 대부분 자살 사망자 가족은 조용히 사고를 정리할 때가 많아 잘 알려지지 않는 사고입니다. 자살 사고는 교통사고보다 더 많이 일어나는 사고이지만 많이 일어나지 않는 사고라고 느끼기 쉽습니다.

사람에게는 본능과 이성(理性)이 있습니다. 본능은 배우지 않아도 저절로 아는 능력이고, 이성은 생각하고 배우면서 아는 능력입니다. 사람은 본능이 있어 자기도 모르게 죽음을 두려워하고, 이성이 있어 일부러 죽지 않기 위해 노력합니다. 이런 본능과 이성은 사람을 생존하게 만듭니다. 문제는 매우 심한 스트레스를 받아 자기 본능과 이성이 망가질 때입니다. 죽음을 두려워하지 않거나, 일부러 죽을 계획을 세우고 그 일을 저지릅니다. 사람에게 심한 스트레스를 주는 일은 주로 돈 문제·건강 문제·가정 문제가 있습니다.

돈 문제는 자살을 생각할 만한 괴로움을 줍니다. 오랫동안 모은 돈을 도둑맞거나 사기당하면 자기 인생 전체를 빼앗긴 것 같은 충격을 받습니다. 오래 가난하게 지낸 사람은 자신을 사회에서 매우 뒤처진 사람으로 생각합니다.

자기 재산을 크게 손해 보는 일은 심각한 사건입니다. 그러나 도둑이나 사기꾼이 자기 재산을 빼앗아 갈 수는 있어도 자기 실력까지 훔쳐 갈 수는 없습니다. 자기 몸과 실력이 있다면 막막하더라도 다시 시작할 수 있습니다. 가난한 생활을 오래 한 사람은 몸도 마음도 여유가 없습니다. 그러나 몸은 가난하더라도 마음만큼은 가난하지 않아야 합니다. 가난한 마음은 비뚤어진 마음, 받으려고만 하는 마음, 사랑이 없는 마음입니다. 마음이 가난하지만 않으면 자기 실력을 키울 수 있고 사람 관계 또한 좋아질 수 있기에 언젠가 가난한 생활에서 벗어날 때가 있습니다. 가난한 생활은 빚과 관계가 많습니다. 빚이 무조건 나쁜 것은 아니지만, 빚이 많을수록 자기 돈을 모으기 어려워 가난한 생활을 벗어나기 힘듭니다. 만약 가난하면서 빚이 있다면 빚을 없애는 것을 생활 1순위로 정할 필요가 있습니다.

건강 문제는 자살을 생각할 만한 괴로움을 줍니다. 심한 병을 앓는 사람은 그 병으로 인해 많은 고통을 느낍니다. 스스로 의식주정 생활을 할 수 없어 가족 도움이 많이 필요하기에 스스로를 가족의 짐이라고 생각하기도 합니다. 자기 실력을 키우고 싶어도 그럴 수 없습니다. 다른 사람과 좋은 관계를 맺기도 어렵습니다. 환자에게 이런 일이 오래되면 몸과 마음의 고통 때문에 자살을 생각할 수 있습니다. 그런데 환자가 자살하는 것은 그 사람을 돌봤던 사람을 매우 괴롭게 만듭니다. 환자가 도움을 받는 것은 사실이지만 환자가 병을 이겨내려는 모습만 보여도 돌보는 사람과 주변 사람에게 큰 힘과 위로가 됩니다. 환자는 짐만 되는 사람이 아니라 희망과 용기를 다른 사람에게 줄 수도 있는 사람입니다.

가정 문제는 자살을 생각할 만한 괴로움을 줍니다. 가족끼리 서로 사이 좋게 지내지 못하는, 가정불화는 부부와 자녀 모두에게 심각한 일입니다. 가정은 사람 생존에 꼭 필요한 곳입니다. 자기가 사는 데 꼭 필요한 곳이 폭력이나 여러 이유로 자기를 못살게 구는 곳이 되면 그 스트레스는 말로 표현할 수 없을 만큼 힘듭니다. 어릴 적 자녀는 스스로 생존하기 어렵기에 가족에게 의지해야만 합니다. 가족은 본능적으로나 법적으로나 서로 깊게 연결되어 있으므로 어려움이 심해도 쉽사리 관계를 끊지 못합니다. 가정불화가 있어도 자녀는 가족과 함께 지내야만 하며 당장 마땅히 피할 곳이 없습니다. 이런 일이 계속되면 어려운 상황에서 벗어날 수 있는 마지막 방법인 자살을 생각하게 됩니다. 자녀가 가정에서 오랜 기간 폭력이나 괴롭힘을 당했다면 다른 어른의 도움을 받는 것이 최선입니다. 그러나 자녀는 괴로워도 자기 가정을 의지하므로 다른 사람에게 문제 해결을 요청하기가 어렵습니다. 가정 폭력은 부모가 문제를 직접 해결하지 않는 이상 해결책이 거의 없다는 것이 큰 문제입니다. 가정 폭력에 대한 학교 교육과 관련 법을 잘 만드는 것이 그나마 조금이라도 도움이 될 수 있습니다. 자녀가 성인이 되어 독립할 것을 목표로 세우는 것도 한 가지 방법입니다. 성인이 되면 부모의 폭력이나 강요를 거부할 자격이 어느 정도 생깁니다. 그 대신 준비를 충분히 해야 합니다.

학교 폭력 또한 가정 폭력과 비슷하게 볼 수 있습니다. 어린 학생이 갈 만한 곳은 가정과 학교뿐이라서 학교에 자기 생활을 많이 의지합니다. 학교 폭력 때문에 학교에서 생존 위협을 받게 되면 학생이 갈 만한 곳이 없어집니다. 그렇다고 자기 마음대로 학교를 바꾸지도 못합니다. 이런 상황에서 가정까지 문제가 생기면 더 이상 의지할 곳이 없어 자살을 선택할 수도 있습니다.

부부 관계도 마찬가지입니다. 부부 사이에 폭력을 쓰거나 불륜을 저지르면 이성과 본능이 망가질 만한 큰 충격을 받습니다. 이 문제가 해결되지 않으면 자살이라는 극단적인 일을 저지르기도 합니다. 운동 경기를 보면 '타임아웃'이 있습니다. 잠시 경기를 강제로 중단하고 어려운 상황을 피하거나 해결책을 찾는 것을 말합니다. 부부 사이에 몸과 마음의 상처가 깊다면 억지로 그 상처를 버티려고 하거나 관계를 끝내는 것으로 마무리하기보다 이런 타임아웃 시간을 갖는 것도 괜찮습니다. 심각한 병에 들어 입원하게 되면 누구도 만나지 않고 혼자서 안정을 취하는 것처럼 가정생활을 잠시 중단하고 각자의 시간을 보내는 것입니다. 가정 문제는 다른 사람이 쉽사리 도움을 주기 어렵고, 도움을 주더라도 그 효과가 작습니다. 서로에게 상처를 덜 주는 방향으로 규칙을 세우고 생활하는 것이 가장 좋습니다.

사람이 자살하려면 자기 본능과 이성이 망가져야만 가능한 일입니다. 사람의 본능과 이성은 쉽게 망가지지 않습니다. 극심한 스트레스를 꾸준히 받아야만 그렇게 됩니다. 사람은 다른 사람의 괴로움을 제대로 알 수 없습니다. 비슷한 괴로움이나 사고를 겪어 본 사람만이 자기 일처럼 공감할 수 있습니다. 자살을 시도하려는 사람의 괴로움을 진정으로 느끼는 사람은 예전에 자살을 시도하다 가까스로 살아남은 사람 정도일 뿐입니다. 그런 사람이 아니라면 자살하려는 사람의 괴로움을 제대로 알지 못합니다. 그만큼 자살을 생각하는 사람의 괴로움을 이해해 주고 위로해 주기는 매우 어려운 일입니다. 그러나 그런 괴로움을 모르거나 이해하지 못하는 사람이라도 '사람은 자기 미래를 모른다' 정도는 말해 줄 수 있습니다. 왜냐하면 실제로 누구나 자기 미래를 모르기 때문입니다.

사람은 자기가 태어나는 일을 자신이 결정할 수 없습니다. 사는 동안엔 이성과 본능으로 인해 마음대로 죽을 수도 없습니다. 죽음 또한 자기가 선택하기보다 병과 사고로 어쩔 수 없이 당하게 됩니다. 자기 인생은 자기 것이지만 자기 마음대로 되는 것이 아닙니다. 마치 잠시 동안 자기가 맡은 것에 더 가깝습니다. 다른 사람에 비해 어렵고 괴로운 인생을 맡았다면 자기 마음대로 끝내기보다 좀 더 뒷부분을 지켜보는 일이 필요합니다. 갑자기 힘든 일이 생겼듯이 갑자기 좋은 일도 생길 수 있기 때문입니다. 문제는 언제 그런 일이 있을지 모른다는 것입니다. 모르는 것은 모르는 대로 두는 것이 낫습니다. 자살을 결심한 사람은 '자기 미래가 망했다'라는 결론을 자신이 낸 것입니다. 모르는 미래를 자기가 다 알고 있다고 결정한 것과 비슷합니다. 사람의 인생을 자기 것이라고만 생각하면 자기 마음대로 결론을 낼 수 있습니다. 그러나 사람의 인생은 자기 것만이 아닙니다. 사람은 자기 혼자 태어날 수 없고, 돌봐 주는 사람 없이 어린 시절을 지나갈 수 없고, 청년이나 중년이 되었어도 주변 사람이 없으면 살아갈 수 없습니다. 특히 과거에 자신을 사랑해 주었던 사람이 있었고, 지금 누군가가 자기를 사랑해 주는 사람이 있을 수 있고, 앞으로 누군가가 자신을 사랑해 줄 수도 있기에, 그리고 자기가 남에게 사랑 주는 사람이 될 수도 있기에 그 사람을 위해서라도 조금만 더 결론을 늦추면 좋겠습니다. 자신이 지금 겪는 어려움이 나중에 되돌아보았을 때 자기 인생에 큰 도움이 되었는지, 망하는 길이 되었는지는 미래에만 확인할 수 있습니다. 그러려면 나중이라는 시간에 자신이 있어야 합니다. 자기 할 일을 미루는 것은 좋지 않은 일이지만 자기 생명을 스스로 멈추는 일은 미뤄도 괜찮습

니다. 그래서 먼 훗날 어려운 시절을 넘겼던 자신을 자기가 위로해 주길
바랍니다.

사회 정치와 생활 정치

많은 사람이 모여 사는 것이 사회입니다. 이런 사회가 옛날부터 지금까지 쭉 이어온 것이 역사입니다. 사회의 역사는 '세종 시대, 고종 시대'처럼 왕을 중심으로 구분합니다. 그만큼 왕 같은 사회 지도자가 하는 일에 따라 사회가 많이 바뀝니다.

사회 지도자들이 하는 일을 '나랏일'이라고 하며 '정치'라고도 합니다. 사회 지도자들이 나랏일을 하고 좋은 결과를 얻었다면 그 나라와 국민은 많은 이득을 얻습니다. 반대도 마찬가지입니다. 정치는 국가와 국민의 흥망성쇠(잘되거나 망하거나)를 결정합니다. 국민은 정치인이 무슨 일을 하는지 알고 싶어 하며, 알 필요 또한 있습니다. 정치인과 국민이 함께 정치 활동을 하는 것을 '사회 정치'라고 합니다.

사람은 사회처럼 큰 무리를 만들기도 하지만 직장·가족·동아리 모임·학교 친구 등 작은 무리 또한 만듭니다. 사람은 작은 무리 안에서 자기편을 점점 만들어 갑니다. 이런 일 또한 정치라는 표현을 쓰며 '생활 정치'라고 합니다.

높으신 분들의 일

정당: 정치 목적이 같은 사람들의 모임.

정책: 정치인이 만든 사업이나 규칙.

캠페인: 어떤 목적을 이루려고 꾸준히 실시하는 운동.

여론: 많은 사람 의견이 하나로 모인 것.

언론: 소식이나 개인 생각을 많은 사람에게 알리는 것.

정치인은 대통령·국회의원·시장·정당 정치인 같은 사람을 말합니다. 국가 기관은 국회·정부·법원 같은 조직을 말합니다. 이런 정치인이나 국가 기관은 나랏일을 하며 사회 정치를 이끕니다. 정치인이 하는 나랏일은 사회 여러 분야의 법이나 정책을 만들어 국민 생활을 돕는 것입니다. 사회 캠페인을 만들고 이끄는 일을 하기도 합니다. 사회 캠페인은 "잘못을 바로잡자, 개인의 권리를 보장하자, 중요한 가치를 지키자, 복지와 인권을 높이자" 같은 사회 분위기를 만드는 일입니다. 국가 기관이 하는 나랏일은 법과 관계있는 일이 많습니다. 사회를 관리하려면 법이 필요하기 때문입니다. 사회 혼란을 막는 법을 만들고, 그 법을 실행하고, 법을 어긴 사람을 벌주면서 사회 질서를 유지합니다. 그리고 정부 사업이 있습니다. 정부는 군대와 경찰 조식 관리, 일자리 민들기, 대규모 건선, 문화 예술 지원 같은 다양한 사업을 합니다.

이처럼 정치인과 국가 기관은 수많은 나랏일을 합니다. 그런데 국민은 이런 수많은 정치 활동을 일일이 알기 어렵습니다. 뉴스를 통해 다양한 정치 소식을 접할 수 있지만 솔직히 정치 기사는 재미가 없을뿐더러 다양한 정치 기사를 모두 보기는 어렵습니다. 무엇보다 나랏일은 아무나 하는 일이 아니기에 지위가 높은 사람들만의 일로 생각하기가 쉽습니다. 그러나 정치는 모든 사람의 생활과 관계가 많습니다. 부동산 법이나 정책을 바꾸면 자기 집을 가지고 있는 사람과 그렇지 않은 사람 중 한쪽은 갑자기 이득을 얻고 나머지 다른 쪽은 강제로 손해를 보게 됩니다. 정부가 대규모 건설 사업을 했을 때 어떤 사람은 정부 사업으로 인해 이득을 얻지만 다른 사람은 오히려 손해를 보기도 합니다. 정치인이나 정당이 '직장 근무 시간과 임금' 캠페인을 할 때 직장과 직원 중 어느 편을 들어 주느냐에 따라 개인 생활에 큰 변화가 있습니다. 특히 정치인이 주도하는 캠페인은 다른 정치인이나 큰 단체의 옳지 못한 일을 드러내는 일이 많습니다. 정치인이나 큰 단체는 능력이 많은 만큼 큰 잘못을 할 때가 종종 있습니다. 정치인의 고발 캠페인은 많은 사람을 흥분시키거나 실망시키면서 개인의 생각에 상당한 영향을 줍니다. 이처럼 정치인과 국가 기관은 나랏일을 하면서 그 나라 모든 사람에게 이래라저래라 강제로 간섭할 수 있으며 국민 개인의 재산·생활·생각에 이득을 주기도 하고 손해를 주기도 합니다.

정치인은 법과 정책·정부 사업·캠페인을 통해 자신들이 원하는 방향으로 국민을 이끕니다. 평상시에는 정치인이 국민을 이끌고 국민은 정치인 뒤를 따라가는 식으로 사회 정치가 이루어집니다. 그러나 가끔씩은 국민이 정치인을 이끌고 정치인이 국민의 뒤를 따라가는 식으로 사회 정치가 이루어지기도 합니다. 그때는 바로 '여론'이 갑자기 생길 때입니다. 여론은 많은 사람의 의견이 하나로 모인 것입니다. 많은 사람이 모여 각자 자기가 하고 싶은 말을 하면 웅성거릴 뿐이지만, 많은 사람이 같은 말을 동시에 하면 매우 쩌렁쩌렁한 소리가 됩니다. 그런 소리는 힘이 있고 무섭기까지 합니다. 국가 지도자가 왕처럼 구는 독재 정치 사회에서도 여론만큼은 무시하기 어렵습니다. 그만큼 여론은 정치인에게 국민 의견을 전하는 중요한 역할을 하며 나랏일에 여론이 적용될 때가 많습니다. 정치인이 아닌 국민이 나랏일을 직접 하는 것과 비슷한 효과가 있으므로 여론은 사회 정치에서 매우 중요합니다. 정치인이 꾸준히 내리는 가랑비라면 여론은 갑자기 쏟아졌다 사라지는 소나기와 비슷합니다. 정치인은 사회와 국민에게 꾸준히 영향을 주지만, 여론은 갑자기 큰 영향을 주었다가 사라집니다.

여론을 만들려면 누군가 소식을 전하고 그 소식을 통해 많은 사람이 모여야 합니다. 예전에는 사람이 많이 모이는 시장이나 광장, 운동장에서 소식을 전하고 의견을 모았습니다. 점차 TV 뉴스·신문을 통해 이런 일이 이루어졌고, 최근에는 인터넷 뉴스 댓글 공간·SNS(페이스북·트위터)·인터넷 카페·온라인 커뮤니티 또한 여론을 만드는 장소가 되었습니다. 이런 인터넷 공간은 쉽고 빠르게 사람이 모여 소식을 받으므로 예전보다 여론을 만드는 일이 훨씬 활발해지고 있습니다. 하지만 여전히 신문사와 방송사는 많은 국민에게 소식을 전하는 주된 통로이며 국민 여론을 가상 쉽게 만들 수 있는 곳입니다. 이곳에서 일부러 혹은 실수로 거짓 소식을 전파하면 잘못된 여론이 생기게 됩니다. 신문사와 방송사는 가짜 뉴스를 전해선 안 되며 그 책임을 무겁게 질 필요가 있습니다.

국민은 정치인이 완벽한 사회를 만들어 주기를 기대하진 않습니다. 그러나 '전쟁 위협, 국민 자유를 억제하는 일, 국민을 괴롭히는 일, 국가 재산 도둑질, 의식주 문세, 직징 생활 문제' 같은 국민 생존을 위협하는 사회 문제가 생기면 여론이 급하게 만들어지고 정치인에게 그 해결을 요구합니다. 정치인은 이런 여론을 확인하고 법이나 정책, 정부 사업을 만들어 문제를 해결하고 국민의 지지를 얻습니다. 만약 제대로 문제를 해결하지 못하면 국민의 지지를 받지 못해 정치인 자리에서 물러나게 됩니다.

정당 정치인이 자주 만드는 개인의 고발 캠페인 때문에 정치는 싸움판이 되기 쉽습니다. 싸움 구경은 한두 번은 재미가 있을지 몰라도 허구한 날 싸움만 하는 모습을 보면 눈살이 찌푸려지게 됩니다. 그러면 국민에게 정치는 싫고 괴로운 일이 됩니다. 그렇다고 정치를 자꾸 피해선 안 됩니다. 사회에서 살려면 정치 전문가는 아니더라도 정치에 관심을 두는 정도, 여론에 참여할 수 있는 정도는 돼야 합니다.

토끼와 사자

정부

권력: 남에게 이래라저래라 할 수 있는 권리.

공권력: 정부가 국민에게 어떤 일을 강제로 시킬 수 있는 권리.

국가 기관과 정치인 둘 다 나랏일을 하지만 국가 기관이 정치인보다 훨씬 더 힘이 세고 사회와 국민에게 큰 영향을 줍니다. 그리고 국가 기관 중에서도 특히 정부가 매우 중요합니다. 정부라고 하면 대통령, 행정부 같은 단어가 생각날 것입니다. 학교 사회 시간에 배우거나 실생활에서도 자주 듣는 단어입니다. 그런데 정부라는 곳은 하는 일이 많고 일하는 사람 또한 많으므로 정부를 제대로 알기가 사실 쉽지 않습니다.

정부가 하는 일은 여러 가지가 있지만, 가장 중요한 것은 '나라의 살림살이'입니다. 살림살이란 가정에서 쓰는 말로 자기 가정을 위해 돈을 벌고 쓰면서 가정을 관리하는 일입니다. 그렇다면 나라의 살림살이는 나라를 위해 돈을 벌고 쓰면서 나라를 관리하는 일이 됩니다. 가정 살림을 맡는 사람이 부모라면 나라 살림을 맡는 곳이 바로 정부입니다. 그런데 정부가 돈을 벌고 쓰는 일은 가정과 상당히 다릅니다. 가정에서 살림살이를 하려면 가족 누군가가 밖에 나가서 일하고 돈을 벌어 와야 합니다. 그러나 정부는 밖에 나가서 딱히 일하지 않아도 쓸 돈이 저절로 생깁니다. 수많은 국민이 돈을 모아서 주기 때문입니다. 흔히 말하는 나랏돈, 세금입니다. 이 세상에서 유일하게 가만히 앉아서 엄청난 돈을 버는 곳이 바로 각 나라의 정부입니다. 돈은 하지 못한 일을 대부분 할 수 있게 만들어 줍니다. 그만큼 돈에는 힘이 있습니다. 정부는 세금이라는 거대한 돈을 다루기에 거대한 힘이 있는 단체입니다. 정부는 그렇게 번 돈으로 다양한 일을 하면서 나라를 관리합니다.

정부가 어떤 일을 할 때 그 일에 찬성하는 국민이 있고 반대하는 국민도 있습니다. 반대하는 국민이 있을 때마다 정부가 일하는 것을 그만두면 어떤 일도 할 수 없습니다. 정부가 꼭 필요하다고 결정한 일이라면 일부 국민의 반대가 있어도 그 일을 하게 됩니다. 이처럼 정부는 정부가 정한 일을 과감하게 할 수 있는 힘이 있으며 필요에 따라 그 일을 국민에게 강제로 시키기도 합니다. 이런 권리를 '권력 혹은 공권력'이라고 부릅니다. 정부는 공권력을 이용해 범죄자를 강제로 체포하거나 전염병이 생기면 국민을 통제하기도 합니다. 정부 공권력은 사회를 망가뜨리거나 불안하게 만드는 문제를 과감하게 처리하고 해결합니다. 정부는 이런 공권력이 있기에 힘이 아주 센 단체입니다. 공권력을 지나치게 쓰면 문제가 되나 너무 쓰지 않아도 문제가 됩니다.

정부는 이러한 세금과 공권력을 이용하여 많은 정부 사업을 합니다. 군대와 경찰을 만들어 운영하는 치안 사업, 지진·홍수·전염병 같은 큰 재난을 해결하는 재난 복구 사업, 전기·물을 국민에게 제공하는 공공사업, 어려운 국민을 돕는 복지 사업 등 개인이나 보통 기업이 하기 어려운 사업을 정부는 할 수 있습니다.

좋은 미래를 기대하면서 돈과 사람을 쓰는 것이 사업입니다. 사람은 미래를 모르기에 사업을 하면 성공할 수도 실패할 수도 있습니다. 사업을 할 때마다 대박이 나는 것은 불가능합니다. 정부 사업 또한 마찬가지입니다. 정부 사업은 성공하면 사회와 국민에게 큰 이득이 되지만 실패하면 세금 낭비가 되기도 합니다. 기업이나 가게가 사업을 할 때 실패하면 사업을 계속하지 못합니다. 그러나 정부 사업은 실패하더라도 세금으로 돈을 계속 확보할 수 있어 사업을 계속할 수 있습니다. 게다가 정부는 공권력이 있어 마음만 먹으면 언제든지 국민을 괴롭히는 일도 할 수 있습니다. 이처럼 정부는 돈 걱정 없이 사업을 마음껏 할 수 있고 많은 사람을 불편하게 만드는 일도 언제든지 할 수 있는 매우 힘센 단체입니다.

토끼가 잔뜩 있는 토끼우리에 사자 한 마리를 넣었을 때 그 사자는 토끼를 함부로 대하기가 쉽습니다. 그 사자가 많은 토끼에게 일일이 정중하게 대하는 것은 좋은 일이지만 그리 쉬운 일은 아닙니다. 나라에서 가장 강한 단체인 정부가 약한 국민 개인을 함부로 대하기는 사실 쉬운 일입니다. 정부가 약한 국민 개인의 삶을 살피고 돕는 것은 당연한 일이나 쉬운 일은 아닙니다. 결국 세금과 공권력을 사용하여 나쁜 짓을 하지 않는 것이 정부의 가장 중요한 일이 됩니다. 정부가 사업을 성공시켜 나라에 큰 이득을 가져오는 것도 좋지만 정부가 세금을 도둑질하지 않고 공권력을 함부로 쓰지 않는 것, 국민을 괴롭히지 않는 것이 훨씬 더 중요합니다. 정부 사업이 원하는 결과를 얻지 못했더라도 올바른 방법과 과정으로 일을 했다면 실패한 것이 아닙니다.

세상에는 나랏일을 잘해 보겠다고 큰소리치면서 세금을 빼돌리고 자기 국민을 괴롭히는 정부가 생각보다 많습니다. 정부를 운영하는 정치인이 잘못한 것도 있겠지만 사람은 높은 자리에 올라가 권력이 생기면 대부분 그런 식으로 행동하기가 쉽습니다. 이런 태도는 사람으로서 어쩔 수 없는 특징이기도 합니다. 그만큼 국가 기관이나 정치인이 부정부패만 저지르지 않아도 상당히 좋은 정치를 했다고 볼 수 있습니다.

우승보다 대표 선수

정당

경선: 정당에서 국민 선거에 나갈 사람을 뽑는 일.

여당: 대통령 선거에서 이긴 정당.

야당: 대통령 선거에서 진 정당.

당리당략: 정당의 이익을 얻기 위해 세운 방법.

자기가 원하는 직업을 얻으려면 관련 자격증을 따거나 팀이나 소속사에 들어가 활동하면서 자기 실력을 보여야 합니다. 그런데 정치인이라는 직업은 관련 자격증이 아예 없고 정치를 가르쳐 주는 팀이나 소속사 또한 딱히 없습니다. 정치인이 되는 방법은 정당에 들어가 그곳에서 활동하면서 정치 실력을 쌓고 정치인으로서 인정받는 것뿐입니다. 정당은 정치인을 키우는 곳이면서 정치인이 직접 활동하는 곳이기도 합니다.

우리나라 정당에는 큰 규모의 2개 정당과 여러 작은 정당이 있습니다. 2개의 큰 정당을 좌파와 우파, 진보와 보수로 구분하기도 합니다. 좌파는 주로 국민의 평등을 중요시하며, 우파는 주로 개인의 자유를 중요시합니다. 진보는 변화와 발전을 중요시하며, 보수는 가치 있는 것을 지키는 일을 중요시합니다. 그렇다고 해서 좌파 정당이 개인의 자유를 무시하거나, 보수 정당이 사회 발전을 막지는 않습니다. 좌파·우파나 진보·보수는 편을 나누는 적당한 기준 정도로만 생각해도 괜찮습니다.

정당은 학교와 비슷합니다. 학교의 학생과 선생님은 정당의 '당원'에 해당합니다. 각 반의 반장은 반 대표로 학교 모임에 참가합니다. 정당에는 각 지역마다 지역 대표가 있으며 그런 사람을 '대의원'이라고 합니다. 대의원은 정당의 중요한 모임인 '전당대회'에 참가합니다. 학생에게 학생

대표가 있듯 선생님도 선생님 대표가 있습니다. 그런 선생님을 교무부장 선생님이라고 합니다. 선생님을 국회의원이라고 한다면, 교무부장 선생님은 정당 국회의원들의 대표인 '원내대표'에 해당합니다. 선생님과 학생을 모두 합친 학교 전체 대표는 교장 선생님입니다. 이런 교장 선생님은 정당 대표인 '당대표'에 해당합니다. 조금 복잡하더라도 이 정도는 알아두어야 뉴스나 인터넷에서 정치 관련 글을 읽을 수 있습니다.

대통령·국회의원·시장 같은 사회 정치인이 되려면 국민 선거에 나가서 이겨야 합니다. 선거는 학교와 학교가 시합을 하는 것과 비슷합니다. 학교 간에 시합을 하려면 먼저 각 학교 대표 선수를 뽑아야 합니다. 정당에서 대표 선수는 자기 정당의 이름을 걸고 선거에 나갈 '후보자'가 됩니다. 정당에서 이런 후보자를 뽑는 것을 '경선'이라고 합니다. 경선을 하는 방법은 정당마다 다릅니다. 모든 학생이 모여 다수결로 뽑는 식으로 하거나 반장 대표만 모여서 뽑는 식으로 하거나 등등 다양한 방식이 있습니다.

정당에 들어가는 일은 누구나 할 수 있는 일입니다. 그러나 대표 선수가되는 일은 누구나 할 수 있는 일이 아닙니다. 정당 안에서 많은 활동과 업적을 이뤄야만 가능한 일입니다. 우리나라 거대 정당의 후보자가 된다면선거에서 이길 가능성이 매우 높습니다. 그만큼 나랏일을 하는 정치인이되는 과정에서 정당 경선을 통과하는 일은 매우 중요합니다. 경선에서이긴 사람은 정당에서 많은 도움을 받으며 선거를 치르게 됩니다. 그러나 정당에서 경선을 할 때는 이런 도움 없이 오로지 자기 능력과 업적만가지고 대결해야 합니다. 본격적인 선거보다 경선이 더 어려울 때도 많습니다. 정당 후보자가 된 사람은 국민 투표 선거에 나가게 됩니다. 국민선거는 이긴 사람 1명만 선거에 걸린 모든 것을 가져갑니다. 1등만 정치인이 됩니다. 2등은 아무것도 얻지 못합니다. 대표적인 국민 선거는 대통령 선거·국회의원 선거·지방선거가 있습니다.

대통령 선거는 이긴 쪽 후보와 정당이 정부를 통째로 가져갑니다. 정권 획득이라는 말을 쓰기도 합니다. 후보자는 대통령이 되고 당선된 대통령의 정당은 정부에서 일할 기회, 즉 나랏일을 할 기회를 많이 얻게 됩니다. 정권을 획득한 당을 여당, 그렇지 못한 당을 야당이라고 합니다. 여당과 대통령은 나랏일을 적극적으로 이끄는 정치인이 되며, 야당은 나랏일에 참여하기 어렵습니다. 야당은 정부나 여당이 하는 나랏일을 지적하는 일을 주로 하게 됩니다.

국회의원 선거는 각 지방의 국회의원 모두를 하루 동안 한꺼번에 뽑기에 총선거라고 합니다. 법을 만들고 정부를 감시하는 국회의원을 뽑는 총선거는 대통령 선거만큼 정당에서 중요하게 여기는 일입니다. 국회의원을 많이 얻은 정당일수록 그 정당이 원하는 대로 사회의 법을 만들 수 있습니다. 법을 만드는 일은 사회와 국민에게 큰 영향을 주는 중요한 나랏일입니다. 만약에 '음주 운전은 사형'이라는 법이 만들어졌다고 상상해 봅시다. 아무래도 음주 운전 사고가 거의 사라질 것입니다. 그 대신 술을 만드는 회사나 술을 판매하는 가게 상당수가 망하게 될 것입니다. 이처럼 어떤 법이 만들어지느냐에 따라 사람 생활이 크게 바뀝니다. 아무리 여당이라도 국회의원 총선거에서 야당에게 수적으로 밀리게 되면, 정부와 여당이 진행시키는 법을 국회에서 만들지 못합니다. 만약 여당이 총선거에서 이기면 국회와 정부 모두를 가져가기에 여당의 힘이 더욱 커집니다.

지방에서 나랏일을 하는 시장이나 도지사를 뽑는 지방선거 또한 정당에서 중요하게 여기는 일입니다. 지방 정치인도 정부와 비슷하게 자기 지역의 살림살이를 맡거나 여러 가지 공권력을 사용할 수 있습니다. 지방선거에서 이긴 정당은 그 지역에 자기 정당의 영향을 많이 주게 됩니다. 이처럼 정당은 사회 정치인을 만들어 내는 중요한 통로가 되며, 많은 정치인을 만들어 낼수록 정당 또한 큰 힘을 얻게 됩니다.

'국민의, 국민에 의한, 국민을 위한 정부'라고 미국 대통령 링컨이 말했던 것처럼, 많은 사람이 사회 정치인은 국민을 위한 정치를 해야 한다고 생각합니다. 그런데 우리나라 사회 정치는 정당 정치를 하고 있습니다. 정당 정치란 정당의 이득을 위한 정치를 말합니다. 정당 정치가 국민을 무시하는 정치는 아닙니다. 국민이 정치인을 직접 뽑는 국민 선거제도가 있는 한, 정당은 국민을 함부로 대할 수 없습니다. 하지만 정당의 주된 관심은 자기 소속 정치인을 많이 만들어 힘이 센 정당이 되는 것입니다. 정당은 이 목적을 위해 당대표를 중심으로 여러 가지 일을 만들고 실행합니다. 이것을 '당리당략'이라고 합니다.

이런 당리당략이 국민을 위한 일과 연결되면 좋겠지만 그렇지 않은 때도 있습니다. 하지만 그런 것이 무조건 나쁜 일은 아닙니다. 사람이든 정당이든 자기 이득을 바라고 일하는 것은 당연하고 자연스러운 일입니다. 정치인이 당리당략에 따라 나랏일을 하면서 국민 생활을 다 책임지고 국민 모두를 잘살게 해 주는 것은 불가능한 일입니다. 정당 정치는 정당의 이득을 챙기면서 자기 정당을 지지해 주는 국민의 이득을 같이 챙겨가는 정치입니다. 그래서 정당은 절대 선도 아니고 절대 악도 아닙니다. 정당은 국민을 위해 희생하고 봉사하는 단체라기보다 국민과 함께 도움을 주고받는 관계라고 보는 것이 낫습니다.

그런데 정당 정치를 하는 정치인이 조심해야 할 것이 있습니다. 그것은 정당의 이득을 위해 국민에게 거짓말을 해선 안 된다는 것입니다. 정당이나 정치인은 사회 영향력이 매우 크기 때문에 국민에게 일부러 거짓말을 하면 국민은 무조건 심각한 피해를 받습니다. 국민에게 도움이 되지는 못할망정 국민을 괴롭히는 일은 하지 않아야 합니다. 정당이 국민 마음에 들지 않는 짓만 골라 하면서도 국민 지지를 받을 수 있다는 생각을 버려야 합니다. 정당이나 정치인이 국민을 위한 일은 하지 않고 상대편

정당과 정치인을 헐뜯는 일만 하면서 국민 지지를 받으려고 하는 태도를 버려야 합니다. 정치인을 많이 만들어 큰 힘을 얻기 위해 어렵고 힘든 일도 마다하지 않고 하는 곳이 정당입니다. 그리고 이런 일을 쉽게 만들어 주는 것이 바로 거짓말입니다. 정당과 사회 정치인이 거짓말만 하지 않아도 상당히 괜찮은 정치인, 괜찮은 정당이라고 볼 수 있습니다.

혼자서도 잘해요

정치 배우기

논평: 어떤 사건을 해석하고 평가하는 일.

사설: 신문이나 잡지에서 전문가가 자기 생각을 나타내는 것.

학문이나 예능은 학교·학원·가정에서 배울 수 있지만 정치는 이런 곳에서 가르쳐 주지 않습니다. 가르치는 곳이 없기에 정치를 배우려면 뉴스나 책을 통해 혼자 스스로 배워야 합니다. 이처럼 정치 실력은 독학으로 쌓아야 하기에 사람마다 그 지식이나 생각이 다를 때가 많습니다.

요즘 사람은 뉴스 기사나 인터넷 서비스(메신저·SNS) 혹은 인터넷 커뮤니티 같은 다양한 방법을 통해 많은 정치 소식을 듣습니다. 사람은 어떤 일에 관심을 많이 갖고 그 일을 자주 접할수록 실력이 늡니다. 정치 소식을 많이 접하는 사람은 정치를 아는 실력이 늘어야 정상입니다. 그런데 정치 실력은 이런저런 정치적인 사건을 많이 안다고 해서 느는 것이 아닙니다. 정부나 정치인의 정치 활동이 어떤 목적으로 행해지는지 혹은 그런 정치 활동이 사회나 자기에게 어떤 의미가 있는지 찾아내는 일이 중요합니다. 정치는 사실을 아는 것보다 이해하는 것이 더 중요하기에 정치를 배우기가 상당히 어렵습니다.

공부할 때 어려우면 선생님이나 잘하는 친구에게 물어보듯 정치를 배울 때도 이런 선생님이나 고수 친구가 필요합니다. 이런 사람들을 만날 수 있는 곳은 인터넷 정치 뉴스 댓글, SNS(트위터·페이스북·유튜브), 인터넷 커뮤니티(카페·웹사이트), 신문이나 TV의 논평·사설이 있습니다.

인터넷 정치 뉴스는 정치 소식과 그 의견을 한꺼번에 볼 수 있어 정치를 배우기에 상당히 편합니다. 특히 기사 댓글에 모인 많은 사람이 기사에 나온 정치 활동을 해석합니다. 사람이 많이 모인 만큼 정치 고수도 많아 쓸 만한 의견을 종종 볼 수 있습니다. 문제는 의견이 너무 많아 쓸 만한 내용보다 쓸모없는 내용이 대부분이란 것입니다. 게다가 현실의 인터넷 뉴스 댓글 수준은 매너가 부족하고 분노 표현이 많아 정치를 배우는 일에 큰 도움이 되기 어려운 편입니다.

트위터 같은 SNS를 통해서 정치를 배우기도 합니다. 유명인이나 정치인과 직접 연결되어 그 사람의 말이나 정치 해석을 바로바로 볼 수 있습니다. 마치 개인 교육을 받는 듯한 느낌을 주기도 합니다. 유튜브 역시 비슷합니다. 그 대신 자기가 관심 있는 사람의 정보만 접하기에 생각이 한쪽으로 치우치기 쉽습니다.

정치 관련 인터넷 카페나 인터넷 커뮤니티를 통해 정치를 배우는 방법도 있습니다. 일방적으로 소식을 받기만 하는 SNS와 달리 관심 있는 일, 즉 관심사가 비슷한 사람끼리 모여 활발하게 의견을 주고받을 수 있습니다. 대화가 서로 잘 통하고 의견이 잘 모이며 그 의견이 개개인에게 잘 들어가는 편입니다. 그 대신 SNS, 유튜브, 인터넷 커뮤니티는 보수·진보 혹은 좌파·우파처럼 정치 성향이 비슷한 사람끼리 모이므로 편 가르거나 상대편을 미워하는 일이 많습니다. 이런 방법은 정치를 배울 수는 있지만 정치 혐오증 또한 같이 생기는 문제점이 있습니다.

TV나 라디오의 논평 프로그램이나 신문 사설은 최근 정치 사건을 해석해 줍니다. 정치 분야 전문가가 소식을 널리 전파하는 방법을 사용하므로 영향력이 상당히 큽니다. 그 대신 딱딱하고 지루한 느낌이 있습니다.

선생님이 가르치는 방향으로 학생은 따라갑니다. 선생님과 학생 관계에서는 선생님이 유리합니다. 뉴스 기사를 쓰는 기자, 트위터로 정치 의견을 내는 정치인, 댓글이나 인터넷 커뮤니티에서 활동하는 정치 고수, 즉 정치 활동을 알려 주고 그 의미를 해석해 주는 사람이 정보를 받는 개인보다 많이 유리합니다. 뉴스 기사가 어떤 사건을 알릴 때 그 기사를 본 사람은 기사 내용이 사실인지 아닌지 일일이 확인하지 못합니다. 인터넷 뉴스 댓글은 기사를 쓴 기자의 생각에 따라 그 분위기가 많이 달라집니다. 트위터나 유튜브 역시 거짓말을 작정하고 꾸미면 그 정보를 받는 사람을 언제든지 속일 수 있습니다. 특히 정치 사건을 해석하는 일에는 정답이 없기에 인터넷 커뮤니티에서 활동하는 정치 고수들은 그곳 사람을 자기가 원하는 대로 상당히 이끌 수 있습니다.

정치 사건과 그 해석을 최대한 제대로 가르쳐 줄수록 배우는 사람 또한 제대로 배우게 됩니다. 그러나 거짓 정보와 한쪽으로 치우친 해석이 넘치는 정치 배움터에서 선생님 역할을 하는 사람이 알아서 잘해 주기만을 바라는 것은 썩 좋은 태도가 아닙니다. 정치 뉴스를 보거나 커뮤니티에서 정치 관련 글을 보더라도 무조건 상대방 의견을 따라가지 않고 자기만의 생각을 정리하는 일이 필요합니다.

정치는 많이 보면 혐오가 쌓이고 안 보면 정치 실력이 늘지 않습니다. 이런 정치 부담을 줄이면서 그 실력을 키우려면 조금씩 꾸준히 정치를 접하는 것이 좋습니다. 정치 소식을 접할 때 스트레스를 심하게 받는다면 잠시 동안 관심을 많이 줄이는 것도 괜찮습니다. 그렇다고 관심을 아예 끊어서도 안 됩니다. 사회 정치를 이해하는 실력을 높이고 자기 정신 건강 또한 챙겨야 하는 것이 지금 사회를 사는 사람에게 필요합니다.

너와 나는 달라

가치관: 가치 있게 생각하는 일.

물타기: 무언가에 많은 물을 섞는 것.

기득권: 사회에서 높은 위치에 있는 사람.

며칠 굶은 사람이 음식을 도둑질하다 경찰에게 잡혔습니다. 이 사건을 보고 어떤 사람은 도둑의 배고픔을 불쌍하게 생각했고, 다른 어떤 사람은 도둑의 범죄를 한심하게 생각했습니다. 이처럼 같은 일을 보더라도 사람마다 그것을 대하는 생각이 다릅니다. 정치 또한 비슷합니다. 사회 정치를 꾸준히 접하면서 배우다 보면 좋게 보이는 쪽이 있고 안 좋게 보이는 쪽이 있기 마련입니다. 그러면서 점점 자기가 좋아하는 편과 자기가 싫어하는 편을 나누게 됩니다. 어떤 사람은 어느 한쪽 편을 들지 않고 어중간한 태도를 보이기도 합니다. 자기 마음입니다.

만약 어떤 정당의 정치인이 '형편이 어려운 사람의 도둑질은 적당히 봐준다'라는 법을 만들면 어떨까요? 어려운 사람을 돕는 일을 좋게 생각하는 사람은 이런 정치 활동을 좋게 보겠지만, 이 법이 도둑질을 오히려 부추긴다고 생각하는 사람은 이런 정치 활동을 나쁘게 봅니다. 게다가 이런 법이 생기면 확실히 도둑이 더욱 많아질 것입니다. 도둑을 예방하고 잡는 일을 하는 회사는 큰 이득을 얻게 됩니다. 그 대신 가게나 가정은 많아진 도둑 때문에 불안에 떨어야 합니다. 이런 상황에서 자기와 생각이 비슷하거나 자기에게 유리한 점이 많으면 그 정치인이나 정당을 좋아하겠지만 그 반대라면 그 정치인과 정당을 미워하게 됩니다.

정치를 배우면서 특정 정치인이나 정당을 좋아하고 미워하는 것은 자연스러운 일입니다. 사람이 많은 곳에서 살다 보면 우리 팀과 너희 팀으로 나뉘는 것은 어쩔 수 없는 일이기도 합니다. 정당과 정치인과 그 지지자들이 팀을 이루고, 자기 팀을 감싸고 지키면서 상대 팀을 감시하고 공격합니다. 때에 따라 같은 편이면 잘못이 있어도 감싸고 상대편이면 잘한 일이라도 깎아내리려고 합니다. 이런 일을 통해 국민 여론을 만들기도 하고 자기 팀을 더 크게 성장시키기도 합니다. 주로 정치인과 정당이 싸울 만한 일을 만들고 지지자들이 그 싸움에 참여하는 식으로 대결이 이루어집니다. 그런데 팀에 속한 지지자들이 서로 대결하면서 조심해야 할 것이 있습니다. 그것은 바로 '기득권의 논리'와 '물타기'입니다.

기득권의 논리는 '자기나 우리 편은 높은 사람이라 괜찮다'라는 것입니다. 이런 생각은 '우리 팀은 원래 높은 사람들이라 큰 실수나 잘못을 해도 괜찮지만, 상대 팀은 그렇지 않으므로 작은 실수나 잘못도 용서할 수 없다'라는 식으로 행동하게 만듭니다. 물타기란 말 그대로 어떤 것을 물에 섞는다는 뜻입니다. 설탕물과 더러운 물이 있습니다. 양쪽에 많은 물을 더 넣으면 양쪽 모두 맹물 맛으로 바뀝니다. 맨 처음에는 서로 다른 물이었지만 물타기를 하면 할수록 어느새 서로 비슷한 물이 됩니다. 이렇게 되면 맛있는 설탕물은 손해를 보고 더러운 물은 이득을 얻습니다. 이처럼 물타기는 크게 잘못한 쪽이 자기 잘못을 작게 보이려고 쓰는 방법입니다. 기득권의 논리와 비슷한 점이 있습니다.

기득권의 논리는 상대방을 하찮게 여기는 무례한 일입니다. 이런 생각은 자기편의 잘못을 좀처럼 인정하지 않게 만들기에 문제 해결 능력이 점점 떨어지게 됩니다. 아무리 자기편을 드는 일이 중요하더라도 이런 생각은 자기편에 도움이 되기보단 손해가 되기 쉽습니다. 물타기를 자꾸 쓰면 작은 잘못과 큰 잘못의 경계가 점점 사라져 잘못의 크기 비교가 어렵습니다. 이렇게 되면 너나 나나 모두 나쁜 사람이므로 서로의 잘못을 지적하지 말자는 분위기가 만들어지며 많이 잘못한 쪽이 이득을 보게 됩니다. 사회 정치에 기득권의 논리와 물타기가 널리 퍼지면 국민의 정치 혐오와 실망이 커집니다. 정치인과 국민 모두 정치 부패를 당연하게 여기게 되며 사회 정치가 병듭니다. 정치가 병들어 나랏일에 문제가 생기면 그 피해는 결국 자신과 자기 가족에게 오게 됩니다. 정치인과 지지자 모두 기득권의 논리와 물타기에 휩쓸리지 않도록 항상 조심할 필요가 있습니다.

여기 여기 붙어라

생활 정치

가정에서 아빠 엄마 중에 누가 더 좋은지 확인하는 것, 학교에서 같은 반 동기 중에 더 친하게 지내는 친구들, 직장에서 직장 동료 중에 특별히 가깝게 지내는 사람 등등 생활하면서 사람은 자연스럽게 자기편을 만들고 삽니다. 이렇게 자기가 생활하는 곳에서 자기도 모르게 혹은 일부러 자기편을 만드는 것이 생활 정치입니다. 자기 주변에는 생각이나 말이 잘 통하는 사람, 자기가 좋아하는 사람, 자기를 좋아해 주는 사람, 존경하는 사람 등등 자기편으로 두고 싶은 사람이 어느 정도 있습니다. 그런데 자기 주변 사람을 모두 자기편으로 만들기는 불가능합니다. 자기편을 조금씩 직접 만들거나 마음에 드는 편에 자신이 들어가야 합니다. 자기 마음에 든 사람은 점점 '우리 편'으로, 그렇지 않은 사람은 점점 '너희 편'으로 두면서 자연스럽게 생활 정치를 하게 됩니다. 상대방과 자기가 서로 같은 편이 되려면 자신이 상대방을 같은 편이 될 만한 사람으로 인정하거나 혹은 반대로 인정받아야 합니다. 자기가 상대방을 인정하는 것은 자기 마음대로 할 수 있지만 자기가 인정받는 것은 그렇지 않습니다. 그만큼 상대방에게 인정받는 일이 생활 정치에서 중요합니다.

마음이든 물질이든 무언가를 주는 사람은 같은 편이 될 만한 사람으로 인정받기 쉽습니다. 상대방에게 자기 진심을 보이거나, 멋진 모습을 보여 주거나, 정성을 들여 감동을 주거나, 쓸 만한 것을 주면 그것을 받은 상대방은 점점 우리 편이 됩니다. 그런데 폭력이나 협박 같은 무서움을 주어도 우리 편을 만들 수 있습니다. 상대방이 우리 편을 좋아하진 않지만 자신이 손해 보는 것을 피하려는 마음으로 같은 편이 되는 것입니다. 그 대신 이런 관계는 우리 편이 약해지거나 상대방이 강해지면 더 이상 같은 편이 되지 못합니다. 그래서 악당끼리 모인 팀은 오래가기 어렵고 쉽게 흩어집니다. 좋은 생활 정치를 하려면 나쁜 것이 아닌 좋은 것을 상대방에게 주는 실력이 있어야 합니다. 사람마다 매력·재능·돈·힘·기술 등이 있습니다. 이런 것을 상대방에게 보여 주거나 나눠 주는 것은 어려운 일입니다. 게다가 이런 것은 자기 역시 받고 싶은 것입니다. 자기가 원하는 것을 상대방에게 주는 것은 더욱 어려운 일입니다. 이런 이유로 생활 정치를 잘하기가 꽤나 어렵습니다.

어떤 가게에 주인과 좋은 직원이 있었습니다. 주인은 자기 돈을 더 벌려고 그 직원에게 주는 돈을 점점 줄였습니다. 그 직원은 결국 가게를 떠났고 가게는 점점 망하게 되었습니다. 흔히 들을 수 있는 이런 이야기는 사실 생활 정치 이야기입니다. 직원에게 주는 돈을 줄이면 확실히 가게 주인은 돈을 더 법니다. 그 대신 그 직원은 점점 자기편에서 멀어집니다. 좋은 직원이 떠나고 가게가 망하면 직원과 가게 모두 돈을 벌지 못합니다. 그러나 가게 주인이 그 직원에게 돈을 더 주고 자기편으로 만들었다면 당장은 주인이 버는 돈이 줄어들지라도 가게는 계속 성장했을 것입니다. 가게가 성장하면 주인이 버는 돈은 다시 점점 늘어납니다. 가게를 계속 운영하면서 직원과 주인은 돈을 꾸준히 벌 수 있고, 둘 다 버는 돈이 점점 늘어납니다. 양쪽 모두에게 이득입니다. 자기가 일을 잘하는 것과 일을 잘하는 상대방이 있는 것은 아예 다른 이야기입니다. 자기가 일을 잘하는 것은 자기 노력으로 어느 정도 되지만, 일 잘하는 사람을 만나는 것은 자기가 열심히 한다고 해서 되는 일이 아니기 때문입니다. 그래서 좋은 사람을 우리 편으로 만드는 생활 정치가 매우 중요합니다.

무엇보다 가장 중요한 생활 정치는 가정입니다. 가족은 기본적으로 자기편이라서 가족을 자기편으로 만들려고 딱히 신경 쓰지 않을 때가 많습니다. 그러나 가족이 기본적으로 내 편이라고 해도 가족 구성원이 자신의 무례한 행동까지 모두 받아 주면서 무조건 같은 편으로 있어 주는 것은 아닙니다. 가족이라도 견디지 못할 일이 자꾸 생기면 우리 편에서 너희 편으로 바뀔 수 있습니다. 남편이 아내 편을 들어 주고, 아내가 남편의 뜻을 따라 주고, 부모가 자녀 일에 관심을 두고 응원하고, 자녀가 부모 말을 지켜 주는 일, 즉 가족이 무조건 내 편이 되어 주는 것을 당연하지 않게 생각할 수 있어야 합니다. 가족이 자기 뜻을 따라 주는 것을 항상 특별하고 고맙게 생각해야 합니다. 그것이 생활 정치 기본이자 시작입니다. 그래야 친구 사이나 동료 사이에서도 자기편을 늘려 가며 생활할 수 있습니다.

가게 주인과 직원 이야기에서 주인은 실력 좋은 직원의 임금을 깎으면서도 그 직원이 가게를 떠나는 것은 바라지 않았을 것입니다. 그러나 결과는 그렇지 않았습니다. 주인은 자기가 직원을 함부로 대해도 그 직원이 자기편으로 계속 남을 것이라고 착각했습니다. 생활 정치를 너무 못한 것입니다. 생활 정치를 잘하지는 못하더라도 너무 못하지는 않아야 합니다. 사회 정치는 나랏일을 하는 일이고 생활 정치는 자기편을 민드는 일이라서 둘이 서로 다른 것처럼 생각될 것입니다. 하지만 나랏일을 하는 정치인이 되려면 선거에서 국민을 자기편으로 만들어야 하기에 사회 정치 또한 자기편을 만드는 일로 봐도 괜찮습니다. 결국 정치는 내 편을 만드는 일이 핵심입니다.

견제와 매력

정치력 키우기

견제: 상대편을 억누르는 일.

험담: 남의 잘못을 헐뜯는 말.

모함: 함정에 빠뜨리는 일.

이간질: 중간에서 서로를 멀어지게 하는 일.

매력: 사람의 마음을 끌어당기는 힘.

우리 편이 늘어날수록 좋은 점이 늘어납니다. 서로 도움을 주고받으며 이득을 얻는 일이 더욱 많아지고, 어울리는 사람이 많아지면서 자신감도 더 오릅니다. 그런데 우리 편이 조금씩 늘어날수록 우리 편 만드는 일에 방해되는 사람 역시 점점 생깁니다.

지효와 철수는 친구입니다. 최근 철수는 영희하고 노느라 지효와 놀아 주지 않고 있습니다. 지효에게 영희는 자기편 만드는 일에 방해가 되는 사람입니다. 영희가 일부러 지효 편을 줄이려고 철수와 논 것은 아니지만 지효는 그런 것과 상관없이 영희가 마음에 들지 않습니다. 이처럼 친하게 지내던 친구가 갑자기 다른 친구하고만 가깝게 지내서 서운함을 느낀 적이 누구나 있었을 것입니다. 사람은 뜻하지 않게 영희처럼 우리 편이 많아지거나 지효처럼 우리 편이 줄어들기도 합니다. 우리 편이 늘어날 때는 딱히 문제가 되지 않지만 우리 편이 줄어들 때는 문제가 됩니다. 그래서 우리 편을 늘리는 일도 중요하지만 상대편을 적당히 억누르는 일도 필요합니다. 이런 것이 '견제'입니다. 생활 정치는 우리 편을 만들고 관리하는 일 외에 상대편을 견제하는 일도 있습니다.

상대편을 견제하는 흔한 방법은 상대편을 곤란하게 만드는 것입니다. 세상에 완벽한 사람은 없습니다. 사람에게서 단점을 찾아내려고 하면 언제 든지 찾아낼 수 있습니다. 약속을 잘 지키고 성실하게 사는 사람이라도 '고지식하거나 꽉 막혔다'라는 식으로 나쁘게 말할 수 있습니다. 이처럼 상대방을 깎아내리는 험담은 생활에서 흔히 쓰는 견제 방법입니다.

지효는 영희가 방귀를 자주 뀐다는 사실을 알았습니다. 지효는 철수에 게 몰래 그 사실을 말했습니다. 철수는 영희와 노는 일이 부쩍 줄었습니다. 지효가 철수에게 영희 험담을 해서 사이를 나쁘게 만드는 이런 것이 바로 견제입니다. 견제는 쉽고 빠르게 상대편을 약하게 만드는 방법입니다. 문제는 상대편 또한 견제를 사용할 수 있다는 것입니다. 상대편을 견 제하면 우리 편 역시 견제당하기 쉽습니다.

영희는 지효가 철수에게 자신을 방귀쟁이라고 말한 것을 알았습니다. 영 희는 철수에게 지효는 비밀을 함부로 말하는 사람이니 중요한 이야기는 하지 않는 것이 좋다고 말했습니다. 철수는 지효와 대화하는 일이 부쩍 줄었습니다. 서로 견제하는 일이 계속되면 자기와 상대방의 잘못이 점점 더 드러나게 됩니다. 결국 양쪽 모두 손해가 커집니다. 특히 견제가 지나 치게 심해지면 상대방을 모함하거나 이간질하거나 협박까지도 하게 됩 니다. 자기편을 만들려다 엉뚱하게 자기가 나쁜 사람이 되어 버립니다. 결국 지나친 견제는 상대편에게 효과가 크지만 우리 편에게도 큰 손해가 됩니다.

하지만 이런 방법이 아닌 다른 견제 방법이 있습니다. 그것은 바로 자기 매력을 키우는 것입니다. 자기 매력으로 상대편을 자연스럽게 우리 편으 로 오게 만들어 견제하는 것입니다. 사람은 무언가를 잘하고 마음과 행 동이 좋은 사람에게 끌리기 마련입니다. 그런데 이런 견제 방법은 어렵 고 느리다는 단점이 있습니다. 상대편을 직접 다루는 방법이 아니기에 상대편에게 견제 효과가 그리 크지도 않습니다. 하지만 이 방법은 우리 편에게 손해가 없다는 장점이 있습니다.

매력 있는 사람이 되려면 외모·돈·지식·성격 중에서 자기가 특별히 잘하는 것이 있어야 합니다. 문제는 이런 것을 남보다 특별히 잘하기가 매우어렵다는 것입니다. 그런데 다른 것에 비해 비교적 쉽게 얻을 만한 매력이 있습니다. 그것은 바로 '착함'입니다. 누구나 착한 사람과 어울리고 싶어 하기에 착함은 굉장히 좋은 매력이 됩니다. 착하다고 하면 흔히 남 일에 도움을 많이 주는 사람이나 자신을 희생하는 사람으로 생각합니다. 그러나 착함이라는 뜻은 원래 '말과 행동과 마음이 부드럽다'라는 뜻입니다. 여기서 '부드럽다'라는 것은 상대방을 딱딱하지 않게 대하는 것만으로도 충분합니다. 그만큼 착함은 특별한 재능이나 운이 없어도 할 만한일입니다. 그렇다고 해서 착함이라는 것이 누구나 언제든지 쉽게 얻을수 있는 것은 아닙니다.

현대인의 평균 수명은 약 80세 정도로 사람은 굉장히 긴 시간을 삽니다. 그 긴 시간 동안 누구나 억울하고 괴롭고 힘든 일을 겪기 마련입니다. 그러면서 사람은 조금씩 비뚤어집니다. 특히 거짓·싸움·모함 같은 자극적인 소식과 영상이 활발하게 돌아다니고 그것을 쉽게 접하는 요즘 시대에는 사람의 말과 행동과 마음이 비뚤어질 기회가 너무나 많습니다. 게다가 상대편으로부터 헐뜯는 견제를 당하다 보면 언행과 마음이 딱딱하게되기 쉽습니다. 이런 상황에서 착함이라는 매력을 갖기는 절대 쉬운 일이 아닙니다. 그렇다고 비뚤어져서 좋을 것은 단 하나도 없습니다. 자기자신을 위해서 그리고 자신의 생활 정치력을 위해서 자기가 비뚤어지는것을 끊임없이 막을 필요가 있습니다.

정치는 상대편을 줄이면서 자기편을 늘려야 잘하는 것입니다. 헐뜯는 견제가 모함이나 거짓말이 아니라면 무조건 나쁜 것은 아닙니다. 상대편의나쁜 점을 지적하는 것은 상대편이 나쁜 일을 계속 저지르는 것을 막아

주기도 합니다. 그러나 상대편이 잘못했다고 무조건 우리 편에 들어오는 것은 아니라서 헐뜯는 견제는 우리 편을 만들기에 한계가 있습니다. 게다가 그런 방식으로는 자기 또한 나쁜 인상을 주변 사람에게 주기에 이래저래 손해가 많습니다. 그에 비해 자기 매력을 이용한 견제는 단점이 없고 장점만 있는 좋은 생활 정치 방법이 됩니다. 자기만의 장점을 잘 이용하는 것도 좋지만 무엇보다 착함을 이용하는 것이 매우 좋습니다. 말 한마디를 하더라도 부드럽게 말하는 습관을 들인다면 자신의 정치력을 상당히 올릴 수 있습니다. 이왕이면 진심을 담은 착함으로요.

협박 말고 꼬시기

정치 능력

공론화: 많은 사람이 알도록 널리 소식을 알리는 일.

쿠데타: 선거가 아닌 군대로 정부 권력을 빼앗는 일.

요즘 철수 가족은 다툼이 많습니다. 특히 철수 아버지와 가족 구성원의 사이가 좋지 않습니다. 어느 날 철수 집에 도둑이 들었습니다. 철수 가족은 도둑을 물리치려고 철수 아버지를 중심으로 어쩔 수 없이 서로 같은 편이 되었습니다. 이렇게 같은 편이 되기 어려운 상황이라도 우리 모두를 위협하는 적이 갑자기 생기면 쉽게 같은 편이 되기도 합니다. 정치가 쉬워집니다. 문제는 도둑이 더 이상 철수 집에 들어오지 않으면 철수 가족은 금방 다시 싸우게 된다는 것입니다. 철수 가족의 다툼 문제를 해결하지 않은 채로 철수 아버지가 가족을 자기편으로 만들려면 도둑이나 다른 위험한 일이 철수 집에 계속 일어나야 합니다. 결국 철수 집은 가족 다툼 문제와 다른 문제가 끊임없이 번갈아 생기게 될 것입니다. 이처럼 갈등을 일부러 만들어 우리 편을 만드는 정치는 쉽게 우리 편을 만들기에 편하고 좋은 정치로 보일 수 있습니다. 그러나 임시로 같은 편이 될 뿐이며 문제 해결에 도움이 되기는커녕 더 심각한 문제를 만들게 됩니다. 수준이 낮은 정치입니다. 자기가 일부러 갈등을 만들려는 생각이 없었더라도 결과가 그렇게 나타난다면 수준 낮은 정치를 한 것입니다.

2008년 미국 대통령 선거에서 흑인인 버락 오바마가 백인인 존 매케인을 이기고 대통령이 되었습니다. 그때 오바마는 흑인으로부터 95%의 지지를 받았고, 백인으로부터 43%의 지지를 받았습니다. 오바마가 대략 백인

절반을 설득했던 것입니다.[19] 오바마가 백인과 흑인을 싸우게 만들어서 흑인만 확실하게 자기편으로 만들려고 했다면 아마 대통령이 될 수 없었을 것입니다.

흑인 목사 마틴 루터 킹(1929~1968)은 미국에서 흑인을 차별하지 말아달라는 흑인 인권운동을 이끌었습니다. 그는 폭력을 쓰지 않으면서 사람들에게 흑인 편을 들어달라고 호소했습니다. 그 당시 흑인에게 압도적인 지지를 받았고, 백인에게도 46%라는 절반에 가까운 큰 지지를 받았습니다.[20] 마틴 루터 킹은 자신의 정치력으로 백인을 설득하는 일에 성공했던 것입니다. 이처럼 갈등을 일으켜 자기편을 만드는 것이 아닌 상대방을 설득해서 자기편을 만드는 것이 수준 높은 정치입니다.

물론 갈등과 폭력을 써서 자기편을 만든 정치도 있었습니다. 지금으로부터 약 200년 전에 일어났던 프랑스혁명이 대표적인 예입니다. 18세기 루이 16세 프랑스 정부는 국민을 괴롭혔습니다. 일부 정치인은 정부와 국민 갈등을 이용하여 폭력적인 시민 혁명을 도왔습니다. 혁명은 성공했지만 그 이후로 공포정치, 무능과 부패, 쿠데타가 이어졌습니다. 프랑스혁명은 그 나름대로 대단한 사건이었지만, 혁명이 끝난 뒤에 기대했던 시대는 오지 않고 또 다른 폭력의 시대만 왔던 것입니다. 갈등과 폭력을 이용한 정치는 한계가 있습니다.

결국 갈등이나 외부의 적이 아닌 설득으로 자기편을 많이 만드는 것이 정치 능력입니다. 설득을 잘할수록 오랫동안 우리 편이 될 사람을 만들 수 있습니다. 정치 능력이 좋은 것입니다. 친구 문제, 결혼 문제도 따지고 보

---

19 2008년 오바마 선거 결과 관련 자료: PEW RESEARCH CENTER, "Inside Obama's Sweeping Victory".
20 1965년 마틴 루터 킹의 셀마 행진 관련 자료: PEW RESEARCH CENTER, "From the archives: 50 years ago: Mixed views about civil rights but support for Selma demonstrators".

면 상대방을 설득해서 자기편을 만드는 정치입니다. 친구나 배우자 역시 오랫동안 같은 편이 되는 것이 중요합니다.

철수 아버지는 갈등을 만드는 방법이 아닌 가족 모두가 서로 사이좋게 지내도록 설득하는 방법을 써야 합니다. 만약 철수 아버지에게 잘못이 있었다면 가족에게 사과하고 더는 잘못을 저지르는 일을 그만두어야 합니다. 만약 가족 모두 사이가 좋지 않으면, 철수 아버지는 가족 구성원 각자 자기 생활력·매너를 키우는 일과 서로를 사랑하는 일에 힘쓰자고 가족에게 부탁해야 합니다. 그래야 가족이 진정한 우리 편이 됩니다. 사실 이런 내용은 대단한 지식이 필요한 일이 아닙니다. 나쁜 생각만 갖지 않으면, 나쁜 짓만 하지 않으면, 지나친 욕심을 부리지 않으면 누구나 아는 일·할 수 있는 일입니다. 그리고 사회 정치인은 지역감정 갈등, 남녀 갈등, 국가 간의 갈등, 전쟁 위기 등을 만들어 쉽게 정치하려는 일을 하지 말아야 할 것입니다.

공부 못해도 합격

간부: 단체에서 중요한 역할을 하는 사람.

논술: 어떤 일에 관한 글을 짜임새 있게 쓰는 것.

인적 자원: 일할 수 있는 사람.

물적 자원: 쓸 수 있는 돈이나 물건.

회사를 관리하고 보호하는 일은 회사 직원 모두와 관계있는 일이지만 무엇보다 회사의 대장과 간부의 역할이 큽니다. 회사 운명을 크게 바꿀 만한 중요한 일을 그런 사람들이 결정하기 때문입니다. 나라 역시 그 나라의 대장과 간부 역할을 하는 정치인의 역할이 중요합니다. 정치인이 맡은 나랏일은 나라를 관리하고 보호하는 일이라서 제대로 하지 못하면 나라가 망하거나 위험해집니다. 나랏일은 자기가 하고 싶다고 해서 아무나 하는 일이 아닙니다. 정치인이 되려면 그럴 만한 자격이 있어야 합니다.

예전 조선시대(15~19세기)에는 신하와 왕이 나라 정치인이었습니다. 신하가 되는 방법은 어려웠습니다. 신하는 지금의 논술 시험과 비슷한 과거 시험으로 그 자격을 얻었습니다. 과거 시험은 합격하기 매우 어려운 시험이었습니다. 신하가 되려면 공부 재능과 오랜 시험 준비가 필요했습니다. 시험공부 외에 다른 일은 관심을 가질 필요가 없었습니다.

왕이 되는 방법은 특이했습니다. '지금 왕이 다음 왕을 정한다'라는 법이 왕이 되는 거의 유일한 방법이었습니다. 사람은 자기에게 소중한 것을 다른 사람에게 넘길 때 많은 부담을 느끼지만 자녀에게 넘길 때는 그 부담이 매우 적습니다. 대부분 왕은 자기 자녀 중에서 마음에 드는 자녀에게 왕의 자리를 넘겨주었습니다. 왕의 자녀가 되는 일은 노력으로 되는 일이 아니었고, 왕이 되고 싶은 왕의 자녀는 다른 일에 신경 쓸 필요 없이 아버지 마음에 드는 일이 중요했습니다. 이런 방법이 아니라면 왕이 되는 길은 자기 군대를 사용하여 억지로 왕의 자리를 빼앗는 반란(쿠데타)뿐이었습니다.

이런 시대에 나랏일을 하는 정치인이 되는 방법은 '시험을 잘 보거나 왕의 자녀이면서 왕의 마음에 드는 일'뿐이었기에 국민 눈치를 볼 필요가 전혀 없었습니다. 정치인 자리를 유지하는 방법은 신하와 왕이 심각하게 싸우지 않거나 반란이나 전쟁만 없으면 되었기에 이마저도 국민 눈치를 볼 필요가 없었습니다. 정치는 사람을 자기편으로 만드는 일입니다. 정치를 잘하려면 많은 사람, 즉 국민을 자기편으로 만들 수 있어야 합니다. 그런데 조선시대 정치인은 그런 일에 관심을 가질 필요가 없었습니다. 국민을 자기편으로 만들 줄 몰라도, 즉 정치를 못해도 정치인이 되었고 정치인 노릇을 계속할 수도 있었습니다.

나랏일을 하려면 많은 돈이 필요하고 그 돈은 국민이 내는 세금으로 마련합니다. 국민이 준 돈으로 나랏일을 하는 정치인은 국민에게 관심을 많이 갖고 국민의 마음을 얻을 필요가 있습니다. 그러나 그 당시 정치인은 국민이 모아 준 돈으로 정치를 하면서도 국민의 마음이 아닌 왕의 마음을 얻는 일, 공부 잘하는 집안이 되어 자기 집안에서 정치인을 계속 만드는 일에만 관심을 가졌습니다. 국가의 인적 자원·물적 자원·공권력을 왕과 정치인 가문만을 위해 쓴 결과 국민의 삶은 어려워졌고 나랏일은 제대로 이루어지지 않았습니다. 그 당시 정치인은 국민과 나라를 망하는 길로 이끌었던 것입니다. 결국 조선시대 끝 무렵에는 다른 나라가 침략해 왔을 때 전쟁 한 번 제대로 해 보지도 못하고 망하게 되었습니다. 세계에는 거대한 피라미드나 유명한 궁전처럼 옛날 정치인이 만들어 놓은 대단한 건축물이 남아 있습니다. 겉으로 보면 멋있고 화려해 보이지만 국가의 막대한 자원을 국민을 위해 쓰지 않고 정치인 자신을 위해 쓴 흔적이 기도 합니다.

세금을 내는 국민은 바보가 아니었기에 때때로 이런 정치인에게 크게 대항하였습니다. 그런데 정치인은 국민이 낸 세금으로 경찰과 군대를 운영하므로 정치인에게 대항하는 국민을 폭력으로 제압할 수 있었습니다. 정치인이 국민에게 폭력을 쓰면 당연히 국민의 마음을 얻지 못합니다. 그러나 옛날 시절 정치인은 국민의 마음을 굳이 얻을 필요가 없었기에 폭력을 이용하여 국민을 통제하는 일이 많았습니다.

요즘 시대는 예전의 왕과 신하가 대통령과 정치인으로 바뀌었습니다. 공부나 왕의 마음이 아닌 국민 선거로 나랏일을 할 자격을 얻게 되었습니다. 국민의 표, 즉 국민의 인정을 많이 얻어야만 정치할 수 있는 정치권력을 얻습니다. 앞에서 말했듯이 우리 편을 만드는 일은 자기 매력을 보여 주는 일과 상대편을 견제하는 일이 있습니다. 평상시에 꾸준히 국민에게 좋은 모습을 보여 주든가, 선거 때 많은 국민이 좋아할 만한 약속을 많이 찾아낸다든가, 거짓말로 상대방을 모함한다든가, 국민에게 폭력을 보여 주고 억지로 자기편이 되게 한다든가 등등 방법은 여러 가지가 있습니다. 이 중에서 가장 쉬운 방법은 '거짓말과 폭력'입니다. 자기가 꾸준히 좋은 일을 해서 국민에게 매력을 보여 주는 것보다 거짓말이나 폭력으로 상대편이나 국민을 견제하는 것이 훨씬 편하고 빠른 방법이기 때문입니다. 가성에서 떼쓰는 아이를 일일이 설득하는 것보다 회초리로 겁주는 것이 훨씬 빠른 해결책이 되는 것과 비슷합니다. 아직도 이렇게 거짓말과 폭력으로 정치권력을 얻는 나라가 상당히 많습니다. 이런 식으로 정치권력을 얻어 나랏일을 하는 '높은 사람'이 되면, 그다음 세대 역시 거짓과 폭력으로 정치권력을 얻으려는 전통이 생깁니다. 그렇게 되면 피해는 국민이 고스란히 받게 됩니다.

나랏일을 하는 정치인이 나라를 잘 관리하고, 나라를 크게 발전시키며, 나라를 위험에서 보호하는 일을 능숙하게 잘한다면 그것은 너무나 훌륭한 일입니다. 그러나 정치인이 해야 할 가장 중요한 일은 국민에게 거짓과 폭력을 쓰지 않고 국민 눈치를 보는 일입니다. 거짓과 폭력을 일삼는 정치인이 정치권력을 잡으면 그 사람이 자기 나라를 위험하게 만듭니다. 그동안 거짓과 폭력으로 자기편을 많이 모아 정치권력만 얻으면 그만이었던 시대가 너무 많았습니다. 그리고 앞으로 언제든지 그런 시대가 다시 올 수도 있습니다.

세종대왕은 조선시대의 왕이었습니다. 세종은 왕의 네 아들 중 한 명이었고, 그중에서도 왕의 선택을 받은 사람이었습니다. 세종은 국민 덕분이 아닌 아버지 덕분에 왕이 되었기에 국민 눈치를 딱히 볼 필요가 없었습니다. 게다가 세종 왕은 건강이 상당히 좋지 않은 사람이었습니다. 그런데도 세종 왕은 국민을 위해 글을 만들었고 다양한 국민 사업을 하였습니다. 국가의 많은 인적·물적 자원을 국민을 위해 이용했습니다. 국민의 마음과 형편을 신경 써 준 정치인이었던 것입니다. 그래서 세종은 대왕이라는 칭호를 국민이 기꺼이 써 줍니다.

국민 선거로 정치인을 뽑는 요즘이지만 정치인이 되려면 공부를 잘하는 것과 윗사람의 마음을 얻는 것이 여전히 중요한 편입니다. 정치인이 되려면 지식과 경험이 풍부해야 하고, 정당 안에서 윗사람과 아랫사람의 인정을 받아야 하고, 국민의 마음과 요구를 알아내고 그 해결책을 제시할 수도 있어야 합니다. 공부만 잘하면 되었고 정치인 부모만 있으면 되었던 옛날 정치인에 비해 요즘 정치인은 다양하고 많은 실력을 갖추어야 합니다. 그만큼 요즘 정치인은 자기 인생을 국민에게 보여 주고 국민에게 나랏일을 할 만한 사람으로 인정받아야 합니다. 대통령 후보가 되는 조건 중에 40세 이상[21]이라는 조건이 있습니다. 사람의 평균 연령이 대략 80세라는 것을 생각해 볼 때 평균 나이입니다. 대통령이 되려면 말만 그럴듯하게 늘어놓는 것이 아니라 최소한 인생의 절반은 살아 보고 자기 인생을 국민에게 직접 보여 준 뒤에 국민의 허락을 받으라는 뜻으로 생각됩니다. 나랏일을 잘하는 사람이 최고 높은 정치인이 되면 좋겠지만, 무엇보다 나랏일을 너무 못하는 사람이 그 자리에 오르는 것을 막아야 하기 때문입니다. 이것저것 잘하는 것이 많은 정치인이라도 거짓과 폭력을 통해 정치권력을 얻게 되면 그 순간 바로 옛날 시대로 돌아가게 됩니다. 아무리 과학 기술이 발전해도 정치가 옛날 시대로 돌아가면 국민은 옛날 시대를 살아야만 합니다.

아직도 생활에서 자기 공부 잘하고 윗사람의 인정을 받는 것을 성공의 기준으로 삼을 때가 많습니다. 머리에 든 것이 많고 높은 자리에 올라가더라도 주변 사람의 마음과 형편을 살피지 않고 자기 집안과 자기 이득만 챙기는 사람은 자기가 얻은 지위에 계속 있을 자격이 점점 사라집니다. 높은 자리에 올라가고 많은 사람을 자기편으로 만드는 것은 모든 사람이 추구하는 일입니다. 자기가 원하는 자리에 올라가는 것도 좋지만 그 자리를 감당할 수 없으면 부끄럽게 쫓겨나는 상황이 생기기도 합니다. 자기 정치력을 높여 좋은 상황을 만들고 그 상황을 충분히 감당하는 사람이 되길 바랍니다.

---

21 독일, 체코 역시 같습니다.

매너와 눈치

사람이 살다 보면 기분 좋을 때가 있고 기분 나쁠 때가 있습니다. 기분이 좋을 때는 딱히 문제가 되지 않지만 기분이 나쁠 때는 문제가 됩니다. 많은 싸움이나 범죄가 자신이나 상대방의 '나쁜 기분'에서 시작되기 때문입니다. 매너(예의)는 서로의 기분을 망치지 않으려고 사람들이 적당히 정한 규칙입니다. 이 매너를 알아야 다른 사람과 어울릴 수 있고, 싸움과 범죄를 피하며 살 수 있습니다. 그런데 매너만 가지고선 서로의 기분 문제를 모두 해결할 수 없습니다. 부족한 부분은 눈치로 보완해야 합니다. 매너와 눈치에 대해 이야기합니다.

매너 필수

매너 문제에서 자신은 주로 어느 쪽입니까?

1. 괴롭히는 쪽.

2. 괴롭힘당하는 쪽.

3. 괴롭힐 때도 있고 당할 때도 있는 쪽.

4. 딱히 이것도 저것도 아닌 쪽.

상대방이 마음먹고 무례하게 행동하면 당하는 사람은 그 일에 무조건 휘말리게 됩니다. 나쁜 짓을 그만두라고 요구할 수는 있겠지만 기분 나쁜 일을 계속할지 말지는 상대방이 결정합니다. 이런 상황에서 자기가 할 만한 일은 그 자리를 옮기는 일 정도입니다. 그런데 가정·학교·직장 같은 곳은 이런 일이 일어났을 때 자리를 옮기기가 어렵습니다. 남은 방법은 상대방이 무례한 짓을 스스로 그만두길 기다리는 것뿐입니다. 상대방의 무례함을 멈추게 하는 일은 딱히 방법이 없습니다. 주변 사람의 도움을 받아야 이 문제가 어느 정도 해결됩니다.

반대로 자기가 무례하게 상대방을 대할 때도 있습니다. 상대방을 일부러 괴롭힐 수 있고, 장난으로 그런 일을 할 수도 있습니다. 특히 자기 잘못을 괜찮다고 인정해 수는 사람들이 많으면(패거리, 커뮤니티) 자신의 무례함을 괜찮은 일로 생각하게 됩니다. 많은 사람이 이런 식으로 자신도 모르게 상대방을 괴롭히고 삽니다.

결국 상대방이 자기 기분을 나쁘게 만들거나 자기가 상대방 기분을 나쁘게 만드는 일을 누구나 겪으며 생활하게 됩니다. 이 중에서 그나마 자기가 할 수 있는 일은 상대방을 괴롭히는 일을 줄이는 것입니다.

상대방 기분을 나쁘지 않게 하는 것이 '매너(예의, 에티켓)'입니다. 매너 없이 생활하는 사람은 주변 사람에게 불쾌감을 주고 미움을 받습니다. 집에서 가족 모두가, 마트에 갔는데 모든 직원이, 길을 가면서 지나치는 사람 모두가 자신을 싫어하는 것을 견디는 사람은 아마 없을 것입니다. 미움받으며 생활하는 것은 매우 괴로운 일입니다. 다른 사람에게 무례하게 굴었던 사람은 결국 거꾸로 자신 역시 괴로운 상황을 당하게 됩니다.

매너는 있어도 그만 없어도 그만이 아닙니다. 어디서든 사람과 함께 생활하는 곳이라면 꼭 매너를 알아 두고 매너 있게 행동해야만 합니다. 가정이나 학교에서 가르쳐 주지 않았다고 해서 핑계 댈 수 없습니다. 모르면 배우고, 물어보고, 검색해서라도 자기 것으로 만들 필요가 있습니다.

상대방을 함부로 대하는 사람은 상대방을 자신보다 낮게 보면서 자기가 높아진 것처럼 느낄 수 있지만, 나중에는 자신 또한 함부로 대해지기에 자기 역시 낮아지게 됩니다. 상대방을 낮춘다고 해서 자기가 높아지지 않습니다.

깜빡이

어떤 것이 더 좋은가요?

1. 눈치껏 사는 게 좋다.

2. 눈치 보지 말고 소신 있게 사는 게 좋다.

도로 위 자동차는 서로 어떻게 대화할까요? '깜빡이(방향지시등)'나 '빵빵 소리(경적)'로 대화합니다. 대화는 자신과 상대방이 서로 말을 주고받는 일입니다. 그런데 자동차끼리 하는 대화는 자기 말만 하고 상대방 말을 듣지 않습니다. 운전자가 차선을 바꾸고 싶을 때는 깜빡이로 신호를 보냅니다. 뒤차에 "저 이쪽 차선으로 옮길게요"라고 말하는 것입니다. 그런데 뒤차가 그 신호를 보고 "알겠어요"라고 했는지, "안 돼요"라고 했는지 앞차는 알 수가 없습니다. 뒤차로부터 대답을 듣지 못하기 때문입니다. 그렇다고 자동차 창문을 열고 소리를 고래고래 지르면서 대화할 수는 없는 노릇입니다. 앞차 운전자는 깜빡이를 켜고 자동차에 달린 거울로 뒤차를 눈치껏 보면서 차선을 바꿉니다. 자기 할 말만 하고 그냥 가 버리는 것이 자동차끼리의 대화이기에 운전자는 의사소통의 부족한 부분을 눈치로 메꿔야 합니다.

최근 개나 고양이 같은 애완동물을 기르는 일이 많아지고 있습니다. 사람끼리 대화해도 서로 말이 통하지 않을 때가 많은데 하물며 사람과 애완동물은 더욱 그렇습니다. 말이 서로 통하지 않으면 답답하고 오해가 생기며 싸움이 납니다. 그러나 사람과 애완동물은 같이 생활하면서 서로 싸울 일이 거의 없습니다. 서로 잘 지낼 때가 더 많습니다. 말이 통하지 않아도 사람과 애완동물은 서로 눈치껏 생활하기 때문입니다.

자기 나름대로 주변 상황이나 다른 사람의 마음을 알아채는 것이 눈치입니다. 흔히 '센스 있다'라는 말을 쓰기도 합니다. 많은 사람이 자기 기분 나쁠 때마다 소리 지르면서 욕하고 다니지 않습니다. 그만큼 사람은 자기감정을 있는 그대로 나타낼 때가 그리 많지 않습니다. 게다가 때에 따라선 상황이나 기분에 따라 속과 겉이 다른 말을 할 때도 있습니다. 그래서 눈치가 필요합니다.

눈치가 있다고 해서 상대방 마음속을 정확히 아는 것은 아닙니다. 상대방 마음이나 기분을 적당히 알아차리는 정도입니다. 중요한 것은 '상대방 마음이 편하다, 기분이 좋다'가 아니라 '상대방 마음이 불편하다, 화가 났다'에 관한 것입니다. 상대방의 좋은 기분은 대체로 잘 드러나며, 눈치채지 못해도 딱히 문제가 되지 않습니다. 하지만 상대방의 나쁜 기분을 눈치채지 못하면, 심각한 상황이 생길 수 있습니다. 이런 곤란한 상황을 만들지 않으려면 상대방의 표정·얼굴색·분위기·느낌 등을 보면서 눈치를 살필 수 있어야 합니다.

지능이나 성격이 좋다면 눈치 능력을 키우는 일에 많은 도움이 됩니다. 하지만 무엇보다 눈치를 좋게 만드는 데 필요한 것은 '주변에 대한 관심'입니다. 사람이 세상 모든 일에 일일이 관심을 두고 살 수는 없습니다. 자기가 관심을 많이 갖는 분야는 눈치가 점점 좋아지지만 그렇지 않은 분야는 나이를 많이 먹는다고 해서 눈치가 저절로 좋아지지 않습니다. 누구나 "눈치 없다"라는 말을 듣는 분야가 있는 것입니다. 그만큼 사람마다 눈치가 좋은 분야, 나쁜 분야가 다릅니다.

하지만 자기 가정만큼은 누구라도 눈치가 있는 분야가 돼야 합니다. 가족끼리 서로의 얼굴을 볼 때, 무덤덤하게 보는 것이 아니라 관심을 가지고 봐야 합니다. 항상 자기 집 구석구석을 관심 있게 살펴야 합니다. 자신이나 가족에게 슬픈 일이나 괴로운 일이 있어도 서로 아무런 눈치를 채지 못할 수 있습니다. 자기 집에 고장 난 곳이 있거나 문제가 생겨도 전혀 모르고 생활할 수 있습니다. 이것은 굉장히 좋지 않은 일입니다.

유명한 유튜버의 먹방(먹는 방송)을 보는 일도 재밌겠지만, 가끔은 우리 가족의 먹방을 찍어서 관심 있게 보는 것도 좋습니다. 생각지도 못한 가족의 특이한 음식 습관을 찾아낼 수도 있을 것입니다. 연예인의 일상생활보다 자기 가정의 일상생활에 좀 더 관심을 가지고 보면, 자기 가족과 집에 대한 눈치가 좋아집니다. 가족이라도 차마 서로 말하지 못했던 어려움이 있습니다. 눈치가 좋아지면 그 어려움을 찾아낼 수 있습니다.

운전하면서 자동차 차선을 바꿀 때, 뒤차를 관심 있게 보지 않고 깜빡이만 켜고 바로 차선을 바꾸면 뒤차와 사고가 나기 쉽습니다. 그러나 뒤차를 자주 관심 있게 보면, 도로 상황에 대한 눈치가 좋아지면서 운전 실력이 늡니다. 애완동물과 함께 살더라도 단순히 함께 지내는 것과 동물을 관심 있게 보며 지내는 것은 다릅니다. 관심을 두고 보는 일이 많을수록 대화하지 않아도 동물의 형편을 더 자세히 알 수 있습니다. 동물 조련사가 동물에 대해 자세히 아는 것은 단순히 동물 다루는 기술이 좋아서가 아니라 동물을 관심 있게 대하는 일을 잘하기 때문입니다.

자동차가 차선 바꾸는 일은 수많은 운전자가 흔하게 하는 일입니다. 그런데 차선을 바꿀 때마다 교통사고가 나진 않습니다. 그만큼 수많은 운전자가 눈치껏 운전을 잘합니다. 그러나 눈치가 없으면 사고가 나고, 사고가 나면 자신과 주변 사람이 괴롭습니다. 눈치는 있어도 그만 없어도 그만이 아닙니다. 자기 생활과 사회생활에 꼭 필요한 능력이며, 눈치가 없어서 좋은 건 단 하나도 없습니다. 자기 일상생활에 조금만 더 관심을 가지면 눈치가 굉장히 좋아집니다.

사람이 자기 목표를 향해 갈 때는 눈치 보지 않고 우직하게 가는 일이 필요합니다. 그런데 사람과 함께 생활할 때는 상대방 행동과 기분을 잘 살피는 일이 필요합니다. 자기 혼자 하는 일에는 눈치 볼 필요가 없지만, 다른 사람과 함께 하는 일에는 눈치를 봐야 합니다. 상대방이 무서워서가 아니라 서로 함께 지내기 위해서입니다.

무례 본능

모르고 상대방 마음에 상처를 주었습니다.

1. 모르는 것은 어쩔 수 없다.

2. 모르는 것도 잘못이다.

생활하면서 상대방 마음에 일부러 상처 줄 때보다 자기도 모르게 그러한 일을 할 때가 더 많습니다. 자기가 상황이나 장소에 대한 매너를 몰랐다거나, 자기로 인해 상대방이 불편한 것을 눈치채지 못하면 이런 일이 생깁니다.

사람에게는 장소마다 자기 역할이 있고 그 역할에 따른 매너가 어느 정도 정해져 있습니다. 장례식장에서 방문객으로서 해야 할 매너가 있고 소개팅 자리에서 피해야 할 매너 없는 행동이 있습니다. 운동경기에서 경기 규칙을 모르면 자기가 해야 하는 일, 할 수 있는 일, 하면 안 되는 일을 구분하지 못합니다. 특히 해선 안 되는 일을 계속하면 경기를 망치게 됩니다. 비슷하게, 상황이나 장소에 따른 매너를 알지 못했다면 자기도 모르게 그곳의 일이나 분위기를 망칩니다. 그래서 장소에 따른 매너를 알아야 합니다.

예를 들어, 장례식장에선 단정한 검은 옷을 주로 입고, 소개팅이나 데이트할 때는 될 수 있으면 핸드폰을 보지 않는 것이 매너입니다. 장소마다 정해진 매너를 모른다고 해서 무조건 매너 없는 행동을 하는 것은 아닙니다. 그러나 매너를 모르면 대체로 매너 없는 행동을 하게 됩니다.

장례식에 갈 때 무턱대고 고른 옷이 우연히 검은색 정장이 될 확률은 굉장히 낮습니다. 소개팅할 때 핸드폰을 계속 쳐다보는 것은 본인에게는 평범한 일이어도 상대방에게는 자신을 무시하는 특이한 일입니다. 그만큼 매너를 모르면 자기도 모르게 상대방 마음에 상처를 줄 수 있습니다.

이런 문제를 해결하려면 일단 매너를 알아야 합니다. 자신의 비매너 행동으로 상대방 기분을 망친 뒤에 "몰랐다"라고 말하는 핑계는 아이일 때만 통하는 일입니다. 그렇다고 학교나 가정에서 세상 모든 매너를 다 가르쳐 주지도 않습니다. 가르쳐 주지 않지만 자기 스스로 알아야만 하는 것이 매너입니다. 그러나 자기가 알아야 할 장소 매너가 상당히 많기에 그런 매너를 자기가 일일이 다 알기는 어렵습니다.

자기가 어떤 장소에 있을 때 그 장소 매너를 잘 모른다면 매너 기본을 먼저 생각해야 합니다. 매너 기본은 '상대방 기분을 나쁘지 않게 하는 것'입니다. 상대방 기분을 좋게 만드는 일은 꽤 어려운 일이지만, 상대의 기분을 망치지 않는 일은 다양한 지식과 대단한 노력이 필요한 일은 아닙니다. 소개팅 매너를 모른다면 상대방을 재밌고 기분 좋게 만들려는 일보다 상대방 기분을 나쁘지 않게 하는 일에 더 신경 써야 합니다. 그러면 자기가 모르고 저질렀던 무례함을 상당히 줄일 수 있습니다.

모든 사람이 자기 속마음이나 감정을 있는 그대로 나타내면 눈치가 필요가 없습니다. 그러나 현실은 그렇지 않기에 눈치가 필요합니다. 특히 자기가 상대방을 불편하게 만들고 그것을 눈치채지 못하면 상대방 마음에 심한 상처를 줄 수 있습니다.

눈치 있게 생활하려면 상대방 마음을 들여다봐야 합니다. 그러려면 상대방 말이나 행동을 통해 적당히 예측하는 수밖에 없습니다. '적당히 예측한다'라는 말이 거슬릴 수 있겠지만 사실은 괜찮은 방법입니다. 상대방 마음을 대충이라도 보려면 일단 상대방 마음을 궁금해해야 합니다. 흔히 다른 사람과 어울릴 때 '일이 잘되어 가는지'에는 관심이 있어도 '상대방의 마음이 어떤지'에는 관심이 없을 때가 많습니다.

학부모가 자녀를 대할 때 '자녀가 숙제를 다 했는지, 성적이 올랐는지'에는 관심이 있지만, '자녀 마음이 어떤지'에는 관심이 부족할 때가 많습니다. 자녀 또한 '부모에게 요구한 것이 해결되었는지'에는 관심이 있어도 '부모 마음이 어떤지'는 굳이 알려고 하지 않을 때가 많습니다. 소개팅이 끝나고 나서 자신이 상대방 마음에 들었는지 궁금하기보다 자신이 상대방을 평가하는 일에 관심을 두기 쉽습니다. 이처럼 상대방 마음을 궁금해하지 않으면 상대방 마음을 대충 알기는커녕 아예 모릅니다. 눈치가 없는 사람이 됩니다. 그런 사람은 자기가 상대방 마음에 상처 준 것을 전혀 모르기 때문에 상대방에게 상처를 자주 주는 사람이 됩니다.

영국은 신사의 나라라고 합니다. 특히 영국 귀족은 굉장히 까다로운 매너 생활로 유명합니다. 식사 때 음식을 흘리더라도 몸을 꼿꼿이 세우고 식사합니다. 이 귀족들은 매너를 철저하게 배우고 다른 귀족들을 상대할 때 최대한 매너 있게 행동합니다. 하지만 이런 귀족들이 자기보다 신분이 낮은 사람에게는 매너 있게 대하지 않을 때도 있습니다. 이것은 매너를 잘 알아도 언제든지 무례한 사람이 될 수 있다는 것을 보여 줍니다.

가끔씩 상점에서 행패를 부리는 사건이 뉴스에 나옵니다. 그런 사람은 주변 사람이 불편해하는 것을 알아도 계속 문제를 일으킵니다. 눈치가 있는 사람이라도 무례하게 행동할 수 있는 것입니다. 이처럼 매너와 눈치가 있는 사람이라도 언제든지 상대방 마음에 상처를 줄 수 있습니다.

사람에겐 다른 사람보다 높아지려는 마음과 다른 사람보다 낮아지지 않으려는 마음이 있습니다. 남보다 더 높은 사람이 되는 방법은 자기 실력이나 성품을 높이는 방법이 있고, 남을 일부러 낮추는 방법이 있습니다. 처음 방법은 어렵고 시간이 오래 걸리지만 나중 방법은 쉽고 시간이 오래 걸리지 않습니다. 그래서 사람은 자기를 높이는 방법으로 남을 헐뜯거나 괴롭힐 때가 있습니다. 이런 마음은 마치 본능과도 같아서, 매너와 눈치가 있더라도 이런 마음을 스스로 조절하기 어렵습니다. 사람이라면 누구나 상대방에게 함부로 대할 수 있는 것입니다. 그래서 사람은 다른 사람과 어울리는 일이 기본적으로 어렵습니다. 사람이란 존재가 원래부터 나빠서가 아니라 이런 본능적인 이유로 가족·친구·직원·모르는 사람 등등 모든 인간관계에서 서로 사이좋게 지내기가 쉽지 않습니다.

매너와 눈치가 없는 사람은 자기 생각에 특별히 나쁜 짓을 하지 않았어도 어느덧 무례한 사람이 됩니다. 매너와 눈치가 있는 사람이라도 자신을 높이는 일에 지나치게 관심을 많이 갖고, 상대방을 일부러 낮추려고 하면 어느덧 무례한 사람이 됩니다. 무례한 사람은 언제 어디서나 다른 사람과 사이좋게 지내기가 어렵고 자기에게 손해나는 일이 많이 생깁니다. 자기가 무례한 사람이 되지 않으려면 서로 잘 지내는 것보다 상대방 기분을 나쁘지 않게 하는 것에 더 관심을 두어야 합니다. 상대방을 평가하기보다 상대방 마음을 살피는 것에 더 관심을 두어야 합니다. 남보다 잘나고 싶은 자기 마음을 가끔씩 진정시키는 일 또한 필요합니다.

선 넘네

어떤 사람이 좋습니까?

1. 재밌는 사람.

2. 매너 있는 사람.

"선(line) 넘네"라는 말이 있습니다. '상대방 말이나 행동이 자기를 화나게 했다'라는 뜻으로 쓰는 말입니다. 여기서 말하는 선은 '자기가 화를 참을 수 있는 한계'입니다. 자기가 생각하는 매너와 비매너의 경계라고 봐도 괜찮습니다.

매너 있는 친구 사이는 상대방을 함부로 대하지 않는 사이입니다. 서로 간에 욕이나 거친 말을 쓰지 않고 부드러운 말이나 좋은 말을 씁니다. 확실히 서로 싸우거나 다투는 일이 거의 없습니다. 그 대신 재미는 다소 떨어지는 친구 사이입니다. 반대로, 매너 없는 친구 사이는 상대방에게 함부로 대하는 사이입니다. 서로 간에 일부러 가벼운 욕과 짓궂은 장난을 주고받습니다. 이런 행동은 많이 친한 증거가 되기도 합니다. '우린 이렇게 서로 함부로 대해도 이해해 주는 매우 가까운 사이'라는 것입니다. 그 대신 서로 싸우거나 다투는 일이 종종 있습니다. 그렇다면 서로 매너 있게 내하면서 매우 친하고 재미있게 지내려면 어떻게 해야 할까요? 친구 사이가 매너와 비매너 경계 지점인 '선' 위에 자리를 잡으면 됩니다. 이것을 흔히 '선을 잘 탄다'라고 말합니다.

사람은 주로 매너 있는 사람보다 재미있는 사람을 더 좋아합니다. 매너라는 것은 아무래도 재밌는 느낌보다 심심한 느낌이 들기 마련입니다. 사람은 심심한 것보다 즐거운 것에 더 흥미를 갖습니다. 재밌는 사람은 친구든 아는 사람이든 좋아해 주는 사람이 많아 인기가 있습니다. 자기가 선을 계속 잘 타면, 매너 있으면서도 즐겁고 인기 있는 사람이 될 수 있습니다.

문제는 이 선이 눈에 안 보인다는 것입니다. 이 선은 자신의 평소 매너 실력과 눈치를 통해 느낌으로 알아야만 합니다. 게다가 사람마다 매너와 비매너의 경계선이 다르기에, 똑같은 농담을 하더라도 어떤 사람은 그 말을 재밌게 받아들이지만 어떤 사람은 그 말을 불쾌하게 받아들이기도 합니다. 그만큼 이 보이지 않는 선은 사람마다 그 위치가 다릅니다. 그리고 사람은 매일 자기 기분이 다릅니다. 어제 무례한 농담을 재밌게 받아 주었던 친구가 오늘은 비슷한 농담이라도 받아 주지 않고 화낼 수도 있습니다. 이 보이지 않는 선은 같은 사람이라도 자꾸 그 위치가 바뀝니다. 결국 자기가 선에서 벗어나지 않고 선 위를 꾸준히 타는 것은 거의 불가능에 가깝습니다.

만약 자기가 선을 넘었다면 상대방에게 상당히 무례하게 대한 것입니다. 상대방이 자기 무례를 적당히 받고 넘겼다면 괜찮겠지만, 그렇지 않다면 관계가 망가집니다. 한번 망가진 관계는 원상태로 되돌리기 어렵습니다. 그래서 이왕이면 선에서 조금 안쪽, 매너 쪽에 있는 것이 좋습니다.

유명하고 오래가는 연예인을 보면 평상시에는 선 안쪽에서 행동하다가 필요한 순간에만 잠깐씩 선을 타고 금방 선 안쪽으로 돌아옵니다. 그렇다고 그런 사람들이 재미가 없는 것도 아닙니다. 물론 매너와 비매너 경계선에 자주 있으면 위태위태하고 아슬아슬해서 타는 사람도 보는 사람도 재미가 있습니다. 그러나 지나치게 재미있으려고 선을 무리하게 타다가 결국 선을 심하게 넘으면 한순간에 무례한 사람이 됩니다. 많은 사람에게 알려진 사람은 그만큼 많은 사람에게 미움을 받기에 원래대로 돌아가기가 매우 어렵습니다. 반짝 유명해지고 사라지는 연예인이 되는 것입니다.

가족 간에도 '선'이 있습니다. 부모든 자녀든 상대방이 그 선을 넘으면 마음의 상처가 생기고, 그 상처가 굉장히 오래갑니다. 매너와 눈치가 있고 대화를 자주 하는 가정은 그나마 선이 어느 정도 느껴지지만, 그렇지 않은 가정은 선이 거의 느껴지지 않을 것입니다. 그만큼 선을 넘는 일도 많습니다. 이런 가정은 굉장히 위태로운 가정이 됩니다. 이왕이면 선 안쪽에 있는 것이 좋습니다. 재미보다 매너가 더 중요합니다.

재미있지만 상대방을 불편하게 만들고 관계를 쉽게 망치는 사람보다 재미는 떨어져도 상대방을 불편하게 만들지 않고 오랫동안 관계를 이어가는 사람이 훨씬 낫습니다. 재밌는 친구보다 오래가는 친구, 친하게 지내는 가족보다 다툼이 적은 가족이 좋은 친구, 좋은 가족입니다.

돈 벌기와 돈 관리

세상에서 돈을 버는 방법은 직업으로 돈을 버는 것과 물건을 사고 나중에 팔아서 돈을 버는 것이 있습니다. 대부분 사람은 이 2가지 방법을 함께 이용하여 돈을 법니다. 그런데 이런 방법으로 돈을 버는 일이 자기 마음대로 되지 않을 때가 많습니다. 직원으로 일하거나 사업을 해서 번 돈이 생각보다 적다거나, 주식을 사고팔다가 오히려 손해를 보기도 합니다. 돈 벌기는 어려운 일입니다.

자기 돈을 지키거나 늘리는 일을 돈 관리라고 합니다. 돈을 펑펑 쓰거나 잃어버리는 일은 쉽지만 지키고 늘리는 일은 어렵습니다. 돈 관리는 어려운 일입니다.

그러나 사람이라면 이렇게나 어려운 돈 벌기와 돈 관리를 해야만 살 수 있고 성장할 수 있습니다. 돈 벌기와 돈 관리에 대해 이야기합니다.

값싸고 좋은 것

영희는 곰돌이 인형을 갖고 싶었습니다. 마트에 간 영희는 3만 원짜리 큰 곰 인형을 사고 싶었지만, 가진 돈은 2만 원뿐이었습니다. 영희는 2만 원짜리 작은 곰 인형을 샀습니다. 영희는 아쉬운 마음이 들었습니다.

돈은 물건이나 서비스를 사게 해 줍니다. 가진 돈이 적으면 싼 것만 살 수 있지만 가진 돈이 많으면 비싼 것을 살 수 있습니다. 그런데 돈이 많다고 해서 무조건 비싼 것만 사는 것은 아닙니다. 싼 것도 여전히 살 수 있습니다. 돈이 많으면 자기가 선택할 수 있는 것이 '싼 것' 한 가지에서 '싼 것과 비싼 것' 두 가지로 늘어납니다.

가진 돈이 적을수록 자기가 좋아하는 것(기호)보다 가격이 물건을 사는 기준이 됩니다. 같은 물건을 사더라도 '어쩔 수 없이 싼 것을 산 것'과 '마음에 들어서 싼 것을 산 것'은 매우 다릅니다. 대부분 물건은 쌀수록 품질과 디자인이 좋지 않으므로 돈이 적으면 마음에 덜 드는 것을 주로 사게 됩니다. 그러면 자기 마음속 불만이 점점 커집니다. 이런 불만을 없애려면 돈을 많이 벌어야 합니다. 문제는 돈을 많이 버는 것은 마음먹는다고 쉽게 되는 일이 아니라는 것입니다. 그렇다면 마음먹어서 쉽게 될 만한 다른 방법이 필요합니다. 그것은 바로 자기가 선택한 물건에 '좋아하는 마음'을 넣는 것입니다. 가격 부담 때문에 덜 좋아하는 물건을 샀을 때 그 물건을 억지로 좋아하는 것은 그다지 바람직한 일이 아닙니다. 하지만 자기가 선택한 것을 후회와 불만으로 대하면 자기만 스트레스를 받게 됩니다. 오래 써서 정들었든, 어렵게 번 돈으로 산 것이든, 소중한 사람이 준 것이든 그 물건을 더 좋게 여길 만한 자기만의 이유를 자연스럽게 찾으면 이런 불만을 상당히 줄일 수 있습니다. 자기 물건의 가치를 자기 생각을 통해 상당히 높이는 것입니다. 특히 평상시에 자기 물건을 소중히 여기는 태도로 생활하면 이런 일에 큰 도움이 됩니다. 자기가 훨씬 더 많은 돈을 벌게 되어도 이런 태도는 꼭 필요합니다. 자기가 부자가 되더라도 물건 사는 기준을 여전히 가격 위주로 정하면, 훨씬 더 비싼 물건 사이에서 또다시 가격 비교를 하다가 돈 문제로 인해 마음에 덜 드는 것을 사게 됩니다. 예전보다 돈이 더 많이 있고 더 비싼 것을 샀어도 여전히 마음속에 부담과 불만이 있게 됩니다.

돈의 많고 적음의 기준은 딱 정해진 것이 없습니다. 주변에 자기보다 부자가 많으면 스스로를 가난한 사람으로 느끼고 주변에 가난한 사람이 많으면 스스로를 부자로 느끼는 것뿐입니다. 많은 돈과 비싼 것을 목표로 삼으면 돈을 많이 벌어도 그보다 더 많은 돈과 더 비싼 것을 목표로 다시 정하게 됩니다. 항상 자신은 돈이 부족한 사람, 무언가를 사도 불만인 사람이 되기 쉽습니다. 자기 돈이 늘어나도 자기가 좋아하는 것을 얻지 못하고 돈의 부담만 계속 느끼며 생활합니다. 이런 것을 보고 흔히 '마음이 가난한 사람'이라고 말합니다.

돈이 많다고 무엇이든 할 수 있는 것은 아닙니다. 자기 선택권이 조금 늘어난 것일 뿐이며, 싼 것을 사더라도 억지로 사지 않고 기분 좋게 살 수 있기에 마음의 여유가 더 늘어난 것일 뿐입니다. 돈 자체를 인생 목표로 삼거나 돈이 많아져도 비싼 것만 찾으면서 마음의 여유가 늘지 않으면, 많은 돈을 벌고 관리해도 즐겁게 사는 일이 좀처럼 되지 않습니다. 마음의 여유를 만들기 위해 돈을 벌어야 합니다. 그리고 마음의 여유는 생각만으로도 상당히 만들 수 있습니다.

영희는 작은 곰에게 평소에 자기가 좋아하는 친구인 철수 이름을 붙였습니다. 영희는 곰 인형이 좀 더 좋아졌습니다.

직업으로 돈 벌기

영희는 오랫동안 계속 돈을 벌고 싶습니다.

돈 벌기 기본이면서 핵심은 직업으로 돈을 버는 것입니다. 직장에 다니든 사업을 하든 자기가 직접 일하고 그 대가로 돈을 얻어야 자기 돈이 계속 생깁니다.

의사는 환자를 진찰하고, 의료 도구를 사용하여 치료하고, 약을 처방해주는 의료 서비스를 하면서 돈을 법니다. 의사가 의료 서비스를 할 때 가장 많이 쓰는 것은 의사의 손과 머리입니다. 이처럼 직장에서 자기 몸을 이용하여 일하고 돈을 버는 것이 '직장 수입'입니다. 직장인 대부분이 일하러 갈 때 가져가는 것은 소지품 조금과 자기 몸입니다.

물건을 사고 시간이 지나 그 물건 가격이 저절로 오르면 팔아서 돈을 버는 것을 '시세 차익'이라고 합니다. 이 방법으로 돈 버는 것 역시 돈을 버는 기본이자 핵심 방법입니다. 이 방법은 때때로 큰돈을 거저 벌 수 있지만 때때로 자기 돈을 잃을 수도 있습니다. 상당히 불확실한 돈 벌기 방법입니다. 그에 반해 직장 수입은 자기 돈을 잃을 일이 없습니다. 실력에 따라 사람마다 버는 돈이 다르지만 확실한 돈 벌기 방법입니다.

돈이 있어야 사람은 생존할 수 있습니다. 사람은 돈이 없으면 생존이 불안해지면서 심각한 스트레스를 받게 됩니다. 불확실하게 돈을 버는 것보다 직장 수입으로 확실하게 돈을 벌어 생존 위협을 최대한 줄일 필요가 있습니다.

물론 중고품·저축상품·주식·부동산 같은 상품을 사고팔면서 시세 차익으로 돈을 버는 일 또한 중요합니다. 이런 방법으로 돈을 벌려면 비싼 것이든 싼 것이든 일단 상품을 사야 합니다. 그러려면 상품을 살 돈, 즉 종잣돈(시드머니)이 필요합니다. 종잣돈을 마련하는 가장 확실한 방법은 꾸준히 직장 생활을 하면서 번 돈을 모으는 것입니다. 시세 차익으로 돈을 벌려면 일단 직장 수입이 있어야만 합니다. 결국 직장 수입이 시세 차익보다 훨씬 중요한 셈입니다.

직장 수입을 받으려면 직장에서 일을 맡아서 할 기본 실력이 필요합니다. 특히 직장 수입을 많이 받으려면 높은 수준의 실력이 필요합니다. 직업을 가지기 전에는 직장에 관한 기본 실력을 쌓는 일에 시간을 보내고, 직업을 가진 후에는 기본 실력을 토대로 높은 실력을 쌓는 일에 시간을 보냅니다. 이처럼 사람은 자기 분야에서 실력을 꾸준히 쌓아 가는 일에 인생 대부분을 보내며 직장 생활을 합니다. 이것이 '경력'입니다. 경력에는 그 사람의 인생과 실력이 들어 있습니다. 경력이 많은 사람일수록 더 많은 일, 더 어려운 일을 할 수 있어 큰돈을 받습니다. 뿐만 아니라 다른 사람에게 큰 도움을 주거나 많은 사람에게 도움을 주는 실력 좋은 사람이면 더욱 큰 돈을 벌 수 있습니다.

그런데 직업으로 돈을 벌 때 실력보다 더 중요한 것은 건강입니다. 자기 실력이 아무리 좋아도 병에 걸리거나 사고를 당하면 건강을 잃게 됩니다. 병이나 사고가 아니더라도 나이를 많이 먹게 되면 건강을 조금씩 잃습니다. 직업은 몸을 쓰는 일이기에 건강에 문제가 생기면 직장을 그만둬야 합니다. 확실하게 돈 버는 방법이 사라지면 시세 차익을 이용한 불확실한 방법으로만 돈을 벌어야 합니다. 생활비와 치료비는 꾸준히 나가지만 필요한 돈은 꾸준히 얻지 못하기에 생존 문제가 자꾸 생깁니다.

자기 직장 수입을 더욱 올리려면 자신이 다른 사람에게 지금보다 더 많은 도움을 줄 수 있는 사람인지 스스로 확인해 봐야 합니다. 그리고 가족의 건강을 항상 서로 돌봐야 합니다. 특히 가정에서 직장 수입을 받는 사람은 자기 건강을 철저히 관리해야 합니다. 가족 또한 그 사람의 건강을 더욱 챙겨야 합니다. 그래야 자신과 가정이 살 수 있고 발전할 수 있습니다.

영희가 직장에서 자기 일을 제대로 감당하고 꾸준히 건강 관리 하면서 지내다 보면 경력을 점점 쌓게 됩니다. 그러면서 직장과 손님에게 자기 실력을 인정받을수록 오랫동안 직장 생활을 하면서 안정적으로 돈을 벌게 됩니다.

저축상품 재테크

영희는 받은 월급으로 안전하게 돈을 더 벌고 싶습니다.

직장 수입이 아닌 방법으로 돈을 벌려면 상품을 사고팔아 시세 차익을 얻는 방법을 이용해야 합니다. 흔히 '재테크'라고도 합니다. 재테크는 재산·돈·상품을 뜻하는 한자어 '재(財)'와 기술을 뜻하는 영어 '테크(Tech)'를 합친 특이한 말입니다. '자기 돈을 관리하여 돈을 버는 기술'로 봐도 괜찮습니다.

시간이 지날수록 물건값은 항상 바뀝니다. 대부분 상품은 오래될수록 헌 것이 되어 그 가격이 내려갑니다. 그런데 어떤 상품은 오래될수록 그 가격이 올라갑니다. 이런 특징이 있는 상품은 재테크를 할 수 있습니다. 대표적인 재테크 상품은 저축상품·주식·부동산이 있습니다. 이 중 가장 쉬운 것은 저축상품입니다. 저축상품은 은행에서 판매하는 예금과 적금[22]입니다. 은행에 자기 돈을 맡기고 이자를 받는 것입니다. 예금·적금을 상품으로 보고 그 상품을 사서 나중에 은행에 되판다고 생각해도 됩니다.

영희는 은행에서 이자율 3% 적금 상품을 샀습니다. 영희는 1년 동안 매월 100만 원씩 그 적금 상품에 돈을 넣을 계획입니다(총 1,200만 원). 이자율 3%면 1년 후에 받는 이자가 약 19만 원입니다. 영희는 1,200만 원과 1년이라는 시간을 쓰고 1,219만 원을 얻게 됩니다. 1년 동안 재테크해서 얻은 19만 원 이익은 1년 동안 버는 직장 수입에 비하면 아주 적은 돈입니다. 하지만 적금을 통해 1,200만 원이라는 큰돈을 모았다는 사실과 시

---

22 예금: 약속한 기간 동안 상당한 돈을 은행에 맡기는 것.
　　적금: 약속한 기간 동안 매달 적당한 돈을 은행에 넣는 것.

간당 만 원짜리 아르바이트를 19시간 해야 얻는 돈을 그만한 노동을 하지 않고 얻었다는 사실은 큰 의미가 있습니다.

저축을 하려면 일단 자기 돈을 관리해야 합니다. 돈 관리는 자기가 필요한 일에 돈을 쓰고 필요하지 않은 일에는 돈을 쓰지 않는 것입니다. 즉, 돈 관리는 돈을 절약하는 것과 관계가 많습니다. 누구나 불필요한 일에 돈을 쓴 적이 있을 것입니다. 그런 일을 줄이는 것이 돈 관리입니다. 직장인이 자기 임금(월급)에서 매달 일정 금액을 남겨 저축하려면 물건을 쉽게 사지 않고 최대한 있는 물건을 활용하여 생활해야 합니다. 자기 하고 싶은 대로 돈을 쓰고 살면 저축을 하지 못합니다. 영희의 저축상품 재테크에서 중요한 것은 1년 이자 19만 원을 얻은 것보다 매달 자기 목표 금액 100만 원을 저금했다는 사실입니다.

재테크는 적당한 상품을 사서 나중에 비싸게 파는 일이기에 운이 좋은 상품을 고르는 것이 중요하다고 많은 사람이 말합니다. 그 말은 사실이기도 합니다. 그런데 재테크는 절약이라는 부담스러운 일을 해야만 시작할 수 있는 일입니다. 운도 필요하지만 생활력이 더 많이 필요한 일이 바로 재테크입니다. 저축상품 재테크는 재테크 초보부터 고수까지 모두 이용하는 돈 벌기 방법입니다. 부자라고 해서 돈을 펑펑 쓰고 다니는 것이 아닙니다. 부자 또한 절약하면서 저축하는 생활을 하는 것입니다. 오히려 가난할수록 불필요한 작은 지출을 많이 합니다. 쓸데없는 물건이 집 안 곳곳에 많은 편입니다. 부자일수록 필요한 일에만 큰돈을 쓰고 불필요한 작은 지출을 하지 않습니다. 쓸데없는 물건이 집 안에서 이리저리 돌아다니지 않는 편입니다.

저축상품 재테크를 처음 시작할 때는 조금씩 돈을 모아 큰돈을 만드는 적금을 하고, 돈이 많이 모이면 큰돈을 맡기는 예금을 하게 됩니다. 많은 돈을 은행에 넣을수록 이자가 더 높습니다. 저축상품 재테크를 오래 할수록 모이는 돈과 얻는 이자가 많습니다. 단순히 이자만 계산하면 저축상품 재테크는 큰 이득이 없는 일처럼 보이기도 합니다. 그러나 실제로 직접 해 보면 생각보다 돈이 많이 모이는 것을 알게 됩니다. 사람은 돈을 따로 모으지 않으면 자기 돈을 쉽게 쓰기 때문에 돈을 모으는 것만으로도 돈을 따로 버는 것과 비슷한 효과가 나타납니다. 그래서 저축을 하는 사람과 그렇지 않은 사람은 돈 버는 능력과 돈 관리 능력에서 큰 차이가 납니다.

재테크는 이득을 얻을 수 있지만 손해 또한 볼 수 있습니다. 이런 손해를 '재테크 리스크(risk)'라고 합니다. 저축상품 재테크 리스크는 거래하는 은행이 망해서 이자는커녕 자기가 저금한 돈조차 돌려받지 못하는 것입니다. 은행이 갑자기 망하는 것은 흔한 일이 아니지만 은행도 하나의 기업이라서 언제든지 망할 수 있습니다. 이런 리스크는 다른 재테크에 비하면 아주 작은 리스크입니다. 가끔씩 신문과 뉴스를 보는 정도로 이 정도 리스크를 충분히 대비할 수 있습니다. 게다가 우리나라는 예금자 보호제도가 있어서 자기가 거래하는 은행마다 최대 5,000만 원까지는 은행이 망해도 자기가 낸 돈을 받을 수 있습니다. 재테크 상품 중에서 오직 저축상품에만 이런 장점이 있습니다. 돈을 모으는 것은 부자가 되려는 목적도 있겠지만 무엇보다 사회인으로서 기본이 되는 생활이기도 합니다. 저축상품 재테크를 이용하여 생활의 기본을 잘 쌓으면 자신과 자기 가정을 유지하고 성장시키는 일에 큰 도움이 됩니다.

저축상품 재테크는 재테크 초보 영희가 언제든지 시작할 수 있는 재테크입니다. 특히 직장 생활을 오래 하지 않아 모아 둔 재산이 적은 20·30대 사람들이 돈 관리를 배울 수 있는 좋은 방법이기도 합니다.

주식 재테크

영희는 철수가 주식으로 돈을 많이 벌었다는 이야기를 들었습니다.

주식 재테크는 주식을 사고팔면서 시세 차익을 얻는 것입니다. 주식을 사고파는 방법은 보통 상품과 조금 다릅니다. 보통 상품은 개인이 돈을 주고 바로 그 상품을 살 수 있지만 주식 상품은 개인이 그렇게 거래하지 못합니다. 주식을 사는 사람과 파는 사람 중간에서 어떤 회사가 대신 주식을 사 주거나 팔아 주어야만 거래할 수 있습니다. 이런 회사를 증권회사라고 합니다. 주식을 사고팔려면 자기 동네에 있는 증권회사에 가서 주식을 거래하거나, 컴퓨터 주식 프로그램 혹은 스마트폰 주식 어플을 이용하면 됩니다.

영희는 A 증권회사에 가서 주식 거래에 필요한 준비를 하고 스마트폰 주식 어플을 받아 주식 재테크를 시작했습니다. 영희는 만 원짜리 오성전자 주식을 100개 주문해서 샀습니다. 나중에 오성전자 주식 가격이 오르면 영희는 주식을 팔아서 이득을 얻을 수도 있고 주식 가격이 더 오르길 기다릴 수도 있습니다. 그런데 주식 가격이 내려가면 영희는 가격이 다시 오르길 기다릴 수도 있고 더 큰 손해를 보기 전에 주식을 팔 수도 있습니다. 이처럼 주식을 사고파는 일 자체는 굉장히 단순하고 쉬운 일이지만 주식 가격은 항상 바뀌고 그에 따른 자기 선택 또한 다양하기에 주식 재테크는 상당히 복잡하고 어려운 일입니다.

찰리는 작은 사탕 회사 사장입니다. 찰리 회사는 장사가 잘되어서 큰 공장을 짓고 싶었습니다. 그런데 회삿돈과 은행에서 빌린 돈만으로는 돈이 부족했습니다. 찰리는 공장을 지을 나머지 돈을 은행이 아닌 다른 곳에서 찾아야 합니다. 어떤 물건을 자기 돈으로 사거나 선물로 받으면 그 물건의 주인이 됩니다. 물건 주인은 그 물건을 자기가 사용하거나 팔 수 있는 권리, 소유권이 있습니다. 찰리는 그동안 자기 돈으로 사탕 회사를 만들고 관리해 왔습니다. 찰리가 회사 주인이기에 회사 소유권은 찰리에게 있습니다. 찰리는 큰 종이에 '회사 소유권'이라고 쓰고 그 종이를 100개의 조각으로 나누었습니다. 찰리는 조각 100개 중에서 30개를 철수에게 팔고 돈을 받았습니다. 철수가 구입한 회사 소유권 조각 30개는 철수 것이므로 다른 사람에게 그것을 팔 수도 있습니다. 그 대신 이제 회사는 찰리만의 것이 아닙니다. 회사의 70%는 찰리의 것이지만 30%는 철수의 것이 되었습니다. 물건의 주인은 보통 내 것 아니면 남의 것이지만, 소유권을 나눠 가지면 그 물건은 우리의 것이 됩니다. 여러 명이 돈을 함께 모아서 물건을 사면 공동 주인이 되는 것과 비슷합니다.

찰리가 철수에게 판 회사 소유권 조각을 '주식'이라고 합니다. 찰리 회사는 철수에게 받은 돈을 더해 공장을 지었습니다. 큰 공장을 지어서 물건을 더 많이 만들어 팔면 더 큰 회사가 될 수 있습니다. 그 대신 회사 주인은 '찰리'에서 '찰리와 철수'로 바뀌었습니다. 사탕 회사 소유권인 주식을 찰리와 철수가 함께 가지고 있기 때문입니다. 이렇게 회사 소유권을 여러 개의 주식으로 만들고 그 주식을 나눠 가진 사람들이 회사 주인이 되는 회사를 주식회사라고 합니다. 찰리 사탕 회사는 개인 회사에서 주식회사로 바뀌었습니다.

개인 가게나 개인 회사는 장사하고 남은 이익을 가게 주인이나 사장이 모두 가져갑니다. 주인 마음입니다. 그러나 찰리 사탕 주식회사는 회사 주인이 찰리 혼자가 아니라서 남은 이익을 찰리 마음대로 가져갈 수 없습니다. 철수와 나눠 가져야 합니다. 그뿐만 아니라 회사에 중요한 일이 있으면 찰리는 철수와 의논해야 합니다. 철수가 자기 주식을 조금씩 다른 사람에게 팔았다면 그 사람들도 회사 주인이 됩니다. 회사 주인이 너무 많아지면 중요한 회사 문제를 결정할 때 다수결로 정해야 합니다. 1명당 1표가 아닌 주식 1개당 1표로 계산합니다. 찰리에게 회사 전체 주식의 70%가 있기에 찰리는 항상 다수결에서 이깁니다. 찰리 회사 주식을 가진 사람이면 누구나 그 회사 주인이지만, 찰리가 주식을 가장 많이 갖고 있으므로 찰리는 여전히 회사를 자기 마음대로 운영하게 됩니다.

찰리 주식회사의 장사가 잘될수록 회사는 성장합니다. 회사가 성장하고 이익을 많이 얻으면 회사 주인은 그 이익을 나눠 가질 수 있습니다. 그만큼 성장하는 회사의 주식은 갈수록 인기가 많아집니다. 찰리 회사 주식 가격이 오를 것으로 예상되면 많은 사람이 시세 차익을 얻으려고 그 주식을 사기 위해 몰려듭니다. 주식 개수는 정해져 있기에 사려는 사람이 많아지면 주식 가격이 오릅니다. 특히 주식을 가장 많이 가지고 있던 찰리는 주식 가격이 많이 오르면 막대한 이득을 얻습니다. 회사 주식 가격이 오를수록 그 주식을 거래하는 사람 또한 이득을 얻습니다.

개인 회사에서 주식회사로 바뀌면 자기 것이었던 회사가 더 이상 자기만의 것이 아니며, 회사를 운영할 때 다른 주인의 간섭을 받기도 합니다. 그러나 주식회사가 되면 소유권이라는 개념을 팔아 회삿돈을 추가로 마련할 수 있고, 회사가 잘되어 주식 가격이 오르면 주식을 많이 가지고 있던 원래 주인과 그 주식을 거래하는 모든 사람이 큰돈을 버는 좋은 점이 있습니다.

주로 회사가 성장하는 모습을 자주 보여 주거나 회사의 미래가 기대될 때 그 회사 주식 가격이 오릅니다. 그런데 회사가 과거에 성장했던 것은 누구나 알 수 있지만 미래에도 계속 성장할 수 있을지는 그 회사 사장도 직원도 알 수 없는 일입니다. 게다가 인기에 비해 주식 가격이 너무 지나치게 올랐다면 주식 가격이 갑자기 내려가기도 합니다. 심지어 특별한 이유가 없어도 주식 가격이 마구 오르거나 내리기도 합니다. 그만큼 주식 가격이 오르락내리락하는 이유는 매우 많습니다. '어떤 주식을 살지, 얼마나 기다려야 할지, 언제 팔아야 할지'를 아는 일은 아무리 주식 공부를 많이 하더라도 어려운 일입니다. 미래를 예측하는 일이기 때문입니다. 주식 재테크는 매우 어려운 시험과 같습니다. 매우 어려운 시험을 자주 치르면, 몇 번은 시험 점수가 좋게 나올 수 있지만 대부분은 시험 점수가 나쁘게 나오기 쉽습니다. 그만큼 주식 재테크는 돈을 벌기보다 돈을 잃기가 더 쉬운 것이 현실입니다.

은행 예금상품 1년 이자가 2%일 때 1,000만 원을 1년 동안 은행에 넣어 두면 1년 뒤에 1,000만 원과 이자 17만 원을 받게 됩니다. 같은 돈 1,000만 원으로 주식시장에서 10만 원짜리 주식 100개를 살 수도 있습니다. 1년 뒤에 그 주식이 11만 원이 되었다면, 팔았을 때 개당 1만 원씩 이득입니다. 자기 돈 1,000만 원과 이익 100만 원을 얻게 됩니다. 이처럼 같은 기간 동안 같은 돈을 재테크했어도 예금상품과 주식은 그 차이가 매우 큽니다. 이자율로 따지면 주식시장은 10% 이자를 받은 셈입니다. 그래서 많은 사람이 저축상품보다 주식을 더 좋아합니다. 하지만 주식시장에서 10만 원짜리 주식이 1년 뒤에 9만 원, 5만 원이 될 수도 있다는 것이 문제입니다. 자기 돈 1,000만 원이 1년 후에 900만 원, 심지어 500만 원까지 떨어질 수 있습니다. 1년의 시간을 기다려서 이득은커녕 100만 원, 500만 원의 손해를 보는 것입니다. 돈을 벌려다가 오히려 자기 돈을 잃는 것은 매우 심각한 문제입니다. 주식 재테크는 많은 돈을 벌 수 있는 만큼 잃을 수도 있다는 것을 꼭 잊지 말아야 합니다.

자기 돈을 걸고 돈을 따거나 잃는 것을 도박이라고 합니다. 주식은 재테크 상품이지만 이런 도박의 특징이 상당히 들어 있습니다. 무리하게 큰

돈을 벌려다가 자기 돈을 거의 다 잃어버리는 것이 도박의 무서운 점입니다. 주식 거래는 잘되면 돈을 무한히 벌 수 있습니다. 많은 사람이 큰돈을 벌려고 주식 재테크에 뛰어듭니다. 그러나 주식을 도박처럼 관리하면 실패할 가능성이 큽니다. 조금 느리더라도 저축처럼 관리하는 것이 좋습니다. 자기가 받을 이자를 은행에서 미리 정해 주는 저축상품처럼, 주식을 하는 사람은 자기가 얻을 이익을 자기가 미리 직접 정할 필요가 있습니다. 손해 또한 마찬가지입니다. 주식을 시작할 때 목표 이익과 목표 손해를 함께 정해야 합니다. 목표 이익에 도달했다면 팔아서 이익을 얻고 다른 주식으로 다시 시작합니다. 목표 손해에 도달했다면 손해 보더라도 팔아서 주식을 정리하고 다른 주식으로 다시 시작합니다. 계단을 오르내리듯 차근차근 주식을 거래하면 손해를 줄이면서 점점 이익을 쌓을 수 있습니다. 은행 이자율은 2022년 기준 1~3% 정도입니다. 주식시장에서 10%만 이득을 얻어도 굉장히 재테크를 잘한 것입니다.

하지만 주식을 저축처럼 관리하는 일을 방해하는 것이 있습니다. 바로 한 번에 큰돈을 주식에서 벌었다는 사람의 이야기입니다. 주식시장에는 이런 사람의 이야기가 항상 있으며 그 이야기는 사실이기도 합니다. 재테크에서 큰돈을 번 것은 자랑할 만한 일입니다. 그러나 돈을 버는 사람이 있다면 돈을 잃는 사람도 있습니다. 돈을 잃었다는 것은 자랑할 만한 이야기가 아니라서 그런 소문은 거의 들리지 않습니다. 결국 주식시장에서 큰돈을 버는 사람과 큰돈을 잃는 사람이 같이 있지만 큰돈을 버는 사람의 이야기만 주로 들리게 됩니다. 큰돈을 잃고 좌절하는 사람의 이야기는 들리지 않아도 그런 사실을 알아 두어야만 합니다. 그렇지 않으면 자기도 모르게 주식 재테크가 아닌 주식 도박을 하게 됩니다. 도박하는 곳은 대놓고 자기 돈을 가져가도 아무 말도 못 하는 곳입니다. 주식시장 역시 비슷한 곳입니다. 조금 무서운 곳입니다. 이런 곳에서 뚜렷한 자기 기준 없이 갈팡질팡하는 사람은 아무래도 손해를 보기 쉽습니다.

주식 재테크를 하려면 손해 볼 수 있는 위험, 리스크를 관리하고 감당해야 합니다. 자기가 산 회사 주식이 위험할 때는 미리 팔 수 있어야 하고, 주식시장 전체 분위기가 좋지 않으면 잠시 주식 재테크를 그만둘 수도 있어야 합니다. 주식 거래를 하다가 돈을 상당히 잃더라도 자기 생활에 심각한 피해를 입지 않아야 합니다. 그래서 자기가 산 주식이 위험한지 아닌지를 확인하지 못하는 사람은 리스크 관리가 안 되는 실력이므로 주식을 조금만 하는 것이 낫습니다. 특히 남의 돈을 빌려 주식 거래를 하다가 손해가 나면 자기 돈과 남의 돈을 함께 잃게 됩니다. 자기 돈만 잃어도 대부분 사람은 감당하기 어렵기에 이런 상황을 직접 당하게 되면 손해를 감당하기가 거의 불가능합니다. 이런 식의 주식 재테크는 특히 조심해야만 합니다.

영희는 자신의 주식 재테크 목표를 '욕심부리지 않기'로 정했습니다.

부동산 재테크

영희는 부동산 재테크는 저축상품처럼 안전하면서 주식보다 이익을 많
이 주는 재테크라는 이야기를 들었습니다.

건물이나 땅을 부동산이라고 합니다. 부동산 재테크는 건물이나 땅을 사
고팔면서 시세 차익을 얻는 것입니다. 세상에는 가격이 비싼 물건이 있
고 싼 물건도 있습니다. 보석·최고급 자동차·명품 옷 같은 비싼 물건은 사
치품입니다. 품질이 매우 좋고 자신을 돋보이게 하는 사치품은 사람을
기분 좋게 해 주지만 사치품이 없다고 해서 일상생활에 큰 어려움이 있는
것은 아닙니다. 반대로 일상생활에 반드시 있어야 하는 물건은 생필품입
니다. 생필품 대부분은 사치품보다 가격이 매우 낮습니다. 그런데 세상
에는 사치품처럼 매우 비싼 물건이면서 생필품처럼 꼭 필요한 물건이 있
습니다. 그것은 바로 집입니다. 집은 공중에 지을 수 없기에 집을 지을 땅
또한 필요합니다. 이처럼 부동산은 매우 특이한 물건입니다.

사람은 의식주와 청소 문제가 해결돼야 생존합니다. 그러려면 사람에게
집이 꼭 있어야 합니다. 동물과 곤충조차 집을 마련하고 그 안에서 생존
합니다. 문제는 이렇게나 중요한 집이 웬만한 사치품보다 훨씬 비싸다는
것입니다. 이런 집을 상품처럼 거래하는 것이 부동산 재테크입니다. 상
당히 어려운 재테크입니다.

생활에 필요한 물건은 마트나 인터넷 쇼핑몰에서 거래합니다. 돈을 주고
그 물건을 가져오거나 배달받으면 됩니다. 그런데 집이나 땅은 그 크기
가 너무 커서 이런 식으로 거래하지 않습니다. 부동산은 부동산거래소,
공인중개사 사무소(복덕방)에서 거래하거나 개인 거래를 하기도 합니다.

부동산은 직접 옮길 수 없기에 땅과 건물은 그대로 두고 주인 이름만 바꾸는 식으로 거래합니다. 어떤 물건을 거래한 증거가 되는 문서는 영수증입니다. 부동산을 거래하고 그 주인이 바뀌었다면 영수증 같은 거래 증거 문서가 필요합니다. 그런 문서가 '등기'입니다. 등기에는 부동산 물건 설명, 거래 내용, 주인 이름 등 다양한 내용이 기록되어 있습니다.

부동산은 크기뿐만 아니라 가격 또한 큽니다. 부동산을 사려면 돈이 부족할 때가 많습니다. 부족한 돈을 마련하는 주된 방법은 은행에서 돈을 빌리는 것입니다. 은행 대출입니다. 때에 따라 다르지만, 은행은 집값의 대략 40~70%까지 돈을 빌려줍니다. 만약 영희가 1억짜리 주택을 사고 싶다면 은행에서 4,000~7,000만 원까지 돈을 빌릴 수 있습니다. 은행 대출은 쉬운 일이 아니지만 집을 마련할 때는 특별히 대출을 많이 해 주는 편입니다. 그 대신 은행은 구입하는 집을 담보로 잡습니다. 담보는 빌린 돈을 갚지 못할 때 은행이 돈 대신 가져가는 물건입니다. 이렇게 자기 집을 걸고 은행에서 빌린 돈을 '융자'라고 합니다. 대출과 거의 비슷한 말입니다. 집이 아닌 자기 자동차나 저축상품을 걸고 은행에서 융자를 받기도 합니다.

문제는 돈을 갚는 일입니다. 정해진 기간 동안 빌린 돈과 이자를 매달 은행에 갚아야 합니다. 직장 생활을 계속하면서 갚을 돈을 벌어야 하고, 저축이나 주식 같은 재테크를 하기가 어려워집니다. 게다가 취득세, 재산세, 거래세 같은 복잡한 부동산 세금도 내야 합니다. 자기 부동산이 생긴 것은 좋은 일이지만 자기가 감당해야 할 부담 또한 많아집니다. 하지만 자기가 산 부동산 가격이 많이 오르면 그것을 팔아서 이런 손해를 메꾸고 큰 이익을 남길 수도 있습니다.

1만 원짜리 옷을 1만 천 원에 파는 것과 100만 원짜리 옷을 110만 원에 파는 것은 둘 다 10% 이득을 남기는 일입니다. 그러나 실제 이익의 차이는 각각 천 원과 십만 원으로 서로 다릅니다. 이처럼 주로 비싼 물건일수록 시세 차익이 큰 편입니다. 부동산은 비싼 물건 중에서도 특히 비싸므로 운이 좋다면 큰돈을 시세 차익으로 벌 수 있습니다.

우리나라는 국토의 약 70%가 산이라서 사람이 생활할 수 있는 땅이 적은 편입니다. 그에 반해 사람이 빽빽이 모여 있는 정도는 세계 13위[23]로 굉장히 높습니다. 우리나라는 땅과 건물이 부족한 편이라서 부동산은 꾸준히 인기 있는 물건입니다. 이처럼 부동산 재테크는 망할 위험이 적고 이익이 상당히 좋은 재테크로 볼 수 있습니다. 그런데 부동산 재테크가 무조건 좋은 점만 있는 것은 아닙니다.

회사 대부분이 장사가 잘된다고 해서 우리 회사도 무조건 장사가 잘되는 것은 아니듯, 모든 부동산 물건이 항상 오르는 것은 아닙니다. 가격이 떨어지는 부동산도 상당히 많습니다. 부동산 거래는 이득이 큰 만큼 손해 또한 크기에 상당히 위험이 있는 재테크입니다.

부동산은 가격이 매우 비싼 만큼 거래가 그리 많지 않습니다. 자기가 많은 돈을 들여 산 부동산이 오랫동안 가격이 오르지 않고 팔리지도 않으면 이익이 되는 다른 재테크를 못 하게 됩니다. 이런 것을 "돈이 묶였다"라고 말합니다. 자기 부동산을 주변 부동산 가격보다 훨씬 비싸게 내놓으면 거의 사지 않아 돈이 묶입니다. 반대로 자기 부동산을 주변보다 훨씬 싸게 내놓으면 살 팔리지만 손해를 봅니다. 그만큼 부동산 거래로 큰 이익을 얻는 것은 만만치 않은 일입니다.

부동산을 사려고 은행에서 대출을 많이 받을수록 내야 하는 이자가 굉장히 많습니다. 영희가 부동산을 사려고 주택 융자로 1억을 이자율 3%로 은행에서 5년 동안 빌렸다면 갚아야 할 이자만 모두 780만 원입니다. 굉

---

23 세계 인구 밀도, 2020년 UN 자료.

장히 큰 돈입니다. 영희는 5년 동안 매달 180만 원을 은행에 내야만 갚아야 할 돈 1억 780만 원을 해결할 수 있습니다.

부동산 재테크로 많은 이득을 얻으려면 자기 부동산의 인기가 계속 높아져야 합니다. 한번 인기를 얻은 부동산은 앞으로도 계속 인기 있는 부동산이 되기 쉬운 편입니다. 인기 있는 부동산을 사고 나중에 그 부동산의 인기가 더 높아지면 되팔아 많은 이득을 얻습니다. 그 대신 경쟁이 심한 부동산을 사야 하므로 매우 많은 돈이 필요합니다. 굉장히 어려운 방법입니다. 그러나 인기 없는 부동산을 사고 그것이 나중에 큰 인기를 얻으면 되파는 방법도 있습니다. 주변에 사람이 없거나 사람이 살고 싶지 않은 싼 부동산을 사고, 시간이 흘러 그 주변에 사람이 많아지고 사람이 살고 싶은 비싼 부동산으로 바뀌면 그때 파는 것입니다.

사람이 더 많은 곳은 시골보다 도시입니다. 그리고 사람이 살고 싶은 곳은 생활하기 편리한 곳(시장·교통)이거나, 재밌는 곳(문화시설·공원)이거나, 개인의 발전이 기대되는 곳(학교·학원·기업)입니다. 이렇게 생활에 필요한 여러 시설을 '인프라(infra)'라고 합니다. 자기가 산 부동산 근처가 시골에서 도시로 바뀌거나 나쁜 인프라에서 좋은 인프라로 바뀌면 인기 없는 부동산에서 인기 있는 부동산으로 바뀝니다. 이것을 이용하면 부동산 재테크로 큰돈을 벌 수 있습니다. 도시가 새로 만들어지거나(신도시), 매우 낡은 지역을 새롭게 바꾼다거나(재개발), 어떤 지역에 회사나 국가 기관이 대규모로 들어올 때(기업·기관 유치) 이런 일이 주로 생깁니다. 문제는 보통 사람은 이런 부동산 개발 정보를 미리 알기 어려워 큰 이득이 되는 부동산을 사기 어렵다는 것입니다. 그런데 정치인·정부 기관·공공기업은 신도시나 재개발과 관계있는 일을 만들 수 있습니다. 그만큼 정치인·공무원·공공기업 직원은 부동산 재테크로 많은 이익을 얻기 쉬운 위치에 있습니다. 그 사람들은 부동산 개발 정보를 미리 알 수 있으므로 좋은 부동산을 미리 사서 나중에 비싸게 팔 수 있습니다. 그렇게 되면 원래 부동산 주인이 얻어야 할 이득을 그 사람들이 빼앗은 셈이 됩니다. 정부와 시민은 그런 사람들의 부동산 재테크를 감시하고 고발할 필요가 있습니다. 이런 정보가 없는 사람은 적당한 부동산을 사서 나중에 오르기를 무작정 바라는 수밖에 없습니다. 아직 인기를 얻지 못한 수많은 부동산 중에서 앞으로 인기를 많이 얻을 만한 부동산을 골라내는 일은 수많은 복권 중에서 당첨 복권을 뽑는 것처럼 어려운 일입니다. 이렇게나 어려운 부동산 재테크를 안전하게 큰돈을 버는 재테크로 생각하면 안 됩니다.

만 19세 성인이 되면 본격적으로 자기 인생을 조금씩 꾸려 나가게 됩니다. 직장 생활을 시작한 지 얼마 되지 않은 20~30대 사회 초년생일 땐 자기 재산이 부족하고 직업으로 버는 돈도 적습니다. 집을 살 수 없기에 다른 사람의 집을 빌려 써야 합니다. 매달 집세를 내고 살면서(월세) 작은 집을 목표로 두고 점점 돈을 모아야 합니다. 집 가격의 절반 정도는 융자 받을 수 있으므로 작은 집 가격의 절반 금액을 직장 수입과 안전한 재테크로 모으는 것이 중요합니다. 돈을 거의 모으지 못했을 때는 월세 생활을 하다가 돈을 어느 정도 모았다면 대출을 받아 집을 사서 생활해야 좋습니다. 자기 집을 얻지 못하고 월세 생활만 계속하면 자기에게 남는 것이 없습니다. 그러나 은행 대출로 자기 집을 사고 대출금을 모두 갚으면 자기 집이 남습니다. 은행 대출 갚는 일은 사실상 저축하는 일과 비슷하기 때문입니다. 젊은 시절에 최대한 빨리 월세 생활을 그만두고 작은 집이라도 자기 집 생활을 하는 것이 매우 중요합니다.

집을 산 뒤에 은행 대출과 이자를 갚아 나가면서 집값이 상당히 올랐다면 적당한 시기에 자기 집을 팔고 조금 더 큰 집으로 이사를 합니다. 이것을 반복하는 것이 현실적인 부동산 재테크입니다. 부동산 재테크는 급하게 무리해서 하면 너무나 어려운 재테크입니다. 그러나 자기 평생에 걸쳐 천천히 하는 재테크로 여긴다면 할 만한 재테크가 됩니다.

주식이나 부동산처럼 손해를 볼 수 있는 재테크는 자기 선택으로 인해 결과가 나쁘면 실패를 인정하고 손해를 줄이는 계획을 세우는 것이 중요합니다. 자기가 생각한 대로 미래가 이루어지지 않은 것은 잘못이 아닙니다. 그러나 자기 선택이 좋지 않았음을 인정하지 않고 고집을 계속 부리는 것은 잘못입니다. 재테크로 돈을 잃었음에도 하던 재테크를 무리하게 계속하면 인생이 망할 수도 있습니다. 특히 부동산은 대출을 받아서 하는 재테크이므로 위험을 감당하기 매우 어려운 편입니다. 부동산 재테크를 쉽게 생각하거나 함부로 대하면 안 됩니다.

부동산은 재테크이면서 사람의 생존 문제이기도 합니다. 특히 청소년이나 청년에게 부동산은 재테크보다 '내 집 마련'이라는 막막한 문제로 다가올 것입니다. 사람에게 보금자리는 꼭 필요하기에 이 문제는 어렵지만 피해 갈 수는 없는, 누구나 풀어야만 하는 문제입니다. 부동산 문제는 집이 없는 사람이나 집이 있는 사람이나 항상 고민해야 하는 평생의 문젯거리입니다. 두렵더라도 포기하지 않는 것이 중요합니다.

지금 당장은 막막하더라도 세상에 있는 수많은 집 중에서 영희 자신의 집이 언젠가는 생길 것입니다. 그리고 살면서 이사 몇 번 하다 보면 자연스럽게 부동산 재테크가 되면서 상당한 이익을 볼 때도 있을 것입니다.

코인 재테크

영희는 코인(암호화폐) 재테크로 큰돈을 벌 수 있다는 이야기를 들었습니다.

암호화폐 재테크는 비트코인 같은 디지털 암호화폐를 사고팔면서 시세 차익을 얻는 것입니다. 흔히 코인 재테크라고 합니다. 어떤 물건의 주인이 자신이라는 것을 나타내려면 물건에 자기 이름을 쓰거나(표시), 자기가 그 물건을 구입한 증거가 되는 영수증을 보관하거나(거래 기록), 그 물건 주인이 자신이라는 것을 보장해 줄 사람(증인)이 있어야 합니다. 그런데 지폐나 동전 같은 돈에는 자기 이름을 표시하거나 영수증을 붙이기가 어렵습니다. 자신의 모든 돈마다 그 돈이 자기 것임을 확인해 주는 증인을 일일이 둘 수도 없습니다. 그런데 최근에 생긴 디지털 암호화폐는 이런 일을 해 줍니다.

디지털은 현실 자료를 컴퓨터로 쓸 수 있게 바꾼 것입니다. 종이에 그린 강아지 그림을 스캔하거나 촬영해서 컴퓨터로 다룰 수 있게 만들면, 현실 그림이 디지털로 바뀐 것입니다. 디지털 화폐는 종이나 금속이 아닌 컴퓨터로 쓸 수 있게 만든 돈입니다.

교통카드 '티머니'는 교통 서비스를 위해 만든 디지털 화폐입니다. 현실의 돈 만 원을 디지털 화폐인 만 티머니로 바꾸고 지갑 역할을 하는 티머니 카드에 넣어 사용합니다. 현실 돈 만 원은 만 원어치만큼 무엇이든 살수 있지만, 디지털 화폐 만 티머니는 만 원어치 교통 서비스 이용에만 쓸수 있습니다. 같은 돈으로 할 수 있는 일이 굉장히 줄어들기에 확실히 손해입니다. 그 대신 티머니 화폐를 쓰면 동전과 지폐를 쓸 때보다 대중교통을 훨씬 더 쉽고 편하게 이용할 수 있습니다. 손해 보는 만큼 편리함을 얻는 셈입니다. 그런데 티머니 카드를 잃어버리면 그것을 다른 사람이 주워서 쓸 수 있습니다. 카드 겉면에 자기 이름을 볼펜으로 써도 별 소용없습니다. 자기 카드를 도둑맞아도 마찬가지입니다. 티머니 카드는 사용하기 편하지만 분실과 도둑 문제를 해결하지 못합니다. 그런데 '디지털 암호화폐'는 이런 문제를 해결할 수 있습니다.

디지털 암호화폐는 플라스틱 카드가 아닌 인터넷 로그인 방식으로 돈을 관리합니다. 현실 지폐에 일일이 자기 이름을 쓰고 영수증을 붙여 그 돈 주인이 자신이란 것을 나타내는 것은 불가능한 일입니다. 그러나 암호화폐는 디지털 화폐라서 이런 일이 가능합니다. 자기가 산 디지털 암호화폐에는 '자기 이름-영수증' 내용이 기록됩니다. 게다가 자기 암호화폐에 다른 사람의 이런 내용 또한 기록됩니다.

영희가 암호화폐를 10만 원어치 사고 철수는 암호화폐를 5만 원어치 샀습니다. 영희 암호화폐에는 '영희-10만 원 영수증'이 기록됩니다. 그런데 그 내용 밑에 '철수-5만 원 영수증'까지 기록됩니다. 같은 암호화폐를 이용하는 사람이 500명이라면 500개의 '사람-영수증' 내용 또한 영희의 암호화폐에 기록됩니다. 이것은 다른 사람의 암호화폐에도 마찬가지입니다. 만약 해커[24]가 '영희-10만 원 영수증' 내용에서 영희 이름을 해커 이름으로 바꾸면 '해커-10만 원 영수증'이 됩니다. 그러나 나머지 499명의 암호화폐에는 여전히 '영희-10만 원 영수증'이 쓰여 있으므로 해커의 나쁜 짓은 무효가 되어 영희 돈을 가로채지 못합니다. 영희의 디지털 암호화폐는 인터넷으로 거래되며, 돈에 영희 이름이 있고, 영희가 돈을 거래한 영수증이 있으며, 암호화폐 모든 이용자가 영희 돈에 관한 내용을 보증합니다. 그래서 암호화폐는 분실되거나 도둑맞지 않는 돈이 됩니다.

----

24 다른 사람의 컴퓨터에 침입하여 피해를 주는 사람.

영희 암호화폐에 쓰여 있는 '영희-10만 원 영수증' 내용을 하나의 덩어리 (블록)로 본다면, 암호화폐 이용자 모두의 이런 내용이 영희 돈 안에서 서로 연결(체인)된 것입니다. 이것을 이용자 모두가 복사해서 나눠 갖습니다. 암호화폐의 이런 기술을 '블록체인' 기술이라고 합니다. 현실 지폐라면 지폐 위에 자기 이름을 쓰는 것조차 버겁겠지만 디지털 화폐는 컴퓨터로 다루는 돈이므로 이런 일이 가능합니다.

이런 디지털 화폐에 들어 있는 많은 사람의 돈 정보를 다른 사람이 알아내지 못하게 디지털 화폐에는 복잡한 암호가 걸려 있습니다. 이런 이유로 '암호화폐'라는 말을 씁니다. 현재 비트코인·이더리움 등 여러 가지 암호화폐가 있습니다.

컴퓨터를 쓰다 보면 컴퓨터 바이러스에 걸려 문제가 생길 수 있습니다. 이런 문제가 생기는 것을 예방하려면 가끔 컴퓨터 바이러스 검사를 해야 합니다. 컴퓨터 바이러스 검사가 끝나고 문제가 없다는 결과가 나오면 자기 컴퓨터가 안전한 것을 확인할 수 있습니다. 디지털 암호화폐는 블록체인과 암호화로 된 안전한 디지털 돈입니다. 그러나 컴퓨터 바이러스 검사처럼 암호화폐가 문제없이 관리되고 거래되는 것을 검사할 필요가 있습니다. 암호화폐는 이런 검사를 해 준 사람에게 그 수고비로 일정 암호화폐를 만들어 보상으로 줍니다. 동전이나 지폐와 달리 암호화폐는 이런 식으로 만들어집니다. 광산에서 금이나 은을 열심히 노력해서 채굴하듯, 복잡한 계산과 검사를 열심히 노력해서 해 주면 암호화폐를 얻기에 암호화폐 생산을 '채굴'이라고 부릅니다. 그런데 암호화폐는 채굴할 수 있는 양, 즉 만들 수 있는 암호화폐 개수가 정해져 있습니다. 정해진 양이 거의 다 만들어지면 더 이상 암호화폐를 만들지 못합니다. 이 세상에서 개수나 양이 미리 정해져 있거나 많이 늘리기 어려운 물건은 시세 차익을 얻을 수 있습니다. 거기에 인기가 좋은 물건이라면 더 많은 이익을 얻습니다. 주식이나 부동산이 이런 특징이 있으며 암호화폐 역시 마찬가지라서 재테크 상품이 됩니다.

주식은 회사 성장을 기준으로 오르고 내립니다. 회사가 망했는데도 주식이 오르는 일은 절대 없습니다. 부동산은 사람이 살기 좋은 것을 기준으로 오르고 내립니다. 사람이 이용하기 어려운 부동산이 오르는 일은 절대 없습니다. 그러나 암호화폐는 오르고 내리는 기준으로 삼을 만한 것이 딱히 없습니다. 단순히 운 좋게 사려는 사람이 많으면 가격이 오르고 그 반대라면 가격이 내릴 뿐입니다. 2021년 암호화폐 비트코인은 한국 돈으로 3,000만 원~8,000만 원을 오갔습니다. 1년 동안 최대 5,000만 원 차이가 났던 것입니다. 비트코인은 들쭉날쭉하게 가격이 바뀌며 가격이 변하는 정도가 매우 심합니다. 암호화폐 재테크는 주식, 부동산보다 더 큰 돈을 빠르게 벌 수 있지만 그만큼 큰돈을 빠르게 잃을 수도 있는 매우 위험한 재테크입니다.

재테크에서 가장 중요한 것은 목표 이익과 목표 손해를 정하는 것입니다. 암호화폐 재테크 역시 적당한 목표를 잡아서 관리하면 큰 문제가 되지 않습니다. 그런데 암호화폐는 가격 변동이 너무 심해 적당한 이익과 손해를 목표로 정하지 못합니다. 자연스럽게 매우 큰 이익을 목표로 정하게 되므로 손해 목표 또한 크게 정합니다. 이렇게 되면 점점 재테크가 아닌 도박이 됩니다. 애당초 암호화폐 재테크는 변화무쌍한 특징 때문에 정상적인 재테크가 되기 어렵습니다.

주식이나 부동산은 시장 고급 정보가 있으면 이익을 상당히 많이 보는 재테크입니다. 그러나 암호화폐 재테크는 막연히 오르내리기에 행운에 의지하는 재테크입니다. 어찌 보면 시장에 참가하는 사람 모두가 공평하다고 볼 수도 있습니다. 마치 참가하는 사람 모두가 눈을 감고 들판에서 보물찾기를 하는 것과 비슷합니다. 문제는 모두 공평하게 시작하나 보물을 찾는 사람은 극히 적다는 것입니다. 적은 수의 참가자만 보물을 찾고 나머지 사람 대부분은 허탕을 치게 됩니다.

암호화폐 재테크는 주식보다 더 큰 돈을 벌 수 있기에, 매우 많은 돈을 벌었다는 요란한 소문이 주식보다 더 심합니다. 그만큼 주식보다 더 빠르게 돈을 잃고 퇴장하는 사람이 훨씬 더 많습니다. 암호화폐 시장은 재테크라기보다 복권에 더 가까운 편입니다. 자기 재산 대부분을 걸고 복권을 사는 일은 매우 위험합니다. 복권을 이용할 때는 가급적 적은 돈으로 이용하는 것이 좋습니다. 암호화폐 재테크도 마찬가지입니다.

주식이나 부동산은 재테크 상품이지만 실제 상품으로서 쓸모가 있습니다. 주식은 회사의 주인 자격을 얻고 회사 이득을 나누어 가지는 일에 쓰입니다. 부동산은 건물과 토지로서 사람의 생활에 직접 이용됩니다. 그러나 암호화폐는 안전한 돈으로 쓰려고 만들었지만 실제 돈으로 쓰이는 일은 그리 많지 않습니다. 지금 사용하는 화폐로도 충분히 안전하기 때문에 굳이 현실의 돈을 암호화폐로 바꿔서 써야 할 이유가 없습니다. 실생활에서 암호화폐를 쓰려면 물건 가격에 여러 가지 암호화폐 가격을 모두 써 놓아야 하며, 수시로 가격을 바꿔 주어야 합니다. 게다가 인터넷이 돼야만 쓸 수 있는 돈이기에 인터넷이 되지 않는 곳에선 거래를 하지 못합니다. 그리고 열쇠 역할을 하는 로그인 아이디와 비밀번호 정보를 잃어버리면 언제든지 자신의 암호화폐 돈을 뺏길 수 있습니다. 암호화폐는 다른 사람에게 몰래 도둑맞는 일은 막아 주어도 다른 사람에게 속아 자신이 직접 돈을 넘겨주는 일은 막지 못합니다.

영희가 다 잃어도 괜찮을 정도의 돈을 가지고 암호화폐 재테크를 하는 것은 괜찮습니다.

보험 재테크

영희는 보험도 재테크가 된다는 말을 들었습니다.

여러 가지 재테크 중에 상당히 특이한 재테크가 있습니다. 바로 '보험'입니다. 보험은 미래에 어려운 상황이 생길 때를 대비하는 상품입니다. 갑작스러운 병이나 사고를 당할 때나 노인이 되어 생활하기 어려울 때, 큰돈이 생기면 많은 도움이 됩니다.

어떤 마을에 윗동네와 아랫동네가 있었습니다. 평상시에 두 동네 사람들은 마을에 위험한 일이 있을 때를 대비하여 조금씩 돈을 걷어서 모아 두었습니다. 어느 날 아랫동네에 큰 홍수가 났습니다. 마을 사람들은 모아 두었던 돈을 아랫동네 사람들에게 주어 위로했습니다. 이렇게 평상시에 모은 돈으로 어려운 사람을 도와주는 것이 보험의 기본 개념입니다. 보험은 돈을 냈던 사람만 혜택을 받습니다.

보험은 보험료를 내고 혜택을 받으면 이득이나 혜택을 받지 못하면 손해입니다. 재테크 또한 때에 따라 이익을 보기도 하고 손해를 보기도 합니다. 이렇게 서로 비슷한 특징이 있기에 보험은 시세 차익을 얻는 상품이 아니지만 재테크로 볼 수 있습니다. 그 대신 보험은 좋은 일이 아닌 어려운 일이 생겨야 돈을 번다는 점이 주식·부동산과 다른 점입니다.

건강보험

'건강보험'은 갑작스러운 병이나 사고를 당해 건강이 나빠지는 것을 대비하는 보험입니다. 국가에서 운영하는 '국민건강보험'과 기업에서 운영하는 '기업건강보험'이 있습니다.

국민건강보험은 우리나라 국민이면 무조건 가입하도록 법으로 정해져 있습니다. 강제이지만 보험에 가입된 이상 보험료를 내야 합니다. 문제는 보험료가 그리 작지 않다는 것입니다. 건강보험료는 자기 소득과 재산 정도에 따라 사람마다 다르게 냅니다. 2020년 평균 국민건강보험료는 매월 약 10~12만 원 정도였습니다. 일 년이면 약 120~144만 원입니다. 우리나라 국민건강보험은 수많은 병의 병원비를 지원해 주므로 그 혜택이 상당히 좋은 편입니다. 그만큼 상당한 돈을 내야만 하는 부담 또한 있습니다. 국민건강보험은 가족 중 한 명만 의료보험을 내면 직장 수입이 없는 나머지 가족 구성원은 보험료를 내지 않아도 되므로 실제 보험료는 더 싸다고 봐야 합니다.[25]

병에 자주 걸리면 보험에서 받는 돈이 많아 이득이 되지만 병에 거의 걸리지 않는다면 보험료만 내고 혜택은 보지 못해 손해가 됩니다. 그렇다면 평소에 건강한 사람은 가능하면 건강보험에 들지 않는 것이 이득일 것입니다. 하지만 아무리 건강한 사람도 갑작스러운 사고를 당하거나 병이 드는 것을 피할 수는 없습니다. 특히 갑자기 '암' 같은 병에 걸렸을 때 의료보험이 없다면 대략 7,000만 원의 치료비가 들지만 보험 혜택을 받으면 약 150~500만 원으로 치료비를 해결할 수 있습니다.

국민건강보험료는 우리나라 국민이라면 평생 무조건 내야만 하는 돈입니다. 돈 관리를 할 때 항상 확인해야 하는 중요한 지출 중 하나입니다. 국민건강보험료를 제대로 내지 않으면 병원 치료뿐만 아니라 대학 진학·취업·대출 등 많은 제한을 받습니다. 이런 경우 밀린 보험료를 전부 내야만 보험 혜택을 받으므로 항상 이 보험료를 관리해야 합니다. 직장 생활을 하면 상당히 저렴하게 국민건강보험료를 낼 수 있습니다.

----

25 직장 수입이 있는 사람은 가족 중에 국민건강보험료를 내는 사람이 있어도 보험료를 내야 합니다. 예) 맞벌이 부부는 부부 모두 보험료를 내야 합니다.

국가가 아닌 보험 회사에서 운영하는 기업건강보험도 있습니다. 국민건강보험은 치료비를 깎아 주는 식이고 기업건강보험은 병이나 사고가 생기면 보너스나 큰돈을 주는 식입니다. 이런 의료보험에는 암보험·치매보험·치아보험 등이 있습니다. 개인이 이런 기업건강보험에 가입하는 이유는 치료비 부담을 줄이려는 목적도 있겠지만 돈을 벌려는 목적 또한 있습니다. 병에 걸리면 복권에 당첨되는 것과 비슷합니다. 암보험에 가입해 보험료를 내던 사람이 암에 걸리면 그동안 낸 보험료보다 훨씬 큰 돈을 벌고 그렇지 않다면 보험료만 내고 혜택을 받지 못합니다.

돈이 없어 아픈데도 치료받지 못하면 몸도 마음도 함께 괴롭습니다. 평생 잊지 못할 마음의 상처가 되기도 합니다. 자신이나 가족의 건강을 잃었을 때 그것을 정부나 다른 사람이 책임져 주지 않습니다. 건강 문제는 자신과 자기 가족이 해결해야 하는 문제입니다. 이런 문제를 건강보험이 많이 도와주기 때문에 보험료를 잘 내고 잘 이용하는 것이 좋습니다.

손해보험

손해보험은 갑자기 사고를 당해 자기 재산에 손해가 나는 일을 대비하는 보험입니다. 사고에는 교통사고, 화재 사고, 사망 사고 같은 큰 사고부터 스마트폰 분실 같은 작은 사고까지 그 종류가 매우 많습니다. 각 사고마다 보험 상품이 있습니다.

자동차보험은 자동차 교통사고를 대비하는 보험입니다. 자기가 다른 자동차와 그 운전자에게 피해를 주거나 길을 걷는 사람에게 피해를 주었을 때 자기가 낸 보험료보다 더 비싼 손해가 생겨도 보험 회사에서 처리해 주므로 이득입니다. 그 대신 사고가 없으면 보험료만 내고 혜택을 받지 못합니다. 자동차 사고는 1초의 짧은 시간에 일어나는 사고입니다. 운전 실력이 좋고 교통질서를 잘 지키는 사람이라도 언제든지 자동차 사고를 낼 수 있습니다. 운전자가 상대방 운전자에게 피해를 주고 그 보상을 하지 않으면 상대방은 매우 큰 어려움을 겪게 됩니다. 그래서 자동차 운전자는 상대방 운전자를 위해 자동차보험에 무조건 가입해야만 합니다. 이것은 법으로 정한 일입니다.[26] 자동차보험에는 '책임보험'과 '종합보험'이 있습니다. 책임보험은 운전자로서 의무로 가입하는 기본보험이고, 종합보험은 '책임보험+여러 가지 혜택'이 있는 보험입니다. 대부분 운전자는 보험 회사에서 운영하는 자동차종합보험을 이용합니다.

화재보험은 건물이나 창고에 불이 났을 때를 대비하는 보험입니다. 회사나 주택에 불이 나면 건물 안에 있는 물건 대부분을 잃게 되고 사람 생명 또한 위험해집니다. 특히 많은 물건을 넣어 둔 창고에서 불이 나면 그 피해가 굉장히 큽니다. 이런 심각한 상황이 발생했을 때 최대한 손해를 줄이려면 화재보험을 이용하는 것이 좋습니다. 건물을 빌려 쓰는 사람이든 건물 주인이든 화재에 대비하는 방법을 마련하는 것은 좋은 일입니다.

생명보험은 갑작스러운 사고로 사망하는 일을 대비하는 보험입니다. 보험에 가입한 자신이 죽어야 큰돈이 나오므로 자기에게 이득이 되는 보험은 아닙니다. 그 대신 소중한 가족을 위해 가입하는 경우가 많습니다. 생명 보험에는 '정기보험'과 '종신보험'이 있습니다. 정기보험은 기간을 정하고 그 안에 사망하면 보험금을 받는 보험입니다. 특정 기간 동안 위험이 많은 직장을 다니는 사람에게 필요한 보험입니다. 종신보험은 죽을 때까시 보험료를 내다가 죽게 되면 큰돈을 받는 보험입니다. 주로 어르신들이 많이 이용하는 보험입니다.

건강보험과 손해보험은 나쁜 일이 생기면 큰돈을 얻기에 그런 상황을 나쁘게 사용하려는 사람이 생기기 마련입니다. 이런 것을 보험사기라고 합니다. 보험 회사는 경찰 일을 오래 했던 직원이 많아 이런 보험사기는 들

----

26 자동차 손해배상 보장법 5조.

통나기 쉽습니다. 보험사기를 꾸미다가 걸리게 되면 보험금을 받기는커 녕 감옥에 가게 됩니다. 보험사기는 절대 해선 안 될 일입니다.

연금보험

연금(年金)은 '매년 돈을 받는 것'입니다. 대부분 연금은 사망할 때까지 매달 정해진 금액을 받습니다. 연금에는 특별연금·기초연금·연금보험이 있습니다.

특별연금은 세계 스포츠 경기에서 우승하거나, 군인·경찰·소방공무원으 로 일하다가 퇴직하거나 건강을 잃었을 때 국가로부터 특별히 받는 연금 입니다. 우리나라의 이름이나 문화를 세계에 널리 알리거나, 국가를 위 해 수고하고 희생한 일을 정부가 인정하고 정중하게 대하는 것입니다.

기초연금은 만 65세 이상 어르신이 정부로부터 받는 연금입니다. 재산이 나 소득이 적은 어르신만 매달 최대 30만 원을 연금으로 받습니다(2021 년 기준). 정부가 국민에게 주는 서비스로 볼 수 있습니다.

연금보험은 정해진 보험료를 꾸준히 내다가 때가 되면 보험금을 매달 받 는 보험입니다. 젊은 시절에 보험료를 내고 노인 시절에 자기가 낸 돈을 받는 셈입니다. 늦게 죽을수록 더 오래 연금을 받을 수 있으므로 오래 살 면 이득이고 그렇지 않으면 오히려 손해입니다. 이런 특징 때문에 재테 크로 볼 수 있습니다. 대표적인 연금보험은 국가에서 운영하는 '국민연금 보험'과 회사에서 운영하는 '기업연금보험'이 있습니다.

국민연금은 최소 10년 이상 돈을 내고 만 65세부터 돈을 받습니다. 기업 연금보험은 최소 5년 이상 돈을 내고 만 55세부터 돈을 받을 수 있습니 다. 자기가 그동안 냈던 보험료에 따라 받을 돈이 다릅니다. 국민연금은 돈을 내는 기간이 길고 중간에 취소할 수 없는 단점이 있으나 나중에 받 는 돈이 기업연금보다 많은 편입니다. 본인이 사망하더라도 남은 가족에게 그 보험금을 넘겨줄 수 있습니다. 그 대신 기업연금은 중간에 취소할수 있지만 나중에 받는 돈이 국민연금에 비해 적은 편입니다. 게다가 자기가 사망하면 남은 가족에게 보험금을 넘겨주지 못합니다.

국민연금은 국민 생활을 돕는 목적으로 만든 제도라서 기업연금보다 혜택이 좋은 편입니다. 노후 준비는 국민연금을 기본으로 하고 여유가 있다면 기업연금까지 추가로 가입하는 것도 좋습니다. 나이가 많이 들면체력은 부족해지고 건강이 나빠지며 직장도 그만두기에 돈을 벌어 생활하기가 어렵습니다. 이럴 때 연금이 있으면 큰 도움이 됩니다.

저축보험

은행 저축과 보험을 합친 재테크 상품이 저축보험입니다. 이름 그대로저축의 장점과 보험의 장점을 합친 상품입니다. 보험료를 은행 저축처럼 내면서 보험 조건이 되면 큰돈을 얻고, 그 조건이 되지 않더라도 기간이 끝나면 그동안 자기가 낸 돈 전부와 이자까지 얻습니다. 게다가 그 이자가 은행 이자보다 높기도 합니다. 그러나 단점 또한 있습니다. 이런 저축보험은 계약 기간이 주로 10년 이상으로 굉장히 깁니다. 개인과 회사가 상품 계약을 할 때 그 기간을 길게 정하면 대부분 개인이 손해 보기 쉽습니다. 갑자기 개인적인 문제가 생겨 저축보험을 중단하면 벌금을 내야합니다. 오랜 기간 돈이 묶이기에 다른 좋은 재테크 상품이 나와도 바꾸지 못합니다. 그리고 재테크 상품은 거래할 때 일 처리 비용, 즉 수수료[27]를 내야 합니다. 저축보험은 그 이자가 높지만 보험 회사에 내는 수수료또한 비쌉니다. 얻은 이자와 내는 수수료를 따지고 보면 은행 이자와 별차이가 없는 편입니다. 저축보험은 보험보다 저축에 더 가깝기에 보험혜택이 다른 보험에 비해 매우 작습니다. 그 대신 돈 관리를 잘 못하는 사

----

27 '사업비'라는 말을 쓰기도 합니다.

람, 주식 같은 위험한 재테크를 싫어하는 사람은 장기 저축상품인 저축보험이 나을 수도 있습니다.

주식이나 부동산은 회사나 집을 정성 들여 만들고 운영해야 거래할 수 있지만, 보험은 사람과의 약속을 거래하기에 '사람의 말'만 서로 통하면 됩니다. 그래서 보험은 전화나 인터넷 문서만으로도 거래할 수 있습니다. 보험은 사람의 말만 가지고 계약이 되는 만큼 몇몇 보험 회사의 거짓말과 사기를 조심해야 합니다. 보험은 약속이 상품 전부이기에 약속을 적은 계약서, '약관'을 잘 이해할 필요가 있습니다. 특히 약속을 그만두는 '보험 해지'에 대해선 특별히 신경을 써서 확인해야 합니다.

보험은 미래에 대한 두려움, 사람의 책임감 등을 구실로 만든 상품이라 사람들이 나쁘게 볼 때가 많습니다. 그런데 보험에 들고 사고가 안 나면 나쁜 일이 없어서 좋고, 사고가 나면 큰돈을 받아서 좋습니다. 물론 사고가 생기는 일 자체가 좋은 일은 아닙니다만 보험 상품이 사람에게 상당한 위로가 되고 실제로 이익을 주는 것도 사실입니다. 그 대신 지나치게 많은 보험을 이용하면 지출이 너무 많으므로 자기 형편에 맞게 관리해야 할 것입니다.

영희는 항상 지출하는 돈으로 국민연금과 국민건강보험을 확인했습니다.

걱정 없이 돈 좀 썼으면

지출

영희는 돈을 많이 벌어서 걱정 없이 돈을 쓰며 살고 싶습니다.

직업과 재테크로 돈 버는 일 중에서 쉬운 일은 단 하나도 없습니다. 모두 오랜 준비와 노력이 필요하며 손해를 볼 때도 있습니다. 그러나 돈 쓰는 일, 지출은 어린아이도 할 수 있는 쉬운 일입니다. 몇 달 동안 모은 돈이라도 비싼 물건을 사면 순식간에 그 돈이 사라집니다. 게다가 직업과 재테크로 돈을 버는 방법은 강의나 책을 통해 다양하게 배울 수 있지만 돈을 제대로 쓰는 방법을 가르쳐 주는 곳은 딱히 없습니다. 결국 돈 쓰는 일은 쉽고 빠르며 배우는 곳도 없기에 헛되게 쓰는 일이 많습니다. 지출 관리가 되지 않으면 아무리 돈을 잘 벌어도 가난하게 살게 됩니다. 돈 쓰는 일은 쉽지만 '제대로' 돈 쓰는 일은 어렵습니다.

사람은 자기가 관심 있는 일에만 돈을 씁니다. 엄청난 부자라도 관심 없는 물건을 사려고 돈을 마구 쓰진 않습니다. 자기 돈을 남을 위해 기부하더라도 그 일에 관심이 있기 때문입니다. 그리고 누구나 자신의 좋은 점을 자랑하고 싶어 하는 마음, 남의 좋은 것을 따라 하고 싶은 마음, 예쁘고 편리한 것을 갖고 싶어 하는 마음이 있습니다. 사람마다 이렇게 무언가를 하고 싶어 하는 미음, 즉 욕심이 있습니다. 자기가 욕심부리고 싶은 일에는 돈을 쓰기 쉽습니다. 그래서 사람은 자신의 '관심과 욕심'이 있는 것에 지출을 하게 됩니다.

영희가 세상의 많은 일에 관심을 가질수록, 욕심부릴 일이 많아질수록 지출할 곳이 많아집니다. 돈 쓸 곳이 많으면 돈이 펑펑 나가게 됩니다. 자기가 번 돈을 자기가 쓰는 것은 나쁜 짓이 아닙니다. 그러나 자기 수입보다 지출이 더 많아지면 더 이상 재테크를 할 수 없으며 재산이 점점 줄어들고 빚까지 늘어납니다. 생활의 성장은 멈추고 오히려 생존하기 어려운 상황이 됩니다. 자기가 버는 수준을 넘어서지 않게 지출해야 직업 소득과 재테크를 같이 관리하면서 재산을 점점 늘릴 수 있습니다. 안정적인 생활이 가능해집니다. 그렇지 않으면 원하는 것을 잠깐은 할 수 있어도 꾸준히는 하지 못합니다.

자기가 번 돈에서 쓴 돈을 빼면 '남는 돈'이 됩니다. 남는 돈은 주로 재테크에 쓰이며 남는 돈이 많을수록 재테크에 유리합니다. 남는 돈을 늘리려면 더 많은 돈을 벌거나 더 적은 돈을 써야 합니다. 갑자기 평상시보다 훨씬 많은 돈을 버는 것은 매우 어려운 일입니다. 쓰는 돈을 줄이는 것 역시 쉬운 일은 아니지만 버는 돈을 늘리는 것보단 할 만한 편입니다. 그래서 많은 사람이 재테크할 돈, 종잣돈을 만드는 방법으로 '절약'을 선택합니다.

자기가 관심 있는 일, 즉 관심사가 많을수록 지출이 늘어납니다. 절약하려면 자기 관심사를 줄여야 합니다. 영희가 집·자동차·옷·음식·애완동물·취미·운동 등 많은 분야에 관심을 가질수록 돈 쓸 일이 많습니다. 관심을 가질 분야와 관심을 버릴 분야를 확실히 구분하고 생활해야 절약이 가능합니다. 이런 기준 없이 적당히 자기 마음에 드는 일마다 돈을 쓰거나 자기 기분 내키는 대로 지출하면 돈 관리에 실패합니다.

사람은 욕심이 있어야 생존할 수 있고 성장할 수 있습니다. 욕심을 갖는 것이 나쁜 일은 아닙니다. 그러나 자기 욕심이 매우 지나치면 주변에 피해를 주고 오히려 자기 생존을 위태롭게 만듭니다. 특히 좋은 것, 대단한 것을 자주 경험할수록 욕심이 더욱 생기기 마련입니다. 부유한 삶을 보여 주는 영상에 너무 몰입하지 않도록 조심해야 하며, 인터넷 쇼핑 생활에 중독되는 것을 피해야 합니다. 무엇보다 자기 물건을 아끼려는 마음이 중요합니다. 자기 물건을 소중히 관리하다 보면 생활력과 절약 실력이 함께 좋아집니다. 서비스 이용하는 일을 줄이는 것 또한 좋은 방법입니다. 자신이나 가정에 문제가 생길 때 이왕이면 스스로 해결하려는 마음을 가져야 합니다. 인터넷·책·인간관계를 충분히 활용하고, 조금씩 용기 내어 스스로 일을 처리하는 생활을 할 필요가 있습니다.

자기 재산이 10만 원인 사람과 1,000만 원인 사람은 같은 만 원을 쓰더라도 실제로는 각각 돈의 가치가 다릅니다. 재산이 적은 사람에게 만 원은 작은 돈이 아닙니다. 그만큼 재산이 적을 때는 적은 돈이라도 더 많이 고민하고 써야 합니다. 반대로 재산이 많은 사람은 적은 돈에 오래 고민하기보다 큰돈을 제대로 쓰는 일에 많은 고민을 해야 합니다. 재산이 적은 사람이 적은 돈에 고민하는 것은 비참한 일이 아니라 당연하고 자연스러운 일입니다. 절대 부끄러워할 필요가 없습니다.

사람은 원래 자기가 번 돈 이상을 쓸 수 없습니다. 돈이 먼저 있어야 그 돈을 쓸 수 있습니다. 그러나 돈이 없어도 돈 쓰는 일을 가능하게 해 주는 것이 있습니다. 바로 신용카드입니다. 물건을 살 때 신용카드 회사에서 물건값을 미리 내주고 나중에 자기가 그 돈을 신용카드 회사에 갚는 방식입니다. 이처럼 거래할 때 물건값을 바로 내지 않고 나중에 내는 것이 '외상'입니다.

물건값을 먼저 준비한 뒤에 물건을 사는 것이 거래 기본입니다. 부동산 같은 물건이 아니라면 비싼 물건을 살 때 돈을 모으는 것이 먼저입니다. 그러나 신용카드를 통해 외상으로 거래하면 일단 물건을 먼저 사고 나중에 돈을 준비하게 됩니다. 원하는 것을 먼저 얻고 나중에 책임을 지는 식이므로 돈 쓰는 일이 더욱 쉬워지고 돈 모으는 일은 더욱 어려워집니다. 신용카드의 다양한 혜택을 이용하는 것도 좋지만 이왕이면 외상이 아닌 자기 은행 저금으로 상품을 사는 체크카드를 이용하는 것이 좋습니다.

신용카드의 편리함에 너무 익숙해지면 자기 생활력이 약해진다는 것을 기억해 두어야 합니다.

돈을 쓰는 일은 돈을 버는 일과 마찬가지로 평생 해야 하는 일입니다. 돈 쓰는 실력이 부족하면 자기 남은 인생 동안 항상 문제가 생깁니다. 누군가가 가르쳐 주지 않았다고 해서 핑계 댈 수 없습니다. 자기가 스스로 배우고 다듬어 가야 하는 일입니다. 사람은 항상 돈을 쓰는 일을 걱정하면서 살아야 합니다. '돈을 많이 벌어서 돈 걱정을 하지 않고 살겠다'라는 마음은 자신의 돈 쓰는 실력을 떨어뜨리기만 할 뿐입니다.

영희는 부자가 되더라도 끊임없이 돈 걱정을 하고 살아야 합니다.

쫄딱 망하면?

파산

영희는 많은 빚 때문에 파산하게 되었다는 친구 이야기를 들었습니다.

생활하다 보면 자기가 모은 돈보다 더 많은 돈을 써야 할 때가 있습니다. 자신이나 가족이 큰 병에 들거나, 갑자기 사고가 나거나, 집 같은 비싼 물건을 사거나, 어려워진 개인 사업을 유지하려고 하거나, 개인 사업을 더 크게 하려고 하거나 등등 사람마다 자기 형편이 있습니다. 자기에게 주식이나 부동산이 있더라도 그런 물건은 함부로 급하게 팔기 어려우므로 은행이나 주변 사람에게 돈을 빌리게 됩니다.

돈을 빌렸다면 나중에 갚으면 됩니다. 그런데 적은 돈을 빌렸다면 갚는 일이 쉽지만, 큰돈을 빌려서 갚기 어려울 때는 문제가 됩니다. 결국 부동산과 자신의 재테크 상품을 모두 판 돈과 자기가 저축했던 돈을 모아서 빚을 갚아야 합니다. 문제는 그래도 빚이 남았을 때입니다. 재테크를 모두 정리했기에 돈을 버는 남은 방법은 직업뿐입니다. 자기 임금에서 꾸준히 빚을 갚아 나가야 합니다. 자기 임금 대부분이 빚으로 나가면 최소한의 의식주정 생활을 하게 됩니다. 당연히 재테크도 할 수 없습니다. 이런 어려운 생활을 오랫동안 감당해야만 빚을 갚을 수 있습니다.

문제는 주심입니다. 추심이란 돈을 갚으라고 재촉하는 것입니다. 돈을 빌린 사람은 약속한 기간 안에 빌린 돈과 이자를 갚아야 합니다. 돈을 빌려준 사람은 끝없이 기다려 주지 않습니다. 특히 큰돈을 빚졌을 때 약속한 기간 안에 자기 임금으로 빚을 모두 갚는 일은 매우 어렵습니다. 결국 돈을 빌려준 은행이나 사람, 채권자는 빌려준 돈을 갚으라고 끊임없이 요구하게 됩니다. 매일 빨리 돈을 갚으라고 재촉하는 일을 당하면 굉장한 스트레스를 받게 됩니다. 약속한 기간을 넘길수록 갚아야 할 이자는 더욱 커집니다. 돈을 갚아야 하는 사람, 채무자는 자기 임금에서 빚을 갚으며 어렵게 생활하는 가운데 이런 압박과 괴로움을 견뎌야 합니다. 더 큰 문제는 직장마저 없을 때입니다. 이럴 때는 정말로 아무런 방법이 없습니다. 늘어나는 빚을 보면서 하염없이 추심을 당해야 합니다. 많은 사람이 이런 상황에 처했을 때 죽음을 선택하기도 합니다.

그런데 자기 능력으로 더 이상 빚을 해결하지 못하는 사람에게 살 기회, 다시 일상생활을 시작할 기회를 법으로 주기도 합니다. 그것이 바로 '파산 면책' 제도입니다. 파산은 자기 남은 재산을 모두 파는 것, 면책은 빚을 없애 주는 것을 말합니다. 파산과 면책은 서로 짝을 이룹니다. 법원에 이 제도를 신청하고 그 허락을 받으면 빚을 갚지 못했던 사람은 자기 남은 재산을 모두 팔아 돈 받을 사람에게 골고루 나눠 주는, 빚잔치를 하게 됩니다. 그리고 나면 빚이 남았더라도 법원이 그 빚을 모두 없애 주는 면책을 받게 됩니다. 법원이 빚을 대신 갚아 주는 것은 절대 아닙니다. 파산한 사람은 완전한 빈털터리가 되었으니 빚 받는 일을 포기하라고 법원이 명령하는 것입니다.

이런 이유로 파산 결정이 나면 돈을 빌려준 사람 대부분은 빚을 제대로 받지 못하게 됩니다. 더 이상 추심도 하지 못합니다. 결과적으로 돈을 빌려준 쪽이 손해 보는 제도이기도 합니다. 돈을 빌려준 쪽은 국가가 대신 갚아 주지도 않으면서 돈을 못 받게 하므로 분명히 화가 날 수 있는 제도입니다. 그러나 사실상 빚잔치가 끝난 사람에게 남아 있는 것은 아무것도 없기에 어쩔 수 없이 받아들여야 하는 사실이기도 합니다. 빚이 너무 많거나, 임금을 받아서 내더라도 빚을 처리하지 못하는 사람은 생존할 길이 아예 없기에 죽은 사람이나 마찬가지입니다. 그런 사람에게 모든 것을 정리하고 다시 새로 살 기회를 주는 것이 파산 면책 제도입니다. 돈 관리를 제대로 하지 못하고 망한 사람에게 일부러 국가가 특별한 혜택을 주려고 파산 면책 제도가 있는 것은 아닙니다.

그런데 법원에서 파산 결정이 나고 빚잔치를 하더라도 면책받지 못할 수도 있습니다. 거짓말로 상대방의 돈을 빌렸거나, 지나친 소비나 도박을 하다가 빚을 지게 되었거나, 빚잔치할 재산을 몰래 감추었다면 면책받지 못합니다. 그러면 빚잔치를 해도 남은 빚이 사라지지 않기에 빚을 모두 갚을 때까지 추심당하게 됩니다. 파산 면책 제도는 빚 문제 해결을 위해 노력해도 안 되고, 노력할 수도 없는 사람을 위한 제도입니다. 적당히 이 제도를 이용해 먹으려고 하다가는 진짜로 인생이 망할 수 있다는 것을 알아 두어야 합니다.

파산 면책으로 빚이 사라졌다고 해서 무조건 좋은 것은 아닙니다. 법에서 그 사람을 용서해 주었다 하더라도 사회에서 그 사람을 환영해 주는 것은 아닙니다. 파산한 사람은 은행에 5년 동안 파산했다고 기록에 남습니다. 대출할 수 없으며 신용카드를 만들어 주지 않습니다. 휴대전화 역시 거의 만들어 주지 않습니다. 물건이나 서비스를 먼저 이용하고 나중에 돈을 내는 거래를 거의 하지 못합니다. 은행은 사람에게 돈을 빌려줄 때 그 사람의 신용등급을 확인합니다. 신용등급은 빌려준 돈을 갚는 능력을 10단계로 구분한 것입니다. 파산한 사람의 신용등급은 당연히 가장 낮은 등급인 10등급이 됩니다. 신용등급은 취업할 때 많은 회사에서 검사하며 10등급은 거의 취직이 되지 않습니다. 미국이나 일본 같은 국가는 취업지원서에 자기 신용등급 서류를 제출하기도 합니다. 게다가 공부를 아무리 열심히 해도 의사·변호사·회계사·공무원 같은 국가자격증이 필요한 직업을 가질 수 없습니다. 무엇보다 자신이 파산한 사람이라는 사실 자체가 매우 큰 상처가 됩니다. 다른 사람의 돈을 빌려 쓰고 갚지 못해 피해만 주다가 사회에서 무능력한 사람으로 정해진 사실은 평생 괴로운 일로 남을 것입니다.

파산 면책 외에 개인 회생이라는 제도 또한 있습니다. 큰 빚이 있고, 직장 생활을 하면서 자기 임금으로 빌린 돈과 이자를 조금씩 갚을 수는 있지만 수십 년이 걸리는 매우 어려운 상황에서 쓸 수 있는 제도입니다. 법원에서 개인 회생 결정을 받은 사람은 3년 동안 자신의 최소 생활비를 제외한 나머지 돈을 빚 갚는 일에만 써야 합니다. 그러면 3년 뒤에 나머지 빚을 법원에서 없애 줍니다. 파산 면책처럼 법원에서 돈을 대신 갚아 주는 것은 아닙니다. 돈을 받아야 하는 사람은 역시나 손해가 생깁니다. 하지만 만약에 돈 빌린 사람이 빚을 갚지 않고 도망가거나 죽게 되면 아무것도 받지 못하기에 개인 회생으로 조금이라도 더 돈을 받아 내는 것이 그나마 이득입니다. 그만큼 개인이 다른 사람에게 돈을 빌려주는 일은 위험이 매우 큽니다. 가끔씩 빌린 돈을 제대로 갚지 않으려고 일부러 개인 회생 제도를 사용하려는 사람도 있습니다. 그러나 법원은 만만한 곳이 아닙니다. 법원은 이런 일을 철저하게 조사합니다. 파산과 비슷하게 주로 매우 가난한 사람에게만 적용되는 제도입니다. 개인 회생은 빚잔치를 하지 않아 자기 재산을 건드릴 필요가 없습니다. 이 점은 파산보다 훨씬 좋습니다. 하지만 자기 월급 중 약 100만 원 정도만 가지고 생활해야 하며 신용 카드 사용이 금지됩니다. 실제로 개인 회생 기간을 버티지 못하고 파산으로 넘어가는 사람도 많습니다.

파산 면책이나 개인 회생을 받으면 법적으로 자기 빚이 사라지는 것이지 다른 사람에게 빌린 돈을 갚지 못하고 남에게 피해를 준 사실은 사라지지 않습니다. 이런 제도로 인해 자신에게 돈을 빌려준 사람이 자기 때문에 파산하는 경우도 있습니다. 살다 보면 병이나 사고, 교육비 등의 이유로 어쩔 수 없이 돈을 빌려야 할 때가 있습니다. 그럴 때는 개인적으로 돈을 빌리기보다 은행에서 돈을 빌리는 것이 낫습니다. 어쩔 수 없이 개인에게 돈을 빌려야 한다면 한 명에게 많은 돈을 빌리기보다 여러 명에게 적은 돈을 빌리는 것이 그나마 서로에게 부담이 적습니다. 무엇보다 웬만하면 무리하게 돈 빌리는 일을 하지 말아야 합니다.

직장 생활을 하지 않는 사람이라면 돈 갚을 방법이 사실상 거의 없기에 돈 빌리는 일을 더더욱 하지 말아야 합니다. 직장 생활을 하는 사람이라면 번 돈으로 저축이나 재테크를 통해 돈을 불리는 일을 해야 합니다. 그래야 어려운 일이 닥칠 때 돈을 마련하는 부담을 줄일 수 있습니다. 자기 수입보다 훨씬 많은 지출을 습관적으로 하거나, 성급하게 사업을 하거나, 대출한 돈으로 주식이나 코인 같은 위험한 재테크를 하는 일은 파산으로 가는 지름길입니다. 살면서 자기에게 갑자기 감당할 수 없는 일이 생기는 것은 어쩔 수 없습니다. 그러나 파산이라는 감당할 수 없는 일을 자기가 직접 만드는 것은 꼭 피해야 합니다.

친구의 파산은 남 일이지만 언제든지 영희의 일이 될 수도 있습니다.

부자 되는 방법

영희는 돈을 잘 모으는 부자, 돈을 잘 쓰는 부자가 되고 싶습니다.

부자가 되려면 직업으로 돈을 많이 벌고, 지출은 줄이고, 남는 돈으로 재테크를 해서 돈을 쌓아야 합니다. 이 중에서 가장 어려운 것은 직업으로 돈을 많이 버는 일이고 가장 할 만한 것은 지출을 줄이는 일입니다.

직장 수입을 크게 늘리려면 자기 재능과 노력을 잘 섞어서 실력을 키우고 사람에게 많은 도움을 주어야 합니다. 대단한 실력을 갖춘 사람이 되는 것은 상당히 어려운 일입니다. 게다가 대단한 실력을 갖춘 사람이라고 해서 무조건 많은 직장 수입을 얻는 것 또한 아닙니다.

영희는 실력 좋은 컴퓨터 프로그래머입니다. 최근 많은 사람에게 도움이 될 만한 앱을 만들었습니다. 그런데 영희가 만든 앱을 도둑맞거나, 영희 나라에 갑자기 전쟁이 생겼거나, 영희가 만든 앱보다 훨씬 좋은 앱을 만드는 사람이 굉장히 많다면 영희 실력이 아무리 좋아도 직업으로 큰돈을 받기 어렵습니다. 재능, 주변 상황, 시대, 경쟁자 같은 조건은 자기가 선택할 수 없는 조건이면서 사람마다 모두 다른 조건입니다. 그나마 노력이 다른 조건에 비해 자기 스스로 선택할 만한 것이 많아 사람들이 강조를 많이 하는 편입니다. 노력하는 일이라도 건강이 받쳐 주지 않거나 생존에 어려움이 있다면 자기가 선택하지 못합니다. 그만큼 직업으로 부자가 되는 일은 노력이 필요하면서 노력만으로는 되지 않는 일이기에 어렵습니다. 그렇다고 해서 직업으로 큰돈을 얻지 못하는 사람이 자기 주변 상황을 무작정 원망하는 것은 옳지 않습니다. 자신에게 이득이 되지 않고 손해만 더 커질 뿐입니다.

직업으로 돈을 많이 버는 다른 방법은 직업을 더 만드는 것입니다. 투잡 (two job) 혹은 부업이라고 합니다. 직장에서 일하고 집에서 쉬어야 할 시간에 다른 일을 하면서 돈을 버는 것입니다. 일을 더 많이 하기에 버는 돈은 확실히 많아지지만 그만큼 쉬는 시간이 부족합니다. 건강 관리를 잘해야만 가능한 일입니다. 부업을 하다가 건강을 잃게 되면 원래 다니던 직장까지 그만둬야 하므로 비교적 부담이 적은 일을 부업으로 해야 합니다. 현실적으로 직업을 1개만 꾸준히 하는 것도 쉬운 일이 아니라서 2개 이상 직업을 갖는 것은 매우 어려운 일입니다. 가급적 남는 시간이 충분하거나 급하게 돈을 모아야 할 때에만 부업을 하는 것이 좋습니다.

부자가 되려면 지출을 줄여야 합니다. 직업이나 부업을 통해 힘겹게 모은 돈을 다 써 버리는 일은 마음만 먹으면 1분만으로도 충분합니다. 부모가 평생 모은 큰돈이라도 자녀가 그 돈을 흥청망청 써 버리면 순식간에 사라집니다. 잘못된 판단과 지나친 욕심으로 돈을 쓰면 언제든지 파산할 수 있습니다. 파산하면 자기뿐만 아니라 자기 가족과 돈을 빌렸던 사람까지 괴로워집니다. 원하는 물건을 신중하게 사면서 불필요한 지출을 줄이면 수입이 따로 늘지 않아도 남는 돈이 커지므로 돈을 더 번 것과 비슷한 효과가 있습니다. 그만큼 재테크하는 돈이 늘어납니다. 하지만 지출을 너무 많이 줄이면 불만스럽게 생활하므로 적절한 지출은 필요합니다. 지출 관리는 돈 버는 일보다는 쉬워도 상당히 어려운 일입니다.

부자가 되려면 재데크 관리 또한 중요합니다. 재테크는 돈과 시간을 써서 돈을 버는 일입니다. 저축을 제외한 다른 재테크 상품은 주인 마음대로 움직여 주지 않습니다. 재테크하는 사람이 현실적으로 할 만한 일은 자기 재테크 상품의 가치가 스스로 올라가기를 바라고 기다리는 것뿐입니다. 제멋대로 움직이는 재테크 상품이 이익이든 손해든 미리 정한 목표에 도달하면 상품을 팔고 다시 계획을 세우는 일을 반복합니다. 재테크를 하면 할수록 이익과 손해가 반복해서 나타납니다. 그만큼 어려운 일입니다.

이처럼 수입·지출·재테크를 통해 부자가 되는 일은 단 하나도 쉬운 것이 없습니다. 매우 어려운 것을 잘하는 것은 특별한 일이지 당연한 일이 아닙니다. 자신이든 상대방이든 부자가 아닌 것은 못나서가 아니라 자연스러운 일입니다. 자기가 부자가 아닌 것으로 좌절할 필요가 없고 상대방이 부자가 아니라고 해서 함부로 대할 이유도 없습니다. 부자는 자기 실력과 노력만으로 되지 않기에 자기가 부자라면 '자기 실력이 좋아서, 나만 잘나서 성공했다'라는 마음을 버려야 합니다.

부자가 되는 방법 중에서 공통된 것은 모두 다 긴 시간이 필요하다는 것입니다. 자신의 수입·지출·재테크 모든 부분을 관리하면서 조금씩 부자가 돼야 합니다. 나이 어릴 때 빠르게 부자가 되겠다는 생각보다 천천히 부자가 되겠다는 생각으로 준비하면 충분히 부자가 될 수 있습니다. 급하게 부자가 되는 방법도 있습니다만 그런 방법은 급하게 파산하는 방법이 되기도 합니다. 한 번뿐인 인생을 가지고 도박을 해선 안 됩니다.

부자가 될수록 비싼 명품 옷을 산다거나, 고급 음식을 먹으러 다닌다거나, 좋은 집으로 이사 가거나, 부담 없이 노는 일 등등 세상에서 할 수 있는 일이 많습니다. 이렇게 '의식주와 노는 일'에 돈을 쓰는 것은 절대 잘못된 일이 아닙니다. 누구나 하고 싶은 일이기도 합니다. 그런데 자기 생활 수준과 휴식 수준을 높이는 일은 돈만 있다면 거의 해결되는 일입니다. 자기 관심사를 이런 일에만 두면 돈 모으는 일 자체가 그 사람의 인생 목표가 되기 쉽습니다. 문제는 돈 버는 것을 인생 목표로 삼게 되면 사람의 생활보다 돈을 더 중요하게 여길 수 있다는 점입니다. 이런 일을 막으려면 돈을 사람의 생활과 관계를 위한 도구로 봐야 합니다. 그러려면 돈으로 바로 해결되지 않는 일에 관심사를 두는 것이 좋습니다. 무언가를 배우는 일에 돈을 쓴다거나, 그동안 소홀했던 사람이나 친해지고 싶은 사람을 위해 돈을 쓴다거나, 오래 계획한 사업을 준비하는 일에 돈을 쓴다거나 등등 여러 가지 일이 있을 것입니다. 이런 일은 나중에 자기가 부자가 되는 일에 큰 도움이 되기도 합니다.

자기 재산은 돈이나 물건에 자기 이름을 쓴 것으로 볼 수 있습니다. 그리고 미국이나 우리나라는 '국가 귀속'이라는 법이 있습니다. 자기 재산을 가족이나 다른 사람에게 넘기지 않고 죽은 후 2년이 지나면 자동으로 그 재산은 국가 재산이 되는 것입니다.[28] 물론 대부분 사람은 적당한 세금을 내고 자기 재산을 가족에게 넘겨줄 것입니다. 여기에서 알 수 있는 사실은 사람은 죽으면 자기 재산에 쓴 자기 이름을 지우고 자기 재산을 국가든 가족이든 무조건 넘겨주어야만 한다는 것입니다. 자기 재산은 영원한 자기 것이 아닙니다. 재산은 자기에게 생명이 있을 때, 자기가 생활할 수 있을 때만 자기 것입니다. 자기가 직접 모은 재산이라도 자기가 생활할 수 없게 되면 더 이상 자기 것이 아닙니다. 그래서 돈을 위해 생활하기보다 생활을 위해 돈을 모으고 써야 합니다. 사실 돈을 쓰는 일과 생활하는 일은 끊임없이 서로 맞물려 있어서 무엇이 더 먼저인지 확인할 순 없습니다. 그러나 마음속으로는 돈이 아닌 생활에 우선순위를 둘 필요가 있습니다.

돈이 자기 인생 목표가 되면 부자는 성공한 사람이고 가난한 사람은 실패한 사람이 됩니다. 가난한 사람을 하찮게 여기고 함부로 대하게 됩니다. 반대로 자기보다 돈 많은 사람 앞에서는 자기가 하찮은 사람이 되어 버립니다. 스스로 우월감과 열등감을 만들면서 가난한 사람 앞에선 남을 미워하고 부자 앞에선 자신을 미워하게 됩니다. 돈을 목표로 살면 아무리 부자가 되더라도 편안하고 즐거운 마음으로 살기가 어렵습니다. 결국 비

---

28 민법 제1058조.

싼 의식주 생활과 유흥으로 마음의 위로를 받는 수밖에 없습니다. 그러나 자기 역할을 감당하는 일과 가족과 사람을 사랑하는 일에 목표를 두고 돈을 그 도구로 쓴다면 자기 일을 더 잘할 수 있게 되고 보람 있게 생활하며 인간관계 또한 더욱 좋아질 것입니다. 그러면 더욱 많은 돈을 벌 수 있고 더 편하고 즐거운 마음으로 살 수 있을 것입니다.

부자가 되는 일에 특별하고 대단한 방법이 있는 것이 아닙니다. 직장에서 자기 역할 잘 해내고, 저금하고, 안전하게 재테크하고, 살면서 이사 몇 번 하고, 돈 쓰는 일 너무 함부로 하지 않는 수준이면 될 수 있습니다. 반대로 직장에서 불필요한 사람이 되거나, 위험하게 재테크하면서 큰 이득을 노리거나, 돈을 너무 함부로 쓰면 부자가 되기 어렵습니다. 이 중에서 부자가 되기 어려운 사람에 자신이 해당되지 않도록 조심해야 합니다.

돈을 삶의 목표로 정하기보다 삶의 도구로 이용하는 사람이 부자입니다.

결혼과 가정

결혼은 무조건 해야 하는 일이 아닙니다. 결혼하지 않았다고
해서 감옥에 가지 않습니다. 그리고 결혼은 둘이서 하는 일입
니다. 아무리 노력해도 자기 혼자서는 결혼할 수 없습니다. 이
처럼 결혼은 의무도 아니고 자기 마음대로 되는 쉬운 일도 아니
기에 결혼하지 않은 것이 나쁜 일도 비난받을 일도 아닙니다.
그렇다고 특별한 사람만 결혼하는 것은 아닙니다. 흔하게 볼
수 있는 사람 생활이며 많은 사람이 관심을 갖는 일이기도 합
니다. 그만큼 결혼하지 않은 사람은 결혼한 사람보다 뒤처진
생각이 들기도 합니다.
결국 결혼은 하지 않아도 괜찮지만, 막상 하려고 하면 자기 마
음대로 되지 않으면서, 신경이 많이 쓰이는 일이라고 볼 수 있
습니다. 결혼과 가정에 대해 이야기합니다.

결혼 왜 하나요?

사람은 왜 결혼을 할까요?

1. 본능이라서.

2. 외롭지 않으려고.

3. 서로 사랑하니까.

4. 중요한 문화라서.

남녀가 서로 만나 부부가 되는 것이 결혼입니다. 결혼이라고 하면 결혼 식과 혼인 신고 두 가지가 생각날 것입니다. 결혼식은 가족과 친구를 초 대해서 결혼을 알리고 좋은 부부가 되길 다짐하는 중요한 의식입니다. 혼인 신고는 주민 센터(행정복지센터)에서 결혼 사실을 국가에 등록하고 새 가족으로 인정받는 일입니다. 결혼식을 올리거나 함께 오랜 시간을 살았어도 혼인 신고를 하지 않은 것을 '사실혼'이라고 하며 법적으로 제대 로 된 부부가 아닙니다. 그런데 이런 결혼식과 혼인 신고는 결혼의 형식 적인 부분입니다. '이 남자가 내 남편이구나, 이 여자가 내 아내구나'라고 서로 진심으로 인정하면 그것이 곧 결혼이라고 생각해도 괜찮습니다. 그 런데 이러한 결혼을 대체 왜 할까요?

부부가 혼인 신고를 하면 정식으로 가족이 됩니다. 가족이 된 부부는 한 집에서 함께 생존하고 성장합니다. 여기서 가족이라는 사람과 집이라는 장소를 한데 묶어서 가정이라고 합니다. 형태가 없고 생각으로만 존재하 는 것이 개념입니다. 서로 합쳐지지 않는 두 가지 단어를 한데 묶어서 만 든 단어는 주로 개념이 됩니다. 국민과 영토(땅)를 통틀어 부르는 국가라 는 단어는 개념입니다. 비슷하게 가족과 집을 통틀어 부르는 가정 역시 개념입니다. 결혼은 겉으로 보기에 부부가 되는 일이나 실제로는 혼인 신고와 내 집 마련으로 가정이라는 개념을 만드는 일입니다.

사람마다 가정을 만드는 다양한 이유가 있습니다. 외로움을 해결하려고, 많은 사람이 하는 일이기에, 아이를 낳으려고, 스킨십을 편하게 하려고, 가문을 잇기 위해서, 안정된 생활을 위해서 등등 다양한 자기만의 이유가 있을 것입니다. 이런 이유는 모두 자기에게 이득이 된다는 공통점이 있습니다. 일부러 손해 보려고 결혼하는 사람은 없을 것입니다. 결혼하면 위의 여러 가지 일 중 상당 부분이 해결되는 것은 사실이기도 합니다. 문제는 가정을 꾸리면 자기에게 손해도 있다는 것입니다. 혼자 살 때는 간섭 없이 자유롭게 생활하고 자기가 번 돈을 자기 마음대로 쓸 수 있습니다. 그러나 결혼하면 그렇게 살 수 없습니다. 서로에게 간섭하거나 간섭받기도 하며 의견이 서로 부딪칠 때도 많습니다. 자기가 번 돈이라도 마음대로 쓰지 못합니다. 결혼하면 이런 손해가 있다는 것은 부모의 결혼생활을 봐 왔던 자녀라면 누구나 아는 사실입니다. 이런 손해를 알면서도 자기 가정을 꾸리는 것은 다소 이해하기 어려운 일입니다.

이렇게 가정을 이루는 것은 사람만이 아닙니다. 사자 같은 동물이나 개미 같은 곤충도 가정을 만들고 삽니다. 어미 새가 힘겹게 둥지를 만들고 온종일 벌레를 잡아서 새끼에게 먹이는 모습은 사람이 가정을 이루고 자녀를 양육하는 것과 비슷합니다. 동물과 곤충 역시 손해가 있어도 가정을 이룹니다. 동물이나 곤충은 학습보다 본능에 따라 행동하기에 이런 일을 본능으로 봐야 합니다. 결국 사람과 동물이 가정을 만드는 중요한 이유 중 하나는 본능이라고 생각할 수 있습니다.

모든 생명체는 본능이 있습니다. 특히 자신이 죽는 것을 피하려는 생존 본능은 꼭 필요합니다. 그런데 이런 본능은 자기가 직접 만들거나 일부러 떼지 못하기에 자기 약점이 되기도 합니다. 결혼 역시 본능의 영향을 많이 받으므로 사람에게 약점이 될 때가 많습니다. 결혼할 만한 상황이 되지 않는 사람이거나 결혼에 관심이 없는 사람이라도 가정을 꾸리려는 본능 때문에 결혼 부담을 가질 때가 많습니다. 명절에 가족·친척이 모여 취미 이야기를 하는 것은 아무렇지 않지만 결혼 이야기를 하는 것은 상당한 부담이 됩니다.

자기 이익을 바라는 것도 사람의 본능이고 손해를 감수하면서 가정을 만들려고 하는 것도 사람의 본능입니다. 이처럼 가정에는 앞뒤가 서로 맞지 않는 이 두 가지 본능이 함께 들어 있습니다. 그런데 가정생활을 할 때 자기 위주로 생활할수록 가정이 불안해지고 가정 위주로 생활할수록 자기 손해가 커집니다. 가정을 만들고 지키려면 자기 손해가 커지는 방향으로 가정생활을 해야 합니다. 결국 자기에게 이래저래 곤란한 가정이라는 개념을 만드는 일에 남녀가 서로 찬성하고 그것을 지키려고 스스로 몸과 마음을 다하는 것이 결혼입니다. '둘의 행복을 위해서'라는 이유로 결혼하는 것은 좋은 일이지만 결혼이나 결혼 생활에 어려움이 생기면 아무래도 결혼을 괜히 했다고 생각하게 됩니다. '가정이라는 개념을 만들고 지킨다'라는 이유로 결혼해야 결혼이나 결혼 생활에 어려움이 생겨도 이겨낼 수 있습니다.

가정을 만들고 지키는 일이 부담스럽거나 여건이 되지 않아 결혼하지 않는, 비혼을 결심한 것은 불법이나 잘못이 아닙니다. 다른 사람 눈치를 볼 필요가 없고 주변 사람에게 미안해할 것도 없습니다. 그 대신 사람은 결혼 본능이라는 뗄 수 없는 부담이 항상 자신에게 남아 있다는 사실을 알아 두어야 합니다. 그런 사람은 자신의 결혼 본능을 덮을 만한 뚜렷한 인생 목표나 철저한 자기 생활이 있어야 할 것입니다.

결혼에 필요한 것

결혼 및 결혼 생활에 가장 필요한 것은 무엇일까요?

1. 좋은 상대.

2. 돈.

3. 건강.

4. 사랑.

남녀 모두에게 가정을 만들려는 본능이 있다고 해서 결혼이 쉬운 일은 아닙니다. 생활력·성격·매너가 좋은 사람끼리 만나는 일, 집을 마련하고 가정생활을 유지할 돈, 건강한 몸과 마음, 어려운 상황에도 서로를 사랑하는 것 등등 결혼하려면 필요한 것이 많습니다. 그리고 이 중에서 쉬운 것은 단 하나도 없습니다. 솔직히 이러한 모든 것을 갖추는 것은 불가능에 가깝습니다. 그나마 가장 준비하기 만만한 것이 바로 사랑입니다. 매우 좋은 사람이 아니라도, 부자가 아니라도, 몸과 마음에 아픈 곳이 있는 사람이라도 준비할 만한 것이 바로 '서로 사랑하는 일'입니다.

그리고 사랑이 아닌 다른 조건은 다른 사람의 도움을 어느 정도 받을 수 있습니다. 좋은 사람을 만나는 것은 주변 사람에게 소개받을 수 있습니다. 결혼에 필요한 돈은 부모나 은행에서 도움받을 수 있습니다. 건강을 지키는 일은 병원이나 전문 시설의 도움을 받을 수 있습니다. 그러나 서로 꾸준히 사랑하는 일은 다른 사람의 도움을 받을 수 없습니다. 두 사람의 사랑 문제는 주변 사람·부모·전문가의 도움으로 해결하지 못하기에 서툴러도 둘이서 해결해야 합니다. 만약 해결하지 못하면 결혼 생활을 그만두거나 사랑이 없는 결혼 생활을 간신히 유지하는 방법밖에 없습니다. 그래서 결혼과 결혼 생활에 '사랑을 잘 만들고, 사랑을 잘 유지하는 것'이 중요합니다.

사랑에는 믿어 주는 것, 걱정해 주는 것, 보살펴 주는 것, 책임져 주는 것, 무언가 해 주고 싶은 것 등등 여러 가지 뜻이 들어 있습니다. 각각 다른 행동이지만 사랑이라는 같은 단어를 쓸 수 있습니다. 그리고 사랑이라는 표현은 남녀 사이, 부모 자녀 사이, 사람과 사람 사이에서 쓰입니다. 남녀의 사랑과 부모 자녀의 사랑은 서로 다른 느낌이 들지만 사랑이라는 같은 표현을 쓸 수 있습니다. 이것은 사랑에는 다양한 행동과 다양한 느낌이 있지만 무언가 공통점이 있다는 뜻입니다.

사랑의 여러 가지 뜻 중에서 공통된 말은 바로 '주는 것'입니다. 손뼉도 마주쳐야 소리가 나듯 사랑 또한 함께 주고받아야 합니다. 먼저 누군가가 주어야만 사랑을 주고받는 일이 시작됩니다. 상대방의 사랑을 받은 사람도 자기 사랑을 상대방에게 주어야 합니다. 이러한 일을 꾸준히 해야만 서로의 사랑이 유지됩니다. 사랑하면서 주는 것 중에 가장 중요한 것은 '믿어 주기'입니다. 사람은 자신의 미래를 모릅니다. 상대방의 미래는 더욱 모릅니다. 두 사람의 사랑이 앞으로도 계속될지 사라질지는 모르는 일입니다. 모르기 때문에 상대방을 믿어 주어야 하고 다툼이 있더라도 사랑이 계속되기를 믿어야만 합니다. 상대방을 자꾸 의심하거나 서로의 관계가 점점 나빠질 것이라고 생각하면 두 사람 사랑에 손해만 날 뿐입니다. 게다가 걱정해 주고 보살펴 주는 일 또한 계속되어야 사랑을 지킬 수 있습니다. 이런 '주는 일'을 양쪽에서 꾸준히 해야만 결혼과 결혼 생활을 할 수 있습니다. 멋진 외모, 많은 돈, 좋은 직장이 있으면 쉽게 결혼하고 편하게 결혼 생활을 유지한다고 생각하는 사람이 많습니다. 실제로 이런 조건을 갖춘 사람은 배우자에게 멋진 모습, 돈의 여유, 안정된 생활을 줍니다. 그런데 같이 살다 보면 멋지지 않은 모습을 보여 줄 때도 있고, 돈 문제가 생길 수도 있으며, 직장 생활을 그만둘 때도 있습니다. 언제든지 사람의 상황은 바뀔 수 있기에 이런 조건은 상대방에게 끊임없이 주기 어렵습니다. 그러나 믿어 주거나 걱정해 주는, 사랑은 꾸준히 할 수 있습니다. 흔히 "결혼하면 정든다"라고 말합니다. '정(情)들었다'라는 표현은 친하고 가깝다는 뜻입니다. 그런데 정과 사랑은 서로 다른 것입니다. 단순히 함께 오래 지내서 정들었다고 사랑이 저절로 커지지는 않습니다. 오히려 친하게 지내면 상대방에게 상처 주는 일만 늘어날 때도 많습니다. 상대방에게 상처 주는 일을 '사랑싸움'으로 만들지 못했다면 정은 많이 들었어도 사랑은 거의 남아 있지 않습니다.[29] 결혼하면 정들지만 정만 가지고선 결혼 생활을 계속하지 못합니다. 사랑을 서로 줘야만 합니다.

아무리 좋은 것을 주었어도 상대방이 좋은 것인 줄 모르거나 함부로 대하면 헛된 일이 됩니다. 그러면 주는 사람이 좋은 것을 계속 주지 못합니다. 사랑은 잘 주는 것도 중요하지만 잘 받는 것 또한 중요합니다. 상대방이 자신을 믿어 주고 걱정해 주는 것을 당연하게 여기거나 하찮게 대하는 사람은 사랑을 받기만 할 뿐 자기는 상대방에게 사랑을 주지 않습니다. 사랑을 받은 사람은 자신 역시 상대방을 믿어 주고 걱정해 주어야 합니다. 하다못해 감사 표현이라도 해야 합니다.

사랑을 시작할 때는 한쪽은 주기만 하고 다른 한쪽은 받기만 해도 됩니다. 그러나 사랑을 유지할 때는 양쪽 모두 주는 쪽이 돼야 합니다. 멋져 보이는 사람을 자신이 갖고, 상대방의 돈을 자신이 받고, 상대방을 통해 안정적인 생활을 받으려고만 하면 사랑을 유지하지 못합니다. 사랑이 없어도 함께 지낼 수 있지만 굳이 꼭 함께 지낼 이유 또한 없습니다. 이런 상황에서는 사소한 다툼이 있어도 헤어지게 됩니다. 사랑이 없으면 서로 헤어지는 날만 기다리며 생활하는 불안한 관계가 되는 것입니다.

----
29 '친구와 연인: 관계의 계속'을 참고하세요.

결혼 생활을 하다 보면 둘 사이가 멀어질 때가 있습니다. 그때는 서로에게 무언가를 주면서 다가가야 거리를 좁힐 수 있습니다. 그런데 둘이 서로 받기만 기다린다면 멀어진 사이를 다시 좁힐 만한 방법이 없습니다. 특히 상대방이 자기에게 잘하기만을 기대하는 사람은 마냥 가만히 있을 뿐입니다. 이런 문제를 해결하려면 누군가 먼저 사랑을 주면서 다가가야 합니다. 사랑 주는 쪽이 문제 해결 능력이 있는 사람입니다. 흔히 '사랑받는 사람'이 두 사람 관계에서 힘이 있는 쪽이라고 생각하겠지만 현실에서는 '사랑 주는 사람'이 두 사람 관계를 결정할 수 있는 힘이 있습니다. 사랑 주는 사람이 계속 주기로 결정하면 관계가 유지되지만, 사랑 주는 사람이 그만 주기로 결정하면 관계가 끝나기 때문입니다. 그러므로 연애나 결혼할 때 상대방을 휘어잡겠다든가 상대방으로부터 이득만 얻으려고 하는 사람이 둘 중에 한 명이라도 있다면, 사랑 주는 사람으로부터 이별이라는 말을 들을 일만 남은 것입니다. 사랑을 함께 쌓지 못하고 한 명이 그것을 빼먹으려고만 하면 사랑이 쌓이질 못합니다. 사랑이 바닥난 사람끼리 같이 사는 것은 아무리 좋은 것을 먹고 좋은 곳에서 생활하더라도 사람으로서 감당하기 매우 어려운 일입니다.

바람 불면 집이 날아가요

결혼 생활 중에 배우자가 불륜(외도)을 한다면?

1. 사람은 실수할 수 있다.

2. 한 번은 봐준다.

3. 이혼이다.

사랑을 주고받으며 결혼 생활을 하다 보면 잘못을 주고받기도 합니다. 잘못한 사람은 사랑하는 마음으로 용기 내어 사과하고 사과받은 사람은 사랑하는 마음으로 용서하면서 결혼 생활을 이어 나갑니다. 그런데 부부 사이에 사과할 수도 없고 용서할 수도 없는 잘못이 하나 있습니다. 그것은 바로 외도입니다. 결혼한 사람이 다른 이성과 깊게 사귀거나 성관계 하는 것이 외도입니다. 불륜, 간음이라고도 합니다. 외도·불륜·간음은 결혼한 사람에게만 쓰는 말입니다. 그 대신 '바람나다, 바람피우다'는 동시에 여러 이성을 사귄다는 뜻이며 결혼한 사람·결혼하지 않은 사람 모두에게 쓰는 말입니다.

사람과 비슷하게 동물도 짝짓기할 상대방이나 가족을 꾸릴 상대방을 자기가 결정합니다. 그런데 짝짓기한 상대방과 평생 함께 사는 두루미·황새·백로를 제외하곤 대부분 동물은 짝짓기 기간이 끝나면 서로 헤어지고 남남이 될 때가 많습니다. 그만큼 동물은 외도라는 개념이 거의 없습니다. 오직 사람만 외도를 특별하게 생각합니다.

겉으로 보면 성관계나 키스·포옹은 두 사람의 피부가 잠시 맞닿았다가 떨어지는 일일 뿐입니다. 배우자가 외도를 했더라도 자기가 그 사실을 모른다면 스트레스를 받지 않습니다. 외도한 배우자가 여전히 자기 가정을 사랑과 정성으로 대하면 큰 문제가 없어 보이기도 합니다. 외도는 다른 사람과 서로 좋아하는 일을 한 것일 뿐, 배우자에게 나쁜 말을 하거나 폭행을 한 것도 아닙니다.

그러나 현실에서 배우자의 외도는 심각한 문제가 됩니다. 단순한 피부 접촉으로 생각하기 어려운 일입니다. 배우자의 외도 사실은 몰라도 문제이며 알아도 문제입니다. 외도한 배우자가 여전히 가정에 정성을 들여도 전혀 기쁘지 않습니다. 배우자가 다른 사람과 취미 생활을 하는 것은 큰 문제가 되지 않지만, 다른 사람과 외도하는 것은 취미 생활로 받아들일 수 없습니다. 외도로 인한 고통은 욕설이나 폭행보다 더 아픕니다. 이처럼 외도는 그 행동만 보면 별것 아닌 일이지만 당한 사람에게는 견딜 수 없는 배신감과 서운함으로 평생의 상처가 되는 일입니다. 머리로는 이해되지 않는 일이기에 본능으로 봐야 합니다. 외도는 사람이 본능적으로 미워하고 거부하는 일입니다. 사람은 누구나 배우자가 외도하는 일을 거의 견디지 못합니다. 사람은 완전하지 않기에 누구나 실수할 수 있습니다. 그러나 외도는 '사람이 실수할 때도 있지'라는 말을 쓸 수 없습니다. 실수조차 받아 주지 않는 특별한 일입니다.

외도는 누구나 흔히 겪는 일이 아니기에 직접 경험하기 쉽지 않은 일입니다. 그만큼 많은 사람이 외도의 괴로움을 제대로 알지 못합니다. 외도를 가볍게 여기는 사람 또한 많습니다. 사람은 자기가 직접 경험하지 못한 일을 진심으로 느끼기 어렵습니다. 그럴 때는 자기 일이 아닌 부모의 일로 생각해 보면 큰 도움이 됩니다. 자녀는 부모에게 일어난 나쁜 일을 진심으로 걱정해 주기에 이런 일이 가능합니다. 자기보다 자기 부모님을 향해 욕하는 것을 참기가 훨씬 더 어렵습니다. 외도의 아픔을 진심으로 느껴 보려면 자신이나 자기 배우자가 외도한다고 생각하기보다 자기 부모님이 외도했다고 생각해 보면 됩니다. 그러면 쉽게 외도의 괴로움을 진심으로 느낄 수 있습니다. 상상만 해도 견디기 힘들 것입니다.

암컷 개는 대략 6개월에 1번씩 약 일주일 동안 성행위를 하려는 욕구가 매우 심해집니다.[30] 이런 것이 동물의 발정기입니다. 동물은 발정기 기간에만 성욕이 나타나며 성행위를 합니다. 그런데 동물은 자신의 발정기를 스스로 조절하지는 못합니다. 본능으로 정해진 일입니다. 동물은 본능을 통해 성욕이 자동으로 조절됩니다. 그러나 사람은 특정 기간에만 성욕이 나타나지 않습니다. 사실상 사람은 사춘기 이후 평생이 발정기라고 볼 수 있습니다. 마음에 드는 상대방이 있다면 언제든지 성욕이 나타날 수 있습니다. 그 대신 사람은 성욕을 자기 머리로 조절합니다. 옳고 그름을 분간할 수 있는 능력, '이성(理性)'이 사람에게 있기 때문입니다. 그러나 사람의 욕구는 굉장히 강력하기에 이성으로 성욕을 조절하는 것이 쉬운 일은 아닙니다. 특히 성욕을 억누를 마음이 없는 두 남녀가 만나면 언제든지 성관계를 할 수 있습니다. 그 남녀가 각각 가정이 있는 사람이라면 순식간에 외도를 저지르게 되는 것입니다. 그 잠깐의 일로 각 가정은 깨지게 됩니다. 결혼을 준비하고 결혼 생활을 유지하는 일은 긴 시간과 오랜 노력이 필요하지만, 가정을 깨는 외도는 짧은 시간과 잠깐의 행동이면 됩니다. 그래서 외도는 무서운 일입니다.

외도하려면 두 사람의 마음이 모두 맞아야만 합니다. 둘 중에 한 명만이라도 외도할 생각이 없다면 외도는 절대 일어나지 않습니다. 그리고 이성으로 성욕을 조절하는 것이 쉬운 일은 아니지만 굉장히 어려운 일도 아닙니다. 조금만 마음을 가다듬어도 쉽게 본능에 휩쓸리지 않습니다. 그만큼 외도하는 일은 순식간에 일어날 수 있어도 쉬운 일은 아닙니다. 그 대신 외도를 가벼운 일로 생각하는 사람, 가정을 지키는 일보다 자기 욕

---

30 수컷 개는 항상 발정기이며, 암컷 개가 발정 기간일 때 수컷 개가 따라가 짝짓기를 합니다.

구를 더 중요하게 여기는 사람에게는 외도가 쉬운 일이 됩니다. 특히 술에 많이 취하거나 밤이 되면 이성이 매우 약해지기에 성욕을 조절하기가 매우 어렵습니다. 이런 상황에서 남녀가 만나게 되면 외도할 가능성이 굉장히 커집니다. 사람은 외도를 심각하게 생각할 줄 알아야 하며, 술자리나 늦은 밤을 조심할 필요가 있습니다.

우리나라 법원에서 외도는 범죄로 보지 않습니다. 외도했다고 감옥에 보내지 않습니다. 그런데 법원에서 외도가 배우자에게 심각한 정신적 피해를 준 것은 인정합니다. 외도를 당한 사람은 정신적 피해 보상, 위자료를 재판으로 받을 수 있습니다. 사람에게 심각한 피해를 주는 일이면서 범죄가 아닌 일이 외도입니다. 이런 특징 때문에 외도를 저지르는 사람과 당하는 사람의 입장이 매우 다릅니다. 저지르는 사람은 범죄가 아니기에 위자료만 주면 된다는 생각을 하기 쉽고, 당하는 사람은 위자료를 받지만 배신당한 괴로움과 가정이 깨지는 심각한 고통 또한 받습니다. 아무래도 당하는 사람의 피해가 훨씬 더 큽니다. 외도가 불법이냐 합법이냐가 중요한 것이 아닙니다. 외도를 하면 자기 가정이 깨진다는 점이 중요합니다. 그렇게 깨진 가정은 나중에 다시 찾고 싶어도 찾을 수 없습니다. 평생 후회할 일이 됩니다.

임신하면 고생

임신은 어떤 일입니까?

1. 사서 고생하는 일.

2. 즐거운 일.

3. 사람으로서 해야 하는 일.

성관계

동물이든 사람이든 식욕·수면욕·성욕 이 3가지 욕구를 해결하지 못하면 큰 문제가 생깁니다. 결혼과 가정은 생존 본능과 관계있는 이 3가지 욕구를 안정적으로 해결해 줍니다. 혼자서 식사하고 잠자는 것보다 부부끼리 서로 챙겨 주며 사는 것이 더욱 낫습니다. 특히 성욕 문제를 해결하는 일에 결혼이 중요합니다. 식욕과 수면욕은 혼자서 해결할 수 있지만 성욕은 그렇지 않기 때문입니다.

사람은 성관계를 통해 성욕을 해결합니다. 성관계에서 남녀 특징이나 역할을 비교하면 남성은 주로 행위를 하는 쪽에, 여성은 행위를 받아 주는 쪽에 가깝습니다. 남성은 성관계를 일단 하는 것이 더 중요한 편이고, 여성은 상대방이 자기가 받아 줄 만한 사람인지 확인하는 것이 더 중요한 편입니다. 그만큼 성관계에서 남성이 여성보다 더욱 초조해하거나 서두를 때가 많습니다. 어떤 일을 할 때 급한 쪽은 불리하기 마련입니다. 성관계할 때는 여성이 남성보다 상당히 유리합니다.

그러나 성관계 이후 여성이 임신하게 되면 몸과 마음에 많은 변화가 생기면서 일상생활이 굉장히 힘들어집니다. 성관계할 때 남성이 겪었던 불리함보다 훨씬 더 큰 어려움을 임신한 여성은 겪어야 합니다. 특히 계획에 없던 임신을 하게 되면 여성의 이런 어려움은 더욱 심각해집니다. 이런 이유로 임신 계획 없이 남녀가 성관계할 때, 여성은 자신의 유리함을 이용하여 피임에 꼭 성공해야 합니다. 피임을 직접 하는 쪽은 주로 남성이기에 여성은 남성이 피임을 제대로 하게끔 만들어야만 합니다. 만약 남성이 피임을 거부하면 여성 또한 성관계를 거부해야만 합니다. 물론 여성이 약을 먹고 피임하는 방법도 있지만 이 방법은 건강에 썩 좋지 않으므로 추천하는 방법이 아닙니다. 성관계는 짧은 시간에 일어나는 일이지만 임신은 남녀의 긴 시간을 바꾸는 일입니다. 잠깐의 일로 자기 인생이 크게 변하므로 가볍게 생각해선 절대 안 되는 일입니다. 청소년 성교육의 핵심은 피임이며, 성인이라도 임신 계획이 없는 남녀는 철저히 피임을 관리해야 합니다. 원치 않는 임신으로 어쩔 수 없이 결혼하는 일 또한 그리 좋지 않습니다. 임신이 계획대로 이뤄지는 것은 아니지만 이왕이면 남녀가 함께 임신을 계획하고 그 일을 이루는 것이 부모에게도 아이에게도 좋습니다.

임신

바이러스·병균·기생충처럼 자기에게 손해를 일으키는 생명체가 몸 안에 들어오면 사람은 자동으로 그것을 없앱니다. 생존 본능에 따른 면역 기능이 사람 몸 안에 있기 때문입니다. 그러나 자기 몸 안에서 자기에게 손해를 일으키는 생명체를 없애기는커녕 그것을 보호할 때가 있습니다. 바로 여성의 임신입니다. 여성 배 속에 있는 아기는 '태아'이고, 그 태아를 품었다가 낳는 여성은 '임산부'입니다. 태아는 임산부의 영양분과 산소를 끊임없이 가져갑니다. 자연스럽게 임산부는 영양 관리가 어려워지고 빈혈이 생겨 자주 어지러움을 느낍니다. 게다가 태아로 인해 생기는 여러 가지 질병, '임신중독증'이 임산부에게 생길 수도 있습니다. 그런데도 임산부의 몸은 본능적으로 태아를 적이 아닌 같은 편으로 여기고 몸 안의 모든 수단을 이용하여 태아를 보호합니다. 여성 몸의 면역 기능이 태아에게만 일부러 작동하지 않는 것입니다. 무엇보다도 임산부는 자기에게 손해를 입히는 태아를 스스로 지키려는 마음을 갖습니다. 아이를 낳을 때 임산부는 심한 고통을 견뎌야 하며 그 과정에서 피를 많이 흘리면 생명이 위험하기도 합니다. 그 후에는 남자와 함께 아이를 기르면서 많은 수고와 희생을 하게 됩니다. 이처럼 여성은 임신한 순간부터 계속 자기에게 손해가 생깁니다. 그런데도 여성은 자기 몸과 마음을 다해 자녀를 보호하려고 합니다. 이런 특징은 자기 생존 본능보다 가족을 이루고 지키려는 본능이 좀 더 강한 것을 보여 줍니다.

임신은 시간제한 특징 또한 있습니다. 여성이 임신할 수 있는 기간, 가임기는 보통 20대부터 30대까지입니다. 약 20년이라는 임신 제한 시간이 정해져 있는 셈입니다. 아이를 낳고 싶은 여성이라면 그 기간 안에 자기 마음에 드는 남성을 만나 결혼하고 임신까지 성공해야 합니다. 성인이 되면 자기 생활 관리와 결혼 준비만으로도 굉장히 버거운 생활을 하게 됩니다. 거기에 여성은 가임기라는 시간제한 안에서 자신에게 손해가 되는 임신을 준비해야 합니다. 그 대신 남성은 정해진 가임기가 없어 여성처럼 임신으로 인한 시간 압박을 받지는 않습니다. 그러나 임신은 남녀가 함께 하는 일이기에 남성 대부분은 여성의 가임기에 맞춰 결혼하고 임신을 같이 준비합니다. 결국 사람은 젊은 시절에 결혼과 임신에 대한 시간 압박을 받으면서 그것을 해 나갈수록 힘든 일이 계속 생기게 됩니다. 한마디로 사람의 인생은 젊어서부터 끊임없이 고생하는 인생을 살게끔 신체적으로 본능적으로 정해져 있다고 볼 수 있습니다. 미성년자일 땐 가정과 학교에서 많은 교육을 받느라 고생하는 삶을 살고, 성인이 되면 사회에서 역할을 맡고 가정을 꾸리면서 고생하는 삶을 삽니다.

그런데 세상은 점점 편리한 삶을 향해 가고 있습니다. 스마트폰 사용과 음식 배달 등등 많은 사람이 자기에게 편리함을 주는 일에는 기꺼이 돈을 냅니다. 이런 시대 분위기는 앞으로도 계속될 것입니다. 이런 시대에 자기 인생을 불편하게 만드는 결혼과 임신은 요즘 시대 분위기와 반대되는 일입니다. '인생은 고생'이라는 것을 받아들이고 결혼과 임신을 계속하는 시대가 될지, 편리하게 살기 위해 결혼과 임신을 그만두는 시대가 될지 그 미래는 누구도 알 수 없습니다. 한 가지 알아 둘 사실은 임신으로 자녀를 낳은 것을 후회하는 부모는 없다는 것입니다. 부모는 자녀의 잘못된 행동을 보고 자녀에게 실망할 수는 있어도 자녀를 낳은 사실 자체는 후회하지 않습니다. 사람이 평생을 살면서 후회하지 않는 몇 안 되는 일 중 하나가 임신과 출산입니다. 이런 임신은 여성만 가능한 일이기에 여성의 특별한 혜택입니다. 그러나 그 일이 매우 어렵기에 여성의 특별한 고생이기도 합니다. 임신이 특별한 혜택인지 고생인지는 그 일을 해 본 사람만 알 수 있을 것입니다. 임신은 여성에게만 어려운 일이 아닙니다. 남편 또한 아내의 임신을 책임지고 그 어려움을 당연히 함께 감당해야 합니다. 남편은 임신한 아내를 돕고 출산 후에는 자녀를 함께 기르면서 자신의 인생보다 가장의 인생에 더 무게를 두고 살게 됩니다.

임신·출산은 많은 어려움이 있지만 많은 즐거움도 있습니다. 남녀가 함께 사랑했던 증거가 되고, 새 가족을 만나는 기쁨이 되며, 자녀에게 꾸준히 무언가를 주면서 사는 어른으로서 보람이 있습니다.

비현실적인 결혼 현실

결혼 준비는 언제부터 해야 할까요?

1. 청소년.

2. 20대.

3. 30대.

4. 여유가 될 때.

결혼의 반대말은 비혼, 출산의 반대말은 비출산입니다. 비출산은 맞벌이 하면서 아이를 갖지 않는 '딩크(DINK)'라는 말을 쓰기도 합니다. 결혼과 출산은 의무가 아니기에 비혼과 딩크 또한 개인의 자유입니다.

결혼하지 않는 것이 결혼하는 것보다 편하고 자녀 없이 결혼 생활 하는 것이 자녀를 양육하며 결혼 생활 하는 것보다 편하기에, 비혼과 비출산은 부담이 적은 일로 생각하기 쉽습니다. 운동 1시간 하는 것보다 운동하지 않는 것이 더 편한 것처럼, 무언가를 하지 않는 것이 무언가를 하는 것보다 확실히 쉽습니다. 그러나 사람은 쉬운 일만 좋아하진 않습니다. 원하는 공연을 보기 위해 오랫동안 줄을 서거나, 자기가 좋아하는 것을 만들려고 힘들고 불편한 일을 일부러 하기도 합니다. 자기가 진심으로 하고 싶은 것이 있다면 쉽지 않아도 기꺼이 그 일을 하려고 합니다.

사람에게는 결혼과 출산을 하려는 본능과 욕구가 있습니다. 자기 배가 고프거나 다른 사람이 음식을 맛있게 먹는 것을 보면 저절로 식욕이 생기듯, 자기가 외롭거나 화목한 다른 가정을 보면 자기도 모르게 가정을 만들고 싶어 합니다. 특히 자기 마음에 드는 사람이 있거나 자기를 사랑해 주는 사람이 있어도 일부러 결혼하지 않는 일, 함께 아이를 낳을 수 있는 배우자가 있고 서로 건강함에도 불구하고 일부러 아이를 낳지 않는 일은 큰 다짐과 노력이 필요한 일입니다. 특히 비출산은 부부가 피임을 철저히 해야만 가능한 일입니다. 결혼과 출산이 부담스러워 비혼과 비출산을 선택했더라도 비혼·비출산 역시 어려운 일이라는 것입니다.

결혼은 성인이라면 나이와 상관없이 언제든 가능한 일입니다. 그러나 실제로는 그렇지 않습니다. 여성은 40대가 되면 가임기가 거의 끝나기에 더 이상 자녀를 갖기가 상당히 어렵습니다. 여성은 20~30대에 결혼·출산을 하지 않으면 그 기회가 크게 사라집니다. 20~30대에 비혼·비출산은 자기가 선택할 수 있는 일이지만 40대부터는 선택이 아닌 강제가 됩니다. 여성과 짝을 맺어야 하는 남성 역시 비슷합니다. 그런데 남녀 20~30대는 실력·재산·경험 중 어느 하나라도 여유가 많지 않을 때입니다. 그에 반해 남녀 40대는 이런 부분에서 많은 여유가 있습니다. 결국 결혼·출산은 생활에 여유가 없을 때가 적당한 시기이며, 생활에 여유가 있을 때는 적당한 시기가 아닙니다.

이런 이유로 결혼·출산 부담을 많이 느끼는 것은 너무나 당연한 일입니다. 애당초 사회적으로, 신체적으로 그렇게 정해져 있기 때문입니다. 이 문제를 해결하려면 10살쯤에 성인이 되어 일찍 직장 일을 시작하면서 생활의 여유를 쌓거나, 40대가 되어서도 아이를 문제없이 낳을 수 있는 몸으로 진화해야 합니다. 둘 다 현실적으로 불가능한 일입니다. 결혼·출산을 부담 없이 하려면 그 일을 실제로 하기 어려운 나이가 된 이후여야 합니다.

시간이 지나면 하고 싶어도 못 하는 일을 부담 때문에 하지 않는 것은 나중에 큰 후회가 될 만한 일입니다. 그래서 비혼과 비출산을 신체에 문제가 있거나 특별한 인생 목표 때문에 결정한 것은 괜찮으나 취미 생활이나 편리함을 위해 결정한 것은 그리 좋지 않습니다.

결혼과 출산은 옛날이나 지금이나 매우 어려운 일입니다. 인생 경험이 부족한 남성과 여성이 서로 각오를 단단히 해야 그럭저럭 할 수 있는 일입니다. 혼자서 생활하는 일조차 여유가 부족한 상황에서 같이 살 집을 마련하고, 살림을 하고, 아이를 낳아 기르는 일을 함께 해야 하는 것입니다. 그 무엇 하나 쉬운 것이 없습니다. 많은 것이 부족한 상황에서 결혼 생활을 시작해야 하기에 작은 집, 작은 살림, 서투른 육아부터 부부가 함께 하면서 조금씩 성장해야 합니다. 큰 집, 많은 살림, 여유로운 육아로 결혼·출산을 시작하는 것은 40대 남녀 혹은 결혼을 다시 하는 사람이나 가능한 일입니다.

우리나라 평균 결혼 나이는 남성이 33세, 여성이 31세입니다.[31] 평균 여성 출산 나이는 33세입니다. 이 자료는 많은 여성이 31세쯤에 결혼하고 2년 정도 뒤에 출산하는 것을 보여 줍니다. 임신 후 출산에 대략 1년(10달)의 세월이 걸리므로 결혼하고 1~2년 만에 임신하는 것을 알 수 있습니다. 결혼 후 1~2년을 임신 준비 기간으로 볼 수도 있겠습니다. 갈수록 결혼하는 사람과 출산하는 사람이 줄어들고 있습니다. 하지만 여전히 많은 사람이 30대까지 결혼 준비를 하다가, 30대에 결혼하고 출산하고 있습니다. 이것은 상상이 아닌 현실입니다. 그만큼 30대가 되면 결혼을 하든, 하지 않든 결혼 문제에 대해 자기 다짐과 각오가 필요합니다. 비혼·비출산을 하려면 사귀는 남녀가 그에 대한 확실한 계획이 있어야 합니다. 적당히 결혼을 미루다가 때를 놓치고 어쩔 수 없이 비혼이나 비출산을 결정하는 일은 후회가 매우 큽니다. 결혼·출산을 하려면 가정을 꾸리고 지키는 일에 대한 서로의 생각을 충분히 주고받아야 합니다.

많은 사람이 40대는 결혼이 너무 늦었다고 생각합니다. 사실 틀린 말은 아닙니다. 그러나 40대 이상에서 결혼하는 남녀는 상당히 많습니다. 남

---

31 2021년 통계청.

성의 약 20%, 여성의 약 15%가 40~60대에 결혼합니다. 물론 이 시기에는 재혼이 많지만 초혼 또한 상당히 많습니다. 출산의 어려움은 있겠지만 늦은 결혼도 상당히 좋습니다. 출산이 어렵다면 입양이라는 제도를 이용하는 것도 생각해 볼 수 있습니다.

결혼·출산은 남녀 모두 큰 부담이 있는 일입니다. 이런 일을 부모나 배우자에게 의지하려고만 하면 이런 일을 실패하기 쉽고 하더라도 결혼 생활을 오래 유지하기 어렵습니다. 결혼과 출산 자체가 굉장히 무거운 짐이라서 거기에 배우자까지 올라타면 밑에 있는 사람은 버티지 못합니다. 그 짐을 함께 나눠 들어야 하고 배우자의 땀을 서로 닦아 주는 방향으로 가야 합니다.

입시 위주의 교육 정책과 학업 위주의 가정 상황에서 사회와 가정이 결혼에 대한 현실적인 교육을 제대로 하지 못한 것은 사실입니다. 그러나 가정을 이루는 일은 지극히 개인적인 일입니다. 사회나 다른 사람이 가르쳐 주지 않았다고 원망만 할 수는 없습니다. 게다가 언제든지 정보를 찾아볼 수 있는 정보화시대에 몰랐다는 핑계는 점점 설 자리가 없습니다. 스스로 청소년 때부터 자기 가정을 이루는 일에 대해 조금씩 준비해 나갈 필요가 있습니다.

결혼의 목적

결혼하는 목적은 무엇인가요?

1. 하나뿐인 자기 짝과 함께하는 특별한 삶.

2. 많은 사람이 하고 있는 평범한 삶.

결혼은 세상의 수많은 사람 중에서 한 명을 자기 평생의 짝으로 정하는 일입니다. 특별한 일입니다. 자기 인생과 짝의 인생이 섞이므로 혼자 생활할 때보다 훨씬 복잡한 생활을 하게 됩니다. 그런 생활을 하면서 자기 인생이 더 나아진 사람이 있고 그렇지 못한 사람도 있습니다. 결혼하면 자기 인생과 짝의 인생 모두 많이 바뀝니다.

많은 사람이 결혼을 통해 자기 인생이 좋게 바뀌기를 기대합니다. 그만큼 사람마다 자기 마음속으로 정한 결혼의 목적이 있을 것입니다. 그런데 애초에 결혼은 부부가 평생을 함께 생활하려고 하는 일입니다. '몇 년 함께 살아 보고 마음에 안 들면 그만둬야지'라고 생각하고 결혼하는 사람은 없습니다. 많은 가족과 주변 사람을 모아 결혼식을 할 때 부부는 남은 평생을 함께하기로 약속합니다. 혼인 신고를 하면 법적으로 가족을 만들게 됩니다. 이혼이나 사망 같은 일이 없다면 결혼한 두 사람은 남은 평생 부부·가족이라는 기록이 유지됩니다. 결국 사람마다 다양한 결혼 목적이 있겠지만 '남은 평생을 서로가 같이 사는 것'이 결혼의 주된 목적이 돼야 합니다.

결혼한 부부가 남은 평생을 같이 살면서 하는 일은 대부분 '일상생활'입니다. 부부의 일상생활이 중요하게 느껴지지 않고 따분하게 느껴지면 부부에게 앞으로 남은 생활은 따분한 생활의 연속이 될 뿐입니다. 부부는 아침에 일어나고, 밥 먹고, 이야기하고, 정리하고, 잠자는 평범한 일을 같이 하는 것에 결혼의 가장 중요한 의미를 두어야 합니다. 그렇지 않고 특별하고 대단하고 어려운 일을 해내는 것을 결혼 목적으로 삼는다면 결혼 생활이 오래가기 어렵습니다. 상대방의 좋은 외모나 많은 돈 때문에 한 결혼은 상대방의 외모가 평범해지거나 돈이 줄어들게 되면 더 이상 결혼 생활을 계속할 이유가 사라집니다. 사업이나 직장 때문에 결혼한 부부는 사업이나 직장에 문제가 생기면 결혼 생활을 그만두기도 합니다.

자기 인생을 좀 더 특별하게 살려는 목적으로 결혼할 수도 있겠지만, 가정을 이루고 그 안에서 하는 일은 결국 일상생활입니다. 아이가 생기면 그 평범한 일상을 같이하는 사람이 더 늘어나는 것뿐입니다. 결혼은 자기 집에서 생활하는 사람이 자신 말고 누군가 더 있다는 것, 하찮은 이야기라도 서로 주고받을 사람이 있다는 것에 큰 의미가 있습니다. 별것 아닌 것 같지만 남은 평생 함께 밥 먹을 사람이 있다는 것, 자기 또한 상대방의 식사 상대가 되어 줄 수 있다는 것은 특별한 일입니다. 밥 먹는 일 자체는 평범한 일이지만, 오랫동안 한 사람과 함께 밥 먹는 일은 특별한 일이 됩니다. 그래서 결혼 생활이나 가정생활은 평범하면서 특별한 일상생활입니다. 문제는 이런 일상생활 안에 있는 특별함이 평범함 때문에 잘 보이지 않는다는 것입니다. 가족과 떨어지거나 가정을 지키지 못했을 때가 되면 그제야 가정 일상생활의 특별함이 보인다는 것이 문제입니다.

배우자가 가속을 위해 음식을 준비하는 것은 평범한 일이 아닙니다. 배우자가 어려움을 견디면서 돈을 벌어오는 것은 평범한 일이 아닙니다. 아내가 남편 말을 따라 주는 것과 남편이 아내 말을 들어주는 것은 부부로서 평범한 일이 아닙니다. 결혼 일상생활의 특별함을 결혼 생활이 실패하기 전에 알아채야 합니다.

배우자나 자녀를 그리고 일상생활을 항상 특별하게 생각하며 대하기는 어렵습니다. 그래서 가족끼리 서로를 특별하게 대하는 것보다 함부로 대하지 않는 것이 더 중요합니다. 서로의 체면을 세워 주면서 가족 간에 매너로 대해야 합니다. 애완동물조차 자기 것이지만 자기 마음대로 다루면 안 되는 것처럼, 자기 가정은 자기 것이라도 함부로 대해선 안 된다는 것을 항상 기억해야 합니다. 배우자나 자녀 혹은 부모에게 특별한 목표를 이루라고 강요하기보다 서로 함께 보내는 일상생활을 의미 있게 대하는 일에 더 집중해야 좋은 결혼 생활, 가정생활을 할 수 있습니다.

특히 가정에 병이나 사고가 생겨 가정을 유지하기 어려울 때 가족의 일상생활을 중요하게 여긴 사람은 그 생활을 되돌릴 수 있는 힘이 있습니다. 그러나 상대방 조건이나 특별한 목적을 위해 결혼한 사람은 가정에 위험이 올 때 가정을 지키려는 마음을 갖기가 어렵습니다. 좋은 일이 가득한 결혼 생활을 결혼 목적으로 정하는 것도 좋지만, 자기 짝이나 자기 가정에 문제가 생겼을 때 자기 인생을 기꺼이 바칠 것을 결혼 목적으로 정하는 일도 필요할 것입니다. 사람이 일부러 손해 보려는 것은 생존 본능에 어긋나는 매우 이상한 일입니다. 그러나 그래야만 자기가 만든 가정을 살릴 수 있습니다. 희한하게도 그런 결혼 생활 속에서 삶의 보람과 위로와 생존에 대한 의욕을 더욱 얻습니다.

결국 결혼의 목적은 남녀 모두 자기 손해를 받아들이면서 가족과 함께하는 일상생활을 누리고 지키는 것입니다. 그래야만 남은 평생을 서로가 함께 살 수 있습니다. 가정 일상생활의 중요함을 가정 주인인 자신이 알지 못하면 고생만 하고 즐거움이 없는 결혼 생활을 하게 됩니다. 자기 짝이 있어서 특별한 일상이 오히려 짝이 있어서 괴로운 일상이 될 수도 있습니다. 불만만 쌓여 가는 결혼 생활은 후회만 남은 이별이 됩니다. 결혼의 목적을 폼 나고 우아하게 사는 것으로 정하면 평범한 결혼 일상생활에 의미를 두기 어렵습니다. 멋들어진 결혼 생활을 하려면 부부 중 한 명이 상대방을 위해 무조건 희생하는 결혼 생활을 해야만 합니다. 그런 가정은 희생하는 쪽이 버티지 못할 때 결혼 생활이 바로 끝나게 됩니다.

사람은 언젠가는 죽기에 어떤 가정이라도 결국에는 가족이 서로 헤어지게 됩니다. 좋은 일도 나쁜 일도 있겠지만 한 번이라도 더 가정 일상생활을 중요하게 여기면서 사이좋은 가정을 이루고 지키길 바랍니다. 그리고 언젠가 헤어지는 날이 올 때 자기와 함께 일상생활을 해 줘서 고맙다는 말을 가족끼리 하길 바랍니다.

다툼과 법

적은 사람이 모여 사는 가정이라도 함께 살다 보면 다툼이 생깁니다. 이보다 훨씬 많은 사람이 모여 사는 사회는 수많은 다툼이 생깁니다. 가족 다툼을 줄이려면 가정 규칙이 필요하듯, 사회 역시 사회 규칙이 필요합니다. 이것이 법입니다.

가정 규칙을 지켜야 가정이 유지되듯 법을 지켜야 사회가 유지됩니다. 문제는 가정 규칙은 간단하지만 법은 상당히 어렵고 복잡하다는 것입니다. 세상 모든 법을 알 수는 없지만 자기에게 중요한 법은 알아 두어야 합니다. 다툼과 법에 대해 이야기합니다.

모르면 맞아야지

늦은 밤 현수는 길거리에서 큰 목소리로 오랫동안 노래를 불렀습니다.
근처에 사는 영희는 괴로워 경찰에 현수를 신고했습니다. 경찰은 현장
을 확인하고, '인근 소란죄'로 현수에게 3만 원의 범칙금을 물게 하였습
니다. 현수는 그런 법을 몰랐다고 말했습니다. 경찰은 현수의 말에 신경
쓰지 않았습니다.

숙제를 하지 않으면 벌을 받고 숙제를 잘하면 상을 받습니다. 그런데 법
을 어기면 벌을 주지만 법을 지킨다고 상을 주진 않습니다. 사회는 법 지
키는 것을 잘한 일이 아닌 당연한 일로 봅니다. 사회에서 기본은 하고 살
려면 혹은 벌을 받지 않으려면 법을 알고 지켜야 합니다. 그런데 법을 아
는 것과 지키는 것은 모두 만만치 않은 일입니다.

병이 들어 치료하는 것보다 병이 들지 않는 것이 더 중요하듯, 법을 어기
고 받는 벌을 줄이는 것보다 법을 지키고 벌 받지 않는 것이 더 낫습니다.
세상에는 '인근 소란죄' 같은 가벼운 죄부터 '강도, 살인' 같은 심각한 죄까
지 수많은 죄가 있습니다. 그리고 모든 죄마다 그에 따른 처벌이 있습니
다. 수많은 죄와 그 처벌은 법으로 정합니다. 문제는 자기가 그 수많은 법
을 몰라서 어겼을지라도 법을 어겼다면 무조건 벌을 받아야 한다는 것입
니다. 우리나라에는 민법·형법·도로교통법 등등 수많은 법이 있으며 해
마다 많은 법이 추가됩니다. 이렇게나 많은 법을 자기가 알아야 법을 지
킬 수 있습니다. 법 지키는 일은 쉬운 일이 아닙니다.

그렇다고 국가에서 국민에게 일일이 법을 가르쳐 주는 것도 아닙니다.
국가 기관이 법을 만들고 발표하면 개인이 직접 신문이나 방송을 보고 그

내용을 알아야 합니다. 혹은 국가법령정보센터(law.go.kr)에서 스스로 확인해야 합니다. 결국 수많은 법을 자기 나름대로 알아 둬야 합니다. 몰랐다는 핑계가 통하지 않기 때문입니다. 이런 법을 모두 알지 못한 것이 죄는 아닙니다. 오히려 당연한 일입니다. 변호사·검사·판사조차 세상 법을 완벽하게 알지 못합니다. 그런데 자기가 자주 걸리는 병이 있다면 다른 병은 모르더라도 그 병은 특별히 알아 두어야 합니다. 이와 비슷하게 자기 직업이나 생활과 관계가 많은 법은 특별히 알아 둘 필요가 있습니다. 사람은 장소에 따라 자기 역할이 바뀝니다. 학교에 있을 때는 선생님 이었던 사람이 자동차를 운전할 때는 운전자가 됩니다. 선생님은 '교육공무원법'과 관계가 많고, 운전자는 '도로교통법'과 관계가 많습니다. 세상 모든 법을 알지 못해도 자기 역할에 관련된 법은 꾸준히 관심을 갖고 알아야 합니다. 그렇지 않으면 자기 직업이나 자격을 빼앗길 수도 있습니다. 재미없는 영화 여러 편을 한꺼번에 연속해서 보는 것은 힘들지만 매일 10분씩 조금씩 보는 것은 할 만합니다. 법은 워낙 그 말과 내용이 딱딱해서 배우기 쉽지 않은 분야입니다. 신문이나 뉴스 혹은 책이나 인터넷 자료를 이용하면서 조금씩 그 내용을 자주 접하는 것이 좋습니다.

법은 '사람이 생활할 때 최소 이 정도는 해야 한다'라는 기준 역할을 합니다. 그만큼 사람 생활에 관한 내용이 많습니다. 사람 생활은 글로 배우는 것보다 사람이 직접 알려 주면서 배우는 것이 부담이 적고 학습하기도 좋습니다. 가정에서 부모와 자녀 간에, 직장에서 직장 동료 간에, 학교에서 친구나 선생님 간에 대화하면서 자연스럽게 법 정보를 주고받으면 법을 아는 지식이 상당히 발전할 것입니다.

법 거저 배우기

> 인근 소란죄로 범칙금 3만 원을 낸 현수는 화가 났습니다. 현수는 누구
> 나 평등하게 노래할 자유가 있는데 왜 자기만 벌을 받아야 하는지 궁금
> 했습니다. 인근 소란죄 법에 정확한 소음 크기가 정해진 것도 아니었습
> 니다. 그렇다고 현수가 노래에 관련된 모든 법을 다 알 수는 없는 노릇
> 입니다.

자기가 맡은 역할이나 일과 관계있는 법을 조금씩 알아 가더라도 세상의
법은 너무 많아 여전히 아는 것보다 모르는 것이 훨씬 많습니다. 경기 규
칙을 모르면 반칙을 저지르기 쉬운 것처럼, 법을 모르면 언제든지 불법을
저지를 수 있습니다.

2×5를 풀 때 구구단을 잊어버렸다면 2를 5번 더해서 답을 구하면 됩니
다. 곱하기를 하지 못할 때 곱하기 기초가 되는 더하기를 알면 조금 느리
더라도 문제를 해결할 수 있습니다. 이처럼 세상 모든 법을 알지 못해도
법 기초를 알면 불법을 저지르는 일을 거의 피할 수 있습니다. 법의 기초
는 '헌법'입니다. 그런데 수학 기초, 더하기는 쉽지만 헌법은 어렵습니다.
헌법은 130가지나 되는 내용이 수많은 한자어와 딱딱한 말투로 가득 차
있습니다. 하루에 한 가지 내용만 보더라도 130일은커녕 일주일도 쉽지
않습니다.

헌법에 있는 주된 내용은 '국민의 권리'입니다. 이 권리는 '국민이 하고 싶
은 것이 있을 때마다 국가에 요구하면 국가가 들어주는 것'이 아니라 '국
가 기관이나 다른 사람이 국민을 괴롭히지 않는 것'과 관계가 있습니다.
'국민으로서 대단한 요구를 할 권리'라기보다 '괴롭힘당하지 않을 권리'라

고 봐야 합니다.

헌법 15번째 내용은 '모든 국민은 직업 선택의 자유를 가진다'입니다. 이 내용을 보고 자기 마음에 드는 직업을 국가에 다짜고짜 요구할 수는 없습니다. 당연히 들어주지도 않습니다. 이 내용의 의미는 '자신이 직업을 갖는 일에 국가나 다른 사람이 일부러 나서서 막지 않는다'라는 것입니다. 언뜻 보면 굳이 필요 없는 말을 헌법에 써 놓은 것처럼 보입니다.

그런데 어떤 나라는 국가가 개인의 직업을 이유 없이 막거나 일일이 정해 주기도 합니다. 다름 아닌 북한이 그렇습니다. 북한은 '사회주의 계획경제'를 기준으로 삼고 나라를 관리합니다. 사회주의 계획경제란 '국민보다 사회가 더 중요하며, 개인이 자유롭게 일하고 돈을 버는 것이 아닌 사회가 정해 주는 대로 일하고 살아야 하는 것'을 뜻합니다. 북한 국민은 본인이 원하는 직업을 선택할 권리가 없고 정부 기관에서 지시하는 곳에서만 일해야 합니다. 게다가 이동이나 이사가 자유롭지 않아 자기가 직업을 선택하는 일이 더욱 어렵습니다.

이런 이유로 '직업 선택의 자유'라는 헌법 내용은 그저 당연한 것이 아닙니다. 하지만 이 세상에 북한 같은 나라는 그리 많지 않으므로 그 내용이 매우 특별한 것도 아닙니다. 중요한 것은 그 헌법 내용 한 가지를 기초로 매우 많은 법이 생긴다는 것입니다.

'국가기술자격법'은 취업에 필요한 자격증과 관계있는 법이며, '근로기준법'은 직장 생활과 관계있는 법입니다. 그 외에 직업 소개와 관련된 법인 '직업안정법' 등등 직업 선택의 자유와 관계있는 다양한 법이 있습니다. 직장인으로서 생활하려면 이런 법들을 완벽하게는 아니어도 어느 정도는 알아 두어야 합니다. 하지만 '누구도 다른 사람의 직업 생활을 이유 없이 막으면 안 된다'라는 헌법 내용을 이해하고 있다면 국가기술자격법, 근로기준법, 직업안정법 등의 여러 가지 법 내용을 몰라도 그 법을 어기는 일을 상당히 피할 수 있습니다.

그런데 직업 선택의 자유에도 그 기초가 되는 내용이 있습니다. 바로 '자유와 평등'입니다. '모든 국민은 직업 선택의 자유를 가진다'라는 내용은 '모든 국민'에서 평등을, '자유를 가진다'에서 자유를 확인할 수 있습니다. 그만큼 직업 선택의 자유 내용을 몰라도 자유와 평등 두 가지만 알면 헌법을 대부분 아는 것과 마찬가지입니다. 그런데 헌법에 자유가 있어서 '내 마음대로 살게 해 주세요'라고 국가에 요구할 수 있는 것은 아닙니다. 평등이 있어서 '무조건 나를 부자와 똑같이 만들어 주세요'라고 요구할 수도 없습니다. 헌법에서 자유는 '국민은 국가나 다른 사람 마음대로 괴롭힘당하지 않을 권리가 있다'라는 정도이고, 평등은 '모든 국민은 특별한 이유 없이 괴롭힘당하지 않을 권리가 있다'라는 정도일 뿐입니다.

현수가 밤에 길거리에서 자기 마음대로 큰 소리로 노래하면 그 주변 사람은 피해를 받게 됩니다. 그 근처에서 잠자던 사람은 이유 없이 괴롭힘당하지 않을 자유를 현수에게 요구할 수 있습니다. 모든 국민은 평등하게 잠자는 것을 방해받지 않을 권리가 있습니다. 자유와 평등은 자기를 괴롭히는 사람에게 하지 말라고 요구하는 권리입니다.

현수가 주변 사람의 자유를 막지 않으려면 자기가 소리 지르고 싶어도 참아야 합니다. 헌법에서 말하는 자유를 지키려면 자기가 자유롭게 하고 싶은 것이 있어도 자유롭게 행동하지 않아야 합니다. 헌법에선 자유가 있다고 말하지만 현실에선 이런저런 이유로 그다지 자유가 많지 않은 것입니다. 평등도 마찬가지입니다. 그렇다고 헌법에서 말하는 자유와 평등이 있으나 마나 한 것은 아닙니다.

현수가 소중한 사람이듯 주변 사람도 평등하게 소중한 사람이고, 현수가 노래할 자유가 있듯 다른 사람도 잠잘 자유가 있습니다. 그 상황에서 현수가 노래하는 것은 다른 사람에게 피해를 주지만 잠자는 사람은 현수에게 피해를 주지 않는다는 사실이 다를 뿐입니다. 잠자는 사람만 자유를 억압당하기에 노래하는 사람은 잠자는 사람에 비해 특별히 조심할 필요가 있습니다. 그 상황에서 현수가 노래하고 싶다면 노래방을 가든 사람이 없는 곳으로 가든 다른 사람에게 피해를 주지 않는 방법으로 노래했어야 합니다. 그랬다면 현수가 '인근 소란죄' 법을 몰랐어도 그 법을 어기지 않았을 것이고 범칙금 또한 내지 않았을 것입니다. 자기나 상대방이나 모두 평등하게 소중한 사람이기에 서로 조심하며 생활하는 일에 자기 자유를 이용해야 합니다. 자기 집이라고 해서 이웃집이 불편하든 말든 자유롭게 무엇이든 할 수 있지 않습니다. 자기 돈 내고 구입한 영화관 좌석이라도 그 자리에 서서 마음껏 노래 부르고 춤출 수 없습니다. 자기 행동이 다른 사람을 괴롭게 만들면 그것은 자유가 아니라 헌법을 어기는 일이 됩니다. 법의 기초를 어긴 일은 다른 모든 법을 어긴 것과 같습니다. 불법입니다.

사람이 법을 지켜야 하는 이유는 불법을 저질러서 받는 벌이 굉장히 심각하기 때문입니다. 책도 인터넷도 아무것도 없는 채로 화장실에 1시간만 억지로 갇혀 있어도 매우 괴롭습니다. 몇 달 몇 년을 감옥에 갇혀 사는 것은 이보다 훨씬 더 심각한 일입니다. 절대 할 만한 일이 아닙니다. 그래서 사람은 법의 테두리 안에서 살아야 합니다. 세상의 모든 법은 헌법의 자유와 평등을 기초로 만들어집니다. 자유와 평등의 기본적인 뜻만 이해하고 상대방에게 피해를 주지 않으려고 조심히 살다 보면 어느새 법의 테두리 안에서 살게 됩니다. 물론 노동법 같은 법은 상식적으로 따로 알아 둘 필요가 있습니다.

살다 보면 다른 사람에게 조심히 대하지 못할 때가 종종 있습니다. 자기 이득을 많이 얻으려고 심한 욕심을 부릴 때나 상대방에게 기대를 많이 할 때입니다. 많은 이득을 노리고 물건을 형편없이 만들어 그 물건을 구입한 사람을 위험하게 만들거나, 직원에게 임금을 제대로 주지 않거나, 자녀에게 기대를 많이 한 부모가 자녀를 함부로 대하거나, 자기가 기대한 것을 해 주지 않았다고 자녀가 부모를 업신여기면 상대방을 함부로 대하게 됩니다.

사람이 사람을 소중히 여겨야 한다는 것은 어린이라도 아는 말입니다. 그런데 생활하다 보면 이런 기초적인 내용을 자꾸 잊어버립니다. 어른이 될수록 '부자가 가난한 사람을, 인기 많은 사람이 그렇지 않은 사람을 함부로 대해도 된다'라고 생각할 때가 점점 많아집니다. 이와 관련된 사건을 뉴스와 인터넷에서 흔하게 볼 수 있습니다.

사람은 복잡하고 어려운 법을 모를 수 있습니다. 자유와 평등 같은 기본적인 법 또한 잊어버릴 수 있습니다. 그러나 어려운 것을 모르는 것은 괜찮지만 너무 쉬운 것을 잊어버리는 것은 괜찮지 않습니다. 아주 어릴 때나 쉬운 것을 하지 못해도 적당히 넘어가 주는 것이지, 나이가 들었는데 너무 쉬운 것을 못 하면 비난과 벌을 받습니다. 자유와 평등을 까먹으면 안 됩니다.

너 고소!

복수와 재판

어느 날 민서가 준서의 안경을 실수로 깼습니다. 준서는 안경값 20만 원을 민서에게 요구했지만 민서는 이런저런 핑계를 대며 안경값을 주지 않았습니다. 준서는 억울했습니다. 민서에게 복수하든지 돈을 받아 내든지 둘 중 한 가지는 해야 마음이 풀릴 것 같았습니다.

살다 보면 어이없이 상대방에게 피해받을 때가 있습니다. 몹시 화나고 억울합니다. 자연스럽게 상대방에게 직접 복수하고 싶은 마음이 듭니다. 특히 자신이나 자기 가족이 억울한 일을 당했다면 그런 마음이 더욱 듭니다. 영화나 뉴스에서 자기를 괴롭힌 사람에게 직접 복수하는 일을 누구나 한 번쯤 본 적이 있을 것입니다. 이처럼 자기에게 나쁜 짓을 한 사람을 자기가 직접 벌주는 것이 '사적 보복, 사적 제재'입니다.

사람은 자기와 상대방이 똑같은 손해를 보았더라도 자기 손해가 훨씬 더 크게 느껴지기 쉽습니다. 그래서 사람이 개인적으로 복수하게 되면 받은 피해보다 더 큰 피해를 주면서 복수할 때가 많습니다. 그런 복수를 당한 상대방 역시 더 큰 복수를 하게 됩니다. 상대방에게 끝없는 복수를 하게 만드는 사적 보복은 개인을 망하게 만듭니다.

이런 사적 보복은 폭력이 허락된 사회에서만 가능합니다. 그런데 폭력을 써도 괜찮은 곳에선 사람이든 사회든 정상적으로 존재할 수가 없습니다. 아무리 자기가 성실하게 일해도 도둑이나 강도가 와서 자기 재산과 생명을 뺏어 가면 헛된 일이 됩니다. 그 누구도 일과 생활을 제대로 하지 못합니다. 당연히 국가에 세금을 낼 수도 없습니다. 세금이 없으면 국가는 경찰과 군대를 운영할 수 없습니다. 도둑과 강도가 넘치고 다른 나라의 침

략을 막지 못하게 만드는 사적 보복은 나라를 망하게 만듭니다.

이렇게 개인적인 복수로 개인과 나라가 망하는 것을 막으려고 개인 복수를 국가 기관이 대신 하게 되었습니다. 이것이 '형사 제재'입니다. 국가는 개인의 복수를 법을 통해 재판으로 결정하고 공권력으로 벌을 줍니다. 법의 주된 목적은 개인과 나라가 잘되는 것이 아닌 망하지 않게 만드는 것이 됩니다. 그만큼 개인의 복수를 국가가 대신 해 주는 것도 개인적인 억울함을 푸는 것보다 국가 질서를 유지하는 것에 더 중점을 둡니다. 흔히 사건 뉴스를 보면 어떤 사건의 피해자가 자신의 억울함을 풀어달라는 개인적인 요구보다 사회의 보호와 발전, 사건의 재발 금지에 대해 호소하는 것을 자주 볼 수 있습니다.

안경값 20만 원을 주지 않는 민서 때문에 억울한 준서는 아무리 화가 나도 민서를 직접 혼내면 안 됩니다. 만약 준서가 직접 민서를 때려 복수하면 준서는 '폭행죄'를 저지른 것이 됩니다. 게다가 사적 보복이므로 벌을 2배로 받는 '가중처벌'까지 있습니다. 가중처벌 폭행죄는 가장 약한 벌을 받았을 때 대략 벌금 100만 원 정도입니다. 심하면 감옥에 가기도 합니다. 민서를 때리면 준서 기분은 조금 풀리더라도 더 큰 손해가 생깁니다. 양쪽 모두 잘못했지만 사적 보복을 한 사람이 훨씬 더 심한 피해를 얻게 됩니다.

준서가 민서에게 복수하고 싶다면 경찰서나 법원에 가서 재판을 신청하는 방법뿐입니다. 법원에서 민서가 한 일이 불법으로 결정되면 개인에게 피해를 주고 사회 질서를 어지럽힌 대가로 벌을 받습니다. 국가는 공권력이 있기에 강제로 이런 일을 할 수 있습니다. 그런데 법은 개인의 복수보다 사회 질서 유지에 관심이 더 많습니다. 만약 민서가 재판에서 벌금을 내게 되었다면, 민서의 나쁜 짓은 사회 질서에 피해를 주었으므로 준서가 아닌 국가에 벌금을 냅니다. 감옥에 가는 것 또한 피해자로부터 떨어뜨린다기보다 사회로부터 떨어뜨린다는 개념으로 볼 수 있습니다. 이런 재판을 '형사 재판'이라고 합니다. 사람 사이에 폭력이나 거짓에 관한 일이 있으면 형사 재판으로 해결합니다.

그 대신 준서가 민서로부터 손해를 직접 보상받으려면 민사 재판을 해야 합니다. 민사 재판은 다투는 사람의 잘잘못을 정해 주고 피해자의 손해를 해결해 주는 재판입니다. 사람 사이에 폭력이나 거짓이 있든 없든 다툼이 있다면 언제든지 민사 재판을 할 수 있습니다.

피해자가 경찰서나 법원에 가서 재판을 신청하는 것이 '소송'이고, 소송 중에서 형사 재판을 신청하는 것이 '고소(기소)'입니다. 흔히 생활하면서 "누가 누구를 고소했다"라는 말을 들을 때가 있습니다. 피해자가 가해자의 괴롭힘을 그냥 넘어갈 만한 일이 아닌 심각한 사건으로 생각하고 조사·재판·처벌을 하겠다는 것입니다. 안경 사건에서 준서가 할 수 있는 일은 3가지가 있습니다.

첫 번째 방법은 억울하지만 그냥 포기하는 것입니다. 준서가 민서에게 받아야 할 돈이 있더라도 그것을 강제로 뺏는 것은 강도질입니다. 그렇다고 민서가 돈을 줄 때까지 하염없이 기다리는 것 또한 좋은 방법이 아닙니다. 민서가 절대로 돈을 주지 않겠다고 결심했다면 준서가 돈을 직접 받아 낼 방법은 딱히 없다고 봐야 합니다. 돈 갚을 생각이 없는 민서에게 준서가 할 수 있는 일은 민서에게 직접 20만 원 수준의 피해를 주는 것입니다. 그러나 그런 행동을 하면 사적 보복이 되어 오히려 준서가 큰 벌을 받기도 합니다. 적당한 수준의 억울한 일이 생겼을 때 그냥 넘어가는 것은 자기가 바보라서가 아닙니다. 그 일에 신경을 많이 쓸수록 자기 손해만 커지고, 재판을 하더라도 이익이 되지 않기 때문입니다.

두 번째 방법은 준서가 경찰서에 찾아가 민서를 고소하는 것입니다. 형사 재판을 신청하는 것입니다. 준서의 고소는 민서가 주지 않은 돈을 경찰이 대신 받아달라는 것이 아닙니다. 민서를 자기 대신 벌주라는 의미입니다. 이런 사건은 비교적 작은 사건이라서 경찰서에서 두 사람을 불러 조사하고 법원에서 간단하게 판결합니다. 만약 민서가 벌금형을 받았다면 민서는 준서가 아닌 국가의 은행 통장, '국고'에 벌금을 내야 합니다. 준서는 이 재판으로 안경값을 받진 못하지만 국가가 민서를 범죄자로 결정하고 벌을 주었다는 사실에 조금은 마음이 풀렸을 것입니다. 그런데 이렇게 돈을 떼인 사건은 고소해도 대부분 형사 재판을 해 주지 않습니다. 민서가 준서에게 사기 친 것은 아니기 때문입니다. 경찰서에 고소하러 간 준서는 "이런 사건은 민사 재판을 해야 한다"라는 말을 들었을 것입니다.

세 번째 방법은 준서가 경찰서가 아닌 법원에 가서 민사 재판을 신청하는 것입니다. 준서가 민서에게 안경값을 무조건 받아야겠다고 결심했다면 민사 재판을 해야 합니다. 민사 재판은 다툼과 돈 문제를 해결해 주는 재판입니다. 준서가 민사 재판을 이기면 법원은 민서에게 돈을 갚으라고 명령합니다. 그 대신 민사 재판을 하려면 재판 신청 비용이 듭니다. 유리한 재판을 위해 변호사의 도움까지 받는다면 변호사 비용까지 추가됩니다. 준서의 안경 사건 민사 재판에서 재판 신청 비용은 대략 11만 원, 변호사 비용은 대략 30만 원 정도 들게 됩니다. 이 비용은 상황에 따라 다를 수도 있습니다. 결국 준서는 20만 원을 받기 위해 대략 40만 원을 써야 합니다. 재판에 이겨서 민서에게 안경값을 받아도 20만 원 손해입니다.

그래서 이런 사건이 생기면 많은 사람이 첫 번째 방법인 '포기한다'를 선택합니다. 살면서 다툼이 있을 때 법대로 하면 꽤 공정한 결과가 나올 것으로 생각하겠지만 사실은 법원에 가지 않고 적당히 개인적으로 문제를 해결하는 것이 대부분 훨씬 낫습니다.

안경 사건을 준서가 잘 마무리하려면 다양한 방법을 시도해서 민서에게 피해 보상을 직접 받아 내야 합니다. 민서 부모님에게 그 사실을 알리거나, 민서의 물건으로 대신 받아 내거나, 꾸준히 돈을 달라고 재촉하거나 등등 여러 가지 방법이 있을 것입니다. 이런 방법은 피해자 준서가 노력해야 하는 일이기에 준서에게는 이래저래 불편한 일입니다. 하지만 이렇게 하는 것이 준서에게 그나마 손해가 가장 적습니다. 살다 보면 억울한 일에 휘말릴 때가 있습니다. 억울하다고 무조건 "너 고소!"라고 말하기보다 좀 더 나은 판단과 행동을 하는 것이 좋습니다. 사적 보복이 금지된 이 사회에서 법원이 자기 역할을 제대로 하지 못하면 억울한 사람은 더 억울하게 됩니다. 부디 법원에서 공정한 재판을 해 주길 바랍니다.

싼 형사 재판

철수는 자기 회사에 천만 원을 내면 매달 백만 원의 이자를 준다고 영희에게 말했습니다. 영희는 계약서를 쓰고 철수에게 천만 원을 주었습니다. 한 달 뒤에 영희는 백만 원을 받았지만 그다음 달부터는 돈이 들어오지 않았습니다. 영희는 철수에게 백만 원을 돌려줄 테니 자기 돈 천만 원을 돌려달라고 했습니다. 철수는 이런저런 핑계를 대며 돈을 돌려주지 않았습니다. 영희는 900만 원을 잃게 되었습니다.

살면서 큰 피해를 입었을 때 피해자가 문제를 직접 해결하지 못하거나 경찰서에 신고하지 않으면 별다른 일이 생기지 않습니다. 혼자서 끙끙 앓는다고 해서 문제가 저절로 해결되진 않습니다. 돈을 떼인 영희는 자기 돈을 받아 내기 위해 불법이 아닌 모든 방법을 시도해야 합니다. 철수에게 계속 연락하고, 철수 집에 직접 찾아가기도 하면서 돈을 돌려달라고 요구해야 합니다. 온갖 방법을 써도 결국 돈을 받지 못했다면 남은 방법은 포기하거나 경찰서에 신고하거나 재판을 하는 것뿐입니다.

작은 피해라면 그냥 넘어갈 수도 있겠지만 굉장히 큰 피해라면 쉽게 포기해선 안 됩니다. 그렇다고 너무 어려운 일을 혼자서 해결하려고 무리하는 것 또한 좋지 않습니다. 사람은 스스로 감당하기 어려운 문제를 만나면 도움을 요청할 수도 있어야 합니다. 자신이나 가해자를 원망만 하는 것은 좋지 않은 태도이며 무엇보다 문제 해결에 도움이 되지 않습니다. 영희는 경찰서와 법원의 도움을 받기로 했습니다.

영희는 철수를 경찰서에 신고하고 형사 재판을 통해 법의 처벌을 요구할 수 있습니다. 아니면 법원에 재판을 신청하고 민사 재판을 통해 피해 보상을 받아 낼 수 있습니다. 두 가지 방법을 모두 해도 됩니다.

영희는 철수가 벌을 받아야 한다고 결정했습니다. 영희가 철수의 처벌을 목표로 정했다면 형사 재판을 준비해야 합니다. 영희는 변호사 사무실에 가서 변호사에게 형사 재판 준비를 맡기거나 혹은 경찰서에 가서 철수의 범죄를 신고하고 고소장을 직접 써야 합니다. 이후에 영희가 경찰서에 몇 번 다녀오면 영희의 할 일은 끝납니다. 나중에 법원은 영희에게 철수가 받은 처벌을 알려 줍니다. 그러면서 영희와 철수의 형사 사건은 끝납니다. 생각보다 형사 재판을 하는 일은 간단합니다.

재판이라고 하면 흔히 재판을 구경하는 사람, 방청객이 있고, 가해자는 죄수복을 입고, 변호사가 서로 열심히 말을 주고받는 상황을 생각합니다. 그러나 영희 사건처럼 간단한 형사 재판은 경찰서만 몇 번 왔다 갔다 하면 끝입니다. 변호사에게 일을 맡겼다면 경찰서에 갈 필요도 없습니다. 대부분 형사 재판은 서류를 가지고 간단하게 재판을 진행하기 때문입니다(약식 재판).

그 대신 재판 결과가 나온 뒤에, 피해자나 가해자 중 한쪽이 결과에 만족하지 않아 다시 재판을 받고 싶다면 2번까지 재판을 더 신청할 수 있습니다. 그때부터는 판사를 가운데 두고 피해자 측과 가해자 측이 말을 주고받는 법원 재판을 하게 됩니다(정식 재판). 처음 재판이라도 심각한 범죄 사건은 정식 재판을 합니다.

축구 경기에서는 두 팀이 정해진 규칙에 따라 대결하고 점수가 높은 팀이 이깁니다. 비슷하게 재판에서는 피해자 측과 가해자 측, 두 팀이 법에 따라 대결하고 자기주장을 잘한 팀이 이깁니다. 자기주장을 잘하려면 사건에 대한 사실과 증거 그리고 자기에게 유리한 법률을 잘 섞어서 매너 있게 말해야 합니다. 거짓을 말하거나, 증거 없이 우기거나, 자기에게 도움되는 법률을 찾지 못하거나, 확실한 잘못이 드러나도 사과하지 않는 태도를 보이면 불리합니다. 재판에서 더 좋은 결과를 얻으려면 자기 대신 싸워 줄 전문가가 필요합니다. 주로 변호사의 도움을 받습니다. 철수와 영희 모두 자기를 위해 변호사를 구할 수 있습니다.

그런데 철수가 영희에게 실제로 피해를 주었지만, 형사 재판에서는 철수가 국가에게 피해를 준 것으로 봅니다. 사기나 도둑은 나라 질서를 망치는 일이기 때문입니다. 영희가 피해자인 것은 사실이지만 형사 재판에선 국가가 주된 피해자가 됩니다. 국가는 자기 대신 싸워 줄 전문가, 검사를 직접 선수로 세웁니다. 그래서 형사 재판에서 영희는 따로 자기 변호사를 구할 필요가 없습니다. 만약 영희가 바쁘거나 경찰서에 직접 가기 싫다면 자기 변호사를 구해 일 처리를 맡길 수는 있습니다.

영희 팀은 국가가 검사를 선수로 무조건 정해 주지만 철수 팀은 그렇지 않습니다. 철수가 자기 잘못을 인정하고 사건이 간단한 서류 재판(약식 재판)으로 끝나면 철수는 굳이 변호사를 구할 필요가 없습니다. 하지만 재판 결과가 철수 마음에 들지 않아 정식 재판을 신청하거나 약식 재판이라도 변호사의 도움을 받고 싶다면 자기 변호사가 필요합니다. 정식 재판을 할 때 철수에게 변호사가 없다면 철수는 법 전문가인 검사와 직접 대결해야 합니다. 철수는 어려운 법률 용어와 검사의 숙련된 재판 진행에 휘말려 하소연 한번 제대로 못 해 보고 재판이 끝날 수도 있습니다. 철수는 변호사를 직접 구할 수 있습니다. 만약 구하지 못했다면 법원은 국가 소속 변호사, 국선 변호사를 무료로 구해 줍니다. 그렇게 되면 영희 팀의 검사와 철수 팀의 개인 변호사 혹은 국선 변호사가 대결하게 됩니다. 검사가 이기면 철수가 많은 처벌을 받고, 철수 팀 변호사가 이기면 무죄가 되거나 처벌이 많이 줄어듭니다.

영희와 철수의 개인 사건이지만 검사·국선 변호사 등 국가가 많은 부분을 도와주는 재판이 형사 재판입니다. 그에 반해 민사 재판은 검사나 국선 변호사가 없어 양쪽 모두 개인 변호사를 직접 구해야 합니다. 그만큼 형사 재판은 민사 재판에 비해 개인 부담이 적습니다. 형사 재판은 적은 부담으로 가해자에게 무거운 처벌을 줄 수 있기에 형사 재판을 신청하는 고소라는 말은 피해자가 가해자에게 큰 압박을 줄 수 있는 방법입니다.

그런데 형사 재판이 무조건 피해자에게 유리한 것만은 아닙니다. 형사 재판은 한번 재판 결정이 나더라도 재판을 두 번 더 할 수 있습니다. 그러나 처음 고소 단계부터 다시 시작할 수는 없습니다(일사부재리). 영희가 철수를 사기죄로 고소하고 재판 결과를 받았는데 그 결과가 마음에 안 들면 공개 재판(2심)을 신청할 수 있습니다. 그러나 경찰서에 가서 그 사건으로 다시 고소하는 것은 안 됩니다. 자기 마음대로 되지 않았다고 처음부터 다시 시작하지 못합니다. 그뿐만 아니라 재판 결과가 무죄가 나왔다면 영희는 철수를 모함한 셈이 되므로 철수가 오히려 영희를 거짓 고소한 죄, 무고죄로 거꾸로 고소할 수 있습니다. 이런 이유로 심각한 사건이 아니라면 급하게 고소하기로 정하는 것은 좋은 결정이 아닙니다. 꼭 고소하겠다고 결심했다면 증거를 충분히 모아 철저히 준비하는 것이 좋습니다.

철수가 처음부터 영희에게 사기를 치려고 한 것을 검사가 알아냈다면 철수는 사기죄로 처벌받습니다. 그러나 계약서에 조그맣게 '손해를 볼 수도 있습니다'라는 글이 있거나 철수 회사가 실제로 사업이 잘되어서 그런 계약을 한 것이라면 사기죄로 처벌받지 않습니다.

영희가 철수를 고소하고 6개월 뒤에, 영희는 철수가 벌금 500만 원을 국가에 내게 되었다는 소식을 법원으로부터 들었습니다. 영희는 철수가 벌을 받은 것은 다행이라고 생각했지만 자기 돈 900만 원을 받아 낸 것은 아니었기에 여전히 마음이 아팠습니다.

이제 영희는 900만 원을 버린 셈 치고 잊어버릴지, 민사 재판을 통해 사기당한 돈을 받아 낼지 결정해야 합니다.

비싼 민사 재판

영희는 자기 돈 900만 원을 포기하지 않고 철수에게 받아 내기로 했습니다. 이제 영희는 민사 재판을 준비해야 합니다. 영희가 민사 재판을 이기면 법원에서 철수에게 돈을 갚으라고 명령합니다. 만약 철수가 명령을 따르지 않으면 국가는 철수 재산을 강제로 팔아서 영희에게 주기도 합니다. 그런데 문제가 있습니다. 형사 재판은 국가가 세금으로 재판을 해 주지만 민사 재판은 그렇지 않다는 것입니다. 영희는 자기 돈으로 민사 재판을 준비해야 합니다. 돈을 받아 내기 위해 돈을 더 써야 하는 상황이 되었습니다.

법은 사회 질서 유지와 사람의 생명을 가장 중요하게 여깁니다. 현실에서 이와 관계있는 문제가 생기면 국가가 직접 돈을 들여 형사 재판을 해 주면서 적극적으로 문제를 처리합니다. 그 대신 법은 개인의 다툼 문제를 사회 질서 유지만큼 중요하게 여기지 않기에 그런 문제가 생기면 국가가 직접 돈을 들여 재판을 해 주지 않습니다. 자기 돈을 들여 민사 재판을 직접 해서 문제를 해결해야 합니다.

세상에는 교통사고, 학교 폭력, 돈 문제 등등 수많은 범죄와 다툼이 있습니다. 이 중에서 일부러 상대방에게 피해를 주는 일, 법을 어긴 일은 범죄입니다. 그러나 어쩔 수 없이 상대방에게 피해를 준 일, 개인의 약속을 어긴 일은 범죄가 아닙니다. 이런 일은 다툼 문제입니다. 다툼 문제는 돈으로 해결하는 것이 그나마 낫고 서로가 편합니다. 상대방 물건을 자기가 실수로 망가뜨렸다면 풀로 붙여서 돌려주는 것보다 돈으로 보상하는 것이 서로에게 좋습니다. 교통사고 다툼이나 이혼 다툼에선 상대방에게 받은 정신적인 피해를 돈으로 계산해서 보상받기도 합니다(위자료).

개인 다툼을 다루는 민사 재판은 'ㅇㅇ 이유로 〈얼마의 돈〉을 상대로부터 받게 해 주세요'라는 돈에 대한 재판이 대부분입니다. 여기서 재판을 신청한 사람이 상대방에게 받아 내려는 그 〈얼마의 돈〉을 '소송 가격'이라고 합니다(소송가, 소가).

영희가 재판을 통해 철수로부터 900만 원을 받아 내려고 한다면, 〈소송가 900만 원인 민사 재판〉을 하게 됩니다. 민사 재판은 얼마짜리 재판인가가 중요합니다.

영희가 민사 재판을 하려면 경찰서가 아닌 법원으로 가야 합니다. 대부분 자기가 사는 곳에서 가까운 지방법원에서 민사 재판을 신청합니다. 그런데 위험한 병에 걸리면 자기 스스로 치료 방법을 찾기보다 병원에 가서 의사에게 치료를 맡기는 것이 더 낫습니다. 중요한 민사 재판을 할 때는 재판 준비를 혼자서 하는 것보다 변호사 사무실에 가서 변호사에게 사건을 맡기는 것이 더 좋습니다. 환자가 병과 약에 대한 자세한 내용을 모두 알 필요는 없습니다. 의사가 시킨 대로 따르면 됩니다. 비슷하게 민사 재판 또한 자기 변호사가 시킨 대로 하다가 나중에 재판 결과를 받으면 됩니다. 민사 재판은 재판에 직접 참석하는 과정이 있긴 하지만 복잡한 내용은 서류로 진행하고 간단한 대답 정도만 하게 됩니다. 이것마저 변호사가 대신 참석해도 됩니다.

형사 재판은 '검사 대 가해자 변호사'의 대결이라면, 민사 재판은 주로 '피해자 변호사 대 가해자 변호사'의 대결입니다. 민사 재판은 변호사 도움을 받는 것이 의무가 아니라서 변호사 없이 혼자 재판 준비를 해도 됩니다. 그 대신 재판 준비를 철저히 해야 합니다. 대충 준비하면 재판을 거절당하거나 재판에서 지게 됩니다.

민사 재판은 검사나 국선 변호사 같은 국가의 도움이 없습니다. 피해자나 가해자 모두 변호사를 개인적으로 구해야 합니다. 문제는 변호사 비용이 변호사마다 다르고 대부분 상당히 많은 돈이 든다는 것입니다. 상대방에게 돈을 받아 내려고 돈을 상당히 써야 하는 일이 바로 민사 재판입니다. 그래도 병원비 아까워서 병원에 안 갈 수는 없는 노릇입니다.

민사 재판을 신청하려면 일단 재판 신청비를 내야 합니다. 영희의 〈소송가 900만 원 민사 재판〉의 신청비는 약 15만 원 정도입니다. 900만 원을 철수에게 받아 낼 수 있다면 이 정도는 충분히 낼 만한 돈입니다.

그러나 변호사 비용은 영희가 선택하는 변호사에 따라 100만 원이 될 수도 300만 원이 될 수도 있습니다. 900만 원 받아 내려고 300만 원을 쓰는 것은 상당한 부담이 됩니다. 철수 역시 변호사를 구하려면 상당한 돈을 내야 합니다.

철수 때문에 영희가 재판 신청비와 변호사 비용을 들여 민사 재판을 하게 되었습니다. 만약 영희가 재판에서 완전히 이기면 철수가 재판을 하게 된 책임을 져야 합니다. 철수는 900만 원을 영희에게 돌려주고 영희의 변호사 비용 일부분까지 대신 내야 합니다. 만약 철수가 재판을 이긴다면 하지 않아도 될 재판을 철수가 한 것이기에 철수의 변호사 비용 일부분을 영희가 내야 합니다. 900만 원을 잃은 영희의 손해는 더 커집니다. 재판에서 진 쪽이 상대방에게 주어야 하는 변호사 비용 일부분은 법원에서 정해 줍니다. 주로 소송가가 높을수록 비쌉니다.

병원비는 국민건강보험 제도가 있어 싼값에 의사의 진료를 받을 수 있습니다. 그러나 변호사비는 특별한 보험 제도가 없어 비싼 값에 변호사 서비스를 이용해야 합니다. 변호사 비용에는 '착수금'과 '성공보수'가 있습니다. '착수금'은 변호사에게 일을 맡기고 내는 돈입니다. 변호사는 그 돈으로 사건을 조사하고 여러 가지 일을 합니다. '성공보수'는 재판에서 이

겠을 때 변호사에게 주는 일종의 보너스입니다. 재판에서 지면 약속한 성공보수를 주지 않습니다.

영희는 착수금 200만 원과 성공보수 100만 원을 주기로 변호사와 계약했습니다. 변호사비 300만 원은 부담되는 돈이지만 민사 재판에서 이기는 것이 무엇보다 중요하기 때문입니다. 영희의 〈900만 원 민사 소송〉에서 재판에 이겼을 때 상대방에게 받을 수 있는 변호사 비용 일부분은 대략 90만 원입니다.

영희가 재판을 완전히 이겼다면 철수로부터 90만 원의 변호사비를 받아낼 수 있습니다. 영희는 철수에게 받은 90만 원과 자기 돈 210만 원을 합쳐서 자기 변호사에게 약속했던 300만 원을 주게 됩니다. 결국 영희는 민사 재판을 하느라 210만 원을 손해 봤습니다. 하지만 철수에게 900만 원을 받아 낼 수만 있다면 대략 700만 원을 건지게 된 셈입니다.

그러나 영희가 재판에 완전히 지면 영희는 자기 변호사에게 성공보수를 제외한 200만 원을 주고, 철수에게 변호사비 90만 원을 주어야 합니다. 재판 비용으로 대략 300만 원 손해가 생겼으므로 영희의 손해는 900만 원에서 1,200만 원으로 더 커졌습니다. 가뜩이나 억울한 영희는 더 억울하게 되었습니다. 물론 이런 민사 재판은 대부분 억울한 쪽이 이깁니다. 그러나 재판에 꼭 필요한 주장이나 증거를 제대로 제출하지 못하면 억울한 쪽이라도 언제든지 질 수 있는 것이 민사 재판입니다.

영희가 재판을 이긴다고 해서 문제가 무조건 해결되는 것도 아닙니다. 철수는 재판 결과에 따르지 않고 추가 재판(2심)을 요구할 수 있습니다. 그러면 영희의 승리가 취소되고 다음 재판에서 다시 대결해야 합니다. 만약 철수가 다음 재판(2심)에서 또 졌어도 세 번째 재판(3심)까지 갈 수 있습니다. 그러나 사실상 두 번째 재판이 끝이라고 보면 됩니다. 세 번째 재판은 영희나 철수의 잘못을 따지는 것이 아니라 법이나 판사가 잘못되었는지 확인하는 재판입니다. 재판이 늘어날수록 변호사 계약을 각각 따로 해야 하기에 양쪽의 재판 비용이 계속 늘어납니다.

영희가 첫 번째 재판을 이기고 철수가 그 결과를 받아들였다고 해도 여전히 문제가 남아 있습니다. 법원에서 철수에게 영희의 돈을 갚으라고 명령했더라도 철수가 명령을 따르지 않을 수도 있습니다. 그러면 법원은 '강제 집행'을 합니다. 법원이 철수의 물건, 재산이나 집을 강제로 팔고(경매) 그 돈을 영희에게 주는 것입니다. 흔히 영화나 소설에서 갑자기 자기 집에 여러 사람이 와서 '빨간딱지'를 붙이는 장면이 나옵니다. 빨간딱지는 조만간 법원에서 딱지 붙은 물건을 강제로 가져가서 판다는 뜻입니다. 철수가 정말로 돈이나 재산이 없어 영희에게 돈을 주지 못할 수도 있습니다. 그럴 때는 강제로 빼앗을 물건마저 없기에 법원도 할 수 있는 일이 딱히 없습니다. 법원은 고작 철수가 은행을 이용하는 것을 어렵게 만드는 일 정도만 할 수 있습니다. 만약 철수가 파산을 허락받으면 민사 재판에서 영희가 이긴 결과마저 취소됩니다. 철수가 빈털터리가 되거나 파산하면 돈과 시간을 들여 얻은 민사 재판 승리마저 소용없게 됩니다.

결국 민사 재판을 하게 되면 재판 비용이 상당히 많이 들고 재판에 이기더라도 문제가 깔끔하게 해결되지 않을 때도 있습니다. 사회의 법과 제도로 사람 다툼 문제를 해결하는 일에는 한계가 있는 것입니다. 그래서 애초에 사람 사이에 다툼이 일어날 만한 일을 최대한 미리 피하면서 재판을 해야 하는 상황을 만들지 않는 것이 가장 좋습니다. 살면서 피하기 어려운 문제가 생기는 것은 어쩔 수 없는 일이지만 피하기 쉬운 문제는 피할 수 있어야 합니다.

영희가 철수에게 맡긴 돈 900만 원이 영희가 잃어버려도 별문제 없는 돈이라면 심각한 일이 아닙니다. 그러나 그 돈이 영희 전 재산이라면, 철수가 영희에게 사기 친 것은 나쁜 일이지만 영희 행동 또한 문제가 있는 것입니다. 자기 전 재산을 남에게 맡기거나, 노력 없이 큰돈을 벌려고 하거나, 급하게 큰돈을 주고받는 일을 하지 않아야 합니다.

자기 재산 일부를 맡기고 이득을 얻는 것은 할 만한 일이지만, 전 재산을 맡기는 것은 매우 위험한 일입니다. 자기 전 재산을 맡기고 문제가 생겼을 때 그 돈을 다시 찾는 일은 거의 불가능한 것이 상식입니다. 세상에서 이득을 무조건 매달 10% 주는 금융상품, 재테크 상품은 아직 없습니다. 돈에 관한 기본 상식이 있어야 터무니없는 상품에 속지 않습니다. 그리고 자판기 이용처럼 적은 돈을 넣고 물건이 바로 나오는 일은 있어도 큰돈을 급하게 주고 무언가를 빨리 받는 일은 거의 없습니다. 이런 사실 역시 생활 기본입니다. 생활 기본이 부족한 것은 범죄도 아니고 나쁜 일도 아닙니다. 그러나 이런 기본이 부족하면 쉽게 피할 수 있는 문제에 휘말려 마음고생을 하고 큰돈을 손해 보게 됩니다. 하기 싫어도 억지로 민사 재판을 해야 하는 상황에 휘말리게 됩니다.

이것은 돈거래에만 관계있는 문제가 아닙니다. 가정·학교·직장 생활에서 민사 재판으로 다툴 만한 문제는 수두룩합니다. 자기가 어디에 있든 무모한 일, 지나치게 욕심부리는 일, 급하게 일 처리하는 습관을 조심해야 합니다. 그리고 이왕이면 법원의 도움을 받기보다 심각한 문제로 커지기 전에 주변 사람의 도움을 받는 것이 더 낫습니다.

소송가 2,000만 원 이하의 비교적 적은 금액을 다루는 민사 재판은 '대한 법률구조공단'에서 재판을 많이 도와줍니다. 그곳에서 상담하면 재판 준비에 많은 도움을 받을 수 있습니다. 그런데 그곳에서 도움을 받더라도 민사 재판에 필요한 증거 자료를 모으거나 상대방의 정보(이름, 전화번호, 주소)를 확인하는 정도는 자기가 해야 합니다.

쉽고 편한 인터넷 범죄

인터넷에 악플(나쁜 댓글)을 썼던 영수는 어느 날 경찰서에서 연락을
받았습니다. 악플로 고소되었으니 조사받으러 ○○경찰서로 오라는 것
이었습니다. 영수는 경찰서에 가서 여러 질문에 대답하고 집으로 돌아
갔습니다. 며칠이 지나고 벌금 50만 원을 내라는 편지를 법원으로부터
받았습니다. 댓글 하나로 영수는 범죄자(전과자)가 되었고 치킨 20마리
값을 벌금으로 냈습니다.

만약 경찰의 연락을 받고 영수가 무서워서 경찰 조사를 받으러 가지 않으
면 경찰은 영수를 직접 잡으러 갑니다. 이것이 '지명 수배'입니다. 영수가
학생이나 직장인이라면 학교나 직장에서 자신이 경찰에게 붙잡혀 가는
모습을 많은 사람이 보게 됩니다. 좋지 않은 일로 소문나느니 그냥 경찰
조사를 받는 것이 낫습니다.

살다 보면 다른 사람과 말다툼을 하거나 말실수를 할 때가 있습니다. 상
대방 몸이나 행동을 비방하는 인신공격을 할 수도 있고 감정을 조절하지
못하고 욕을 할 수도 있습니다. 그런데 이런 행동을 했다고 범죄자가 된
다면 아마 이 세상 모든 사람이 범죄자가 될 것입니다. 개인 말다툼이 사
회 질서에 큰 피해를 주는 것은 아니므로 이런 다툼으로 형사 재판을 하
진 않습니다. 개인 말다툼으로 자기 기분이 나빠졌다고 해서 위자료를
요구하는 민사 재판을 하진 않습니다. 위자료는 큰 사고·불륜·이혼 같은
심각한 일로 정신적 피해를 봤을 때 요구할 수 있습니다. 개인 말다툼은
재판할 만한 문제가 되지 않으며 살면서 겪는 흔한 일입니다. 그러나 많
은 사람 앞에서 서로 말다툼하는 것은 특별한 문제가 됩니다.

어느 날 학교 강당에 전교생이 모였습니다. 준수는 순희를 데리고 맨 앞에 있는 무대에 함께 섰습니다. 많은 학생이 두 사람을 보고 있었습니다. 준수는 순희를 향해 "돼지처럼 뚱뚱하네", "친구 돈을 도둑질했네", "씨X"이라고 말했습니다.

이처럼 많은 사람 앞에서 다투는 일, 특히 한쪽이 일방적으로 언어폭력을 쓰는 일은 그리 흔한 일이 아니며 적당히 넘어갈 수 있는 일도 아닙니다. 여러 사람 앞에서 망신을 당하거나, 거짓말로 누명을 쓰거나, 욕을 먹는 일은 피해자에게 큰 상처를 줍니다.

순희가 뚱뚱한 것은 사실일 수도 있습니다. 그러나 사실을 말한다고 해서 무슨 말이든 해도 되는 것은 아닙니다. 자기 말이 사실이든 거짓이든 상대방에게 피해를 주었다면 책임을 져야 합니다. 특히 많은 사람 앞에서 상대방 약점이나 비밀을 말하면서 망신을 주면 피해자는 정신적으로 큰 충격을 받습니다. 순희는 앞으로 학교생활을 하지 못할 수도 있습니다. 충격이 심하면 신체적인 장애를 얻기도 합니다.

많은 사람 앞에서 거짓말로 누명을 씌우는 일은 더욱 나쁜 일입니다. 준수가 많은 사람이 있는 곳에서 순희에게 누명을 씌웠기에 거짓말이 빠르게 전파됩니다. 한번 널리 퍼진 거짓말은 바로잡기 어렵습니다. 진실이 밝혀질 때까지 오랫동안 순희는 도둑이라는 누명을 쓰고 생활해야 합니다. 놀림당하고 수치스러운 것보다 억울한 일을 당하는 것이 훨씬 더 괴로운 일입니다. 이와 비슷하게 거짓 소문을 많은 사람에게 퍼뜨려 자기 마음에 안 드는 가게를 망하게 하는 일도 있습니다. 이렇게 사실이나 거짓말로 많은 사람 앞에서 상대방에게 피해를 주는 것이 '명예훼손죄'입니다.

두 사람끼리 말다툼하다가 서로에게 욕한 것은 나쁜 일이긴 하나 불법은 아닙니다. 하지만 여러 사람 앞에서 상대방에게 욕하는 일은 단순히 기분 나쁜 일이 아닌 매우 심한 정신적 충격을 주는 일이라서 범죄가 됩니다. 이런 것을 '모욕죄'라고 합니다.

이와 같은 명예훼손죄·모욕죄는 피해자의 생명과 재산에 큰 피해를 줍니다. 이런 일이 많아지면 사회 질서 또한 무너집니다. 사람의 생명과 재산, 사회 질서는 한 번 망가지면 다시 원래대로 돌려놓기가 매우 어렵기에 법은 이런 일을 그냥 넘어가지 않습니다. 명예훼손죄·모욕죄는 우리나라에서 불법이며 형사 재판이 가능합니다. 고소할 수 있습니다. 형사 재판이 가능한 일은 자기가 피해자라면 민사 재판 또한 당연히 가능합니다. 피해자가 큰 고통을 받았다면 민사 재판을 통해 위자료나 손해 배상을 받을 수 있습니다.

많은 사람 앞에서 이런 일을 하는 것은 현실에서 그리 쉬운 일이 아닙니다. 많은 사람이 모일 장소가 있어야 하고, 특정 시간에 많은 사람이 모여야 하고, 많은 사람 앞에 나설 기회를 얻어야 하고, 많은 사람 앞에서 남에게 수치를 줄 만한 배짱 또한 있어야 합니다. 이런 범죄를 저지르려면 준비해야 할 조건이 많습니다.

그런데 특이하게도 인터넷은 이런 조건을 아주 쉽게 만들어 줍니다. 인터넷의 편리함은 사람에게 많은 도움을 주지만 범죄를 저지르는 것까지 많은 도움을 줍니다. 인터넷에서는 장소 제한이 없고, 항상 사람이 많으며, 누구나 많은 사람이 보는 앞에서 말할 수 있고, 용기가 없어도 남을 쉽게 모함할 수 있기에 명예훼손죄·모욕죄를 저지르기 쉽습니다. 컴퓨터나 스마트폰만 있으면 인제든지 이런 일이 가능하기에 준비 또한 간단합니다. 게다가 현실보다 더 빠르고 더 크게 피해가 퍼집니다. 이처럼 현실보다 범죄를 저지르기 쉽고 비슷한 범죄라도 훨씬 심각한 범죄가 되는 일이 바로 '인터넷 범죄'입니다.

그 대신 인터넷 범죄는 증거가 많이 퍼지기에 증거를 찾기 쉽습니다. 저장 또한 편리하므로 피해자가 증거를 모으는 일 또한 쉽습니다. 공개적으로 나쁜 댓글을 달거나 거짓말을 퍼뜨리는 인터넷 범죄는 재판을 준비하기가 편하며 피해자가 재판을 이기기도 쉽습니다. 그만큼 범죄를 저지르는 일도, 범죄로 처벌받는 일도 쉬운 것이 인터넷 범죄입니다. 자기가 인터넷에서 거짓말을 하고 악플을 달았는데도 고소당하지 않았다면 상대방이 지금 당장 고소하지 않은 것일 뿐이거나 나중에 고소하려고 증거를 모으는 중이라고 생각할 필요가 있습니다.

사람은 많은 사람 앞에서 한 명에게 나쁜 말을 들어도 굉장히 괴롭습니다. 그런데 많은 사람 앞에서 많은 사람에게 심각한 비방과 욕을 듣게 되면 감히 상상하기 어려운 폭력이 됩니다. 폭력은 아무리 자주 접해도 익숙해지긴커녕 점점 더 두려운 일입니다. 그만큼 인터넷에서 많은 사람이 한 사람을 공격하는 일은 굉장히 심각한 일입니다. 인터넷에서 글을 쓸 때 남을 칭찬하거나 격려하는 글은 아무런 문제가 되지 않습니다. 그러나 남을 평가하거나 불만을 표현하는 글은 문제가 될 수 있습니다. 중요한 것은 표현하는 방법입니다. 연예인이나 정치인을 향해 좋지 않은 평가를 하거나 불만을 말하는 것이 불법은 아닙니다. 그러나 지나치게 과격한 표현을 쓰거나 그 사람과 가족을 괴롭히는 말을 많은 사람 앞에서 쓰면 언제든지 불법이 될 수 있습니다. 인터넷에서 그리 좋지 않은 글을 쓸 때는 항상 조심할 필요가 있습니다.

감옥에 안 가는 청소년 범죄?

서진이는 '청소년은 범죄를 저질러도 감옥에 가지 않는다'라는 말을 들었습니다. 그런데 미희는 '청소년도 범죄를 저지르면 감옥에 간다'라는 말을 들었습니다. 도대체 누구 말이 맞는 걸까요?

성인은 법을 알든 모르든 범죄를 저지르면 그에 따른 벌을 받아야만 합니다. 그런데 만 19세가 되지 않은 미성년자는 몸도 마음도 아직 어리기에 성인처럼 벌을 받지 않습니다. 그렇다면 미성년자는 자기 마음대로 다른 사람에게 피해를 주고 살아도 괜찮은 것일까요?

국가는 사회 질서를 망치고 다른 사람의 생명을 위협하는 사람이라면 그 누구라도 절대 가만히 내버려 두지 않습니다. 나라의 법을 어기면 누구나 형사 재판을 거쳐 그 벌을 받으며, 다른 사람에게 손해를 끼치면 누구나 민사 재판을 거쳐 그 피해를 물어 주어야만 합니다. 그 대신 형사 재판에서 성인이라면 벌금형이나 감옥에 가는 처벌을 받지만 미성년자는 '보호 처분'을 받는 것이 다를 뿐입니다. 민사 재판에서 성인이라면 자기가 손해를 물어 주어야 하지만 미성년자는 대부분 그 부모가 손해를 물어 주게 되는 것이 다릅니다.

보호 처분은 겉으로는 성인이 받는 처벌과 다르지만 실제로는 성인이 받는 처벌과 거의 비슷한 벌입니다. 보호 처분에는 사회봉사 활동 같은 약한 벌부터 소년원에 가서 최대 2년까지 갇혀 사는 강한 벌까지 있습니다. 사회봉사 활동은 최대 200시간까지 법원에서 정한 일을 해야만 하는 벌입니다. 사회봉사 활동을 제대로 하지 않으면 더 큰 보호 처분을 무조건 받습니다. 성인이 심각한 범죄를 저지르면 감옥(교도소)에 가듯 미성년자가 심각한 범죄를 저지르면 소년원에 가게 됩니다. 소년원은 겉으로는 특수 학교처럼 보이나 실제로는 미성년자 전용 감옥입니다. 탈출할 수 없으며 모든 생활을 통제받습니다. 다른 사람과 전화 통화를 하는 일, 인터넷이나 핸드폰을 사용하는 일을 절대 할 수 없습니다. 이런 보호 처분은 만 10세, 즉 초등학교 3학년부터는 누구에게나 해당하는 내용입니다. 초등학교 3학년이라도 심각한 범죄를 저지르면 재판을 받고 소년원에 강제로 들어가게 됩니다. 자기가 저지른 범죄에 따라 최대 2년까지 소년원에 갇힐 수도 있습니다. 2년이라는 기간은 성인도 견디기 매우 어려운 긴 시간입니다.

문제는 만 14세, 즉 초등학교를 졸업하고 중학교 1학년이 되는 때부터입니다. 초등학생 3학년부터 6학년까지, 즉 10살부터 13세까지는 '촉법소년'이라고 해서 큰 범죄를 저지르면 소년원에 가는 것이 가장 큰 벌이 됩니다. 그러나 중학교 1학년부터는 더 이상 촉법소년이 아니기에 범죄를 저지르면 성인과 비슷하게 처벌받기도 합니다. 이 시기의 청소년 범죄자는 소년원뿐만 아니라 교도소에 갈 수도 있습니다. 그 대신 미성년자라서 성인 교도소가 아닌 소년 교도소에 가게 됩니다.

결국 범죄에 따라 초등학생(초3부터)은 소년원에 갇힐 수 있으며, 중고등학생은 소년원이나 소년 교도소에 갇힐 수 있습니다. 특히 폭행·성폭행·강도 등 심각한 범죄를 저지르면 최대 20년까지 소년 교도소에 갇히기도 합니다. 미성년자 역시 다른 사람을 괴롭히고 피해를 주면 국가가 주는 벌을 받는 것입니다.

그뿐만 아니라 학생이라면 학교 규칙에 따라 일정 기간 학교에 나오지 못하게 막는 정학이나 학교에서 쫓겨나는 퇴학을 당할 수도 있습니다. 또한 주변의 학교 동급생에게 나쁜 사람이라는 인상을 오랫동안 남기게 되며 어울리기 싫은 사람이 됩니다. 품행이 좋은 사람이나 품행이 불량한 사람 모두 멋지고 좋은 사람과 친하게 지내고 싶어 하지 범죄를 저지르는 사람과 친하게 지내고 싶어 하지 않습니다. 하지만 품행이 불량한 사람은 주변 사람이 자기를 싫어하기에 어쩔 수 없이 자기와 비슷한 성품의 사람과 어울릴 수밖에 없습니다. 굉장히 나쁜 인간관계를 맺게 됩니다. 게다가 자기가 피해를 준 사람에게 어느 날 갑자기 복수를 당할 수도 있습니다. 개인적인 복수는 불법이지만, 깊은 원한을 가진 사람이 감옥에 갈 각오를 하고 복수하는 것을 막기는 사실상 어렵습니다. 이처럼 세상은 남에게 피해를 준 사람이 마음 편하게 살도록 절대로 내버려 두지 않습니다.

우리나라 법에는 청소년 보호법이 있습니다. 청소년 보호법이란 술·담배 같은 해로운 물건을 청소년에게 주거나 파는 것을 금지하는 법입니다. 술·담배는 주로 편의점에서 판매합니다. 만약 편의점에서 청소년에게 이런 것을 팔면 불법이 되므로 편의점은 처벌받게 됩니다. 문제는 청소년이 거짓말을 하고 술·담배를 살 때입니다. 청소년의 거짓말로 인해 속아서 편의점이 술·담배를 팔았어도 청소년에게 해로운 물건을 주었기에 편의점은 처벌을 받습니다. 그런데 여기서 끝이 아닙니다. 아무리 청소년이라고 하더라도 거짓말로 상대방에게 피해를 주었다면 사기죄를 저지른 것입니다. 만약 편의점이 그 사건을 그냥 넘어가기로 했다면 편의점만 처벌을 받고 범죄를 지지른 청소년은 아무런 피해가 없겠지만, 그렇지 않고 편의점에서 그 청소년을 사기죄로 고소하면 그 청소년은 재판을 받고 보호 처분을 받게 됩니다. 죄의 정도에 따라 소년원이나 소년 교도소에 갈 수도 있습니다. 청소년이라고 해서 청소년 보호법을 나쁘게 이용하여 중고 거래 사기를 치거나 편의점 물건을 억지로 구입하려고 하면 자신이 잘못한 대가를 치르게 됩니다. 특히 청소년이 다른 사람 물건이나 재산에 손해를 끼쳤다면 그 청소년의 부모가 피해 보상을 해야만 합니다. 청소년이라도 다른 사람과 남의 가정에 피해를 주었다면 자신과 자기 가정에도 손해가 생기는 것입니다.

청소년은 범죄를 저질러도 괜찮은 사람이 아닙니다. 촉법소년이든 청소년이든 범죄를 저지르고 벌 받지 않는 사람은 아무도 없습니다. 단지 미성년자는 아직 몸도 마음도 덜 자랐기에 성인보다 조금 낮은 벌을 주는 것뿐입니다. 게다가 그 벌은 절대로 쉽게 견딜 만한 일이 아닙니다. 소년원이나 소년 교도소에 가면 24시간 감시받으며 정해진 시간에 정해진 일을 해야만 합니다.

'청소년은 범죄를 저질러도 괜찮다'라는 생각은 굉장히 잘못된 생각입니다. 청소년이 사회의 법을 몰랐더라도 '상대방에게 피해를 주는 일은 나쁜 짓이다' 정도는 알기 때문에 청소년 범죄자는 핑계 댈 수 없습니다. 사람이 이 세상에서 살려면 남을 괴롭히지 않는 것이 기본입니다. 그만큼 남을 괴롭히는 사람은 기본이 매우 부족한 사람이 됩니다. 범죄를 저지르지 않게 항상 조심하고, 일부러든 실수로든 남에게 피해를 주었다면 꼭 사과하고 용서받아야 합니다.

손해 보고 못 살아

어느 날 미희는 진수에게 그냥 무례한 말을 했고 화난 진수는 미희를 때
렸습니다. 미희는 진수를 폭행죄로 고소했습니다. 미희는 나중에 민사
재판까지 할 계획입니다. 진수는 자신에게 잘못이 있지만 미희에게도
잘못이 있다고 생각했습니다. 이런 상황에서 미희와 진수는 어떻게 하
는 것이 좋을까요?

사람은 완벽하지 않아 누구나 실수나 잘못을 하므로 다툼이 생깁니다.
다툼은 개인적인 사과와 용서로 해결하면 됩니다. 그런데 판단하기 애매
한 다툼, 사과하고 용서하기 어려운 심각한 다툼이 있을 때는 재판으로
해결해야 합니다. 재판 역시 완벽하지 않은 사람이 하는 일이라서 다툼
을 불만 없이 깔끔하게 해결하기는 어렵습니다.

미희와 진수의 다툼에는 둘 다 잘못이 있습니다. 결과만 따지면 큰 잘못
을 한 진수가 가해자가 되고 작은 잘못을 한 미희가 피해자가 됩니다. 그
러나 원인을 따지면 이야기가 다릅니다. 미희가 진수에게 심한 말을 한
것은 이유가 없었지만, 진수가 미희를 때린 것은 '미희의 나쁜 말'이라는
이유가 있었습니다. 아무 이유 없이 먼저 괴롭힌 미희가 피해자가 되는
것은 아무래도 자연스러운 일이 아닙니다. 애초에 미희가 시비를 걸지
않았다면 진수는 폭력을 쓸 일도 없었을 것입니다. 결과만 보면 진수가
가해자지만 원인을 보면 미희를 가해자로 볼 수도 있습니다. 법원 재판
에서는 다툼의 원인과 결과를 함께 따지면서 판결을 합니다. 그러나 사
람의 다툼은 워낙 복잡하기에 미희와 진수 모두 기꺼이 받아들일 만한 판
결을 내는 것은 현실적으로 불가능합니다. 결국 다툼을 개인적으로 해결

하든 재판으로 해결하든 찝찝함과 불만이 생깁니다.

세상에서 손해 보며 살고 싶은 사람은 없습니다. 특히 억울한 손해를 볼수록 더욱더 그 손해를 보상받고 싶은 것이 사람 마음입니다. 그러나 자기 손해를 최대한 없애려고 다툼을 오래 끌게 되면 이미 생긴 손해에 자기 손해가 더 추가될 뿐입니다. 최대한 빨리 다툼을 마무리 지을수록 나중에 추가되는 손해가 적습니다. 그러려면 '자신이 어느 정도 손해를 봐야 한다'라는 마음가짐이 필요합니다.

자기가 주된 가해자라고 생각되면 큰 손해가 있더라도 상대방의 피해를 적극적으로 갚을 각오를 해야 합니다. 행여나 보상하는 일을 최대한 질질 끌면서 자기 손해를 줄이려고 하면 형사 재판과 민사 재판을 동시에 받을 수 있습니다. 원래 보상해야 할 금액에 벌금과 변호사비까지 추가됩니다. 무엇보다 자기 인생에 범죄자라는 나쁜 제목을 달게 됩니다. 그래서 피해자에게 충분히 보상하면서 일을 빨리 마무리 지어야 좋습니다. 만약 상대방이 너무 심한 요구를 한다면 그때는 재판을 해야 합니다.

자기가 주된 피해자라고 생각되면 돈이든 마음고생이든 어느 정도 손해 볼 다짐을 하는 것이 좋습니다. 어차피 피해가 생긴 순간부터 자기에게 발생한 손해를 없던 것으로 되돌리긴 불가능합니다. 다툼이 길어질수록 피해자는 억울한 기분으로 생활하면서 정신적인 스트레스를 받는 시간이 계속 늘어납니다. 가해자에게 조금이라도 더 보상을 받으려다 다툼이 재판으로 이어진다면 자기 돈과 시간이 더 들기에 이득보다 손해가 더 커질 수 있습니다. 무엇보다 재판을 하게 되면 재판을 이겨야 하므로 재판 자체가 스트레스가 됩니다. 문제를 해결하기 위해 또 다른 문젯거리가 생기는 셈입니다. 물론 상대방이 사과하지 않고 책임지려는 태도를 보이지 않으면 재판을 해야 합니다. 결국 다툼을 해결하는 가장 좋은 방법은 재판을 하기 전에 개인적으로 다툼을 마무리하는 것입니다.

자기 주변에서 자신을 쫓아다니며 불안하게 만드는 사람, 스토커가 있다면 대부분 경찰에 신고해서 그 문제를 처리해야 한다고 생각합니다. 아무래도 경찰이 자기를 계속 보호해 주거나 스토커를 자기로부터 떨어뜨려 줄 것으로 생각합니다. 그러나 경찰이 자기를 계속 따라다니면서 보호하는 것은 스토커가 무기를 직접 들고 쫓아오는 수준이 돼야 가능한 일입니다. 행여나 그런 일이 있었더라도 경찰이 온종일 자기 옆에서 머무르며 보호해 주긴 어렵습니다. 그러려면 경찰 3, 4명이 한 사람을 위해 교대로 24시간 내내 붙어 있어야 합니다. 현실적으로 경찰을 그렇게 이용할 수는 없습니다. 경찰이 해 줄 수 있는 것은 협박하는 사람에게 경고를 하거나 위치 추적 장치를 피해자에게 주는 정도뿐입니다. 스토킹은 범죄이기에 고소를 해도 됩니다. 그러나 피해자가 증거를 모으면서 재판을 준비해야 합니다. 만약 재판 결과 가해자에게 무죄가 나왔다면 피해자는 더욱 불안해질 수도 있습니다. 비용이 많이 드는 민사 재판 역시 쉬운 일이 아닙니다. 그래서 이런 문제가 생기면 바로 경찰서에 가서 고소하기보다 어느 정도 손해를 마음먹고 개인적으로 문제를 해결하려고 시도해야 합니다. 이런 스토킹 문제라면 가족과 주변 사람들의 도움을 받으면서 확실하게 자기 입장을 상대방에게 전해야 합니다. 스토킹 해결 전문가를 찾아가 상담도 하고, 필요하다면 개인 경호인을 잠시 이용하는 것도 생각해야 합니다. 여러 가지 방법을 개인적으로 해 보고 나서 더 이상 방법이 없다면 경찰과 법원을 이용해야 합니다.

어쩔 수 없이 재판을 하게 되더라도 재판 과정 중간에 개인적으로 다툼을 마무리할 수 있는 기회가 한 번 더 있습니다. 우리나라 재판 과정에는 '합의'가 있습니다. 재판 결정이 나기 전에 서로 문제 해결 방법을 찾고 함께 화해한 것이 합의입니다. 주로 보상금·반성문·합의 계약서를 주고받으면서 합의합니다.

합의는 피해자가 재판에서 이겼을 때 받을 돈을 재판하기 전에 미리 받고 재판을 취소하는 것과 비슷합니다. 범죄를 저지른 사람은 형사 재판에서 국가에 벌금을 내거나 벌을 받고, 민사 재판에서 피해자에게 보상금을 내야 합니다. 그런데 형사 재판 중간에 가해자가 피해자에게 보상금을 주고 합의를 하게 되면 가해자는 형사 재판에서 벌금을 내지 않거나 벌이 많이 줄어들고, 민사 재판은 하지 않기에 이득입니다. 피해자 역시 재판을 하지 않으면 돈과 시간 모두 이득이 됩니다. 다툼 때문에 민사 재판만 진행하는 사건은 합의하면 다툼이 해결된 것이기에 바로 재판이 끝납니다.

간혹 피해자가 가해자를 너무 미워해서 합의해 주지 않을 수도 있습니다. 그럴 때는 가해자가 돈과 반성문을 피해자가 아닌 법원에라도 내면서 사과의 정성을 보여야 합니다. 이렇게 돈과 문서를 법원에 대신 내는 것이 '공탁'입니다. 법원은 이런 공탁을 합의와 비슷하게 봐 줍니다.

이런 합의는 우리나라 법원의 특징입니다. 미국이나 유럽은 합의 제도가 거의 없습니다. 합의는 화해와 피해 보상을 이끌어 내는 장점이 있습니다. 그 대신 가해자 처벌을 약하게 만들기에 보상이 아닌 처벌을 하고 싶은 피해자는 불만을 느낄 수 있습니다. 합의 제도가 무조건 좋은 것은 아니지만 이왕 있는 제도인 만큼 잘 이용하는 것이 좋습니다.

생활하면서 다른 사람과 다툼이 생기면 원하지 않은 일이라도 일단 자기 일이 됩니다. 자기 일은 자기가 해결하는 것이 먼저고 다른 사람에게 맡기는 것은 그다음입니다. 개인적으로 해결책을 찾는 것이 중요합니다. 상대방이 너무 무례하고 몰상식할 때 재판을 이용해야 합니다.

다툼을 처리할 때 '손해 보고 살 수 없다'라고 생각하면 오히려 자기 손해가 더 커지기 쉽습니다. 다툼을 처리할 때는 자기가 어느 정도 손해 볼 마음을 먹어야 합니다. 상당한 용기가 필요한 일이기도 합니다.

살다 보면 좋은 일도 나쁜 일도 있습니다. 누구든 좋은 일만 생기고 나쁜 일은 겪고 싶지 않겠지만 영원히 나쁜 일을 피할 수만은 없습니다. 나쁜 일을 잘 견디고 넘기는 것이 좋은 일을 겪는 것보다 좀 더 중요합니다. 용기를 가지고 어려움을 이겨내는 사람이 되기를 바랍니다.

인생노트

ⓒ 문은석, 2023

초판 1쇄 발행 2023년 1월 31일

지은이   문은석
펴낸이   이기봉
편집   좋은땅 편집팀
펴낸곳   도서출판 좋은땅
주소   서울특별시 마포구 양화로12길 26 지월드빌딩 (서교동 395-7)
전화   02)374-8616~7
팩스   02)374-8614
이메일   gworldbook@naver.com
홈페이지   www.g-world.co.kr

ISBN   979-11-388-1592-5 (03190)